国家社会科学基金重大项目成果

主编　杜建录

西夏通志

经济志

杜建录　撰

人民出版社

教育部人文社会科学重点研究基地
宁夏大学西夏学研究院重大项目

目　录

序　一 ……………………………………………………………… 1

序　二 ……………………………………………………………… 6

序　三 ……………………………………………………………… 11

凡　例 ……………………………………………………………… 1

一、概论 …………………………………………………………… 1

　（一）党项西夏经济形态的演进 ……………………………… 1

　　1. 早期党项社会经济形态 …………………………………… 1

　　2. 内迁党项社会经济形态的变化 …………………………… 3

　　3. 以贵族地主为代表的宗法封建制 ………………………… 4

　（二）西夏社会生产发展水平 ………………………………… 8

　　1. 农业生产水平 ……………………………………………… 9

　　2. 畜牧业生产水平 …………………………………………… 11

　　3. 手工业生产水平 …………………………………………… 14

　　4. 商业交换的发展 …………………………………………… 17

　　5. 如何认识西夏半农半牧经济 ……………………………… 21

　　6. 结语 ………………………………………………………… 23

二、生存环境·····································24

　（一）自然生态·······························24

　　　1. 鄂尔多斯高原·······················25

　　　2. 河套平原·······························27

　　　3. 阿拉善高原·························29

　　　4. 河西走廊·······························31

　　　5. 横山及天都山地区···············32

　（二）户籍人口·······························33

　　　1. 户籍·····································33

　　　2. 人口·····································37

　（三）气候灾害·······························41

　　　1. 气候·····································41

　　　2. 灾害·····································42

　（四）衣食居室·······························45

　　　1. 衣着·····································45

　　　2. 饮食·····································47

　　　3. 居室·····································53

　（五）医药医疗·······························55

　　　1. 药材·····································55

　　　2. 医疗·····································57

　（六）周边社会·······························58

　　　1. 宋朝·····································58

　　　2. 辽朝·····································59

　　　3. 金朝·····································60

　　　4. 河湟吐蕃·····························60

5. 高昌回鹘 …………………………………………… 61

三、畜牧生产 ……………………………………… 63

（一）牲畜种类 ……………………………………… 63

1. 马 ………………………………………………… 63

2. 骆驼 ……………………………………………… 64

3. 羊 ………………………………………………… 64

4. 牛 ………………………………………………… 66

5. 驴、骡 …………………………………………… 66

（二）牧养方式 ……………………………………… 67

1. 游牧 ……………………………………………… 67

2. 饲养 ……………………………………………… 68

3. 半农半牧 ………………………………………… 68

（三）官牧制度 ……………………………………… 70

1. 管理机构 ………………………………………… 70

2. 生产机制 ………………………………………… 71

3. 官畜审验 ………………………………………… 74

4. 官畜数量 ………………………………………… 76

四、农田耕作 ……………………………………… 78

（一）农田水利 ……………………………………… 78

1. 灌溉渠道 ………………………………………… 79

2. 管理机制 ………………………………………… 81

3. 清淤维护 ………………………………………… 83

4. 依次供水 ………………………………………… 84

5. 筑路植树 ………………………………………… 85

（二）耕作技术 ……………………………………… 86

　　1. 生产工具 …………………………………… 86

　　2. 耕作方法 …………………………………… 87

（三）作物品种 ……………………………………… 91

　　1. 粮食作物 …………………………………… 91

　　2. 经济作物 …………………………………… 96

　　3. 野菜草籽 ………………………………… 101

　　4. 粮食产量 ………………………………… 103

五、手工生产 …………………………………………… 105

（一）冶炼铸造 …………………………………… 105

　　1. 冶铁及铁器加工制造 …………………… 105

　　2. 金银冶炼与金银制品的打制 …………… 108

　　3. 冶铜与铜器打铸 ………………………… 109

（二）池盐生产 …………………………………… 110

　　1. 池盐分布 ………………………………… 110

　　2. 生产方法 ………………………………… 113

　　3. 征榷制度 ………………………………… 115

（三）皮毛加工 …………………………………… 116

　　1. 裘皮制品 ………………………………… 117

　　2. 毛制品 …………………………………… 117

（四）丝麻棉织 …………………………………… 118

　　1. 丝绸 ……………………………………… 119

　　2. 麻布 ……………………………………… 120

　　3. 棉布 ……………………………………… 120

（五）陶瓷建材 …………………………………… 121

1. 瓷窑分布 ……………………………………………… 121

2. 装饰技法 ……………………………………………… 123

3. 装烧技术 ……………………………………………… 123

4. 器具特点 ……………………………………………… 124

5. 建筑材料 ……………………………………………… 124

（六）造纸印刷 ……………………………………………… 125

1. 造纸 ………………………………………………… 125

2. 印刷 ………………………………………………… 126

（七）制曲酿酒 ……………………………………………… 130

1. 酒的种类 …………………………………………… 131

2. 榷酤制度 …………………………………………… 133

六、货币商业 ……………………………………………… 136

（一）通货流通 ……………………………………………… 136

1. 通货形态 …………………………………………… 136

2. 铸钱 ………………………………………………… 141

3. 宋钱流通 …………………………………………… 141

4. 省陌制 ……………………………………………… 142

（二）度量衡制 ……………………………………………… 143

1. 度制 ………………………………………………… 143

2. 量制 ………………………………………………… 144

3. 衡制 ………………………………………………… 145

4. 亩制 ………………………………………………… 146

（三）商业交换 ……………………………………………… 148

1. 酒肆店铺 …………………………………………… 148

2. 集市交换 …………………………………………… 151

3. 土地买卖 ……………………………………………… 157

（四）高利借贷 ………………………………………………… 159

    1. 抵押借贷 ……………………………………………… 159

    2. 放贷者与借贷人 ……………………………………… 160

    3. 借贷文契 ……………………………………………… 162

    4. 借贷利率 ……………………………………………… 170

（五）对外贸易 ………………………………………………… 173

    1. 立国前党项与外界交换 ……………………………… 173

    2. 夏宋贸易 ……………………………………………… 176

    3. 夏辽贸易 ……………………………………………… 193

    4. 与回鹘及其他远蕃贸易 ……………………………… 194

    5. 夏金贸易 ……………………………………………… 195

七、土地制度 ………………………………………………… 202

（一）国家土地所有制 ………………………………………… 202

    1. 国有土地来源 ………………………………………… 202

    2. 国有土地经营 ………………………………………… 203

（二）地主土地占有制 ………………………………………… 206

    1. 地主土地来源 ………………………………………… 206

    2. 地主土地经营 ………………………………………… 210

（三）寺院土地占有制 ………………………………………… 212

    1. 寺院土地占有 ………………………………………… 212

    2. 寺院土地经营 ………………………………………… 213

（四）农牧民土地占有制 ……………………………………… 216

    1. 小土地占有 …………………………………………… 216

    2. 小土地经营 …………………………………………… 217

八、赋税徭役………………………………………………… 218

（一）赋税 …………………………………………………… 218

　　1. 田赋 ………………………………………………… 218

　　2. 水税 ………………………………………………… 224

　　3. 人口税 ……………………………………………… 225

　　4. 畜产税 ……………………………………………… 226

　　5. 买卖税 ……………………………………………… 227

　　6. 苛捐杂税 …………………………………………… 227

（二）役制 …………………………………………………… 228

　　1. 兵役 ………………………………………………… 228

　　2. 夫役 ………………………………………………… 231

　　3. 差役 ………………………………………………… 234

　　4. 其他劳役 …………………………………………… 234

九、社会阶层…………………………………………………… 237

（一）贵族地主阶级 ………………………………………… 237

　　1. 官僚贵族地主 ……………………………………… 237

　　2. 僧侣贵族地主 ……………………………………… 240

（二）庶人阶层 ……………………………………………… 241

　　1. 庶民地主 …………………………………………… 242

　　2. 自耕农（自牧民）………………………………… 242

　　3. 佃农（雇农）……………………………………… 243

（三）依附民阶层 …………………………………………… 245

　　1. 使军 ………………………………………………… 245

　　2. 牧助 ………………………………………………… 247

　　3. 作人 ………………………………………………… 247

4. 官人和私人 ·················· 248

5. 典押出力人 ·················· 249

6. 奴婢 ······················· 250

（四）工商业阶层 ·················· 250

1. 手工业生产者 ·················· 250

2. 商人 ······················· 252

十、财政收支 ························· 254

（一）财政收入 ····················· 254

1. 赋税收入 ······················ 254

2. 国有牧场和农田收入 ············· 258

3. 官营开采收入 ·················· 259

4. 官营制造收入 ·················· 260

5. 对外贸易收入 ·················· 261

6. 其他收入 ······················ 262

（二）财政支出 ····················· 265

1. 供国 ······················· 265

2. 供御 ······················· 272

3. 供军 ······················· 273

（三）仓储 ························· 275

1. 粮窖 ······················· 276

2. 集聚 ······················· 279

3. 库舍 ······················· 280

4. 仓库管理体制 ·················· 280

5. 仓库管理制度 ·················· 282

6. 结语 ······················· 287

参考文献·································· 289

　（一）古籍 ······························· 289

　（二）出土文献文物 ··················· 293

　（三）研究著作 ························· 294

后　　记································· 298

序 一

在西夏陵入选世界文化遗产名录之际，以宁夏大学杜建录教授为首的西夏研究团队，凭借着对学术的执着追求与深厚积淀，又推出一部重磅成果——《西夏通志》。这部多年精心编纂的大型西夏史著作共11卷（12册），包括《西夏史纲》(2册)《西夏地理志》《西夏经济志》《西夏职官志》《西夏军事志》《西夏人物志》《西夏部族志》《西夏风俗志》《西夏语言志》《西夏文献志》《西夏文物志》，共400余万字。首卷《西夏史纲》以全景式的视角，为读者徐徐展开西夏王朝兴衰更迭的历史长卷，其余各卷则从不同维度分别展示西夏历史的一个重要侧面。

《西夏通志》为2015年国家社科基金重大项目成果，立项前我和建录教授多次交换意见，立项后我们的交流就更多了，我还参与《部族志》的撰写、《职官志》的审读，书稿付梓前又得以先睹，感到此书的编纂意义重大，功力深厚，贡献良多。

众所周知，宋辽夏金之后的元朝为前代修史时，只修了《宋史》《辽史》和《金史》，未修西夏史，仅在这三史的后面缀以简约的"夏国传""西夏纪""西夏传"，概略地介绍了西夏主体民族党项族和西夏建国后的大事简况，以及各自与西夏的交聘争战。历史资料的稀缺，使得人们对西夏历史和社会的认识模糊不清，感到西夏史在中国历史链条中似乎是个缺环。清代以来，有识之士拾遗补阙，先后编撰《西夏书事》《西夏事略》《西夏纪》等著作，均是对传统典籍中文献资料的编年辑录，不是一部完整的西夏史。20世纪80年代以来，学界推出多部重要的西夏史著作，尤以吴天墀《西夏史稿》影响最为深远。但一方面章节体很难容纳更多的内容，另一方面出土的文献资料特别是西夏社会文书尚未公布和释读，很难弥补元代没有编纂西夏史的缺憾。

为此，《西夏通志》在系统占有资料特别是近年公布考释的西夏社会文书的基础上，将我国古代史书中的纪传史志和近代以来的章节体专史结合起来完成的一部大型西夏史著作，如"西夏史纲"是西夏王朝兴衰更迭的历史长卷；"西夏史志"，相当于"正史"中的《志》，包括地理志、经济志、职官志、军事志、部族志、语文志、文献志、文物志等，但内容和"正史"中《志》不大相同，而是根据资料和当代学术的发展，赋予新的内容，显示出新的活力，如"经济志"中的经济关系、阶级结构和社会形态；"职官志"中蕃汉官名；"军事志"中的战略、战术与战役；"语文志"中的语音和文字；"文献志"已不是传统《艺文志》中的国家藏书，而是所有地下出土文献和传世典籍文献；"人物志"，相当于人物传记；"表"包括世袭、帝号、纪年、交聘、大事、战事、词汇以及名物制度异译对照等。由此可见，《西夏通志》在一定程度上弥补了元朝没有纂修一部西夏史的缺憾。

《西夏通志》的特点是内容丰富而平实。正如首卷《西夏史纲》在凡例中所提出的"本史纲在百年西夏学基础上，系统阐述西夏建国、发展和衰亡过程以及西夏政治、经济、军事和文化面貌，不是资料考辨和某种观点的阐述。"其他各卷也都在各自的凡例中规定，该卷是在前人研究的基础上，进行客观叙述，不是资料考辨和某种观点的阐述。这样明确的自我约定，表明了作者们的科学、客观的治学态度和大众化的表述理念，充分彰显了作者团队严谨的治学态度和致力于学术大众化传播的理念。他们十分注重吸收近些年来在西夏法律、经济、军事、文化诸多方面的最新研究成果，把认真搜罗的相关文献、文物资料展陈于前，将成熟的学术观点归纳于后，没有佶屈聱牙、艰涩难懂的争辩，只是客观地叙述历史，娓娓道来，毫无强加读者之意，却能收平易推介之功，让读者在轻松愉悦的阅读体验中，自然而然地接受西夏历史知识。这种独特的写作风格，真正实现了学术著作的传播，让高深的学术知识走出象牙塔，走进大众视野。

《西夏通志》的另一个特点是系统而全面。全卷不仅多方位地涵盖了西夏历史，即便是每一卷也都能做到在各领域中尽量搜罗各种资料，做到全面系统。如《西夏文献志》收入西夏世俗文献 167 种，出土西夏佛教文献 556 种，传统汉文典籍中的西夏文献 41 种，历代编撰的党项西夏文献 21 种，还有亡佚的西夏文献 25 种，共达 810 种之多，同时对每一种文献都有介绍，为读者提供了翔实的西夏文献盛宴，可谓西夏文献的集大成之作。

《西夏通志》还有一个亮点是多数卷的末尾附有《表》，如《史纲》卷的《世袭表》《帝号表》《纪年表》《交聘表》《大事年表》《西夏学年表》，《地理志》的《党项与西夏地名异译表》，《职官志》的《党项与西夏职官异名对照表》《西夏蕃名官号一览表》《夏汉官职异名对照表》《机构异名对照表》，《语言志》的《词汇表》等。这些《表》以简洁明了的形式，将复杂的历史信息清晰地呈现出来，如《西夏学年表》呈现出百年西夏学发展脉络，《词汇表》以 2000 条的篇幅分门别类地展示出西夏语的常用词，每条词有西夏文、国际音标和汉译文三项，非常方便读者检索使用。这些附录有的是对正文的补充，有的是对正文的提炼，有的则与正文相呼应，成为各卷不可或缺的有机组成部分，充分体现了作者对各研究领域的深入理解、长期积累以及对读者需求的贴心考量。我想，只有作者对该领域的全面了解和深耕细作才能做出这样既专业，又方便读者的附录，我们应该对作者们为读者的精细考量致以诚挚的感谢。

本书作者团队阵容强大，领衔的杜建录教授为长江学者，他一人担纲了《西夏史纲》《西夏经济志》及部分《西夏军事志》的重担。其他各卷作者均是这些年成长起来的学术带头人和学术骨干，据我所知，他们大多数主持完成两项以上国家社科基金项目，有的主持国家社科基金重大项目和国家社科基金冷门绝学团队项目。这个研究团队经过多年历练，有良好的研究基础与合作传统，十多年前也是由杜建录教授主持的 4 卷本《党项西夏文献研究——词目索引、注释、异名对照》(中华书局 2011 年出版)，这个团队的大部分成员就参加了这项基础资料建设工作，使他们在对党项西夏文献整理过程中打下了坚实的基础。他们中有的还参与《西夏文物》整理出版，看得出《西夏通志》是在坚实的基础上厚积薄发，他们的学术积累得到了充分的运用和表达。

他们还有一个特点，就是多熟悉西夏文。随着近代西夏文文献的大量发现，特别是近些年来黑水城出土文献的系统刊布，使西夏文文献成为解读西夏历史文化的重要资料基础。掌握西夏文成为解读西夏历史文化的关键。熟悉西夏文译释的本书作者们凭借这一优势，在研究中可以将汉文史料和西夏文资料以及文物资料充分同时利用，相互印证，有机地融汇在一起，做出特殊的深层次解读，从而取得新的符合史实的客观认识。他们如同穿越时空的使者，借助古老的文字，与历史对话，从而得出更符合史实的客观认识。揆诸各卷内容，都不乏利用新的西夏文资料展现该卷历史内容的实例，这种在中国史研究中大量利用民族文字资料的特殊手段彰显出本书的特点，展现出作者们经过艰苦学习、训练而能熟练应用西夏文的亮丽学术风采。

最后，我要说的是《西夏通志》作者无论研究环境优劣，都能正确把握国家对"冷门绝学"长远战略，以研究西夏历史文化为己任，以彰显其在中华文明中的价值为使命，坚守岗位，坚持学术，默默耕耘、潜心研究，努力发掘西夏文化在中华文明发展中的历史性贡献，用实际行动和优秀成果推动着西夏学的发展。对他们这种难能可贵的学术坚守点赞，对他们的学术品格表示尊敬！

随着西夏陵入选世界文化遗产名录，西夏研究将愈加受到有关部门、学术界和社会的关注和重视。此重要成果的推出无疑将会给方兴未艾的西夏学增添新的热度，对关心西夏的读者们有了认识西夏历史的新途径，为读者打开西夏历史知识的全新窗口，助力大众深刻理解西夏文化在中华文明中的重要地位，对铸牢中华民族共同体意识发挥积极的作用。

史金波

2025 年 7 月 15 日

（史金波　中国社会科学院学部委员　中国社会科学院学部委员工作室专家）

序　二

　　西夏史学史研究表明，西夏学一百多年的发展史，大体经历了两个阶段。第一阶段从 20 世纪 20 年代至 80 年代。从俄国探险家掠走黑水城西夏文献开始，苏联学者因资料上的优势，率先开始了西夏文献的整理研究，出版了一批论著。日本及欧美的学者也开始了西夏文献的研究。这个阶段，我国学者在西夏文文献资料有限的情况下，开始着手对西夏语言文献、社会历史及宗教文化等方面的研究。总体来讲，这一时期国外西夏学特别是俄罗斯西夏文献研究具有十分重要的地位。第二阶段从 20 世纪七八十年代开始，中国西夏学的研究开始出现了新的变化。70 年代开始，西夏陵等一批西夏遗址的考古发掘，90 年代以来的俄、中、英、法、日等国藏西夏文献的整理出版，西夏学的主战场逐渐由国外转移到国内，西夏学的内涵从早期的黑水城文献整理与西夏文字的释读，拓展成对党项民族及西夏王朝的政治、经济、军事、地理、宗教、考古、文物文献、语言文字、文化艺术、社会风俗等全方位的研究，完整意义上的西夏学逐渐形成，和敦煌学、简牍学一样，成为一门涵盖面非常广泛的综合性学科。西夏学取得的丰硕成果，表明已开始走出冷门绝学的境地，出现了初步的繁荣局面，学界给予了更多的关注和赞誉。2007 年，在北京召开的《中国藏西夏文献》出版座谈会上，史学大师蔡美彪先生曾说，"我深切的感到 30 年来，我国西夏学、西夏史的研究取得的成绩非常大，甚至可以说，将这 30 年的中国历史学的各个领域比较起来的话，西夏的文献整理和西夏学研究的成绩，应该是最显著的领域之一"（《西夏学》第 3 辑，2008 年）。

西夏学在新的发展进程中，研究机构及学术团队的建立发展壮大，是必要的条件和基础工作。西夏故地在宁夏，宁夏大学一直把西夏学作为重点建设的学科，2001 年，宁夏大学西夏学研究中心被教育部批准为高校人文社会科学重点研究基地，2008 年教育部批准更名西夏学研究院。基地建设二十多年来，他们立足当地，着眼长远，培养队伍，积极开展具有学科发展意义的重点项目研究，已成长为国内外西夏学领域一支有科研实力、能够承担重大项目并起到领军作用的学术团队。在这个过程中，我作为亲历者和见证者，看到杜建录教授带领的基地和团队之所以能取得突出成效，缘于他们坚持正确的学术导向，具有长远的学术眼光，尊重学术发展规律，在推动西夏学学科体系建设方面采取了一系列必要的举措：

一是重视基础建设，组织文献整理、集成和出版。二十多年来，他们以教育部人文社会科学重点研究基地为平台，联合中国社会科学院西夏文化研究中心等单位，整理出版大型文献丛书《中国藏西夏文献》《中国藏黑水城汉文文献》《中国藏黑水城民族文字文献》《西夏文献丛刊》，建设大型西夏文献文物资料数据库；参与承担并完成国家社科基金特别委托项目《西夏文献文物研究》；将西夏文献研究由西夏文延伸到拓跋政权和西夏时期的汉文、西夏文、吐蕃文、回鹘文等多语种文献，拓展了西夏文献研究的深度和广度。

二是倡导"大西夏史"。跳出西夏看西夏，从唐五代辽宋夏金元大背景下研究西夏，推动多学科交叉综合研究，揭示中华民族"多元一体"格局形成的历史轨迹，揭示西夏多元杂糅的文化特点。将西夏学研究拓展到中华民族"三交"史的研究。

三是重视和推进民族史学理论建设。二十多年前建在宁夏大学西夏学研究院的中国少数民族史博士点就设立了中国民族史学理论专业方向。以"多元一体"为核心的史学理论建设推进和指导了西夏研究，专业人员的史学理论素养和分析概括能力明显提高，和近年来习近平总书记提出的铸牢中华民族共同体意识的理论创新思想紧密衔接。

四是重视学术团队建设和拓宽研究视域。宁夏大学西夏学研究已形成了有一定数量、结构配置合理的团队，研究方向涵盖了西夏历史、文化、语言、文献、文物等主要领域，近十多年迅速发展起来的西夏文化和西夏艺术研究，进一步丰富了西夏学的内涵，具有填补空白和创新的学术意义。运用中华民族史观和多学科综合研究方法，成为西夏学新的增长点。

五是重视国际合作研究，提升国际话语权。2010年成立中俄西夏学联合研究所，开展黑水城文献合作研究，形成中俄联合研究机制。连续举办八届国际学术论坛，促进国际西夏学的交流和学术资源共享；利用国家社科基金外译项目等各种途径，组织出版西夏研究外译著作十多种。

这些举措的坚持和落实，使宁夏大学西夏学研究基地积累了经验，扩大了视野，历练了队伍，完成了一系列重大项目，展示了"西夏在中国，西夏学也在中国"的厚实基础。这也正是他们能够承担并高质量完成国家社科基金重大攻关项目《西夏通志》的主要原因。

杜建录担任主编的《西夏通志》2015年获批国家社科基金重大项目，2022年完成结项，2025年正式出版，十年磨一剑，是迄今为止西夏学各个领域研究成果的集大成者。在学术指导思想上，贯穿了中华民族历史观和中华民族共同体意识；在历史资料运用上，充分吸收了迄今国内外发现刊布的各类文字资料及实物资料以及近年考古新发现；在叙述内容上，尽可能涵盖了西夏社会的各个方面和各个领域，力求全方位呈现一个真实、生动、立体的历史上的西夏；在编纂体例上，将我国传统的史志体和近代以来的章节体结合起来，作了有益的探索。从上述意义上看，《西夏通志》不仅是目前西夏学全面的创新性成果，而且是具有中国自主话语权和自主知识体系的学术成果。

在这里，特别要提到的是《西夏通志》所采用的编著体例。在中国悠久的治史传统中，不仅保留了各种记述历史的文献资料，也创造了编著史书的体例，形成了以纪传体（如《史记》为代表的二十四史）为主流以及编年体、纪事本末体等体例的史书编纂方式，与此同时形成的还有志书体例。志基本属于史的范畴，"郡之有志，犹国之有史"（宋·郑兴裔《广陵志·序》），"方志是地方之史"（白寿彝《史学概论》）。志更侧重于资料内容的分类编纂。以历史纵向为主线的"史"和以横向分类为主线的"志"，构成了中国传统史学的主要记述模式。传统史志体例作为中国历史庞大复杂内容的主要载体，数千年来不断改进完善，其功能和作用不可低估。但传统史著体例也有其历史局限性，如以王朝政治史为中心，忽视社会多元性；以儒家史观主导，难避片面性；以人物和事件描述为中心，缺乏历史发展内在联系及因果分析；史料的选择有局限，民间、地方、民族方面的史料缺失等等。上个世纪随着西方史学理论和方法的引入，史著的章节体体例渐成现代历史著作的主要形式，它以历史演进为基本线索，以科学分类和逻辑分章的形式，将传统史志的叙事方式赋予了现代学术规范，具有结构清晰、内容涵盖面广、可以跨学科综合、便于阅读和传授的特点。但史家在运用章节体书写历史中，与传统史著相比，也感到有不足之处，如对人物、典籍、制度、文化等专项内容的描述不够，一般的处理方法是简要地概括在章节的综合叙事中。白寿彝先生主编的12卷《中国通史》作了新的尝试，用传统与现代相融合的创新编纂体例，采用甲、乙、丙、丁四编结构，甲编"序说"整合文献与研究成果，乙编"综述"以时序勾勒朝代脉络，丙编"典志"解析政治经济文化制度变迁，丁编"传记"通过人物纪传体现史实。这种创新体例将专题考据与宏观叙事结合，史料评介、制度分析、人物纪传、考古发现、研究动态等在章节体中不易展开的内容都有了一定的位置呈现。

作为以断代史和王朝史为叙述对象的西夏历史，《西夏通志》大胆采用了传统史志体例与现代章节体例相融合的方式，将史、志、传、表作为基本结构，"史"为"西夏史纲"，以纵线时间脉络为主，集中阐述从党项到西夏政权的治乱兴衰和社会各方面的演进;"志"为"西夏史志",采用传统地理志、职官志、军事志、部族志、语文志、文献志、文物志等分类编纂叙述的方法,但充分运用了新资料,内容更充实,阐释更有新意;"传"即"人物志",对见于记载的西夏人物逐个立传;"表"包括世袭、帝号、纪年、交聘、大事、战事、词汇以及名物制度异译对照等。全书在中华民族史观的统领下,继承考证辨析的严谨治学方法,以现代学术规范为基本要求,充分吸收传统体例的元素,力求作到史论结合、史志结合、出土文献和实物与典籍文献结合、西夏文文献与汉文文献及其他民族文字文献结合、国内研究与国外研究结合,尽可能吸收国内外研究的新成果。这种编纂体例,虽然带有试验性,但体现了学术上守正创新的精神,体现了构建自主知识体系的积极探索。

经过 10 年的不懈努力,煌煌 12 卷 400 多万字的《西夏通志》终于呈现在读者面前,可以说,《西夏通志》的出版,在西夏学发展史上具有里程碑意义,对于西夏学的过往来讲,是一次全面的总结和收获;对于西夏学的未来来讲,是进一步研究的起点。正如编著者在"序"中所言,《西夏通志》的完成不是收官,而是起点!

陈育宁

2025 年 7 月 6 日

（陈育宁　宁夏大学教授　宁夏大学原党委书记　校长）

序 三

元朝修宋辽金三史，没有给西夏修一部纪传体专史，给后人留下很多缺憾。现存的资料无法编纂一部纪传体《西夏史》，当代章节体的《西夏史》又无法容纳更多内容。鉴于此，2008 年就开始策划编纂多卷本历史著作《西夏通志》，2015 年获批国家社会科学基金重大项目，2022 年完成结项，2025 年正式出版。该多卷本著作体裁介于"纪传体"断代史和"章节体"专史之间，将我国的史论和史志结合起来，在西夏史乃至中国古代史研究体例和方法上都是创新，这是本通志纂修的意义和价值所在。

自明、清以来，封建史家有感于西夏史的缺憾，筚路蓝缕，拾遗补阙，撰写出多种西夏专史，重要的有明代《宋西事案》、清代张鉴《西夏纪事本末》、吴广成《西夏书事》、周春《西夏书》、陈崑《西夏事略》，民国初年戴锡章《西夏纪》等等。这些著作梳理了西夏史资料，特别是参考了当时能见到、现已不存的文献资料，值得我们重视。不过从总体上来看，明、清两代学者对西夏史的研究有较大的局限性：一方面采取的是传统的封建史学观点、方法和体例；另一方面黑水城文献尚未发现，西夏陵等重要考古尚未开展，所使用的资料仅限于传世典籍，因此，这些著作都不能够全面阐释西夏社会面貌。

20 世纪 70 年代以来，西夏史的研究又得到学界的重视，先后出版林旅芝《西夏史》(1975)、钟侃等《西夏简史》(1980)、吴天墀《西夏史稿》(1981)、李蔚《简明西夏史》(1997)、李范文主编《西夏通史》(2005),这些成果各有所长,大大推动新时期西夏史的研究,如果从研究的全面性来看,仍有一定的局限,一是章节体例无法容纳更多历史事实,前四种都在四十万字以内,其中《西夏简史》不足10万字,即使由专家集体完成的《西夏通史》也是几十万字;二是地下出土文献尚未完全公布,特别是数千件俄藏西夏社会文书近年才公布,所利用的资料有限。因此,有必要运用新资料、新体例完成一部多卷本的西夏史。

国外西夏研究的重点集中在西夏文献,西夏历史方面的成果相对较少,主要有苏联克恰诺夫的《西夏史纲》(1968),日本冈崎精郎的《党项古代史研究》(1972),美国邓如萍的《白高大夏国:十一世纪夏国的佛教和政体》(1998),《西夏史纲》比较简略,且汉文资料使用上有较多错误;《党项古代史研究》侧重西夏建国前的历史;《白高大夏国:十一世纪夏国的佛教和政体》过分强调西夏佛教的地位,国外的西夏史代表作虽有较高的参考价值,但也不能反映西夏历史全貌。此外,《中国通史》《辽宋西夏金代通史》《剑桥辽夏金史》也都有西夏史的内容。该成果或作为中国通史的一部分,或是辽金西夏断代史的组成部分。

除通史外,文献资料和专史研究也取得了很大成绩,文献资料整理研究方面,相继出版《俄藏黑水城文献》《英藏黑水城文献》《法藏敦煌西夏文文献》《中国藏西夏文献》《中国藏黑水城汉文文献》《斯坦因第三次中亚考古所获汉文文献》《日本藏西夏文文献》《西夏文物》(多卷本)。韩荫晟《党项与西夏史料汇编》,陈炳应《西夏文物研究》,史金波《西夏经济文书研究》《西夏军事文书研究》,史金波等译《天盛改旧新定律令》,杜建录等《党项西夏文献研究——词目索引、注释与异名对照》《西夏社会文书研究》等。所有这些,将西夏历史文献整理研究推向了新阶段。

西夏专史方面,史金波《西夏文化》《西夏佛教史略》《西夏社会》,白滨

《元昊传》《党项史研究》，周伟洲《唐代党项》《早期党项史》，汤开建《党项西夏史探微》，杜建录《西夏经济史》《西夏与周边民族关系史》，李华瑞《宋夏关系史》，杨浣《宋辽关系史》，陈育宁、汤晓芳《西夏艺术史》，韩小忙《西夏美术史》，鲁人勇《西夏地理考》等。这只是百年西夏学论著的一部分，还有大量论著收录在《西夏学文库》《西夏学文萃》两套大型丛书中，不一一列举。这些研究成果，为多卷本《西夏通志》的撰写奠定坚实的基础。

《西夏通志》约四百万字，从内容上看，可分为四部分，一是"西夏史纲"，包括党项内迁与夏州拓跋政权建立、西夏建国与治乱兴衰、西夏人口与社会、西夏农牧业和手工业、西夏通货流通与商业交换、西夏赋役制度、西夏社会形态与阶级结构、西夏文化、西夏遗民等。

二是"西夏史志"，相当于"正史"中的《志》，包括地理志、经济志、职官志、军事志、部族志、语文志、文献志、文物志等，但内容和方法和"正史"中《志》大不相同，而是根据资料和当代学术的发展，赋予新的内容，显示出新的活力，如"地理志"中的地的西夏地图；"经济志"中的经济关系、阶级结构和社会形态；"职官志"中蕃汉官名；"军事志"中的战略、战术与战役；"语文志"中的语音和文字；"文献志"已不是传统《艺文志》中的国家藏书，而是所有地下出土文献和传世典籍文献（含典籍中记载而已佚失的文献），既包括西夏文文献，又包括西夏时期产生汉文文献和其他民族文字文献。

三是"西夏人物志"，相当于人物传记，对目前见于记载的所有西夏人物立传，由于资料不一，每个传记多则近千字，少则数十字。

四是附表，包括《西夏世袭表》《西夏帝号表》《西夏纪年表》《西夏交聘表》《西夏大事年表》《党项与西夏地名异译表》《党项与西夏职官异名对照表》《西夏蕃名官号一览表》《夏汉官职译名对照表》《机构译名对照表》《西夏战事年表》《西夏人物异名对照表》《西夏部族名称异译表》《西夏沿边部族名称异译表》《西夏词汇表》《西夏学年表》等。

为了高质量完成书稿，课题组结合西夏文献资料特点，尽可能多重证据，将地下出土文献和传世典籍文献相结合，西夏文文献和汉文文献及其他民族文字文献相结合，《天盛律令》《亥年新法》《法则》《贞观玉镜将》等制度层面上的资料和买卖、借贷、租赁、军抄、户籍等操作层面上的资料相结合，国内研究和国外研究相结合。例如，《天盛律令》规定"全国中诸人放官私钱、粮食本者，一缗收利五钱以下，及一斛收利一斛以下等，依情愿使有利，不准比其增加。"过去对这条律令不好理解，通过和黑水城出土西夏天盛十五年贷钱文契结合研究，可知一缗收利五钱为日息，一斛收利一斛为年息。

郡为秦汉以来普遍设置的地方机构，相当于州一级，下辖县，有时是州县，有时是郡县。一般情况下县级名称不变，而州郡名称互换，如灵州与灵武郡，夏州与朔方郡，凉州与武威郡，甘州与张掖郡，肃州与酒泉郡。西夏立国后承袭前代，在地方上设州置郡，以肃州为蕃和郡，甘州为镇夷郡。这条资料出自清人吴广成《西夏书事》，由于该书没有注明史料来源，往往为史家所诟病，研究者不敢确认西夏设郡。黑水城出土西夏榷场文书明确记载镇夷郡，为西夏在地方设郡找到了确凿证据，其意义不言自明。

二是考证辨析，对异见异辞、相互矛盾的史料，加以辨正，以求其是；辨析不清者，两存其说、存疑待考。例如，《天盛律令》记载有石州、东院、西寿、韦州、卓啰、南院、西院、沙州、啰庞岭、官黑山、北院、年斜等十二个监军司，有的名称和《宋史》《续资治通鉴长编》记载相同，有的不相同，要逐一考辨清楚。还如，汉文文献中的党项西夏地名、人名、官名、族名，有的是意译，有的是用汉语音写下来，不同的译者往往用字不同，出现了大量的异译；有的在传抄、刊印过程出现讹、衍、误。以上种种现象，造成将一人误做两人，将一地误做两地，将一官误做两官，为此，在全面系统搜集资料的基础上，对汉译不同用字以及讹、衍、误逐一进行甄别和考辨，表列党项与西夏地名、人名、官名、族名异名对照。

三是分三步完成，第一步为按卷编纂"西夏通志资料长编"，将所有出土文献、传世典籍、文物考古资料，按照时间和门类编成资料长编；第二步对搜集到西夏文献资料辨析考证，完成西夏史考异，对当代专家不同的认识，也要加以辨析，有的问题两存其说；第三步在资料长编和文献考异的基础上，删繁就简、去误存真、存疑待考，完成资料详实、内容丰富、观点鲜明的多卷本《西夏通志》。

教育部西夏学重点研究基地建设伊始，确立了西夏文献整理出版、西夏文献专题研究以及西夏社会面貌阐释的"三步走"战略。《西夏通志》的纂修是该战略的重要环节，它的完成不是收官，而是起点！

杜建录

2025 年 6 月 1 日

（杜建录　教育部人文社科重点研究基地

宁夏大学西夏学研究院院长　民族与历史学院院长）

凡　例

一、本志包括概论、生存环境、畜牧生产、农田耕作、手工生产、商业货币、土地制度、赋税徭役、社会阶层、财政收支十类，每类之下分若干目。

二、本志是在前人研究基础上，对西夏社会生产发展水平和生产关系的客观叙述，不是资料考辨和某种观点的阐释。

三、本志主要依据汉文文献、西夏文文献、其他民族文字文献以及文物考古资料。西夏文文献等民族文字文献采用成熟的译本或译文。

四、本志力求行文流畅，对关键内容注明出处；对异见异辞、相互矛盾的史料，在注文中简要辨析；辨析不清者，两存其说、存疑待考；对当代学者不同认识，亦加以辨析，有的问题两存其说。

五、本志纪年一律采用年号纪年后注公元纪年，如夏天授礼法延祚元年，即宋宝元元年（1038）。

六、本通志对西夏国主（皇帝）的姓氏采用学界通用的李姓。部族成员，则根据史料记载，或用拓跋氏，或用李氏，或用嵬名氏，不做统一规定。

七、本通志依据《宋史》记载，在西夏国主（皇帝）称谓上，采用庙号加姓名的方式，如夏仁宗李仁孝。亦可简称庙号，如夏景宗、夏仁宗等。

八、本志中的地名原则上注明现地名或方位。

一、概论

元修宋辽金三史，没有给西夏修一部纪传体专史，仅取"史所载追尊谥号、庙号、陵名，兼采《夏国枢要》等书"①，以及"其臣罗世昌谱叙世次"等②，纂成三史西夏纪、传。换言之，三史中的西夏纪、传，基本上是西夏政治史纲要，有关经济只有寥寥数语③，直到近代以来西夏文献文物的大量出土，特别是黑水城西夏社会文书的出土和考释，西夏社会经济的面貌才逐渐清晰起来。

（一）党项西夏经济形态的演进

1. 早期党项社会经济形态

建立西夏国的党项是我国古代羌族的一个分支，南北朝以来，长期居住

---

① 《宋史》卷四八六《夏国传下》。
② 《金史》卷一三四《西夏传》。
③ 《宋史》卷四八六《夏国传下》："其地饶五谷，尤宜稻麦。甘、凉之间，则以诸河为溉，兴、灵则有古渠曰唐来，曰汉源，皆支引黄河。故灌溉之利，岁无旱涝之虞。"《辽史》卷一一五《西夏外纪》："土产大麦、荜豆、青稞、糜子、古子蔓、碱地蓬实、苁蓉苗、小芜荑、席鸡草子、地黄叶、登厢草、沙葱、野韭、拒灰条、白蒿、碱地松实。"《金史》卷一三四《西夏传》记载："土宜三种，善水草，宜畜牧，所谓凉州畜牧甲天下者是也。土坚腴，水清冽，风气广莫，民俗强梗尚气，重然诺，敢战斗。自汉、唐以水利积谷食边兵，兴州有汉、唐二渠，甘、凉亦各有灌溉，土境虽小，能以富强，地势然也。"

在今甘、青、川三省毗连地区，以姓为部落，一姓之中复分为小部落。隋朝初年，部落"大者五千余骑，小者千余骑"①。入唐后部落人口有所增加，"大者万余骑，小者数千骑，不相统一"。"俗皆土著，居有栋宇，其屋织牦牛尾及羊毛覆之，每年一易。俗尚武，无法令赋役"。"不事产业，好为盗窃，互相凌劫。""男女并衣裘褐，仍披大毡。畜牦牛、马、驴、羊，以供其食。不知稼穑，土无五谷。气候多风寒，五月草始生，八月霜雪降。求大麦于他界，醞以为酒。""无文字，但候草木以记岁时。三年一相聚，杀牛羊以祭天。自周及隋，或叛或朝，常为边患。""妻其庶母及伯叔母、嫂、子弟之妇"，但"不婚同姓"②。

据此可知，内迁前党项处于原始社会末期的父家长制阶段，男子在部落社会中起主导作用，妇女则降到从属的地位，并在收继婚制下，沦为家族或家庭首领的财产，由具有家长权利的男性及其子弟继承。值得注意的是，随着剩余产品的出现，早期党项对外交换业已发生，"求大麦于他界，醞以为酒"。隋大业五年（609），隋炀帝西巡狄道（今甘肃临洮），党项前来贡方物；③唐武德二年（619）十一月，党项与吐谷浑并遣使来贡；④武德九年（626），又遣使入贡。⑤朝贡的目的主要是为了交换，剩余产品和对外交换的出现，必然促使原始社会氏族部落公有制向部落首领私有制演变。这些大大小小的部落首领为了攫取更多的财富，把对外掠夺看作是增加财富的重要手段，也是一件荣耀的事。因而在封建史家的眼中，早期党项是"不事产业，好为盗窃，互相凌劫"。"魏周之际，数来扰边。高祖为丞相时，中原多故，因此大为寇掠。"⑥

---

① 《隋书》卷八三《党项传》。
② 《旧唐书》卷一九八《党项羌传》。
③ 《隋书》卷三《炀帝纪上》。
④ 《册府元龟》卷九七〇《外臣部·朝贡三》。
⑤ 《旧唐书》卷二《太宗纪》。
⑥ 《隋书》卷八三《党项传》。

2. 内迁党项社会经济形态的变化

唐朝初年，崛起于青藏高原的吐蕃政权不断向外扩张，在吐蕃的进攻下，包括拓跋、野利等大族在内的党项部落陆续从今甘青川三省毗连地区迁移到西北地区的庆、灵、盐等州。"安史之乱"前后，又进入银、夏等州。党项内迁后，仍以氏族部落为单位，原有部落经过数千里的跋涉，有的比较完整地迁到内地，有的在迁徙过程中分化整合，形成了新的部落。早期党项有"细封氏、费听氏、往利氏、颇超氏、野辞氏、房当氏、米擒氏、拓跋氏，而拓跋最为强族"①。内迁后"大姓有细封氏、费听氏、折氏、野利氏，拓跋氏为最强"②。减少了往利氏、颇超氏、房当氏、米擒氏，增加了折氏。野辞氏又作野利氏、野律氏③。内迁后的党项，社会组织发生较大的变化，在保留一个个相对独立的氏族部落的同时，逐渐形成了以地缘为基础的部落联盟，"居庆州者号为东山部落，居夏州者号为平夏部落"④；居横山一带者号为"南山党项"。

党项内迁后定居的地区，原来都是汉族人民长期过着封建社会生活并创造着封建文明的所在，这里先进的封建文明对党项人在新环境中进行生产劳动是极为有利的，诸如先进的耕作技术，金属工具特别是铁器的使用，水利灌溉设施等，对于党项社会生产力的提高和经济的发展，都起着积极的推动作用。因此，内迁定居下来的党项人不仅在畜牧业方面兴旺发展，而且还逐渐学会了农作物的耕种，特别是沿边蕃汉杂居地区，他们和汉族人民朝夕相处，封建经济关系的影响更为直接，五代及宋初这种封建经济关系得到了进一步发展，北宋西北沿边地区的党项熟户不仅进入了封建制，而且还发展到封建租佃制阶段⑤。与此同时，内迁党项原始社会解体后向奴隶社会过渡并没

① 《旧唐书》卷一九八《党项羌传》。
② 《新五代史》卷七四《党项传》。
③ 《通典》《太平寰宇记》作野律氏。
④ 《旧唐书》卷一九八《党项羌传》。
⑤ 漆侠、乔幼梅：《辽夏金经济史》，河北大学出版社 1998 年版，第 258—259 页。

有因此中断，而是沿着奴隶制与封建制两个方向发展。党项羌原始社会解体后向奴隶制发展是清楚的，史料显示，西夏立国前后存在大量奴隶。在奴隶制下，贵族首领把掠夺看成"比进行创造的劳动更容易甚至更荣誉的事情"[①]，他们"或侵暴州镇，或攻掠道途"[②]。"攘夺不避于官物，驱掠罔惮于平人，擅兴甲兵，恣行攻劫"。[③]沈亚之《夏平》一文对部落首领这种掠夺与复仇生活形态有着形象的记述。[④]

3. 以贵族地主为代表的宗法封建制

西夏境内的党项人在向阶级社会过渡中，既发展了奴隶制，又保存和适应了封建制，从而使奴隶制和封建制这两种经济关系长期存在于西夏社会。尽管随着生产的发展，奴隶制逐步缩小，以私有制为基础的封建经济关系逐步扩大，到李元昊立国时最终确立了封建制度，但奴隶制一直残存下来，与西夏政权相始终。在一些偏远地区，甚至长期保留原始氏族制度。

西夏中后期，以大土地占有为基础的土地兼并得到法律的明确保护，《天盛改旧新定律令》规定："诸人卖自属私地时，当卖情愿处，不许地边相接者谓'我边接'而强买之。"[⑤]在土地兼并的大潮下，三十年河东，三十年河西，衰落的贵族地主也出卖土地。当然失去土地主要是自耕农，黑水城出土的12件土地买卖契约中，除了小石通判出售撒100石种子土地（约合1000西夏亩，250宋亩）外，其余为7.5至50宋亩。[⑥]

---

① ［德］恩格斯:《家庭、私有制和国家的起源》，人民出版社1972年版，第162页。
② 《唐大诏令集》卷一二九《洗雪平夏党项德音》。
③ 《全唐文》卷七〇〇李德裕《赐党项敕书》。
④ 《文苑英华》卷三七〇沈亚之《夏平》:"夏之属土，广长几千里，皆流沙。属民皆杂虏，虏之多者曰党项。相聚为落，于野曰部落。其所业无农桑事，畜马、牛、羊、骆驼。广德年中（763—764），其部落先党项与其类意能气不等，因聚党为兵相伐，强者有其马、牛、羊、骆驼。其后支属更酬杀，转转六七十年莫能禁，道路杀掠以为常。尝与华夷贸易马、牛、羊、骆驼者，贸已，辄以壮骑从间道伺险击夺华民，华民脱死者几希矣。"
⑤ 《天盛改旧新定律令》卷一五《租地门》。
⑥ 史金波:《西夏经济文书研究》第七章"契约文书研究"，社会科学文献出版社2017年版，第270页。

黑水城出土户籍手实，记录梁行监一户 18 口人，有撒 52 石种子地 4 块，约 520 西夏亩（218.4 宋亩）。马 3 匹，2 大 1 小；骆驼 32 头，26 大 6 小。讹移千男一户 7 口人，有撒 27 石种子地 4 块，约 270 西夏亩（113.4 宋亩）。骆驼 3 头，2 大 1 小；牛 10 头，4 大 6 小；羊大小 80 只。反映出除贵族大地主外，还有一定数量的中小地主。①

西夏贵族地主土地在役使依附民生产的同时，还采取租佃经营的方式，宋英宗治平年间（1064—1066），同知谏院吕诲在一道奏章中说："逐部族今所存者，却有外来散户依附其间，或是连亲，或即庸力，混杂居处，例各年深。"② 这些外来"庸力"与前来"连亲"的党项人，就是失去土地的自耕农，他们以租佃形式耕种地主的土地。俄藏租地契约是租佃生产的真实写照③，其中有的农户把土地过户给地主后，又从地主手中包租土地，从自耕农变成佃农。和贵族大土地一样，寺院地主土地也主要采取租佃的方式，现存的 8 件西夏租地文契，全部是普渡寺土地出租，其中天庆寅年（1194）正月二十九日，梁老房酉把自己撒 15 石种子地卖给普渡寺，得到 6 石小麦，10 石杂粮。当天他又从普渡寺包租了一块撒 8 石种子的土地，秋收后交 2 石 8 斗小麦、3 石 6 斗杂粮地租，从自耕农变成佃户。如此高的地租，相当于该地地价的一半，换言之，地主将兼并的土地连续出租，两年就能捞回成本。④ 可见西夏晚期寺院地主翻手为云，覆手为雨，对广大农民剥削之残酷。除经营田产外，寺院还放高利贷，乾定申年（1224）二月二十五日，立文约人没水何狗狗典

---

① 史金波：《西夏经济文书研究》附录"西夏文经济文书录文、对译和意译"，第 457—463 页。按，黑水地区地广人稀，一般自耕农田三四十宋亩，占田 100 宋亩左右当是中等地主。

② （宋）赵汝愚：《宋朝诸臣奏议》卷一二五《吕诲〈上英宗请重造蕃部兵帐〉》。

③ 俄藏编号 5124 契约长卷包括土地买卖契 8 件、租地契 8 件、卖畜契 3 件、雇畜契 3 件、贷粮契 1 件，共 23 件。兹录其中一件租地契约：

寅年正月二十九日立契人梁老房酉等，今将普渡寺中梁喇嘛属八石撒处地一块包租，地租二石八斗麦及三石六斗杂粮等议定，日限八月一日当还。日过不还时，一石还二石。本心服。

立契人梁老房酉（押）同立契人梁老房茂（押）知人平尚讹山（押）知人梁老房（押）（史金波《西夏经济文书研究》，第 663 页）

④ 史金波：《西夏经济文书研究》，第 344 页。

借瓦国师糜子一斛，于同年九月一日归还，从中获利八斗。① 普渡寺仅天庆寅年（1194）正月二十九日到二月二日的四天时间，共贷出 30 石 3 斗 5 升小麦，54 石杂粮（大麦、粟、糜、谷等）。

西夏地主和佃农之间是租佃契约关系，黑水城出土租地契约为一年租佃，从文书来看，佃户有自由选择的权利，即一年期满后可以离开或续租。但必须指出，这种自由租佃的权利是有限的，一是部落社会下，贵族首领（大地主、大牧主）对失去土地的个体族帐（家庭）有相当程度的控制权，寺院地主把梁老房酉撒 15 石种子地兼并后，当即又向他出租了一块撒 8 石种子的土地，就透露出这样的信息；二是部落兵制下，有严格的兵役登记制度，男孩年 10—14 岁登记为预备役，15—70 岁登记为现役，然后以族帐（家庭）为基础组织军抄，一人为正军，一人为负担，还有一人为辅主。② 这种兵役制度，限制了家族成员的流动，即使流动，也主要在本部落内部。没有人口的自由流动，就没有真正意义上的自由租佃。这样一来，佃户身受贵族地主和封建国家双重剥削。③

熙宁年间（1068—1077），宋朝城绥德时，鄜延经略使赵卨招问党项大酋，"'往时汝族户若干，今皆安在？'对：'大兵之后，死亡流散，其所存止此。'卨曰：'其地存乎？'酋无以对。卨曰：'听汝自募丁，家使占田充兵，若何？吾所得者人尔，田则吾不问也。'诸酋皆感服归募，悉补亡籍。"④ 这里"听汝自募丁"中的"募"所包含的关系，应该和"熙河官庄法"中立功弓箭手与

---

① 孙寿龄：《西夏乾定申年典糜契约》，载《中国文物报》1993 年第 5 期。又见史金波：《西夏经济文书研究》，第 578 页。"没水何狗狗"又作没瑞隐藏犬。

② 《宋史》卷四八六《夏国传下》；《天盛改旧新定律令》卷六《抄分合除籍门》规定"年十五当及丁，年至七十为老人中"；《隆平集》卷二〇《夏国赵保吉传》记载：其民"年六十以下，十五以上，皆自备介胄弓矢以行"。

③ 《天盛改旧新定律令》卷一五《地水杂罪门》："租户家主（占有土地的宗族首领）有种种地租佣草，催促中不速纳而住滞时，当捕种地者及门下人，依高低断以杖罪，当令其速纳。"这里的种地者和门下人，当是依附贵族地主的租户，他们不仅要向土地主人缴纳地租，还要承担封建国家的赋税、徭役和兵役。

④ 《宋史》卷三三二《赵卨传》。

佃户之间的关系一样，为封建租佃关系，但租佃者和"党项大酋"之间有一种隶属关系，或人身依附关系，谁招募来的就是谁的佃户，打仗时也是他带的兵。

尽管如此，土地租佃契约关系在党项西夏社会发展中具有十分重要的意义，失去土地的佃户有一定的人身自由，更为重要的是地主获取的是定额地租，有利于调动佃农的生产积极性，推动生产的发展。当然，必须指出的是西夏贵族地主拥有大量大地，利用超经济的强制手段，对农民进行残酷的剥削和压迫，大量农民贫困化，西夏晚期黑水地区农民维持生活都很困难。

在贵族地主（包括部分富裕的自耕农）的土地上还存在雇工生产，法律规定"双方乐意又言明工价，可立文书"①。俄藏黑水城出土《西夏光定卯年雇工契》记录，光定卯年（1220）腊月五日播盉犬粪茂立契，从来年正月一日至十月一日为地主人耕作，九个月工价5石粮食、3丈白布，其中2石粮食现付，3石秋收后支付。另给播盉犬粪茂撒5斗2升杂粮、3斗麦的土地上的收成，约3石左右。②满打满算，九个月的收入8石粮食和两件单衣。

西夏境内小土地占有者为数众多，法律规定疏浚灌溉渠道的人工是按占田多少来派遣，从1亩至150亩，分别出5至40个工日。③西夏的亩，"一边各五十尺，四边二百尺"，合二十五平方丈，即百步亩制④，与宋朝的二百四十步亩制不同。因而，西夏的10亩约合宋朝的4.2亩，40亩约合16.8亩，75亩约合31.5亩，100亩约合42亩，120亩约合50.4亩，150亩约合63亩。除京

① 《天盛改旧新定律令》卷六《军人使亲礼门》。
② 史金波：《西夏经济文书研究》，第678页。撒五斗二升杂粮、三斗麦种子土地约合8亩，宋制3亩多，每亩产量1石，约3石。
③ 《天盛改旧新定律令》卷一五《春开渠事门》规定："畿内诸租户上，春开渠事大兴者，自一亩至十亩开五日，自十一亩至四十亩十五日，自四十一亩至七十五亩二十日，七十五亩以上至一百亩三十日，一百亩以上至一顷二十亩三十五日，一顷二十亩以上至一顷五十亩一整幅四十日。当依顷亩数计日，先完毕当先遣之。"
④ 白滨：《从西夏文字典〈文海〉看西夏社会》，载《西夏史论文集》，宁夏人民出版社1984年版，第175页。

畿兴灵地区外，周边其他地区亦存在大量的小土地占有者，内蒙古黑水古城出土的西夏缴纳税粮文书，记录农户的田亩数有 10 亩、30 亩、70 亩、139 亩、150 亩[①]，折合 4.2 到 63 宋亩。西夏文 12 件土地买卖契约，11 件出卖的土地约为 22 亩到 200 西夏亩，折合 9.2 到 84 宋亩，大部分是二三十亩，他们都是小土地占有者。[②] 自耕农是一个最容易分化的阶层，有的为了度过饥荒，出卖一部分土地，变成自耕贫农，有的出卖仅有的一点土地，变成佃农或雇农，前揭天庆寅年（1194）正月二十九日，梁老房酉把自己撒 15 石种子地卖给普渡寺，当天他又从普渡寺包租了一块撒 8 石种子的土地，从自耕农变成佃户。西夏境内众多小土地占有者在官府与贵族首领的双重压迫下，大量破产沦为佃农和依附民，这样就使得西夏社会沿着封建制的方向发展，而不是向奴隶制方向发展。

（二）西夏社会生产发展水平

我国封建时代的社会生产力的发展，大体上经历了两个马鞍形的过程。自春秋战国之交进入封建制后，社会生产力由于基本上摆脱了奴隶制的桎梏，因而获得了显著的发展，到秦汉时期便发展到了第一个高峰。魏晋以下，社会生产力低落下来，到隋唐有所恢复、回升，从而形成为第一个马鞍形。在唐代经济发展的基础上，宋代社会生产力以前所未有的速度迅猛发展，从而达到了一个更高的高峰。元代生产急遽下降，直到明中叶才恢复到宋代的发

[①]　编号 Инв. No.1755 税粮文书，见史金波：《西夏经济文书研究》附录"西夏文经济文书录文、对译和意译"，第 467—469 页。

[②]　编号 5010《西夏天盛廿二年卖地文契》："天盛庚寅二十二年立文契人寡妇耶和氏宝引等，今有自用畜养牲口之闲置地一片，连同陋屋茅舍三间，树两株，情愿让与耶和女人，圆满议定地价为全齿骆驼二，双峰骆驼一，代步骆驼一，共四匹。此后他人不得过问此地，若有过问者（耶和）宝引等是问。若我等翻悔，当依法领罪，有不服者告官罚麦三十斛，决不食言。地界在院堂间，共二十二亩，北接耶和回鹘茂，东南邻耶和写，西界梁嵬名山。"（黄振华：《西夏天盛廿二年卖地文契考释》，载白滨编：《西夏史论文集》，宁夏人民出版社 1984 年版，第 316 页）耶和氏宝引就是典型的小土地占有者。

展水平，这样便又形成了第二个马鞍形。① 宋代处在第二个马鞍形的高峰，和宋同时代的西夏，其社会生产发展的水平如何，是快速发展，还是停滞不前？

1. 农业生产水平

劳动生产资料，或者说生产工具，在社会生产过程中具有重要意义和作用。它"不仅是人类劳动力发展的测量器，而且是劳动借以进行的社会关系的指示器"，尤其是其中的机械性的劳动资料，构成为"生产的骨骼系统和肌肉系统"，"更能显示一个社会生产时代的具有决定意义的特征"。② 因此，考察西夏农业生产的发展，首先从生产工具入手。西夏农业生产工具略与宋同，见于《番汉合时掌中珠》与《文海》二书的农具有犁、耙、镰、锹、镐、子耧、石碌、刻叉、簸箕、扫帚等。《文海》"犁"释"犁铧也，耕用农器之谓也"③。"犁"字西夏文从木，"铧"字从铁，为铁铧木犁。内蒙古曾出土楔形犁铧，这种木柄铁农具，如犁、耙、锹、镰在瓜州榆林窟西夏壁画中亦有形象的描绘，其形状类似近代农具，可见西夏的耕作工具已相当先进了。至于农田耕作方法也与宋代北方地区相同，西夏人凭借发达的畜牧业，广泛采用牛耕。文献记载与出土文物证明，唐代党项人进入内地后在物质文化上进入铁器时代，通过对外交换，能够打制简单的铁器。立国后利用境内铁矿资源，设置专门机构，进行冶炼铸造。冶铁业的发展，为农业生产提供了更多的铁农具，特别是铁制犁铧，而发达畜牧业又不缺乏耕垦畜力，因此，在农业生产中普遍使用牛耕，榆林窟西夏壁画《牛耕图》，描绘二牛抬扛，耕者右手扶犁，左手持鞭驱牛，形象生动逼真。牛耕与铁犁推广为扩大耕地面积和深翻土地提

---

① 漆侠:《宋代社会生产力的发展及其在中国古代经济发展过程中的地位》,《中国经济史研究》1986 年第 1 期。
② 《马克思恩格斯全集》第 23 卷，人民出版社 1972 年版，第 204 页。
③ 史金波、白滨、黄振华:《文海研究》，中国社会科学出版社 1983 年版，第 479 页。

供了条件，提高了劳动生产率，正如恩格斯在《家庭、私有制和国家的起源》一书所指出的，"铁使更大面积的农田耕作，开垦广阔的森林地区，成为可能"①。"铁对农业提供了犁，犁完成了重大改革"。可见，铁农具尤其是铁犁铧的广泛使用，使西夏农业生产水平跃进到一个崭新的阶段。

土地是农业生产的最基本的生产资料。土地垦辟的情况，是封建时代社会生产力发展的一个重要标志。西夏立国前，今宁夏平原的政治经济中心一直在河东的灵州（今宁夏吴忠境），西夏立国前将政治中心由河东灵州迁往河西兴州（今宁夏银川兴庆区），随之带来了河西土地的垦辟。文献没有西夏时期今宁夏平原垦田具体数字，我们从元初的数字能看出大概，"西夏濒河五州皆有古渠，其在中兴州者，一名唐来，长袤四百里；一名汉延，长袤二百五十里。其余四州又有正渠十，长袤各二百里。支渠大小共六十八。计溉田九万余顷"。②据研究九万余顷是夸大③，但唐来和汉延两条最长的干渠在都城兴庆府左右，加上新开凿的吴王渠，反映出河西地区的农田水利建设和土地垦辟情况。天盛年间（1149—1169）新修订的法律鼓励开垦荒地，农民或地主将自属草地、沼泽地、生荒地开垦为农田者，自一亩至一顷，免税役草负担。超过一顷者，将超额数报告转运司，三年后若该地适宜耕种，"则一亩纳三升杂谷物"。④

耕作技术的进步直接反映着西夏农业生产的发展水平。西夏农田耕作方法和唐宋北方地区基本相同，首先，西夏人凭借先进的耕作工具和发达的畜牧业，广泛采用牛耕，《文海》"耧"释："埋籽用，汉语'耧'之谓"；"种"释："撒谷物籽种田地之谓。"⑤说明播种主要有耧播与撒播两种。文献没有记载

---

① ［德］恩格斯：《家庭、私有制和国家的起源》，人民出版社 1972 年版，第 160 页。

② （元）齐履谦：《知太史院事郭公行状》，载《元文类》卷五〇，文渊阁四库全书影印本 1367—648。

③ 陈明猷：《党项迁都兴州的深远意义——宁夏平原历史上的一次重大转机》，《宁夏社会科学》1992 年第 4 期。

④ 《天盛改旧新定律令》卷一五《租地门》。

⑤ 《文海研究》第 521、504 页。

点播，但自秦汉以来就对来不及秋耕的茬地，用犁浅耕开沟，点下种子，西夏也可能存在这种播种方式。此外，《文海》"渠"释："挖掘地畴中灌水用是也。""地畴"释："地畴也，畦也，开畦种田之谓也。""田畴"释："田畴也，种田也，出粮处也。"[①]"开畦种田"是否畦种法，我们不得而知，但至少反映了农田耕作的精细程度。

2. 畜牧业生产水平

牲畜牧养是西夏主体民族党项羌族传统的经济活动，开国皇帝李元昊曾自豪地说："衣皮毛，事畜牧，蕃性所便。"[②]河西马、阿拉善骆驼以及宋夏沿边山界的羊是驰名中原的商品，[③]宋初在缘边市马，以陕右诸州最盛，河东、川峡仅居其半。西夏频繁遣往宋、辽、金的贡使，也大量以马、骆驼作为贡品。牦牛是早期党项主要役畜，内迁后仍在祁连山、贺兰山一带牧养。[④]宋乾德元年（963），"夏西平王李彝兴献牦牛一"。[⑤]驴、骡是秦汉以来我国西北少数民族驯养的役畜[⑥]，西夏人可能用来乘挽及驮运，但牧养量不是很大，主要在民间牧养。[⑦]

生产工具特别马具是判断牧业生产发展水平的重要依据，因为在古代牧业生产特别是游牧生产中，马是重要的生产工具，它为远距离的迁徙游牧创造了条件，因此，驯马、御马的马笼头、马衔、马鞍、马镫、马拌等马具直接反映出生产力发展水平。早期党项牧养牦牛、马、驴、羊为生，已经使用

---

① 《文海研究》第 404、472、521 页。

② 《宋史》卷四八五《夏国传上》。

③ （唐）元稹《元氏长庆集》卷二三《估客乐》："求珠驾沧海，采玉上荆衡，北买党项马，西擒吐蕃鹦。"上海古籍出版社 1994 年版。

④ 《天盛改旧新定律令》卷一九《畜利限门》："牦牛在燕支山、贺兰山两地中，燕支山土地好，因是牦牛地，年年利仔为十牛五犊，赔偿死亡时，当偿实牦牛。贺兰山有牦牛处之数，年年七、八月间，前内侍中当派一实信人往检视之，已育成之幼犊当依数注册，已死亡时当偿犊牛。"

⑤ 《宋史》卷一《太祖纪一》。

⑥ 《后汉书》卷八《孝灵帝纪》注引《续汉志》："驴者乃服重致远，上下山谷，野人之所用耳。"

⑦ 《文海》有驼、马、牛、羊、驴、骡的记录，西夏四种官畜为马、牛、驼、羖攊（山羊），说明驴、骡主要在民间牧养。

养马驯马的基本工具，内迁以后，随着手工业的发展，金属马衔、马镫使用更加广泛，官营锻铁作坊专门锻打铁辔衔、铁镫。① 马鞍制造独具特色，宋元丰六年（1083），边将把一名善造蕃鞍的西夏俘虏，押赴汴京制造军器所，传授西夏马鞍制造技术。②

牧场草地是牧民的基本生产资料，西夏的土地分国有和私人占有两种形式，半农半牧地区官私耕地的界限明确，而牧场草地的界限比较模糊，官私之间往往因地界发生纠纷。至少在天盛年间（1149—1169），法律规定"官私地界当分离，当明其界划"。在广袤的戈壁草滩上，基本上是以国有的形式存在，大大小小的部落首领既是军事首领，又是官牧首领，广大牧民只有替官府牧养不低于15—20头匹大牲口（骆驼、马、牛）和70只以上山羊，才能获得他所需要的最基本生产资料即草地牧场。当然，能够获得在官牧场放牧权利的牧民，都是拥有二三百头牲畜和富余劳动力的牧民家庭③，只有这样才有能力赔偿官畜死减。至于没有私畜的"无主贫儿"，只能给有赔偿能力的胜任牧人做"牧助"，无权领取官畜牧养。

牧民领到官畜后，按照百大母骆驼一年限30仔，百大母马一年50驹，百大母牛一年60犊，百大母羊一年60羔，百大母牦牛一年50犊。如果"不足者当令偿之，所超数年年当予牧人"④。在保证幼畜繁殖的同时，牧人每年还要向官府上缴毛、绒、乳、酥等畜产品。⑤ 牧民完成繁殖率后的超额是非常有限的，同时若遇上自然灾害或管理不善，还要赔偿死损的官畜，反映出西夏政权通过对草地牧场的垄断，无偿占有广大牧民劳动的阶级本质。当然，

---

① 《天盛改旧新定律令》卷一七《物离库门》。

② 《续资治通鉴长编》卷三三六，元丰六年闰六月辛巳：熙河兰会路安抚制置使司上言："擒获西界探事宜部落子策木多莽，缘其人善斫造蕃鞍，边人颇称之，乞令押赴京制造军器所。"神宗从之。

③ 蒙古贵族选择牧户时是有条件的，他们选择那些老实又可靠的、自己拥有300头左右牧畜并有剩余劳动力的家庭。（包玉山：《蒙古族古代游牧生产力及其组织运行》，《中国经济史研究》2000年第2期）

④ 《天盛改旧新定律令》卷一九《畜利限门》。

⑤ 《天盛改旧新定律令》卷一九《畜利限门》。

广袤的戈壁、山地、草地、河流的国有，打破区域界限，使远距离的游牧和草场轮休成为可能，这在一定程度上提高了畜牧生产力。

经营方式是畜牧生产发展又一重要表现，由于地理环境的差异，西夏境内存在牧业、农业、半农半牧三种不同的经济类型，同时，在畜牧业生产上，相应有游牧、喂养、放牧三种经营方式。鄂尔多斯高原、阿拉善和河西戈壁草地，雨量稀少，除茫茫沙海外，地面多生牧草，祁连山一带地势高寒，不宜五谷，大致属于以游牧为主的牧业区。活跃在上述地区的党项、回鹘、吐蕃人，居无定所，长期过着逐水草而居的游牧生活。当然游牧不是漫无边际的迁徙，而是有固定的区域，按照气候变化进行游牧，高山牧场按寒暑两季转场，暑天在海拔较高的山地草原放牧，可以避免蚊虫的侵害，天凉后到山下草地放牧，以度过严酷的寒冬；有时还可细分为秋、冬、春三季草场。荒漠半荒漠草原，根据气候情况按寒暑两季转场，或按照四季多次转场，以恢复草地植被。遇到大旱，可能不完全按照季节，而根据实际情况转场。游牧可以较充分保护和利用草原，是西夏牧业的重要组成，阿拉善的骆驼驰名中亚细亚，也是西夏军用骆驼的主要来源；祁连山一带所产牦牛，是欧洲早期旅行家笔下的珍贵之物。

河南兴、灵一带农业区主要喂养耕畜和家禽，与牧业区和半农半牧区相比，农业区的畜牧业规模较小，一般农家主要牧养少量的役畜。这是因为农业区地狭人众，宜耕种的土地大多被辟成农田，可供放牧家畜的草场缺乏。再则当时还没有稳定的饲料生产基地，家畜的草料只能以农作物的秸秆与谷物为主，一般农家只饲养耕畜，这样就使农业区的畜牧业不可能大规模发展，而是依附于农业的一项副业。当然，在灌溉农业区的周边，依托丰美的水草，农户牧养较多的牲畜，过着半农半牧的生活。

宋夏缘边山界，即东起横山，西至天都山一带，山岳绵亘，水草丰茂，大片草地与小块农田相杂，河西甘、凉诸州（包括黑水地区），"水草丰美，畜牧孳息"，戈壁沙滩中密布绿洲，是西夏半农半牧地区。活动在这里的蕃部族帐既从事畜牧业生产，又进行农业耕作，过着定居与半定居的农耕与放牧生活，有的民户农忙时种田，农闲时到草地放牧。[①]半农半牧区有大片草原草山，未开发的荒地极多，同时，这一地区水利资源十分丰富，银、绥以大里、无定等河为灌溉，"甘、凉之间，则以诸河为溉"[②]，不仅有利于农业生产的发展，也对发展畜牧业十分有利，著名的"党项马"就出产在这里。

3. 手工业生产水平

早期党项人以游牧为生，手工生产依附于游牧经济，主要是以族帐为单位的毡毯毛褐制作，尚没有专门的手工作坊。内迁以后，随着农牧业的发展，特别是入居城镇和建立政权后，在当地汉族原有的基础上，特色鲜明的手工业迅速发展起来。至少在天盛年间（1149—1169），中央政府专门设置铁工院、木工院、砖瓦院、织绢院、首饰院、纸工院、出车院、刻字司、作房司、制药司等专门机构[③]，负责冶金、锻造、建筑、陶瓷、纺织、造纸、印刷等行业的生产和管理。官营手工业生产主要满足封建国家和皇室贵族的需要，民间手工生产主要满足普通百姓的生活。与之相对应的手工工匠大致分为依附匠和自由匠，依附匠主要来源于服苦役的罪犯和招诱、掳掠来的"生口"，自由匠为民间个体工匠。西夏《凉州护国寺感通塔碑》结尾处不仅列有书写碑文及监修官员的姓名，还列有工匠姓名，说明西夏有一技之长的手工生产者有一定的社会地位。

冶铁最能代表封建社会生产力发展的水平，出于战争和农业生产需要，西夏非常重视锻造刀、剑、矛、戈等兵器和犁铧、锹、锄、镬、斧、叉、铲、马镫、马衔、马掌等生产生活用具。西夏冶铁有两个显著的特点：一为竖式

---

① 西夏人对缘边山界坡谷地带的半农半牧生产有形象的记述："坡谷诸禾流彩，坡着艳装。野兽伏匿：九兽中，顽羊、山羊、豺狼等隐处也。畜类饶逸：坡谷草、药，四畜中白羊放牧易肥，每年产羔乳汁美。向柔择种：坡谷地向柔，待雨宜种荞麦也。"（《圣立义海研究》第57页）

② 《宋史》卷四八六《夏国传下》。

③ 《天盛改旧新定律令》卷一〇《司序行文门》。

双扇风箱的使用。榆林窟西夏壁画《锻铁图》，描绘三个铁匠正在锻铁，一人手握火钳夹一铁件置砧上，右手举锤，另一人双手抢锤准备锻打。还有一人为坐式，推拉竖式双扇风箱，风箱之后的锻炉正冒着火焰。这种竖式双扇风箱能够"推拉互用，将风连续吹入炼炉，使炉膛始终保持所需高温"。这种方法比用韦囊鼓风更进了一步，是后世制作抽拉风箱的过渡阶段。[1] 另一为掌握了冷锻硬化工艺，即淬火工艺。庆历元年（1041），宋朝陕西安抚判官田况在上书言边事时指出：夏人"甲皆冷锻而成，坚滑光莹，非劲弩可入"[2]，其法与青唐吐蕃锻铁基本一致。正因为掌握了持续高温与冷锻硬化工艺，所以西夏的兵器非常犀利，"夏人剑"被太平老人《袖中锦》誉为"天下第一"，晁补之曾作歌赞誉。[3]

西夏盛产池盐，唐代的 18 个著名盐池，13 个就在后来的西夏境内。[4] "西人谓盐为碱，谓洼下处为限。"[5] 盐、灵二州是西夏池盐资源最丰富的地区，所产青白盐最为有名。[6] 所谓"青白盐出乌、白两池，西羌擅其利"[7]。西夏池盐生产规模相当可观，开国皇帝李元昊曾公然提出每年向宋朝出售青盐 10 万石[8]，以宋制每石 50 斤计之[9]，则合 500 万斤。

皮毛加工既是西夏官营手工制作，又是党项牧民普遍的家庭副业。西夏的裘皮制品有皮衣、皮帽、皮褥等，毛制品主要有毡、褐、毯三种，元朝初年意大利人马可波罗在他的《行记》中记载，西夏古都中兴府"城中制造驼毛毡不少，是为世界最丽之毡；亦有白毡，为世界最良之毡，盖以白骆驼毛

---

① 王静如：《敦煌莫高窟和安西榆林窟中的西夏壁画》，《文物》1980 年第 9 期。

② 《续资治通鉴长编》卷一三二，庆历元年五月甲戌。

③ （宋）晁补之：《鸡肋集》卷一〇，文渊阁四库全书影印本 1118—473。

④ 参见《新唐书》卷五四《食货志四》。

⑤ 《续资治通鉴长编》卷五一四，元符二年八月辛巳。

⑥ 《西夏纪事本末》卷首附《西夏地形图》与俄国收藏的《西夏地形图》均在灵、盐二州之间明确标出乌池、白池。

⑦ 《宋史》卷一八一《食货志下三·盐上》。

⑧ 《宋史》卷二九五《孙甫传》。

⑨ 《宋史》卷一八一《食货志下三》。

制之也。所制甚多，商人以之运售契丹及世界各地"①。毛褐是用牲畜毛捻线织成的毛布或毛织品，毛布用来缝制成衣服，毛织品包括衣、袜、帽以及盛装谷物的口袋以及行路驮运的褡裢。②在牧业和半农半牧区，捻线织褐成了人们最普遍的家庭副业。③

制瓷是西夏政权建立后才发展起来的产业，分官民两种，有的民窑也生产官瓷。瓷器的种类多种多样，有碗、盘、盆、壶、瓶、罐、瓮、缸、钵、杯、盂、盒、炉、灯盏、器托、器盖、漏斗、铃、钩、纺轮等生活与生产用具，这些瓷器归纳起来有两个显著的特点，一是生活用具占了绝大部分，反映了西夏金属原料缺乏，日用品多用瓷器；二是有明显的游牧民族的特色，如带耳壶便于马鞍上系带，牛头埙是游牧民族喜爱的乐器，瓷纺轮、瓷铃、瓷钩是游牧民族常用的生产生活用具。④

活字印刷是西夏对中国古代印刷的突出贡献。泥活字技术是北宋毕昇发明，但没有保留下任何实物，木活字过去一般认为是元代王桢创制。西夏泥活字本《维摩诘所说经》与木活字本《吉祥遍至口和本续》，⑤不仅为宋夏时期的泥活字印刷找到了实物依据，更为重要的是把木活字印刷整整提前了一个朝代，这是我国古代科技史上一件了不起的大事。

总体来看，西夏的手工业生产水平远不及中原宋朝，特别是缺乏生产资料的缘故，代表生产力水平铁的产量非常小，但锻铁技术、皮毛加工技术、

---

① 冯承均译：《马可波罗行记》第七二章《额里哈牙国》，上海书店出版社 2001 年版，第 164 页。
② 褡裢是我国民间曾长期使用的一种口袋，农区用粗棉麻布编织，牧区和半农半牧区用粗毛线编织。长方形，中间开口，两端各成一个口袋，口边留有绳头，可以串连系扣。有大小两种，小者搭在肩上，用来盛放干粮及其他用品；大者搭在牲畜鞍上，用来盛装货物。（清）石玉昆《三侠五义》第 24 回：屈申接过银子褡裢，搭在驴鞍上面，乘上驴，竞奔万全山南。
③ （宋）庄绰《鸡肋编》卷上记载：北宋泾州"虽小儿皆能撚茸毛为线，织方胜花。一匹重只十四两者。宣和间，一匹铁钱至四百千"。
④ 参见中国社会科学院考古研究所：《宁夏灵武窑发掘报告》，中国大百科全书出版社 1995 年版；马文宽：《宁夏灵武窑》，紫禁城出版社 1988 年版。
⑤ 牛达生：《我国最早的木活字印刷品——西夏文佛经〈吉祥遍至口和本续〉》，《中国印刷》1994 年第 2 期；〔俄〕捷连提耶夫·卡坦斯基：《西夏书籍业》，宁夏人民出版社 2000 年版，第 128 页；孙寿岭：《西夏泥活字版佛经》，《中国文物报》1994 年 3 月 27 日。

活字印刷术独具特色，达到当时的先进水平。

4. 商业交换的发展

党项西夏对外交换比较兴盛，早在唐代，党项马成为内地驰名的商品，所谓"求珠驾沧海，采玉上荆衡，北买党项马，西擒吐蕃鹦"①。西夏立国后，与中原宋朝互通有无的交换得到进一步的发展。景德四年（1007），宋朝应李德明的请求，第一次在保安军设置榷场，以缯帛、罗绮易驼马、牛、羊、玉、毡毯、甘草，以香药、瓷漆器、姜桂等物易蜜蜡、麝脐、毛褐、羱羚角、硇砂、柴胡、苁蓉、红花、翎毛。非官市者，还"听与民交易"②。夏天授礼法延祚九年，即宋庆历六年（1046），宋夏两国和议成立后，除恢复保安军榷场外，又在镇戎军高平寨新设置了一处榷场。和市的规模比榷场要小，但也有固定的交易地点，并经双方官府认可，可以说是合法的市场。夏宋沿边久良津、吴堡、银星、金汤、白豹、虾蟆、折姜等地都设有和市。此外，还有西夏统治者单方面设立的或羌汉人民私设的和市，其中有的事后得到了宋朝的承认，宋人文彦博曾指出："自来番汉客旅博易往还之处，相度置立和市，须至两界首开置市场，差官监辖番汉客旅，除违禁物色外，令取便交相转易，官中止量收汉人税钱，西界自收番客税利。"③

西夏贡使至都亭西驿，"除卖于官库外，余悉听与牙侩市人交易"，特别是双边关系友好年间，"岁遣人至京师货易，出入民间如家"。④"入贡至京者纵其为市"⑤。西夏和北宋交易的利润巨大，"每一使至，赐予、贸易，无

---

① （唐）元稹：《元氏长庆集》卷二三《估客乐》，上海古籍出版社 1994 年版。
② 《宋史》卷一八六《食货志下八·互市舶法》。
③ （宋）文彦博：《潞公文集》卷一九《奏西夏誓诏事》，文渊阁四库全书影印本 1100—698。《续资治通鉴长编》卷五一，咸平五年正月甲子条记载，咸平五年，继迁所部在赤沙川、骆驼口"各置会贸易"，"会"就是一种定期的市场。《续资治通鉴长编》卷七二，大中祥符二年十一月乙卯条记载，大中祥符二年十一月，河东缘边安抚司上言："麟、府州民多赍轻货，于夏州界擅立榷场贸易。"这里的榷场实际上就是和市。
④ （宋）苏舜钦：《苏学士集》卷一六《韩公行状》，文渊阁四库全书影印本 1092—122。
⑤ 《宋史》卷一八六《食货志下八·互市舶法》。

虑得绢五万余匹，归鬻之其民，匹五六千，民大悦。一使所获，率不下二十万缗"。①

　　夏辽两国都是以农牧业生产为主，因而双方的交换远不能同夏宋相比。但辽朝是西夏政治上的盟友，从统和四年（986）李继迁正式附辽起到辽朝灭亡百余年间，除景宗李元昊和毅宗李谅祚时有过短暂的争战外，西夏每年都按例八节贡献，故两国的贡使贸易比较兴盛。贡使贸易之外，辽朝还在云中西北过腰带上石棂坡、天德、云内、银瓮口地区设置贸易市场，让居住在这一带的鞑靼及契丹人同西夏进行畜产品以及日用百货的交换，"惟铁禁甚严，夏国与鞑靼人不得夹带交易"②。西夏利用占据"贸易华夷"地位，积极同回鹘商人进行交换，西夏法典明确规定对回鹘商人采取优待政策。③西夏北部的蒙古诸部及其他远蕃，自来以游牧为生，肉食乳饮，特别需要饮茶帮助消化，茶叶贸易有利可图，西夏乃从宋朝手中套购茶叶等物品，转手卖给他们，"以茶数斤，可以博羊一口"。④

　　1127 年宋室南迁后，西夏对外交换的对象主要是入主中原的金朝，交换的形式仍以传统的贡使和榷场为主，夏使至金后先在使馆和官方交易，然后进入市场与民交易。夏金榷场贸易规模较大，东胜、环州、庆州、兰州、绥德、保安等沿边州军都设有贸易榷场。黑水城出土的西夏大庆三年（1141）南边榷场文书⑤记录，来自于西夏镇夷郡、西凉府等地的商户，携带毛褐等货物，和金朝商户交换丝织品及其他生活用品。他们用川绢与河北绢作为榷

　　① 《续资治通鉴长编》卷四〇五，元祐二年九月丁巳。
　　② 《西夏纪》卷二四引《西夏事略》，又见《大金国志》卷一三。
　　③ 《天盛改旧新定律令》卷七《敕禁门》。
　　④ 《续资治通鉴长编》卷一四九，庆历四年五月甲申条。
　　⑤ 相关研究见佐藤贵保：《ロシア藏カラホト出土西夏文〈大方广仏华严经〉经帙文书の研究——西夏権场使关连汉文文书群を中心に》，《东トルキスタン出土"胡汉文书"の综合调查》，日本平成 15 年度—17 年度科学研究费成果报告书；杨富学、陈爱峰：《黑水城出土夏金榷场贸易文书研究》，《中国史研究》2009 年第 2 期；杜建录《黑城出土西夏榷场文书考释》，《中国经济史研究》2010 年第 1 期；孙继民、许会玲：《西夏汉文"南边榷场使文书"再研究》，《历史研究》2011 年第 4 期；孙继民、许会玲：《西夏榷场使文书所见西夏尺度关系研究》，《西夏研究》2011 年第 2 期。

场交易的价值尺度，交易税也是以川绢与河北绢扭算的，税率大体在 2% 左右，下限 1.5%，上限 2.5%，[①] 这个税率是比较低的，和西夏早期对回鹘商人的 10% 重税不能同日而语。[②]

西夏对中原地区输出的物品主要为驼马牛羊等畜产品和毡毯、裘皮、毛褐等副产品以及红花、柴胡、苁蓉、大黄等中药材，总的说来原料居多，输入物品主要有丝绵织品、茶、缗钱、金属制品、瓷漆器、衣物等，以加工成品居多，反映了这一时期我国内地和西北地区经济生活水平和生产力发展状况。另外，西夏还利用占据丝路要道的优势，从中亚西域获得安息香、和田玉、金精石、硇砂、琥珀、乳香、大石样金渡黑银花鞍辔、金渡黑银花香炉合，转手卖给宋朝，从中获利。夏奲都六年（1062），西夏贺宋正旦使就携带安息香、玉、金精石、硇砂、琥珀、甘草之类，价值约八万贯。[③]

西夏立国后，随着农牧业、手工业和对外交换的发展，国内商业交换迅速发展起来，特别是到了中后期，商品交换几乎渗透到西夏社会生活方方面面。都城兴庆府和大都督府、西凉府、府夷州、中府州所在的大城，既是居民、军队、官衙集中的地方，也是区域交换的中心[④]，开有酒肆、饭馆、饼店、当铺、金银店、丝绸店，在边城和军事要塞开设具有生产和销售性质的酒务或酒税务。[⑤]文人墨客、官员士子、商旅兵丁是酒肆的常客，投奔西夏的张元、吴昊初到兴庆府后，"相与诣酒肆，剧饮终日"。[⑥]集市是西夏人民交易牲畜、粮食、丝绸、布匹、农器及其他生活日用品的重要场所，俄藏黑水城文书中，有 20 件牲畜买卖契约，有的文契盖有买卖税院朱印，表明该契通过买卖税院

① 孙继民、许会玲：《西夏榷场使文书所见西夏尺度关系研究》，《西夏研究》2011 年第 2 期。
② （宋）洪皓：《松漠纪闻》卷一，文渊阁四库全书影印本 407—697。
③ （宋）龚鼎臣：《东原录》，文渊阁四库全书影印本 862—573。
④ 《凉州重修护国寺感应塔碑铭》：凉州"武威当四冲地，车辙马迹，辐凑交会，日有千数"。
⑤ 《续资治通鉴长编》卷一二八，康定元年九月壬申记载："环庆副都部署任福等攻西贼白豹城，克之，凡烧庐舍、酒务、仓草场、伪太尉衙。"司马光《涑水记闻》卷一二有相同的记载，只是将酒务记为"酒税务"。
⑥ 《西夏书事》卷一四。

缴纳过买卖税。^①

　　西夏时期作为商品交换媒介的通货大致有马、牛、骆驼、羊、布帛、金银、钱币等多种形态。党项人内迁后长期处于"比物交换"阶段，羊马、绢帛往往充当交换的等价物。^②宋景德四年（1007），宋夏在保安军设置榷场，以缯帛、罗绮易驼马、牛羊、玉、毡毯、甘草，以香药、瓷漆器、姜桂等物易蜜蜡、麝脐、毛褐、羱羚角、碙砂、柴胡、苁蓉、红花、翎毛。^③立国以后，虽然自己铸造货币，又广泛使用宋钱和前代货币，但比物交换依然长期存在。夏天赐礼盛国庆三年、即宋熙宁四年（1071），宋朝关闭榷场，断绝宋朝境内和市，西夏在自己境内的辣浪和市，用青盐、羊货、乳香交换宋朝大顺城蕃部携带的绢帛、腷茶等日用品。^④夏乾祐元年（1170），黑水地区耶和女人用四峰骆驼，换取耶和氏宝引的 22 亩土地以及土地上的 3 间茅舍两棵树。^⑤西夏晚期 11 件卖地文契中，全部是用粮食交换，而不是货币交换。^⑥夏金榷场贸易也是物物交换，西夏输出的有褐、毛罗，输入的有绢帛、纸张、笔墨等，川绢和河北绢作为交换的等价物，计算价格和扭算缴税。因此在西夏人的观念中，商品交换常常是以物易物。^⑦不只西夏，即就货币经济发达的宋朝，也

---

　　① 史金波：《西夏经济文书研究》附录"西夏文经济文书录文、对译和意译"，第 687—695 页。

　　② 《新唐书》卷二二一《党项传》："元和时复置有州，护党项。至大和中浸强，数寇掠，然器械钝苦，畏唐兵精，则以善马购铠，善羊贸弓矢。……至开成末，种落愈繁，富贾人赍缯宝鬻羊马"；《宋史》卷一八六《食货志下八·互市舶法》：宋景德明约和成立后，"于保安军置榷场，以缯帛、罗绮易驼、马、牛、羊、玉、毡毯、甘草，以香药、瓷漆器、姜桂等物易蜜蜡、麝脐、毛褐、原羚角、碙砂、柴胡、苁蓉、红花、翎毛"。

　　③ 《宋史》卷一八六《食货志下八·互市舶法》。

　　④ 《宋会要辑稿》食货三八之三一载：1071 年北宋"大顺城管下蕃部数持生绢、白布、杂色罗锦、被褥、腷茶等物至西界辣浪和市，复于地名黑山岭，与首领岁美泥、咩比悖讹等交易，博过青盐、乳香、羊货不少"。

　　⑤ 黄振华：《西夏天盛廿二年卖地文契考释》，载白滨编：《西夏史论文集》，宁夏人民出版社1984 年版，第 316 页。

　　⑥ 史金波：《西夏经济文书研究》，第 253—268 页。

　　⑦ 《文海》"商"释："此者买卖也，贸易也，贩卖也，买卖也，货也，等物交换之谓"；"买卖"释："买卖也，等物交易之谓也"；"贩卖"释："此者贩也，买卖也，商也，等物交换谓"；"易"释："此者易也，商贾卖也，等物交换之谓。"（《文海研究》第 421、482、434、420 页）。

长期用茶、绢市马。①

　　铜钱用于交换至少在西夏立国前夕就已出现，景宗李元昊建立政权后，宋朝关闭榷场，断绝和市，西夏境内物资紧张，"一绢之直为钱二千五百"②。到了西夏中后期，铜钱在社会上广泛使用③，"中兴府租院租钱及卖曲税钱等，每日之所得，每晚一番，五州地租院一个月一番，当告三司"。④铁钱是不足值的货币，其名义价值大于实际价值，因此，有严格的流通范围。西夏法律规定："诸人不允将南院黑铁钱运来京师，及京师铜钱运往南院等，若违律时，多寡一律徒二年，举告赏当按杂罪举告得赏。"⑤银在西夏作为通货使用，夏毅宗李谅祚近臣高怀正曾"贷银夏人"⑥。西夏派往宋朝的贺正旦使"以钱银博买物色"⑦。甘肃武威西夏窖藏曾出土一批银锭，上面錾刻官正、行人姓名、店铺字号、重量等铭文，⑧反映出银锭铸造、发行与流通使用情况。所有这些都说明了银通货较为广泛地运用于社会生活各个方面。

5. 如何认识西夏半农半牧经济

　　农牧并举的半农半牧是西夏经济的最大特点，这种半农半牧经济，表现在如下方面：一是就全国整体而言，农牧并重，一方面农业在整个社会经济生活中具有非常重要的地位，推动着封建文明的进程，维系着封建社会的稳

---

　　①《宋史》卷一九八《兵一二·马政》载："先是，以铜钱给诸蕃马直。八年，有司言戎人得钱，销铸为器，乃以布帛茶及他物易之。"参见杜建录：《宋代市马钱物考》，《固原师专学报》1992年第1期。
　　②《续资治通鉴长编》卷一三八，庆历二年十二月。
　　③ 西夏主要流通宋钱。
　　④《天盛改旧新定律令》卷一七《库局分转派门》。
　　⑤《天盛改旧新定律令》卷七《敕禁门》。
　　⑥《续资治通鉴长编》卷一六二，庆历八年正月辛未。
　　⑦《宋会要辑稿》食货三八之三〇。
　　⑧ 该银锭追回21块，上面錾刻"使正""官正""行人任应和、窦献成秤""行人裴元、宋琦秤""赵铺记""夏家记""肆拾玖两捌钱""五十两六钱""四十六两六钱四株""贰拾伍两捌钱""贰拾肆两肆钱""贰拾肆两叁钱正""真花银壹锭"等铭文。使正、官正，是官府审验后的鉴记；行人裴元、宋琦秤，是行业验秤；赵铺记、夏家记，应是铸造银锭的店铺和作坊；真花银壹锭，应是银锭的成色；肆拾玖两捌钱，应是银锭重量，根据以上银锭的实际重量，一两折合克的幅度在37—42.8克之间。（黎大祥：《甘肃武威发现一批西夏通用银锭》，《中国钱币》1991年第4期）。

定。另一方面，畜牧业是和农业同等重要的产业，马、牛、羊、驼的肉、乳是党项和其他少数民族牧民的主要食品，皮毛则是民族手工业最丰富的原料。在对外贸易中，畜产品（马牛羊驼）及其副产品（毡毯、毛褐），又是大宗出口商品。西夏在中央政权中设置农田司和群牧司，分别主管全国的农业和畜牧业，也反映出西夏是农牧并重的。总之，既不是农业也不是畜牧业，而且农牧业为西夏政权赖以存在的经济基础。

二是从地域上来看，西夏境内大致存在农业、牧业、半农半牧三种不同的经济区域。牧业区的游牧经济相对农业区的农耕经济是半农半牧，而宋夏缘边的半农半牧区，山岳绵亘，水草丰茂，大片草场与小块农田相间。河西甘、凉"水草丰美，畜牧孳息"，沙漠与半沙漠中密布农业绿洲。活动在上述地区的党项、吐蕃等蕃部族帐，既从事畜牧生产，又进行农业耕作，过着定居与半定居的农耕与游牧生活，更表现出社会经济的半农半牧特点。

三是西夏经济的半农半牧特点又表现在民族上。党项、吐蕃、回鹘等民族大多主要从事畜牧生产，汉族则主要从事农业生产，很少单纯以畜牧为生。西夏文辞书《文海》根据农牧生活条件与需要不同，把饮食分作两类，一类为党项牧民的传统食物，如肉、乳、乳渣、酪等，另一类为汉族与党项羌农民的食物，如面食、汤面、花饼、干饼、肉饼等。

这里需要特别指出的是，西夏经济的半农半牧特点，在地域和民族上的表现仅仅是相对的，没有绝对的农业区和牧业区，阿拉善高原是游牧族帐生息地，但在黑河下游黑水地区，是一片灌溉绿洲。黄河河套平原灌溉农业发达，但贺兰山山麓还存在大量的以游牧为生的族帐，并且牧养内地稀有的牦牛。[①] 半农半牧特点在民族上的表现更应该说是相对的。虽然党项族相对汉族来说，是从事畜牧业的，但党项内部却有大量的族帐进行农业生产，正因为如此，才造成了辽、夏在政治制度上的差异。这两个国家都是少数民族建立

---

① 《天盛改旧新定律令》卷一九《畜利限门》。

的，又同处一个时代，但辽朝实行的是南北两面官制，而西夏只一套官制。

6. 结语

"地方二万里"的西夏境土，自秦汉以来是中原农耕文明和北方游牧文明交错地带，两种文明在这里交往、交流和交融，中原王朝强盛时，筑障边地，将北方民族逐出塞外，从内地移民实边，屯垦生产；衰落时退回内地，北方民族进入边塞，游牧生产，农耕文明和游牧文明的交融相对缓慢。西夏立国后，这一状况大为改变，党项人进入西北数百年，在先进的中原文明影响下，逐渐学会了农耕，"岁时以耕为事，略与汉同"[①]。党项人逐渐汉化，不特指耕稼方式和生产关系逐渐与汉族一致，还有政治上以儒治国，文化上对中华文化的认同，西夏人称宋为"南朝"，称契丹为"北朝"，自认为是"西朝"，是中国大地上的三个兄弟政权，这在中华民族发展史上具有十分重要的意义。

---

① （宋）庞籍:《上仁宗论范仲淹攻守之策》，载（宋）赵汝愚编:《宋朝诸臣奏议》卷一三三，上海古籍出版社 1999 年标点本，第 1481 页。

二、生存环境

生存环境是指一切自然、社会、自我的客观存在。自然环境是人类赖以生存的基础，也是社会生产的基本条件。一定数量的人口是古代王朝存在的前提和条件，特别是在传统的农牧业社会中，人口的数量直接决定了国家劳动力的多少和军队的数量，从而在很大程度上体现了国力的盛衰。西夏作为一个发展较晚的民族和民族政权，周边经济的影响更不容忽视。

（一）自然生态

西夏境土，东据黄河，西界玉门，北抵大漠，南邻萧关，"地方二万里"。绿洲、草地、沙漠、戈壁以及高山、丘陵构成其主要地形地貌，西夏人将这种自然生态归纳为山林、坡谷、沙窝、平原、河泽五种类型①，现代地理学则

① 西夏文《圣立义海》描述了山林、坡谷、沙窝、平原、河泽五种自然地貌：第一山林。种植诸种树草，金银宝物出处。野兽依藏：九兽中，豹虎鹿麝居，种种野兽凭山隐蔽，众鸟筑巢树上。畜兽宜居：四畜中牦牛、羊等居山得安。土山种粮：待雨种稻、穈、粟、麻、荞相宜；第二坡谷。诸禾流彩，披着艳装。野兽伏匿：九兽中，顽羊、山羊、豺狼等隐处也。畜类饶逸：坡谷草药，四畜中白羊放牧易肥，每年产羔乳汁美。向柔择种：坡谷地向柔，待雨宜种荞麦也；第三沙窝。坡窝生蓬，地软草茂。小兽虫藏：蝎、蛙、鼠及沙狐多藏伏。畜类牧肥：沙窝长草、白蒿、蓬头厚，诸杂草混，四畜中骆驼放牧得宜也。不种禾熟：沙窝种不定，天赐草谷，草果不种自生；第四平原。九兽中白黄羊、红黄羊居平谷，食水草而长。畜兽多居：四畜中宜马，多产驹，为战具也。迎雨种地：平原地沃，降雨不违农时，粮果丰也；第五河泽。草泽浩浩，远观腾雾，近视青玄，未有旱兆。野兽多居：□鸡不少，野兔多居。畜类饶益：四畜中宜羊牛。不种生菜：草泽不种谷粮，夏菜自长，赈济民庶。(《圣立义海研究》，宁夏人民出版社 1995 年版，第 57 页)。

可划分为鄂尔多斯高原、河套平原、阿拉善高原、河西走廊以及横山至天都山黄土丘陵五大板块。

1. 鄂尔多斯高原

鄂尔多斯高原位于黄河大湾以南，东、西、北三面为黄河环绕，南面以长城为界。海拔一般在 1200—1600 米之间，西北部略高，向东南缓缓倾斜。属温带干草原和荒漠的过渡地带，流沙和固定、半固定沙丘相互交错。该地高出与之相邻的河套断陷盆地 300—500 米以上，使地下水的交替成为可能。同时，在广阔的地表上，白垩系沙崖透水层直接裸露地表，有利于 200—500 毫米年降水直接渗入补给，从而成为很有意义的供水区。[①]因此，地下水丰富，且质量较好，矿化度小于 1—3 克/升。

高原的东北部为沙黄土丘陵，河谷地带海拔低于 1000 米以下，宜于耕垦畜牧，汉朝曾在这里设置屯垦实边，这里发现的西夏窖藏中，有不少铁犁铧、铁锄、铁镰等农具，其形制与中原地区一致。北部是沿黄河南岸的库布齐沙漠，呈东西带状分布，固定和半固定沙丘的高度一般在 10—50 米之间，严重威胁着农田和草场。沙丘间洼地的边缘因承压的缘故，往往有泉水涌出，形成植被茂密的沼泽草地。[②]

高原的中部和西部为起伏和缓的沙地和风蚀洼地组成。风蚀洼地广泛沉积了冲积湖积物，表面为沙层所覆盖，在风的吹蚀堆积下，成为草丛沙丘，湖泊众多，水草较好。南部为毛乌素沙地，大部分沙丘呈固定或半固定状态，丘间洼地，水草丰美，是我国沙漠水源丰富地区。[③]历史上这里湖泊众多，《新唐书》卷四三载："夏州北渡乌水，经贺麟泽、拔利干泽，过沙，次内横刬、沃野泊、长泽、白城。百二十里至可朱浑水源。又经故阳城泽、横刬北门、

---

① 张天曾：《中国干旱地区地下水的形成和分布》，见赵松乔主编：《中国干旱地区自然地理》，科学出版社 1985 年版。

② 中国自然地理编委会编：《中国自然地理》（总论），科学出版社 1985 年版，第 358、374 页。

③ 朱士光：《评毛乌素沙地形成与变迁问题的学术讨论》，《西北史地》1986 年第 4 期。

突纥利泊、石子岭，百余里至阿颓泉。又经大非苦盐池……又西五十五里有绥远城。皆灵、夏以北蕃落所居。"宋元丰四年，即西夏大安七年（1081），北宋五路伐夏，王中正河东军"渡无定河，循水北行，地皆沙湿，士马多陷没，遂继谔趋夏州"①。说明唐代到西夏，这一地区有大片湖泊和沼泽地，李继迁立身的地斤泽就是夏州以北三百里的一大片湖泊湿地。

鄂尔多斯地区较好的生态环境，为北方民族发展畜牧业创造了极为有利的条件。北魏时期敕勒人在这里养马200万匹，骆驼100万峰，牛羊无数。②党项人进入这一地区不久，便"部落繁富"③，形成了著名的平夏部，从而走上了建立西夏国的道路。

当然，鄂尔多斯地区沙漠面积大，地表组成物质粗糙，干旱少雨，多风沙，也极大地限制了农牧业的发展。这一问题从唐代开始就已十分严重。《新唐书·五行志》记载，长庆二年（822）十月，"夏州大风，飞沙为堆，高及城堞"。"夏州沙碛，无树艺生业。"④在唐代诗人的眼里，也是"茫茫沙漠广，渐远赫连城"⑤。

西夏时鄂尔多斯沙漠已延伸到宋夏交界的横山边缘，"横山一带两不耕地，无不膏腴，过此即沙碛不毛"。⑥"横山之北，沙漠隔限"。⑦宋人沈括在《梦溪笔谈》中，对鄂尔多斯南部的毛乌素沙地有着形象的描述："予尝过无定河，度活沙，人马履之，百步之外皆动，颎颎然如人行幕上。其下足处虽甚坚，若遇其一陷，则人马驼车，应时皆没，至有数百人平陷无孑遗者。或谓此即'流沙'也。又谓沙随风流，谓之'流沙'。"⑧这正是今天长城沿线即

---

① 《宋史》卷四八六《夏国传下》。
② 《魏书》卷一一〇《食货志六》。
③ 《旧唐书》卷一九八《党项羌传》。
④ 《新唐书》卷一四一《韩全义传》。
⑤ （唐）许棠：《夏州道中》，《全唐诗》卷六〇三。
⑥ 《续资治通鉴长编》卷三四七，元丰七年七月丁未条载吕惠卿语。
⑦ 《续资治通鉴长编》卷四六九，元祐七年正月壬子条。
⑧ （宋）沈括：《梦溪笔谈》卷三，第52条。

横山与鄂尔多斯高原交界处的"活沙区"。

2. 河套平原

河套平原是夹持在贺兰山、阴山与鄂尔多斯高原之间的一个断陷冲积平原，分今宁夏北部的西套平原与内蒙古后套平原。西套平原即西夏时的兴灵平原，位于贺兰山与鄂尔多斯高原之间，沿黄河流向呈南北延伸，南北长约250公里，东西宽约50公里，海拔一般在1100—1200米之间。后套平原介于阴山与鄂尔多斯高原之间，沿黄河由西向东伸展，长约500公里（一部分属辽朝的东胜州）。自秦汉以来，中原王朝就在河套平原开渠屯垦，由于长期灌溉，使地面沉积了深厚的淤灌层，土壤肥沃。

黄河出黑山峡进入西套平原（今宁夏平原）后，土地肥沃，水草丰足，宋人何亮指出：灵武"地方千里，表里山河，水深土厚，草木茂盛，真牧放耕战之地"[①]。秦汉以来进入该地的汉族和北方民族就在这里开凿渠道，引河灌溉。《元和郡县图志》卷四"灵州条"载："其城赫连勃勃所置果园，今桃李千余株，郁然犹在。"

屹立于平原西北侧的贺兰山，大大削弱了冬季寒流的侵袭，同时也阻挡住了腾格里沙漠的东移，对农业生产十分有利。特别是兴灵平原，当代年平均气温8.5℃左右，一月平均气温–9℃，7月平均气温24℃左右，日照充足，昼夜温差大，无霜期157—170天[②]，适宜于稻麦生产，为西夏最重要的产粮区。

贺兰山又名阿拉善山，大致呈南北走向，延伸200余公里，东西宽20—60公里，海拔一般在2000—3000米之间，主峰达3556米。文献记载"山有树木青白，望如骏马，北人呼骏为贺兰"[③]。西夏时该山"冬夏降雪，有种种林

---

① 《续资治通鉴长编》卷四四，咸平二年六月戊午条。
② 银川市方志办编：《银川市情》，宁夏人民出版社1987年版，第4页。
③ （唐）李吉甫：《元和郡县图志》卷四《关内道四·灵州》，中华书局1983年版。

丛，树、果、芜荑及药草，藏有虎、豹、鹿、獐，挡风蔽众"①。可见生态环境相当好，后来历经战乱和滥伐滥樵的破坏，林区面积大为缩减，20 世纪在贺兰山南端大柳木高山上明代木石结构的烽火台中，发现了用于修建烽火台的松木，其直径在 20 厘米左右，而且连枝带叶，修建这些防御工事应是就地取材。② 如今该地早已是石质秃山，贺兰山东麓植被缩减可见一斑。即使如此，迄今仍保存着数十万亩林地，特别是在海拔 2000—3100 米的阴坡，依然密布着云杉、油松、山杨。③ 山麓有耐旱灌木与杂草，为良好的天然牧场。

后套平原是指阴山以南，乌兰布和沙漠以东，黄河以北（包括沿黄地带），西山嘴以西的区域，东西长约 500 公里（部分属辽朝东胜州），远大于西套平原（今宁夏平原）。西汉王朝在此移民实边，引水灌田。④ 北魏设临沃县（今内蒙古包头境），仍然引水灌田，"水上承大河于临沃县，东流七十里，北灌田，南北二十里，注于河"。⑤ 唐德宗年间在这里修浚陵阳渠、咸应渠以及永清渠灌溉田亩。⑥《元和郡县图志》记载："牟那山（今内蒙古乌拉山）南又是麦泊，其地良沃，远近不殊。"⑦ 元朝初年水利专家郭守敬上言："舟自中兴沿河四昼夜至东胜，可通漕运，及见查泊，兀郎海古渠甚多。"⑧ 兀郎海即兀剌海，为西夏黑山威福军司所在地，位于今后套平原中部。当然古代后套地区引黄灌溉不稳定，且大部分是戈壁草滩，"地多沮泽而碱卤"⑨，"迫塞苦寒，土地卤瘠"，⑩ 多生柽柳（俗名红柳）、沙柳、芨芨草、芦草、碱草、白茨、蒿

---

① 《圣立义海研究》，宁夏人民出版社 1995 年版，第 58 页。

② 许成：《宁夏考古史地研究论集》，宁夏人民出版社 1989 年版，第 2 页。

③ 许成、汪一鸣：《西夏京畿的皇家林苑——贺兰山》，《宁夏社会科学》1986 年第 3 期。

④ 侯仁之：《乌兰布和沙漠北部的汉代垦区》，载《历史地理学的理论与实践》，上海人民出版社 1979 年版。

⑤ （北魏）郦道元：《水经注》卷三。

⑥ 《新唐书》卷三七《地理志一》。

⑦ 《元和郡县图志》卷四"天德军"条。

⑧ 《元史》卷一六四《郭守敬传》。

⑨ 《汉书》卷六四上《主父偃传》。

⑩ 《旧唐书》卷一五二《李景略传》。

属等耐盐植被。

阴山山脉西起狼山、乌拉山，中为大青山、灰腾梁山，东到大马群山，东西长 1200 公里，南北宽 50—100 公里，平均海拔 1500—2000 米。山脉南北两坡不对称，北坡缓缓倾向内蒙古高原，属内陆水系，南坡以 1000 多米的落差直降到黄河河套平原，挺拔峻峭。西夏在阴山中西段驻军七万，以防辽朝和鞑靼。《元和郡县图志》卷四 "天德军" 条下载："其城居大同川中，当北戎大路，南接牟那山（今乌拉山）钳耳觜，山中出好材木，若有营建，不日可成。" 说明唐代乌拉山中有森林分布。西夏晚期这里植被仍然比较好，野兽出没，1227 年成吉思汗率兵出征，望见穆纳山（即牟那山），降旨道："丧乱之世，可以隐遁；太平之世，可以驻牧。当在此猎捕麋鹿，以游豫晚年。"[①]

3. 阿拉善高原

阿拉善高原东起贺兰山，东北接黄河，西至玉门，北与蒙古国为界，南经合黎山、龙首山与河西走廊接壤，大部分地面海拔在 1000—1500 米之间，由南向北缓缓倾斜，最低处居延海海拔仅 820 米。

沙漠戈壁构成高原的主要景色，即使有水草的居民点，也往往以某某沙为名。后晋天福年间（937—943），供奉官张匡邺与判官高居晦出使于阗，"自灵州过黄河，行 30 里，始涉沙入党项界，曰细腰沙、神点沙，至三公沙，宿月支都督帐。自此沙行四百余里，至黑堡沙，沙尤广，遂登沙岭。沙岭，党项牙也，其酋曰捻崖天子"。[②] 沙漠中的气候非常恶劣，夏天酷暑如焚，冬天寒风凛冽，"秋冬间劲风一起，扬沙拔木，故沙漠中无大树，惟夏雨潴低地，则刚草丛生，高至数尺，质如铁线，以能御大风，故得独存，漠中植物，此为最大"。[③]

---

① 朱风、贾敬颜译：《汉译蒙古黄金史纲》，内蒙古人民出版社 1985 年版，第 25 页。
② 《新五代史》卷七四《于阗传》。
③ （清）姚明辉：《蒙古志》卷一《沙漠》。

　　高原的东南部是腾格里沙漠，错布着沙丘、湖盆草滩、山岭及平地，其中沙丘占 71%，湖盆草滩占 7%。[①] 巴丹吉林沙漠分布于西南边缘，虽然大部分沙丘为流沙，但沙山之间仍有 144 个内陆湖泊。湖泊周围植被呈圆环状分布，湖滨为海韭菜、海乳草等沼泽化草甸，再往外是白刺沙滩。[②] 这些湖泊主要用来游牧，为当地的畜牧中心。

　　高原东北的乌兰布和沙漠也基本形成，宋太宗太平兴国六年（981），王延德出使西域，途经这一地区留下如下记载："沙深三尺，马不能行，行者皆乘橐驼。不育五谷，沙中生草名登相，收之以食。"[③] 登相是流沙上的先锋植物，属藜科，俗称沙米，其特点是生长在新沙上，在生有沙蒿和禾本科草类的沙地上，则不能生长。它被称作"流沙上的先锋植物"[④]。王延德穿行这一地区时，采集登相以食，表明宋夏时期这一地区的沙漠化已相当严重。

　　高原的北部为一望无际的中央戈壁，沙砾中多生碱地植物，可以放牧。中央戈壁北端是一片绿洲，汉朝在这里设居延塞，唐朝设宁寇军，西夏设黑水监军司，元朝设亦集乃路。发源于祁连山的弱水（或称黑河）自南向北流，至下游一分为二，注入东、西居延海。根据居延海沉积物的分布情况可知，历史上该湖泊曾达到 2600 平方公里，后来逐渐缩小，到 20 世纪 40 年代，东居延海周围约 75 公里，"水色碧绿鲜明，味咸，含大量盐碱，水中富鱼族，以鲫鱼最多"，"鸟类亦多，天鹅、雁、鹤、水鸡、水鸭等栖息海滨或水面，千百成群，飞鸣戏泳，堪称奇观。""海滨密生芦草，粗如笔杆，高者及丈，能没驼上之人，极似荻苇，入秋芦花飞舞，宛若柳絮，马牛驼群，随处可遇"。西海周约 150 公里，"水因含碱过重，其色青黑，距水滨十里，即

①　中国自然地理编委会：《中国自然地理》（总论），科学出版社 1985 年版，第 198 页。
②　《中国自然区划概要》，科学出版社 1984 年版，第 128 页。
③　《宋史》卷四九〇《高昌传》。
④　侯仁之：《历史地理学的理论与实践》，上海人民出版社 1979 年版，第 93 页。

为湿滩，人畜不能进，亦无草水，水味苦"。[①]

唐代诗人王维在路经居延故城时，作《塞上》一诗："居延城外猎天骄，白草连天野火烧。暮云空碛时驱马，秋日平原好射雕。"反映出当时居延地区水草丰茂的生态景观。从黑水城出土的大量西夏土地文书来看，西夏时期这里水草丰茂，畜牧业和农业均很发达。[②]元朝这里的生态环境还相当好，元世祖至元年间（1264—1294）曾在这里开凿渠道，溉田九十余顷。[③]当然，黑水地处沙碛，生态环境十分脆弱，除绿洲外，大部分地方"多系硝碱沙漠石川，不宜栽种"[④]。

4. 河西走廊

河西走廊东起乌鞘岭，西抵玉门关，东西长达 1300 公里，南北宽数十公里不等。走廊南面的祁连山和阿尔金山山脉，海拔在 4000 米以上。北面的龙首山、合黎山、马鬃山统称为"北山"，山势比较低矮，一般在 2000 米以下。海拔 4000 米以上的祁连山终年积雪，并形成 1400 平方公里的冰川，每年春夏之际这些冰川大量融化，汇聚成石羊河、黑河、疏勒河三大内陆水系，当代年径流量 65 亿立方米。[⑤]浸灌着走廊的万顷良田，形成一片片沙漠绿洲，自东汉迄盛唐，"民物富庶，与中州不殊"。[⑥]

祁连山及其分支焉支山还是优良的天然牧场，《西河旧事》云："山在张掖、酒泉二界上，东西二百余里，南北百里，有松柏五木，美水草，冬温夏凉，宜畜牧。"[⑦]焉支山，又名删丹山（即山丹山），"在县南五十里，东西一百

---

① 董正钧：《居延海（额济纳旗）》，见阿拉善盟政协文史资料研究委员会办公室编：《阿拉善盟旗志史料》，1987 年，第 88 页。

② 史金波：《西夏经济文书研究》，社会科学文献出版社 2017 年版。

③ 《元史》卷六〇《地理志三·亦集乃路》。

④ 李逸友：《黑城出土文书》（汉文文书卷），科学出版社 1991 年版，第 18 页。

⑤ 汤奇成、程天文：《河西走廊的河川径流》，见赵松乔主编：《中国干旱地区自然地理》。

⑥ （元）马端临：《文献通考》卷三二二《古雍州附案语》。

⑦ 《史记》卷一一〇《匈奴传·索引》。

余里，南北二十里，水草茂美，与祁连山同。匈奴失祁连、焉支二山，乃歌曰：'亡我祁连山，使我六畜不繁息。失我焉支山，使我妇女无颜色。'"①敦煌文书记录唐代甘水（今党河）上游"美草""瀑布""多野马""狼虫豹窟穴""山谷多雪"，虽只言片语，但亦见祁连山西段山高林深，雨雪充沛，狼豹出没，野马徜徉。②

西夏时期这里的自然植被仍相当好，西夏文百科全书《圣立义海》载："积雪大山（即祁连山），山高，冬夏降雪，雪体不融。南麓化，河水势涨，夏国灌水宜农也。""焉支上山，冬夏降雪，炎夏不化。民庶灌耕，地冻，大麦、燕麦九月熟，利养羊马，饮马奶酒也。"③

这里需要指出的是，河西走廊除石羊河、黑河、疏勒河流域的绿洲外，许多地方是荒漠戈壁，唐代边塞诗人岑参留下了"酒泉西望玉关道，千山万碛皆白草""玉门关城迥且孤，黄沙万里白草枯""太守到来山出泉，黄砂碛里人种田"的诗句。④这种戈壁绿洲的自然景观，从古到今都是如此。

5. 横山及天都山地区

横山即古桥山，"南连耀州，北抵盐州，东接延州，绵亘八百余里。盖邠、宁、环、庆、延、绥、鄜、坊诸郡邑，皆在桥山之麓，宋人所称横山之险，亦即桥山北垂矣"。⑤位于西夏境内的横山，大体包括在银、夏、绥、宥诸州之内，这里是鄂尔多斯高原与黄土高原的连接处，尽管公元5世纪还是"临广泽而带清流"的夏州城⑥，当时已"深在沙漠"之中⑦，但大多数地方的植被还相当完好，水草丰茂，多马宜稼。发源于横山的无定河全长442公里，

---

① （唐）李吉甫：《元和郡县图志》卷四〇《陇右道下·甘州》，中华书局点校本。
② 李并成：《历史上祁连山区森林的破坏与变迁考》，《中国历史地理论丛》2001年第1期。
③ 罗矛昆等：《圣立义海研究》，宁夏人民出版社1995年版，第59页。
④ （唐）岑参：《赠酒泉韩太守》《玉门关盖将军歌》《敦煌太守后庭歌》，《全唐诗》卷一九九。
⑤ （清）顾祖禹：《读史方舆纪要》卷五二《陕西一》，中华书局1994年版。
⑥ （唐）李吉甫：《元和郡县图志》卷四《关内道四·夏州》引《十六国春秋》，中华书局点校本。
⑦ 《续资治通鉴长编》卷三五，淳化五年四月甲申条。

当代年径流量 15.3 亿立方米 ①，浸润着河谷两岸的沃土。位于西安州（今宁夏海原县境）的天都山，自然环境也很好，"多树种竹，豹、虎、鹿、麈居，云雾不退。谷间泉水，山下耕灌也"。②

　　从生态环境来看，上述 5 个地理板块，大体可归纳为农业、牧业以及半农半牧三个经济区，河套平原是以灌溉农业为主的经济区，鄂尔多斯高原与阿拉善高原是牧业为主的经济区，河西走廊与宋夏沿边黄土丘陵是以半农半牧为主的经济区。

（二）户籍人口

1. 户籍

　　对于古代王朝来说，一定数量的人口是其存在的前提基础和必备条件，特别是在传统的农牧业社会中，人口的数量直接决定了国家劳动力的多少和军队的数量，从而在很大程度上体现了国力的盛衰。因此，任何国家政权建立后都要从制度层面上对人口进行控制。

　　我国户籍起源很早，周代"司民，掌登万民之数，自生齿以上皆书于版，辨其国中与其都鄙及其郊野，异其男女，岁登下其死生"③。秦统一后，使黔首自实田，遂系田亩于户籍。汉代定户律，各地八月"案户比民"，将各户占有的土地及其他财产记入户口登记册内，作为征收人口税和摊派兵役、力役的依据。秦始皇十六年（前 231），"初令男子书年"④，规定男性必须将"年龄"记录。人口、土地、赋役三种册籍合一的户籍，就是通常所说的籍帐。⑤

---

　　① 陈明荣等编：《陕西省地理》，陕西人民出版社 1996 年版，第 40 页。
　　② 罗矛昆等：《圣立义海研究》，宁夏人民出版社 1995 年版，第 60 页。
　　③ （汉）郑玄注，（唐）贾公彦疏，彭林整理：《周礼注疏》卷四二《司民》，上海古籍出版社 2010 年版，第 1379 页。
　　④ 《史记》卷六《秦始皇本纪》。
　　⑤ ［日］池田温著，龚泽铣译：《中国古代籍帐研究》，中华书局 2007 年版。

　　汉代户籍三年一造，谓之"大比"，并三年上计一次；每年征赋前的校核谓之"小案比"，属经常性登记统计。唐代也是三年一造户籍，由民户自行申报户口、田地，记入"手实"，里正据手实造籍。官吏按各户资产多寡、丁口强弱量定户等（户分九等），据以征收户税。为防止低报丁龄、伪报病老等，以三百家为单位，由官员检阅人丁形貌，称"团貌"。

　　宋代土地私有制进一步发展，征收赋税渐以田亩为主，户籍分主户、客户，占有土地缴纳赋税者为主户，没有土地不缴纳赋税者为客户。同时，设置各种单行的田亩帐册图簿，地籍逐渐从户籍中分离出去。宋朝虽然取消人口税，但仍征丁口之赋，差役也按丁抽派，因此又有丁帐、丁口簿、五等丁产簿等单行户籍，不过只计男口，不计女口。

　　西夏的户籍制度是对秦汉以来制度的继承，黑水城出土西夏户籍文书有手实、户籍、户籍记账等。手实又称手状，是登记户籍的依据，户籍手实写明户主、军丁、人口、土地、牲畜、财物等内容[1]，有的还需要誊写[2]，以里溜（又作迁溜，相当于中原地区乡里的里）为单位造户籍、军籍和赋税册，藏

---

　　① 俄藏黑水城出土编号 7893-9《梁行监户籍手实》(《西夏经济文书研究》附录"西夏文经济文书录文、对译和意译"，第 456—463 页)：
　　一户行监梁有属畜品业已令明，列如下：
　　地四块
　　一块接阳渠撒二十石处，与耶和心喜盛（地）边接
　　一块接道砾渠撒十五石处，与梁界乐（地）边接
　　一块接律移渠撒十石处，与移合讹小姐盛（地）边接
　　一块接七户渠撒七石处，与梁年尼有（地）边接
　　畜三马中，一公马二齿，一母马骡四齿，一幼马
　　骆驼三十二，大二十六，小六
　　人男女十八中：
　　男十：心喜犬，三十五；正月犬，三十；铁吉，四十；势汉金，五十；祥瑞（行）乐，三十；小狗吉，十二；月月犬，四岁；正月吉、四月盛，二岁；祥行吉，十五
　　女八：吉祥乐，六十；水护，五十……
　　② 俄藏黑水城编号 8203 户籍手实是编号 7629 的誊写。

于州县和朝廷相关机构。为防止人户谎报漏报或小甲、小监①徇私舞弊，里溜或州县官府对小甲、小监上报的手实进行抽检"貌阅"。户籍手实中所记的人口、男女、齿岁、田亩、畜产除用来登记户口外，还用于编制军丁册②和赋税册。③

　　西夏的一户就是一帐④，户籍以帐（户）为单位，上书户主姓名，人口性别、大小等。⑤"大"是指成年人，"小"是指未成年人，西夏男子年十五成丁，为成年人。⑥黑水城出土三件西夏户籍文书，共记录 36 户 149 口，户均 4 口，

---

　　① 西夏法律规定：十户遣一小甲，五小甲遣一小监等胜任人，二小监遣一农迁溜，"当于附近下臣、官吏、独诱、正军、辅主之胜任、空闲者中遣之"。（《天盛改旧新定律令》卷一五《纳领谷派遣计量小监门》，第 514 页）。

　　② 西夏有严格的兵役制度，《天盛改旧新定律令》卷六《抄分合除籍门》规定："新生子男十岁以内，当于籍上注册。若违律，年及十至十四不注册隐瞒时，隐者正军隐一至三人者，徒三个月；三至五人者，徒六个月；六至九人者，徒一年；十人以上一律徒二年。首领、主簿等知情，则当比正军罪减一等；不知情者不治罪。""新生子当注册者中，年十五以上不注册隐瞒时，其正军之罪，隐一至二人者，徒四年；三至五人者，徒五年；六至九人者，徒六年；十人以上一律徒八年。及丁籍册上犹著年幼者，当比壮丁不注册罪减一等。彼二种首领、主簿知晓隐言者，则当比正军罪减一等，不知情者不治罪。""诸转院各种独诱年十五当为丁，年至七十入老人中"。（第 262 页）显然，军籍簿上的丁男和男孩年龄状况，肯定和户籍手实是一致的。换言之，户籍手实编制为军籍簿提供了第一手资料。

　　③ 黑水城出土文书中发现 8 件人口税账，俄藏 5 件，英藏 3 件，有的只存每户人口税，有的先记录每溜总人口税，后面是分户人口税，无论哪种人口税账，不分男女，只分大小，大口 3 斗，小口1 斗 5 升。俄藏黑水城户籍手实详细记载户主姓名、身份、军抄、田亩、大小男女人口、牲畜、财产、房屋等。值得注意的是，西夏黑水地区大多是三四口人的小家庭，不少只有夫妻两人，只有个别是十几口人的大家庭，这和人口税账中每户人口基本一致。（史金波：《西夏经济文书研究》附录"西夏文经济文书录文、对译和意译"，第 434—463、481—482、492 页）

　　④ 《宋史》卷四八六《夏国传下》："其民一家号一帐，男年登十五为丁，率二丁取正军一人。"

　　⑤ 俄藏黑水城出土编号 6342 户籍账：

　　　　一户梁夜犬二口：男大一，夜犬。女大一，妻子，居地氏乐盛犬。

　　　　一户律移十月盛三口：男二：大一，十月盛。小一，子福有乐。女一：大一，妻子耶和般若乐。

　　　　一户寡妇杨氏福有宝四口：女二：大一，福有宝。小一，女兄弟宝。男小二：小二子：美子盛，犬乐。（史金波：《西夏经济文书研究》附录"西夏文经济文书录文、对译和意译"，第 448 页）

　　⑥ （宋）曾巩：《隆平集》卷二十《夏国赵保吉传》：其民"年六十以下，十五以上，皆自备介胄弓矢以行"。《宋史》卷四八六《夏国传下》："其民一家号一帐，男年登十五为丁。"

其中男 74 口，女 75 口，大 99 口，小 50 口。^① 上述 36 户中，除一户 19 口和一户 11 口大家庭外，其余多为三四口，不少是 2 口，达不到中国古代人口统计中户均 5 口，和宋代户均人口大体一致。^② 男女口比 1∶1，大小口比 2∶1。现代人口统计学中，发展中国家未成年人比例 33% 左右，约占总人口的 1/3，15 岁以上的成年人占总人口的 2/3，可见西夏时期的男女比例、成年人与未成年人比例是合适的。^③

里溜（又作迁溜）是西夏基本社会组织，平时核查户口、组织生产、督促赋税、维持治安，战时带所属部落兵出征。一里溜辖百户^④，里溜将所辖户帐的手实按照户口、军抄、赋税分类登记造册，并合计出总数，附在账册

---

① 黑水城出土编号 6342-1 户籍文书，共记录 28 户 89 人口，户均 3.18 口，其中男 44 口、女 45 口、大口 61、小口 28；编号 4761-4 户籍文书，四户中一户 11 口，三户各五口，男女各 13 口，大口 15、小口 11；编号 4761-5 户籍文书，四户中一户 19 口，三户分别为 4、5、6 口，男 17 口、女 17 口、大口 23、小口 11。（史金波：《西夏经济文书研究》附录《西夏文经济文书录文、对译和意译》，第 434—453 页）。

俄藏黑水城出土户籍人口统计表

编号	总户数	总人口	大男数	小男数	大女数	小女数	男女比例	户均人口
6342-1	28	89	27	17	34	11	44∶45	3.2
4761-4	4	26	9	4	6	7	13∶13	6.5
4761-5	4	34	12	5	11	6	17∶17	8.5
合计	36	149	48	26	51	24	74∶75	4.1

② 漆侠：《宋代经济史》（上）第一章《宋代的人口和垦田》，上海人民出版社 1987 年版，第 46 页。

③ 根据黑水城出土编号 6342-2 是一件户籍计账，该农迁溜中户均不足 3 人，男女比例为 1.2∶1（不包括有口无户的农奴）。

④ 《天盛改旧新定律令》卷一五《纳领谷派遣计量小监门》："各（名）租户家主由管事者以就近结合，十户遣一小甲，五小甲遣一小监或胜任人，二小监遣一农迁溜，当于附近下臣、官吏、独诱、正军、辅主之胜任、空闲者中遣之。"

上，成为计账文书。黑水城出土编号 6342-2 是一件户籍计账 ①，该文书和编号 6342-1 户籍文书为同一文书，是前件户籍的总计，记录迁溜饶尚百管勾 79 户，220 口，其中原先 62 户，146 口，新增 17 户 39 口。该新增的 17 户，或是成年男子成家自立门户，或是战争中的俘虏，三年后重新造籍时补入，并予以说明，以别老户。具有农奴身份的使军，他们只有人数统计，附在主人户下，以便服役。②

2. 人口

人是社会物质生活条件的必要因素，没有一定的最低限度的人口，就不可能创造出社会物质生活，特别是在封建时代，生产的基础是个体劳动，人口的增减更是极其灵敏地在社会生产中反映出来。

文献缺乏对西夏人口的统计，目前只能依据其军队人数估算出全国的

---

① 黑水城出土编号 6342-2 是一件户籍计账，史金波先生认为该文书和编号 6342-1 户籍文书为同一文书，是前件户籍的总计。兹转引如下：

勾管七十九户，共二百二十人

　大一百八十人，小四十人

六十二户原先大小一百四十六人

　男八十五人

　大六十一人，小二十四人

女六十一人

　大五十四人，小七人

三十五人单身

　男三十一人

　大二十六人，小五人

　女四大

十七户大小四十九人

　男二十人

　大十八人，小二人

　女十九人

　大十七人，小二人

原先大小一百八十一人

（史金波：《西夏经济文书研究》，第 67—69 页）。

② 《天盛改旧新定律令》卷二〇《罪则不同门》："诸人所属使军、奴仆唤之不来，不肯为使者，徒一年。"该《律令》卷五《军持兵器供给门》明确规定使军拥有战具。

丁壮数，再由丁壮数推算出全国的人口总数。①《范文正公年谱》载：元昊置十八监军司，"总十五万"。《隆平集·夏国赵保吉传》载："在德明时，兵十余万而已，曩霄之兵逾十五万。"《东都事略·西夏传》载："曩霄有兵十五万八千五百人。"15 万是立国前军队的数量。

　　《续资治通鉴长编》卷一二〇景祐四年十二月条载：元昊"置十八监军司，委酋豪分统其众。自河北至卧啰娘山七万人，以备契丹；河南洪州、白豹、安盐州、罗洛、天都、惟精山等五万人，以备环、庆、镇戎、原州；左厢宥州路五万人，以备鄜、延、麟、府；右厢甘州路三万人，以备西蕃、回纥；贺兰驻兵五万人，灵州五万人，兴庆府七万人为镇守，总三十余万"。这是西夏立国初期军队的数量。②

　　《宋史·夏国传下》曰：西夏左右厢十二监军司，"诸军兵总计五十余万。别有擒生十万。兴、灵之兵，精练者又二万五千。别副以兵七万为资赡，号御围内六班，分三番以宿卫"。50 余万的"诸军兵"是监军司兵，如果加上

---

　　① 目前对西夏人口的认识分歧非常大，有认为一二百万（漆侠、乔幼梅：《辽夏金经济史》，河北大学出版社 1998 年版，第 215—216 页；杜建录：《论西夏的人口》，《宁夏大学学报》2003 年 1 期；赵斌、张睿丽《西夏开国人口考论》，《民族研究》2002 年 6 期）。有认为二三百万（赵文林、谢淑君《中国人口史》，人民出版社 1988 年版，第 270—274 页；葛剑雄：《中国人口发展史》，福建人民出版社 1991 年版，第 203 页；吴松弟《中国人口史》第三卷，复旦大学出版社 2000 年版，第 197—201 页）。有认为四百万（李虎：《西夏人口问题琐谈》，载《首届西夏学国际学术会议论文集》，宁夏人民出版社 1998 年版）。有认为九百万（余苇青：《试论西夏人口消失的原因》，载《首届西夏学国际学术会议论文集》，宁夏人民出版社 1998 年版）。

　　② 《宋史·夏国传上》曰：元昊"置十二监军司，委豪右分统其众。自河北至午腊蒻山七万人，以备契丹；河南洪州、白豹、安盐州、罗落、天都、惟精山等五万人，以备环、庆、镇戎、原州；左厢宥州路五万人，以备鄜、延、麟、府；右厢甘州路三万人，以备西蕃、回纥；贺兰驻兵五万、灵州五万人、兴州兴庆府七万人为镇守，总五十余万。"《续资治通鉴长编》和《宋史·夏国传上》关于元昊时兵力部署、驻地、数量的记载相同（只是某些地名译音用字不同），但前者总计数字 30 多万，后者 50 多万，哪一个正确呢？我以为《续资治通鉴长编》所载 30 多万正确，因为两条材料所载各地驻兵总和为 37 万（监军司兵 20 万，兴、灵镇守兵 17 万），与《续资治通鉴长编》总计数吻合，这是其一；其二，两条材料在监军司兵与兴、灵镇守军之外，还提到六班直 5000 人，铁骑 3000 人，这么少的部队都提到了，不可能遗忘 10 多万的庞大队伍。显然是《宋史》作者将总数统计错了，或者误将西夏后期军队数放到前期了。

10 万擒生军以及 2 万 5 千侍卫军和为其服务的 7 万资赡军，总计 70 余万。①

　　综上所述，西夏兵员扩充大致分为三个阶段。第一阶段为元昊即位初期，由德明时的 10 万人发展到 15 万人；第二阶段是西夏前期，通过招诱和征服的手段，将西凉吐蕃、甘州回纥以及沿边蕃部的兵丁据为己有，加上人口的自然增长，这样就使得西夏军队急剧扩大到 37 万至 40 万 ②；第三阶段为西夏中后期，兵员多达 70 万。现代人口普查结果，一般 15—50 岁的男性约占总人口的 25%，15—70 岁的男性约占总人口的 37%。如果以此推算，西夏总人口大致为 190 万左右。

　　宋人关于西夏总人口也有大体的估算，宋庆历四年（1044）崇政殿说书赵师民上疏宋仁宗，指出"羌贼所盗陕右数州，于本路十二分之二，校其人众，七八分之一，虽兼戎狄，亦不过五六分之一；穷塞之地土至薄，校其财力，二十分之一"③。宋熙宁五年（1072），宋朝君臣讨论对西夏政策时，王安石说："今陕西一路即户口可敌一夏国（时陕西缘边分为四路——引者），以四夏国之众当一夏国，又以天下财力助之，其势欲扫除亦宜甚易，然终不能使夏国畏服，以其君臣强武。"④

　　这两条对西夏人口估计的材料非常重要，庆历年间（1041—1048）西夏人口占宋陕西路的近 1/6，20 多年后，随着西夏疆土的开拓，人口也有所增加，

---

　　① 　西夏中后期建立起一套完整的兵役制度，为了保证兵源，将服役年龄由 15 岁至 60 岁延长到 15 岁至 70 岁。《隆平集》卷二〇《夏国赵保吉传》载：其民"年六十以下，十五以上，皆自备介胄弓矢以行"，这大致是西夏前期的情况。成书于中后期的《天盛律令》卷六《抄分合除籍门》则记载："诸转院各种独诱年十五当丁，年至七十入老人中。"男孩从 10 岁开始就要登记注册，作为预备役，如果"年及十至十四不注册隐瞒时"，隐一至三人徒三个月，三至五人徒六个月，六至九人徒一年，十人以上一律徒二年。年十五（即及丁）以上隐瞒不注册时，对隐瞒者的处罚更重。"及丁籍册上犹著年幼者，当比丁壮不注册罪减一等"。还有"诸人现在，而入死者注销"，"又以壮丁入转老弱"等，都将根据情节轻重，对有关人员进行严厉的处罚。由此看来，西夏中后期兵员增加到六七十万是完全可能的。

　　② 《宋史》卷三二三《赵振传》：延州北面的"东茭、金明、万刘诸族胜兵数万，悉为贼（元昊）所有"。

　　③ 《续资治通鉴长编》卷一四六，庆历四年二月丙辰条。

　　④ 《续资治通鉴长编》卷二三二，熙宁五年四月丙寅条。

仅与吐蕃沿边地区而言，宝元、庆历间西夏主要用兵宋朝鄜延和泾原地区，"故秦、渭一带西蕃未暇窥夺"，庆历议和后，"见秦、渭间西蕃最为繁盛"，又为宋朝降人劝说，遂一向攻取，秦、渭诸蕃大半为其所属。因此熙宁年间，总人口由原来占陕西路的 1/5 增加到 1/4 是完全有可能的。

根据宋人王存的《元丰九域志》所载，元丰年间（1078—1085）陕西路总人口约 135.6 万户，时距熙宁五年（1072）不过 10 年，若年自然增长率为 1%，熙宁年间陕西路人口至少在 125 万户以上。以此计之，当时占陕西路 1/4 的西夏人口大致在 30 余万户（帐），180 万口左右。

另外，根据文献记载，西夏的州大致可分为四等①，一等 4 万—5 万户，二等 1 万—2 万户，三等 4000—5000 千户，四等 1000—2000 千户，我们若取其平均数 1 万户过一点，那么西夏 20 多个州，也大致是 30 多万户，180 余万口。

总之，从上述三方面均推测出西夏人口在 30 余万户（帐），180 万口左右，上限 200 万口左右，下限 150 万口左右。

西夏虽然疆域辽阔，但人口主要集中在河套灌区、宋夏沿边山界农牧区以及河西走廊绿洲，占西夏全境 4/5 以上的荒漠与半荒漠，常常是数百里乃至上千里"既无水草，又无人烟"②，只有在条件较好的河流与湖盆岸边，栖息着为数不多的游牧族帐。

---

① 宋人郑刚中《西征道里记》载："夏国左厢监军司接麟、府沿边地分，管户二万余；宥州监军司接庆州、保安军、延安府地分，管户四万余；灵州监军司接泾、原、环、庆地分，沿边管户一万余，兹其大略也。"《宋会要辑稿》方域二一之二载：淳化四年（993）府州折御卿上言："银、夏州管内蕃汉户八千帐族悉来归附，录其马、牛、羊万计。"平均每州 4000 户（帐），西夏立国后随着人口的繁衍，可能要超过这个数字；《宋史》卷二五九《郭守文传》曰：雍熙二年（985）"银、麟、夏三州归附者百二十五族、万六千余户"，平均每州 5000 余户；《宋史》卷四九二《吐蕃传》曰：咸平元年（998），凉州吐蕃首领折逋游龙钵上言："河西军即古凉州，东至故原州千五百里，南至雪山、吐谷浑、兰州界三百五十里，西至甘州同城界六百里，北至部落三百里。周回平川二千里。旧领姑臧、神乌、蕃禾、昌松、嘉麟五县，户二万五千六百九十三，口十二万八千一百九十三。今有汉民三百户。"除上述比较大的州外，西夏还有许多小州，如"洪、定、威、龙皆即堡镇号州"。（《宋史》卷四八五《夏国传上》）这些州的人口肯定不会太多，大致一两千户或更少。

② 《续资治通鉴长编》卷五〇〇，元符元年七月甲子条。

（三）气候灾害

1. 气候

气候对农牧业生产和人民生活的影响是巨大的，目前所见西夏气候方面的资料多为一些灾荒记载，只能通过古代北中国的冷暖与干湿变化勾勒出大概。竺可桢根据大量考古资料、物候记录、方志记载和观测数据，作出了近5000年来我国平均气温变化曲线。[①] 根据这个曲线，在近5000年中的最初2000年，即从仰韶文化到安阳殷墟，大部分时间的年平均气温高于现在2℃左右，一月温度大约比现在高3—5℃，从那以后，有一系列上下浮动，其最低温度在公元前1000年、公元400年、1200年和1700年，浮动范围为1—2℃。从公元1000—1900年，虽然温度有上下浮动，但除个别接近现在水平外，大部分都低于今天的温度，其中西夏立国的公元1000年至1300年，为中国大陆的寒冷期。换言之，西夏时期的气候比较寒冷，年平均温度比现在低1—2℃，年无霜期比现在短10—15天，兴灵平原的无霜期大致在150—160天。

西夏寒冷的气候在其文献中也有反映，西夏人编纂的《圣立义海》云："夏国三大山，冬夏降雪，日照不化，永积，有贺兰山、积雪山、焉支山。"贺兰山"冬夏降雪，有种种林丛、树、果、芜荑及药草。藏有虎、豹、鹿、麀，挡风蔽众"[②]。贺兰山夏季降雪，西夏还在该地牧养牦牛[③]，反映出当时的气候比现在偏冷，但降水量偏高。[④]

---

① 《中国近五千年来气候变迁的初步研究》，载《竺可桢文集》，科学出版社1979年版，第477页。

② 《圣立义海研究》，宁夏人民出版社1995年版，第58页。

③ 《天盛改旧新定律令》卷一九《畜利限门》。

④ 中科院黄土考察队编：《黄土高原地区农业气候资源的合理利用》，中国科学技术出版社1991年版，第172—177页。

2. 灾害

史载西夏 23 次灾荒年份，其中旱灾 12 次，饥荒 7 次，水涝 4 次。一般来讲，西北地区灾荒主要由天旱引起，但也有其他方面的因素，1143 年饥荒是由于发生大地震的缘故，1227 年饥荒与蒙古灭夏战争有关。西夏水利灌溉事业发达，"甘、凉之间，则以诸河为溉；兴、灵则有古渠曰唐来，曰汉源，皆支引黄河。故灌溉之利，岁无旱涝之虞"。[①] 因此，发生在河套灌区的干旱，有可能因未造成大的灾害而忽略不计。也正因为"灌溉之利，岁无旱涝之虞"，在宋夏沿边发生饥荒时，还有能力招诱宋朝境内的蕃部熟户。[②] 西夏的 4 次水涝灾害中，1209 年中兴府水灾是人为造成，非纯粹的自然灾害。这个数字约为旱灾的 1/3，它从一个侧面反映西夏干旱气候的特点，所谓这一时期降水量偏高，仅是相对而言。

西夏灾害一览表

灾害时间	灾害内容	资料出处
1002 年（宋咸平五年）	灵州大旱，禾麦不登，李继迁发民筑堤，引黄河水溉田，功毕而堤决	《续资治通鉴长编》卷五四，咸平六年五月壬子
1003 年（宋咸平六年）	夏境艰窘，惟劫掠以济，迁夏、银、宥等州民于河外，众益咨怨，常不聊生	《续资治通鉴长编》卷五五，咸平六年九月壬辰
1008 年（宋大中祥符元年）	夏境旱，宋真宗诏榷场勿禁西人市粮，以振其乏	《宋史》卷四八五《夏国传上》

---

① 《宋史》卷四八六《夏国传下》。

② 《续资治通鉴长编》卷二五六，熙宁七年九月己亥记载，环庆路安抚使楚建中言："奉手诏，以缘边旱灾，汉、蕃阙食，夏人乘此荐饥，辄以赏物招诱熟户，至千百为群，相结背逃。若不厚加拯接，或至窜逸，于边防障捍非便。"

灾害时间	灾害内容	资料出处
1010 年（宋大中祥符三年）	西夏境内旱	《续资治通鉴长编》卷七四，大中祥符三年七月戊寅
1042 年（夏天授礼法延祚五年、宋庆历二年）	夏境鼠食稼，且旱，元昊思纳款	《宋史》卷四八五《夏国传上》
1069 年（夏天赐礼盛国庆元年、宋熙宁二年）	西夏饥荒，斛斗倍贵	《西夏纪》卷一四
1074 年（夏天赐礼盛国庆六年、宋熙宁七年）	夏国天旱，拥羊马牧于缘边河	《续资治通鉴长编》卷二五四，熙宁七年六月辛巳
1085 年（夏大安十一年、宋元丰八年）	夏国大旱，点集不起。是年"自三月不雨至于是月，日赤如火，田野龟拆，禾麦尽槁。秉常遣官祈禳二十日，不应，民大饥。群臣咸请赈恤，秉常令运甘、凉诸州粟济之"	《西夏书事》卷二七
1088 年（夏天仪治平三年、宋元祐三年）	夏国旱饥，点集不起	《续资治通鉴长编》卷四一三，元祐三年八月乙酉
1097 年（夏天祐民安八年、宋绍圣四年）七月	国中饥困，民鬻子女于辽国和西蕃	《西夏书事》卷三〇
1128 年（夏正德二年、金天会六年）春正月	夏使以饥告，金主命发西南边粟市之	《西夏书事》卷三四
1141 年（夏大庆三年、宋绍兴十一年）	夏国饥	《宋史》卷四八六《夏国传下》

灾害时间	灾害内容	资料出处
1142年（夏大庆三年、宋绍兴十二年）九月	夏国饥，民间升米百钱	《西夏书事》卷三五
1143年（夏大庆四年、宋绍兴十三年）三月	夏国大震，逾月不止，泉涌黑沙，岁大饥	《宋史》卷四八六《夏国传下》
1176年（夏乾祐七年、金大定十六年）七月	大旱，蝗食河西诸州庄稼	《西夏书事》卷三八
1192年（夏乾祐二十三年、金明昌三年）秋	绥德旱	《金史》卷二三《五行志》
1223年（夏乾定元年、金元光二年）五月	大旱，三麦不登，饥民相食	《西夏书事》卷四一
1226年（夏宝义元年、金正大三年）三月	河西诸州大旱，民无所食	《西夏书事》卷四二
1227年（夏宝义二年、金正大四年）二月	夏国春寒，马饥人瘦，兵不堪战	《西夏书事》卷四二
1002年（宋咸平五年）八月	大雨，九昼夜不止，河水暴涨，决堤防，蕃汉漂溺者无数	《西夏书事》卷七
1061年（夏毢都五年、宋嘉祐六年）六月	灵、夏二州大水，七级渠泛溢，漂没庐舍民户	《西夏书事》卷二〇
1111年(夏贞观十一年、宋政和元年）八月	夏州大风雨，河水暴涨，汉源渠溢，洪水入城，冲毁军营五所，仓库民舍千余区	《西夏书事》卷三二
1209年（夏应天四年、宋嘉定二年）九月	蒙古主引兵攻中兴府，夏主安全亲督将士守御。会大雨，河水暴涨，蒙古军筑堤防，引水灌城，居民溺死无数	《西夏书事》卷四〇

（四）衣食居室

1. 衣着

畜牧和农耕贯穿党项社会和国家全部过程，这种农牧并包的社会生活，反映在服饰上，既保留了党项人"服裘褐、披毡以为上饰"[①]的传统服饰，[②]又接受了汉族的衣锦绮，居宫室，大辇方舆，卤簿仪卫，鸣鞭鞘鼓，吹导还宫。[③] 开国皇帝李元昊"衣白窄衫，毡冠红裹，冠顶后垂红结绶"[④]。文官朝服幞头、穿靴、执笏、紫衣、绯衣；武官朝服金帖起云镂冠、银帖间金镂冠、黑漆冠，衣紫旋襕，金涂银束带，垂蹀躞，佩解结锥、短刀、弓矢韣。便服则紫皂地绣盘毯子花旋襕，束带。"民庶青绿，以别贵贱。"[⑤]

《西夏译经图》前方端坐二人，右为明盛皇帝，即第三代国主惠宗李秉常，左为梁太后。惠宗戴尖顶圆花冠，圆领内衣，交领绣花袍，腰系大带。太后戴凤冠，交领宽袖衫，宽袖长袍。莫高窟 409 窟西夏帝后供养人，皇帝头戴毡冠，身穿圆领窄袖袍，上绣大花团龙，侧后有侍从持御用华盖、犎扇等物。[⑥] 皇妃头戴花冠，身翻领窄袖长袍，雍容华贵。衣白窄衫，毡冠红裹，是皇帝的便服；戴尖顶圆花冠，圆领内衣，交领绣花袍，腰系大带是皇帝的法服；龙袍是皇帝的朝服。[⑦]

西夏图像中也保留了不少文武官员的服饰，榆林窟第 29 窟西夏供养人中，有三身武官形象，他们头戴云镂冠，垂结绶，身穿窄袖圆领袍。西夏帝

---

① 《隋书》卷八三《党项传》。

② 《宋史》卷四八五《夏国传上》记载，开国皇帝元昊在立国前夕宣称："衣皮毛，事畜牧，蕃性所便。"

③ （宋）田况：《儒林公议》卷上。

④ 《续资治通鉴长编》卷一一五，景祐元年十月丁卯。

⑤ 《宋史》卷四八五《夏国传上》。

⑥ 《天盛改旧新定律令》卷一二《内宫待命等头项门》："官家来至奏殿上，执伞者当依时执伞，细心为之。"

⑦ 史金波：《西夏风俗》，上海文艺出版社 2017 年版，第 79 页。

后与文武官员的服饰在吸收唐宋的同时，又保留一些本民族的特点，同时杂糅了吐蕃、回鹘、吐谷浑的元素，总体上则以唐宋为主，因此，被宋朝认为是僭越。①

西夏普通劳动者衣着接近宋朝北方地区，榆林窟第 3 窟西夏《牛耕图》中的耕夫上穿交领短衣，卷袖口，下穿窄裤，卷裤口，头扎白巾，足穿麻鞋。《踏碓图》中的踏碓人交领大襟短衣，腰束带，下穿窄裤，卷裤口，头扎黑巾，足穿麻鞋。《锻铁图》中三男子，其中两人站立锻铁，皆身穿短衣，一束袖，一袒露左臂膀。下穿窄裤，绑腿，足穿麻鞋。一坐式，推拉风箱，上衣较宽大，袒露左臂，下穿窄裤，卷裤口。

耕夫和手工业者的衣服多用褐布缝制，短小精干，便于劳作。党项牧民的衣着多就地取材，所谓"衣皮毛，事畜牧，蕃性所便"。西夏天庆年间典粮契中的皮裘、袄子裘就是黑水地区党项牧民的衣着。②西夏人自己编写了夏汉两种文本《杂字》，西夏文《杂字》男服类有冠戴、斗篷、围裙、袄子、汗衫、腰带、皮裘、围巾、朝帽、法服、紧衣、发冠、裹脚、褐衫、旋襕、毡毯、袍子、衬衣等。汉文《杂字》衣物部记载的衣着有公服、披袄、旋襕、袄子、褙心、褙子、裺心、汗衫、衬衣、毯裤、腰绳、束带、皂衫、罗衫、禅衣、大袖、袈袋、绣裤、宽裤、袈裟、袜头、丝鞋、朝靴、木履、草履、袜袎、披毡、睡袄、征袍、褐衫、毡袜、毯袄、暖帽、头巾、幞头、冠子等。其中有的是官员穿戴的公服、幞头、朝靴，贵族穿戴的丝鞋、绣裤、束带；党项人穿戴的披袄、披毡、旋襕、毯裤；汉族穿戴的皂衫、罗衫、汗衫、衬衣、褙心、褙子、裺心、褙心、褙子、裺心等。

---

① （宋）江少虞：《宋朝事实类苑》卷七五《西夏十二》："景祐末，夏羌叛，僭号于其境，改易正朔冕服制度，遣使来上旌节。旧制，羌人来朝，悉服胡衣冠。既至，有司命易之，使者曰：'奉本国命来见大国，头可断，冠服不易。'竟不能夺，遣归。"

② 陈国灿：《西夏天庆间典当残契的复原》，《中国史研究》1980 年第 1 期。

2. 饮食

　　饮食是一种文化，更与社会生产紧密相联，西夏半农半牧的生产生活，决定了其饮食结构和特点。以小麦、大麦、荞麦面粉为原料的食品有面条、油饼、胡饼、蒸饼、干饼、烧饼、花饼、油球、角子、馒头、炒面、酸馅、甜馅；以大米、黄米、小米为原料的食品有粥、蒸米、炒米；赤豆、豌豆、绿豆、大豆、小豆、荜豆可以粒食，也可以粉食。^① 俄藏西夏《差役供给账》记录的粮食有米、面、糁子^②，糁子当是麦豆加工成的颗粒。

　　米面食品制作方法有蒸、煮、炒、烤、炸等。蒸饼，西夏文二字，第一字蒸汽的"气"，第二字"饼"意，是用笼蒸的食品；面条、粥是用锅煮熬的食品；油饼，西夏文二字，第一字香味的"味"，第二字"饼"意，是一种有香味的油炸食品，至今宁夏一些地方将油饼称作油香；油球，西夏文二字，第一字"圆球"意，第二字"饼"意，是一种球状类的食品，有可能用糯米或粘黄米面制作；干饼、花饼、胡饼^③ 用鏊烤制或用锅烙制，角子，西夏文二字，第一字角落的"角"，第二字"饼"意，唐代称饺子为"偃月形馄饨"，宋代称为"角子"，风俗略与宋同的西夏角子当是饺子；酸馅、甜馅是一种馅类食品；炒面制作方法有二，一是将大麦、小麦炒熟，再磨成面粉，另一是将面粉用温火炒熟，条件好的在温炒的过程中加上牛油，制成油面，是一种便于携带和储存的干粮。

　　肉食是西夏人特别是党项牧民的重要食品，早期党项人"不知稼穑"，过着"牧养牦牛、羊、猪以供食"的游牧生活^④，内徙后羊猪依然是主要肉食来

---

　　① 见《番汉合时掌中珠》；西夏汉文《杂字》。

　　② 史金波：《西夏经济文书研究》附录"西夏文经济文书录文、对译和意译"，第 497—499 页。

　　③ 宋夏沿边党项人喜欢吃荞麦面做的饼，西夏文《碎金》记录："回鹘饮乳浆，山讹嗜荞饼。"（聂鸿音、史金波：《西夏文本〈碎金〉研究》，《宁夏大学学报》1995 年第 2 期）山讹乃横山党项，元昊"苦战倚山讹，山讹者，横山羌，平夏兵不及也"（《宋史》卷四八五《夏国传上》）。

　　④ 《隋书》卷八三《党项传》。

源。羊猪是西夏农牧民可以自主宰杀的家畜，也是官方公务接待用的食材。西夏法律规定，公务人员差旅期间，按一定的标准提供米面和羊肉。[①] 马、驼、牛、驴、骡等是重要的军事装备和役畜，为了保障军队供给和农业生产，法律明确禁止宰杀大家畜，违者一律承罪。[②] 农牧民自养的牛、骆驼、马等大家畜坠亡或患病死亡，经所在巡检、里溜查验是实，则不治罪，畜主可分食畜肉。另外役畜老弱，不堪使用，经官府查验是实，亦可宰杀食肉。煮、烤是肉食加工的最基本方法，煮食包括肉馅饺子，西夏文《文海》"肉馅"释："烂肉末也，肉肠烂碎斩斫之谓。"[③]

乳制品是西夏统治者和广大牧民喜爱的食品，在官牧场上，母羖𤞑以羔羊计，一羊羔三两酥，母骆驼按仔计，一仔二斤酥。供御乳畜由群牧司计议，经谕文批准，"直接供应酪脂、乳酥等，勿与诸牧场同，勿交羖𤞑毛绒，牧者当得之"。[④] 文献没有记载官牧场缴纳马奶、牛奶，但在民间大量食用，马奶酒、酥油茶是牧民喜爱的饮食，所谓"回鹘饮乳浆，山讹嗜荞饼"[⑤]，山讹是横山半农半牧区的党项人，反映出党项定居农耕后，生活方式有所变化，但游牧地区的党项人和回鹘人一样，日常生活离不开乳浆。

西夏境内以畜牧为主业的党项、回鹘、吐蕃民族肉食乳饮，特别需要茶叶帮助消化，茶是他们日常饮食中须臾不可缺少的饮品。西夏的茶叶，前期来自宋朝，后期来自金朝，夏宋景德约和后，宋每年赐给西平王李德明银万

---

① 《天盛改旧新定律令》卷一九《校畜磨勘门》："大校七日一屠，每日米面四升，其中有米一升。二马食中一七升，一五升。一童仆米一升。案头、司吏二人共十五日一屠，各自每日米一升。一马食五升。一人行杖者每日米一升。一人检视十五日一屠，每日米面二升。一马五升。"

② 《天盛改旧新定律令》卷二《盗杀牛骆驼马门》："诸人杀自属牛、骆驼、马时，不论大小，杀一头徒四年，杀二头徒五年，杀三头以上一律徒六年"；"诸人杀自属牛、骆驼、马时，他人知觉而食肉时，徒一年。盗杀及亲节牛、骆驼、马时，知觉食肉者，徒二年"；"诸人骡、驴，不论大小，杀自属一头徒三个月，杀二头徒六个月，杀三头以上一律一年。别人知觉，则十杖。盗、杀他人所有者，依次递增一等"；"诸人出葬时以畜做陪丧者当退回，不允屠杀。若违律屠杀时，承诸人屠杀自有牛、骆驼、马之罪，出告举赏法依法判断"。

③ 《文海研究》，中国社会科学出版社1983年版，第444页。

④ 《天盛改旧新定律令》卷一九《畜利限门》。

⑤ 聂鸿音、史金波：《西夏文本〈碎金〉研究》，《宁夏大学学报》1995年第2期。

两，绢万匹，钱三万贯，茶二万斤。元昊时，增加到"茶三万斤"①。这个数目远远不能满足国内需求，因此，大量的茶叶通过沿边贸易来解决，在宋人看来，西夏和宋交换中，"惟茶最为所欲之物"，除了本身消费外，还转手西北远蕃，"以茶数斤，可以博羊一口"②，获得巨额利润。两国爆发战争期间，宋朝关闭榷场，断绝和市，西夏大量走私茶叶。③但走私远不能解决"饮无茶，衣帛贵"的局面，西夏只能选择休战和好，可见饮茶是联结羌汉人民的纽带。

西夏的茶主要是经过高温蒸压而成的坨茶或砖茶，军功赏赐茶以坨计量，沿边哨卡截获叛逃者一到十人，主管赏绢一段，军卒二人赏茶一坨，十人以上至二十人，"主管茶绢二，检人茶一坨"。④官员任职三年考核合格时，除了升官和奖励银两、丝绸外，也奖赏坨茶。⑤《文海》"铫"释："煮茶用之谓，汉语铫子谓。"⑥煮茶的方法是先将坨茶或砖茶切裂成碎块，加水熬煮片刻，滤出即可饮用，这是西夏农牧民共同的饮用方法。在牧区一般饮用奶茶，滤清煮好的茶水，倒入预先放有酥油和食盐的搅拌器中，再掺入牛奶，不断搅拌，使茶水、奶汁和酥油充分混合成茶色汁液，成为色香味美的奶茶，饮用时还可加入熟肉、干粮和炒米⑦，成为丰盛的美味佳肴。

茶叶具有解油腻、助消化的功能，可以治疗腹胀、痢疾、积食，在西夏人看来，和草药一样，因此西夏语中的"茶"与"药"语音相同，在文字上

<hr>

① 《宋史》卷四八五《夏国传上》。
② 《续资治通鉴长编》卷一四九，庆历四年五月甲申条记载，知制诰田况上言："臣在延州，见王正伦伴送元昊使人，缘路巧意钩索贼情，乃云：'本界西北，连接诸蕃，以茶数斤，可以博羊一口。'今既许于保安军、镇戎军置榷场，惟茶最为所欲之物。"
③ 《宋会要辑稿》食货三八之三一：宋熙宁四年（1071），宋夏商议恢复和市，宋神宗皇帝就此指出："近虽令陕西、河东诸路止绝蕃、汉百姓不得与西贼交易。访闻止是去冬及今春出兵之际，略能断绝，自后肆意往来，所在无复禁止。昨于三月中，有大顺城管下蕃部数持生绢、白布、杂色罗锦、被褥、臁裹等物至西界辣浪和市，复于地名黑山岭与首领岁美泥咩、乜悖讹等交易，博过青盐、乳香、羊货不少。况近方令回使议立和市，苟私贩不绝，必无成就之理。"
④ 《天盛改旧新定律令》卷四《边地巡检门》。
⑤ 《天盛改旧新定律令》卷一〇《续转赏门》。
⑥ 史金波、白滨、黄振华：《文海研究》，中国社会科学出版社，第405页。
⑦ 西夏汉文《杂字》记有炒米。

两字字形也相近。

党项人有悠久的饮酒传统，早在内徙前虽"不知稼穑，土无五谷"，但却开始"求大麦于他界，醞以为酒"[1]。内徙后特别是立国后，随着农耕的学会与当地酿酒技术的影响，传统的酿酒业呈现出前所未有的生机。[2]西夏的酒有麦酒、粟酒、畜酒、马奶酒、葡萄酒、小曲酒、醹酒等。麦酒主要是传统的大麦酒，粟酒又称黄酒、米酒，是我国古代最普遍的饮用酒，它是以大米、粟米等谷物为原料，经过蒸煮、糖化和发酵、压滤而成的酿造酒。马奶酒为包括党项在内的北方游牧民族特酿的一种酒[3]，略带酸味和酒气。葡萄酒原产于地中海东岸和小亚、中亚地区，张骞凿空西域，葡萄与葡萄酒遂传入中原[4]，并得到迅速推广，唐代葡萄酒成为驰名产品，西夏的葡萄酒当是对前代的继承。

西夏的酒广泛用于祭祀、征伐、赏赐、盟誓、宴会、婚丧、交聘等社会生活的方方面面。党项人祭天地鬼神由来已久，早在青藏高原"三年一聚会，杀牛羊以祭天"[5]。立国后将原始自然天神祭祀上升到国家礼仪，1038 年 10 月，景宗李元昊在兴庆府"筑坛受册"[6]，称帝立国，表示自己受命于天；夏仁宗李仁孝封孔子为文宣帝，令州郡立庙奉祀；[7]从拓跋思恭开始，在夏州设立宗庙祭祀，李继迁曾将宗庙从夏州迁到灵州，立国后将宗庙迁往皇陵，定期祭祀。

---

① 《旧唐书》卷一九八《党项羌传》。
② 榆林窟西夏壁画《酿酒图》，绘有二妇人正在酿酒，一人坐于炉前炊火，炉火正旺，妇人目视灶上的酿酒器；另一人立于灶台旁，手持陶钵，回首看着烧火的妇人，若有所问。灶旁置酒壶、高足碗、木桶各一，生动而真实地再现了作坊酿酒的情景。
③ 其生产方法有三：《圣立义海·山之名义》云："焉支上山，冬夏降雪，炎夏不化，民庶灌耕，地冻，大麦、燕麦九月熟。利养羊马，饮马奶酒也。"《宋史》卷四九〇《高昌传》记载：宋雍熙年间（984—987）王延德出使西州，途经西夏北部大虫太子族境，该"族接契丹界，人衣尚锦绣，器用金银，马乳酿酒，饮之亦醉"。
④ （明）李时珍：《本草纲目》卷三三《果部》认为，汉代以前陇西旧有葡萄，但未入关耳，张骞始携籽种于长安。
⑤ 《隋书》卷八三《党项传》。
⑥ 《续资治通鉴长编》卷一二二，宝元元年十月甲戌。
⑦ 《宋史》卷四八六《夏国传下》。

西夏出兵征伐前，通常举行占卜、盟誓、犒饮之礼。盟誓时"刺臂血和酒置髑髅中，共饮之"。每举兵，先"率部长与猎，有获，则下马环坐饮，割鲜而食，各问所见，择取其长"①。这里的饮酒，远远不是为了"取乐"，而是联络部族不可或缺的礼仪。1044 年，夏辽爆发第一次河曲大战，辽兴宗亲率大军渡过黄河，分兵三路，直扑西夏京畿地区。夏景宗李元昊畏辽兵强盛，不敢硬拼，乃遣使请和。辽兴宗通过考察，认为李元昊真心请罪，于是许和。"元昊奉卮酒为寿，大合乐，折箭为誓，乃罢"。②这里的祝酒、奏乐、折箭，标志着两国和解。这是两国之间的和解，至于一般部落和家族之间，也需饮酒。如果"仇解，用鸡、猪、犬血和酒，贮于髑髅中饮之。乃誓曰：'若复报仇，谷麦不收，男女秃癞，六畜死，蛇入帐'。有力小不能复仇者，集壮妇，享以牛羊酒食，趋仇家纵火，焚其庐舍。俗曰敌女兵不祥，辄避去"③。显然，只有饮了酒，才标志仇解。宋人李纲曾指出，西夏军人"战胜而得首级者，不过赐酒一杯，酥酪数斤"④。从李纲的口气来看，认为赏赐太轻了，但实际上，这里的一杯酒，远远不是一点饮料，而是疆场将士的荣誉。

西夏以十二月为岁首，特别重视冬至节，届时亲友团聚，欢宴相庆。元昊时规定每年四季月首和他的生日五月初五为节日，让民欢庆，饮酒歌舞，扶醉而归。余阙《青阳先生文集》记载：党项人"质直尚义"，"重友情"，平时相处虽异姓也如姻亲，每逢过节，相互拜访致问。老少相坐，只按年龄辈分，不论官爵。祝寿拜舞，猜拳行令，自娱自乐，然后执手醉泪，相别于道。⑤酒成为西夏人民节庆聚会须臾不离的饮品。

西夏法律规定，男女婚姻成立，必须经过两道程序，一是男方要给女方聘礼，二是要食喜酒。二者缺一不可，如果只办婚宴而不行聘礼，不算合法

① 《宋史》卷四八五《夏国传上》。
② 《续资治通鉴长编》卷一五二，庆历四年十月条。
③ 《辽史》卷一一五《西夏纪》。
④ （宋）李纲：《梁溪集》卷一四四《御戎论》，文渊阁四库全书影印本 1126—609。
⑤ （宋）余阙：《青阳先生文集》卷四《送归彦温赴河西廉使序》。

婚姻。①西夏的丧礼用酒包括两方面，一是供奉亡人；二是设席招待宾客。《马可波罗游记》载有西夏故地葬礼，未葬前，日用面食、酒等祭奠。出葬时，在灵柩出经之路，建造独木棚，供奉酒食，祭奠亡者。宴饮是接待他国来使的重要礼仪，西夏使到宋朝，"宴座朵殿"。②辽、宋、金、吐蕃等使节到西夏，也有相应的宴会活动。

　　上述诸多方面，都是用酒沟通人神之间、人人之间的关系，是一种礼仪和文化。至于酒肆吃酒和国主、达官贵人的宴饮，多是解馋娱乐，当是《番汉合时掌中珠》记载的"取乐饮酒"。过往客旅在酒馆饮酒解乏，好友休闲时聚在酒店痛饮一番。更有甚者，内宫人员当值时或御前侍卫值班时，也偷偷饮酒。为此天盛年间法律专列条文禁止。凡"内宫种种任职当值饮酒时，庶人十三杖，有官罚钱五缗"。上朝时"朝者于殿阶下饮酒，不立班中，于御前胡乱行时，有官罚钱五缗，庶人八杖"。御前待命当值饮酒，胡言乱语时，将严惩不贷，其中"无官家谕文，自己随意饮酒时，不乱言事，无妨碍，则有官罚马一，庶人十三杖"③。

　　为了照顾党项习俗和增加酒税收入，政府甚至鼓励饮酒，反映在法律上，犯了同样的罪，对醉酒犯者从轻处理，如某人酒醉后，牵走他人牲畜或拿走他人财物，酒醒后还回，则不予治罪。④当然，饮酒容易误事，西夏民间将饮酒列入劝诫的范畴，西夏谚语"该学不学学饮酒，该教不教教博弈"，将饮酒和赌博并列为谴责的对象；"不靠山驿不利行，不让饮酒害于饮"，告诫人们，不要让超越原则的饮酒，损害了饮酒之道；"饮剩余酒不多心，穿补衲衣不变丑"，告诫人们不要浪费酒。⑤

---

① 《天盛改旧新定律令》卷八《为婚门》。
② 《宋史》卷四八五《夏国传上》。
③ 《天盛改旧新定律令》卷一二《内宫待命等头项门》。
④ 《天盛改旧新定律令》卷三《妄劫他人畜驮骑门》。
⑤ 陈炳应译：《西夏谚语》，山西人民出版社1993年版，第8、12页。

3. 居室

　　西夏的居室有蕃汉、农牧、城乡、官民之别。早期党项人以游牧为生，居无定所，《隋书》记载"织牦牛尾及羖羳毛以为屋"①。《旧唐书》描述为"俗皆土著，居有栋宇，其屋织牦牛尾及羊毛覆之，每年一易"②。"织牦牛尾及羖羳毛以为屋"，就是立帐幕为屋，宋人称为"立屋"③。帐幕四周侧壁分成数块，用条木编成网状，若干块连接，围成圆形，上盖伞骨状圆顶，与侧壁连接。帐顶及四壁覆盖毡毯，用绳索固定。面南壁上留一木框，用以安装门板，帐顶留一圆形天窗，以便采光、通风，排放炊烟，夜间或风雨雪天覆以毡。伞状骨架木的数量、长度根据帐幕的大小确定，大多为六七十根木。④一般一个家庭一个"立屋"，即一帐，党项牧民这种居住方式一直和西夏政权相始终，故《宋史》记载，"其民一家号一帐"。⑤毡幕最大的特点是易于拆装，便于牧民逐水草而居的生产生活，即使党项人定居下来，依然喜欢在固定的帐篷中居住，包括一部分达官贵人的住所，在修建雕梁画栋的砖瓦房同时，还立有帐篷，只不过制作精细，颜色和普通帐幕不同而已。⑥

　　当然，从事农耕的党项人和汉族农民一样，大多数逐渐融入当地的居住习惯，在宋夏沿边的黄土塬，多为冬暖夏凉的窑洞，⑦有的窑洞后部还套一

---

　　① 《隋书》卷八三《党项传》。

　　② 《旧唐书》卷一九八《党项羌传》；《五代会要》卷二九《党项》记载："俗皆土著，居有栋宇，织毛罽以覆之。"

　　③ （宋）曾巩《隆平集》卷二〇《夏国赵保吉传》："民居皆立屋，有官爵者，始得覆之以瓦，其部族一家号一帐，男年十五以上为丁。"

　　④ 《天盛改旧新定律令》卷八《为婚门》："为婚嫁妆盖帐者，三具、二具盖七十木以及六十木以内，不许超出木数。"

　　⑤ 《宋史》卷四八六《夏国传下》。

　　⑥ 《天盛改旧新定律令》卷七《敕禁门》规定：普通党项人的帐篷盖头为青色，下部为白色，"若违律为一种白、青色时，有官罚马一，庶人十三杖"。

　　⑦ （宋）上官融《友会谈丛》卷下记载："麟、府州在黄河西，古云中之地，与蕃汉杂居，黄塬土山，高下相属，极目四顾，无十步平坦。廨舍庙宇，覆之以瓦。民居用土，止若棚焉。架险就平，望复不定，上引瓦为沟，虽大澍亦不浸润。其梁柱榱题颇甚华丽，在下者方能细窥，城邑之外，穹庐窟室而已。"麟、府州城外的党项"穹庐窟室"，也即毡帐窑洞。西夏境内党项略与此同。

个小窑洞，作为储藏室，中间是锅灶，前部是土炕。灶火通土炕，共用一个烟囱，有的地方土炕和锅灶的位置互换。在河套灌溉农业区和河西走廊，多为土坯房，这种土坯房以泥土为墙体，上置横梁，横梁上置木椽，木椽上密排芨芨草或芦苇编织的席帘，最后覆上胶泥。这种土坯房一般面积较小，顶部平缓，以防降雨水流太急对屋顶的冲刷。成墙方法主要有三种，一是先夯实地基，然后用椽夯筑土墙；二是用手工做的土砖（俗称基子）垒砌而成；三是用一种类似方锹的工具将田地淤灌层切割成块，晾干后垒砌。另外，墙体先覆一层混有粗草的粗泥，然后再覆混以细纤维的细泥，以提高墙体的强度和美观度，这就是文献记载的"土屋"和"泥舍"。①

　　西夏"有官爵者，始得覆之以瓦"，这种瓦房的墙体有的和土坯房一样，只是屋顶坡度比"泥舍"大，上覆以瓦；达官贵族的府第先用石材夯实地基，其上用砖砌墙，屋顶起脊上兽，筒瓦滴水。帝后宫室殿宇，规模宏大，四面高墙，经车门、摄智门、广寒门、怀门才能抵达皇帝的帐内。②帝王的离宫也十分气派，1010年德明"役民夫数万于鏊子山，大起宫室，绵亘二十余里，颇极壮丽"③。元昊营修天都离宫，令新纳妃子没移氏居之。④1081年宋军攻占天都山后，焚七大殿及府库馆舍⑤，可见其工程规模之大。贺兰山是西夏又一离宫所在地，宫室绵延"数十里，台阁高十余丈，（元昊）日与诸妃游宴其中"⑥。

---

① （宋）曾巩：《隆平集》卷二〇《夏国赵保吉传》；《番汉和时掌中珠·人事下》人事下。
② 《天盛改旧新定律令》卷一二《内宫待命等头项门》。
③ 《西夏书事》卷九，大中祥符三年九月条。
④ 《续资治通鉴长编》卷一六二，庆历八年正月辛未条。
⑤ 《续资治通鉴长编》卷三一九，元丰四年十一月己丑条。
⑥ 《西夏书事》卷一八，庆历七年秋七月条。

（五）医药医疗

1. 药材

西夏盛产药材，麝香、羱羚角、柴胡、苁蓉、红花是驰名中原的商品，[①]大黄、枸杞也久负盛名，蒙古军队攻占西夏灵州后，军中疾疫蔓延，耶律楚材令煎当地出产的大黄方得治愈。[②]《天盛改旧新定律令》在规定库藏物品损耗率时，记录了玉石草木虫兽在内的 230 种药物，[③]包括蛀虫不食，不许耗损的朱砂、云母、玉屑、钟乳、空青、禹余粮、紫石英、菩萨石、雄黄、雌黄、硫黄、水银、磁石、寒水石、阳起石、蜜陀僧、长石、理石、石膏、石蛇、石灰、石燕子、自然铜、花乳石、玄精石、紫贝、白桂、海蛤、石决明、文蛤、代赭石、珊瑚、马脑、地黄、龙骨、龙齿、玳瑁、象牙、真珠、甲香。

蛀虫不蛀而许一斤耗减一两的矾石、赤石脂、白石脂、硇砂、虎骨、沉香、琥珀、葛贼、乳香、檀香、紫□、乌药、麒麟竭、没药、橡实、荙笼、衣甲、松香、苏香、砒霜、牛黄、麝香、荜拨、茯苓、松脂、茯神、海马、菟丝子、木香、巴戟、赤箭、苦参、大腹皮、丹参、麻黄、苤苡、良姜、诃梨勒、干姜、预知子、决明子、五加皮、黄银、芍药、秦皮、桂心、枳壳、枳实、海桐皮、缩沙、益智、柴胡、细辛、升麻、消石、干消、马牙消、胆矾、清风、云砂、龙脑、菖蒲、菊花、生地黄、熟地黄、白术、苍术、牛膝、茺蔚子、车前子、远志、草龙胆、肉苁蓉、白蒺藜、川芎、□□、黄连、五味子、草薢、狗脊、木香、紫草、紫菀、蜗牛、白鲜皮、仙灵脾、蚌蛤、白薇、石楠叶、郁李仁、薏苡仁、款冬花、杜仲、泽兰、牡丹皮、食茱萸、厚

---

① 《宋史》卷一八六《食货志下八·互市舶法》：景德四年（1007），宋朝和赵德明讲和后，在保安军设置榷场"以缯帛、罗绮易驼马、牛羊、玉、毡毯、甘草，以香药、瓷漆器、姜桂等物易蜜蜡、麝脐、毛褐、羱羚角、硇砂、柴胡、苁蓉、红花、翎毛"。非官市者，还"听与民交易"。

② 《元史》卷一四六《耶律楚材传》。

③ 《天盛改旧新定律令》卷一七《物离库门》；史金波：《西夏社会》，上海人民出版社 2007 年版，第 781—782 页；聂鸿音：《西夏〈天盛律令〉里的中药名》，《中华文史论丛》2009 年第 4 期。

朴、牛蒡子、阿魏、草乌头、莳萝、郁金、卢会、零陵香、海藻、玄胡索、荜澄茄、吴茱萸、山茱萸、大蓟、射干、丁香、巴戟、甘草、藜卢、贯仲、半夏、牵牛、狼毒、川椒、槐胶、骨碎补、乌鱼骨、马兜零、葫芦芭、地龙、马连子、海金砂、白僵蚕、川楝子、五灵脂、豇豆、赤小豆、荜豆、茴香、枸杞。

蛆虫蛀不许耗减的犀角、羚羊角、牡蛎。蛆虫蛀许以斤耗减二两的常山、龙眼、天门冬、大黄、何首乌、姜黄、甘草、知母、天麻、桔梗、甘遂、京三棱、栝楼根、白芨、白莲、灯心、木贼、白芷、酸枣仁、木豬苓、木鳖子、白豆蔻、蝉壳、桑螵蛸、薛萝、白附子、栀子、百部根、大附子、肉豆蔻、草豆蔻、泽泻、蓬莪（茂）、皂角、独活、羌活、山芋、人参、壁虎、防风、贝母、附子、川乌豆、蛙经子、干蝎、乌蛇、白花蛇、五倍子、葛根、蜈蚣、斑猫、水蛭、鸣虫。

西夏汉文《杂字》药物部罗列的药材有龙眼、荔枝、豆蔻、槟榔、柴胡、鳖甲、当归、茱萸、蛇皮、远志、地榆、牛膝、丁香、鱼苏、赤千、硇砂、阿魏、玄黄、芍药、硫磺、木香、牛黄、沉香、檀香、茅香、麝香、乳香、马芹、人参、苁蓉、缩砂、细辛、荳豆、虎骨、龙脑、黄蓍、黄芩、黄芩、枳壳、蝉枳、芭豆、木贼、鱼骨、麻黄、甘菊、菊花、茯苓、胡椒、桂皮、川芎、虎睛、蛮姜、□草、沙苑、犀角、紫硬、泽兰、知母、益智、梧桐、天麻、白术、麻仁、九散、干蝎、蝦蟆、防风、桂心、特丹、乌头、三楞、郁金、朴硝、厚朴、官桂、紫苑、蒺藜、獭肝、黄连、甘草、菪茛、独活、地黄、肉桂、瓜蒌、蛤蚧、白芷、苦参、石膏、缘伊、苍术、杜仲、半夏、甘松、乌蛇、黛青、粉刺、虎丹、升麻、本草、贝母、麦冬门、麒麟竭、郁李仁、威灵仙、寒水石、穿山甲、马朋退、赤石子、没石子、车前子、枸杞子、白花蛇、破故纸、黄卢芭、黑牵牛、陈橘皮、贼骨鱼、桑白皮、野丈人、天胶木、禹余良、糯实子、孔公孽、马牙硝、露蜂坊、蚕晚沙、旋覆花、五味子、夜明沙、大鹏沙、白头公、自然铜、白药子、牛蒡叶、栀子仁、枇杷叶、白芥子、安息香、连翘子、款冬花、行百步、王不留行。

西夏汉文《杂字》药物部罗列的 144 种药品，大部分和《天盛改旧新定律令》是重复的。总体来看，西夏药物种类繁多，有的是西夏出产，有的来自中亚和西域，有的来自中原和南方，当是通过贸易的途径流入西夏，如硇砂就是来自回鹘商人。西夏在政府机构中设有医人院、制药司，医人院属中等司，和都转运司、审刑司、群牧司、农田司平行，制药司属末等司，和刻字司、织绢院、铁工院、木工院、纸工院、砖瓦院等官营手工业机构平行。[①]官府储有大量药材，以满足官僚贵族的需要，民间百姓不一定有这么多的药物和优越的医疗条件，他们患病后，一般使用当地常见的药材。

2. 医疗

西夏的医疗水平和社会经济发展紧密相联，早期党项土无五谷，不知稼穑，没有文字法令，候草木以记岁时。最大的活动是"三年一聚会，杀牛羊以祭天"[②]。这时的党项只有天神崇拜，没有医药知识。内迁后巫术迷信流行，"病者不用医药，召巫者送鬼，西夏语以巫为'厮'也。或迁他室，谓之'闪病'"。[③]这种"召巫者送鬼"和"闪病"习俗，长期存在于西夏社会生活中，巫就是医，医就是巫。[④]不特是西夏，整个古代的医疗往往和巫术联系在一起，包括所谓的生男生女术。

西夏立国前后，深受中原汉族医药文化的影响，黑水城等地出土的医书药方，大部分从宋金时期的药方移植过来，有的加以变通，在品种、剂量上

---

① 《天盛改旧新定律令》卷一〇《司序行文门》。
② 《隋书》卷八三《党项传》。
③ 《辽史》卷一一五《西夏纪》。
④ 黑水城出土的西夏文献中有一些西夏文写本，如《魔断要语》《疮恶治顺要语》等以及一些咒语集，宣传行祈祷、念咒语、做法术即可获得治病脱疾、退魔免灾的效验，说明在西夏民间治疗疾病时仍然是巫医结合。

有所增减而已①，如西夏文《治热病要论》收录30多种医药方，多为治疗热病、妇科、男科和疮痈之类的疾病，所用草药也是当时所常见的。西夏文《明堂灸经》为中原地区针灸书的夏译本。

西夏的医疗水平基本能满足羌汉人民的需求，当地常见的创伤、风寒、疮痈、中风、痢疾、脾胃、妇科等疾病都能医治。不过对疑难杂症的治疗远不如宋、金，国母贵戚重病，往往求医金朝。西夏天盛二十年（1168），权臣任得敬患病，西夏贺金正旦使以仁宗李仁孝的名义，请求金朝派良医为任得敬治病，金朝"诏保全郎王师道佩银牌往焉"②。西夏天庆七年（1200），桓宗李纯祐母有病，又向金朝求医，金主"诏太医判官时德元及王利贞往，仍赐御药。八月，再赐医药"③。

（六）周边社会

1. 宋朝

我国封建社会大体经历了两个马鞍型的发展过程，宋朝处于第二个马鞍型的高峰，④远远超过号称盛世的唐朝，就宋代元丰年间和唐代元和年间比较，银增加了18倍，铜增加了55倍，铁增加了2.66倍，锡增加了46倍。⑤宋代的人口也有很大的增长，唐太宗贞观年间（627—649）天下有户300万，玄宗天宝十四年（755）增加到891万，⑥平均年增长4.7万户。宋太祖开宝九年（976）有户309万，徽宗崇宁元年（1102）增加到2026万户⑦，平均每年增加13.63万户。无论是人口的绝对数还是增长速度，宋代都远远超过了唐代。

---

① 《续资治通鉴长编》卷一九八，嘉祐八年四月丙戌条载："以国子监所印《九经》及《正义》《孟子》《医书》赐夏国，从所乞也。"

② 《金史》卷一三四《西夏纪》。

③ 《金史》卷一三四《西夏纪》。

④ 邓广铭、漆侠：《两宋政治经济问题》，知识出版社1988年版，第53—54页。

⑤ 据《宋史》卷一八五《食货志下七》和《新唐书》卷五四《食货志》统计。

⑥ （唐）杜佑：《通典》卷七《食货七》。

⑦ （元）马端临：《文献通考》卷一一《户口考二》；《宋史》卷八五《地理志一》。

　　宋代冶铁业的发展，带动了铁制农具的推广，铁制犁铧多样化，便于深耕，铁铧耧车在北方普遍使用，使播种速度大为提高。铁耙、镢头、锄头、镰刀的形制亦有所改进，轻巧耐用。碎土用的木耙，平田整地的拉板，中耕除草的耘荡等，也都是农民常用的生产工具。这些各式各样的农具，反映出宋代农业生产程序增多，精耕细作的程度提高。生产工具的改进和生产技术的进步，大幅度提高单位面积产量，一般亩产两石，有的高达五六石，比唐朝生产率提高 2—3 倍。[①]

　　在社会生产力发展的同时，宋代的封建生产关系也出现重大变化，手工业领域的召募制、和雇制代替了应役制。农业生产领域封建租佃制普遍发展起来，土地出租者和土地租佃者之间，采取的租佃契约关系，佃户（客户）有迁徙的自由，也有自由租佃的权利。他们按照契约向地主缴纳产品地租，而非农奴制下的劳役地租。有的地方还出现了二地主（佃富农）阶层，封建租佃关系由原来的土地所有者（国家或地主）与租佃者（农民）之间的关系，发展成土地所有者——二地主——租佃者三者之间的关系了。尤为重要的是，在宋夏沿边地区，这种封建租佃关系普遍存在。[②]

　　宋代农业生产技术的进步，封建租佃关系的发展，特别是沿边蕃部土地的封建租佃关系，对西夏社会生产和经济关系产生了深远的影响。

2. 辽朝

　　公元 916 年耶律阿保机建国时，契丹已进入阶级社会，一方面以耶律家族为代表的豪族大姓占有大量奴隶，另一方面新兴的封建制关系也迅速发展起来，宫分制[③]下的汉人、渤海人、室韦人俘虏虽然地位低下，可作为赏品任

---

　　① 邓光铭、漆侠：《两宋政治经济问题》，知识出版社 1988 年版，第 63 页。
　　② 杜建录：《西夏经济史》，中国社会科学出版社 2002 年版，第 75—76 页。
　　③ （宋）叶隆礼《契丹国志》卷二三《建官制度》："每其主立，聚所得人户、马牛、金帛，及其下所献生口，或犯罪没入者，别为行宫领之，建州县，置官属。"

意赏赐，但他们有自己的财产，"汉人宫分户绝，恒产以亲族继之"。[①] 说明他们已转化成农奴，而非奴隶。与宫分制同时走上封建化道路的还有贵族首领头下军州上的"二税户"，二税户是头下户的发展，头下户初期，俘虏的人口归贵族首领，后来除依附本主外，又增加了依附国家的因素，既向国家纳税，又向领主纳课，故名二税户。[②] 二税户的身份也"由奴隶向农奴过渡"[③]，他们只是名义上的奴婢，实际上是依附领主和封建政权的农奴。这一现象说明了当时契丹社会既存在奴隶制，又有封建制的因素，在此后近百年的发展中，封建制生产关系最终战胜奴隶制，成为居于主导地位的经济制度。

3. 金朝

金朝疆域辽阔，各地的生产水平和社会面貌不尽相同，女真人发祥地的农业、手工业和商业交换发展不平衡，许多地方长期保留着传统的游牧狩猎生活。燕云地区生产较为发达，又距女真发源地较近，被认为是"本朝皇业根本"[④]。中原地区自来以人烟稠密、生产发达、经济繁荣而著称，是金朝最富活力的经济区。金初将大量猛安谋克户迁居中原后，由官府拨给土地，官田不足则括民田，试图保持传统的奴隶制。但让女真贵族始料不及的是，进入中原的猛安谋克户陷入了封建经济的汪洋大海，迅速向封建制转化，下层的猛安谋克户或出卖耕牛和奴隶，或将屯田出租给汉人，走上了封建制的道路。

4. 河湟吐蕃

公元 9 世纪中叶，吐蕃政权极盛而衰，进入西北内地的吐蕃分裂成凉州六谷吐蕃、河湟唃厮啰吐蕃以及散居在西北沿边的吐蕃，凉州六谷吐蕃被西

---

① 《辽史》卷一九《兴宗纪》。

② （金）元好问《中州集》卷二曰："辽人掠中原人，及得奚、渤海诸国生口，分赐贵近，或有功者，大至一二州，少亦数百，皆为奴婢，输租为官，且纳课给其主，谓之二税户。"

③ 陈述：《契丹社会经济史稿》，生活·读书·新知三联书店 1963 年版，第 77 页。

④ 《金史》卷九六《梁襄传》。

夏征服，河湟吐蕃唃厮啰和西夏相始终。畜牧业是河湟吐蕃的传统产业，《青唐录》记载："海西地皆平衍，无垄断，其人逐善水草，以牧放射猎为生，多不粒食。"①河湟吐蕃的牲畜品种主要有羊、马、牦牛，除牦牛外，河湟马在当时很有名；②农业多在山川河谷地带，依河灌溉，作物品种有青稞、小麦、豆类；手工产品特色鲜明，诸如氆氇、毡毯、鞍具、酿酒、金银器、兵器等，尤其善造甲胄。③

农牧业和手工业的发展，必然带动商业交换的繁荣，尤其西夏控制河西走廊后，河湟成为西域商旅入宋的必经之路，河湟吐蕃利用这一便利条件，积极发展东西贸易，保护过往商贾的利益，允许客商在青唐城（今青海西宁）盖屋宇货栈，定居贸易④，使青唐成为吐蕃与西域商人交易的中心。⑤

5. 高昌回鹘

唐末五代回鹘衰落，分裂成甘州回鹘、高昌回鹘（西州回鹘）和中亚一带的喀喇汗王朝。回鹘人本以游牧为生，进入高昌灌溉农业区后，很快转向定居，在传统畜牧生产的同时，学会了种植五谷。⑥吐鲁番回鹘文书反映，九

---

① （宋）李远：《青唐录》，载《青海地方旧志五种》，青海人民出版社 1989 年版，第 10 页。

② 宋人吕颐浩记载："今秦州接连熙、河州及青唐羌界，乃自古产良马之地。"（《忠穆集》卷八《燕魏杂记》，文渊阁四库全书影印本 1131—333）。

③ 宋人沈括《梦溪笔谈》卷一九《器用》记载："青堂羌善锻甲，铁色青黑莹彻，可鉴毛发。以麝皮为绲旅之，柔薄而韧。镇戎军有一铁甲，匮藏之，相传以为宝器。韩魏公帅泾原，曾取试之。去之五十步，强弩射之不能入。尝有一矢贯札，乃是中其钻空，为钻空所刮，铁皆反卷，其坚如此。凡锻甲之法，其始甚厚，不用火，冷锻之，比元厚三分减二乃成。其末留筋头许不锻，隐然如瘊子。欲以验未锻时厚薄，如浚河留土笋也，谓之'瘊子甲'。"这种利用淬火提高金属的硬度和韧性，是当时铁刃钢化的重要技术，它对西夏锻冶技术产生了重要影响。

④ （宋）李远《青唐录》：青唐城东有"往来贾贩之人数百家"。载《青海地方旧志五种》，青海人民出版社 1989 年版，第 10 页。

⑤ 《宋史》卷四九二《吐蕃传》："厮啰居鄯州，西有临谷城通青海，高昌诸国商人皆趋鄯州贸卖，以故富强。"

⑥ 《宋史》卷四九〇《高昌传》："地多马，王及王后、太子各养马，放牧平川中，弥亘百余里，以毛色分别为群，莫知其数"；"有水，源出金岭，导之周围国城，以溉田园，作水碾。地产五谷，惟无荞麦。"

至十一世纪回鹘的粮食作物有小麦、黍、高粱、豌豆，经济作物有棉花、芝麻和西瓜。① 另外还从事葡萄、石榴、桑葚等果树的栽培。回鹘人善于手工制作和买卖交换，境内商品丰富②，境外交易繁荣，西夏向宋朝输出的硇砂、和田玉等货物，就来自高昌回鹘。③ 回鹘人虽开辟了经河湟吐蕃到宋朝的青唐路，但和西夏的交流一直没有中断。④

---

　　① 吐鲁番出土回鹘文书记载："每月要各给二僧团僧尼八十石小麦、七石芝麻、二石豆子、三石稷蜀作为食用。"（耿世民：《回鹘文摩尼教寺院文书初释》，《考古学报》1978 年第 4 期）

　　② 仅俄藏编号 SJ Kr·4/638 回鹘文书记录，高昌回鹘人从市场上购买的商品计有：珍珠、玛瑙、琥珀、沙西玉、宝石、项链、金子、大镜子、小镜子、手镯、女袍、锥子女袍、线织女袍、布衫、绸衫、织物、紫色金织物、白色丝织品、花冠、绢布、毛布、绸缎、薄绢、金刺绢、绸缎披风、条纹披风、淡紫缨子、紫缨子、红缨子、白缨子、黄缨子、浅黄色生皮、卧具、豹皮、皮靴、鞍子、马嚼子、筛子、钢刀、磨刀石、铠甲、袋子、谷物、羊、马、肉牛、葡萄酒、化妆品、小梳子、香粉、染料、紫染料等。（张铁山：《苏联所藏编号 SJ Kr·4/638 回鹘文文书译释》，《新疆大学学报》1988 年第 4 期）

　　③ （宋）洪皓《松漠纪闻》卷一："其人卷发深目，眉修而浓，自眼睫而下多虬髯。土多瑟瑟珠玉，帛有兜罗丝、毛氈、狨锦、注丝、熟绫、斜褐；药有腽肭脐、硇砂；香有乳香、安息、笃耨。善造宾铁刀剑、乌金银器，多为商贾于燕，载以橐它（即骆驼）过夏地，夏人率十而指一，必得其最上品者，贾人苦之。后以物美恶杂贮毛连中，然所征亦不赀，其来浸熟，始厚赂税吏，密识其中下品者，俾指之。尤能别珍宝，蕃汉为市者，非其人为侩，则不能售价。"文渊阁四库全书影印本 407—697。

　　④ 俄藏编号 SJ Kr·4/638 回鹘文文书第 187—190 行记录："我父巴沙托克勒在世时，没有留下一钱债，将葡萄园、土地、水、房子和财产全部留下到唐古特去了。"（张铁山：《苏联所藏编号 SJ Kr·4/638 回鹘文文书译释》，《新疆大学学报》1988 年第 4 期）

三、畜牧生产

牲畜牧养是西夏主体民族党项羌族传统产业。公元 6 世纪后期，居住在今青海省东南部以及与陇蜀交界山地草原的党项人，过着"牧养牦牛、羊、猪以供食"，"不知稼穑"的单纯游牧生活。唐代陆续迁徙到秦陇交界的庆州与鄂尔多斯高原南部的银、夏、绥、宥诸州。这里山岳绵亘，牧场辽阔，党项人利用这种优越的地理环境，积极发展传统的游牧经济，历唐末五代到北宋初年，长期过着"逐水草牧畜，无定居"的生活。西夏立国后，虽然奄有大片汉族生息的农业区，但畜牧业仍然是党项人的主要职业。开国皇帝李元昊曾自豪地说："衣皮毛，事畜牧，蕃性所便。"① 这一地区的汉族在农耕的同时，大多兼营畜牧。

（一）牲畜种类

1.马

西夏的牲畜品种主要有马、骆驼、羊、牛、驴、骡、牦牛等，对于和则为牧，战则为骑的党项人来说，马是立国之本。党项马的前身是著名的河西

---

① 《宋史》卷四八五《夏国传上》。

马①，自汉代开始，河西陇右是历代封建王朝养马重地，唐代养马监大部分设在这里。党项人进入河西陇右后，在传统畜牧业的基础上，又继承汉唐以来的养马技术，培育出的"党项马"从中唐开始就驰名中原，唐朝著名诗人元稹有生动的描述："求珠驾沧海，采玉上荆衡，北买党项马，西擒吐蕃鹦。"②党项马和沧海珠、荆衡玉、吐蕃鹦一样，是当时著名商品。宋初在缘边市马，以"陕右诸州最盛，河东、川峡仅居其半"。西夏频繁遣往宋、辽、金的贡使，也大量以马、骆作为贡品。因此，对马的牧养尤为重视。③

2. 骆驼

骆驼主要产于阿拉善与鄂尔多斯戈壁荒滩，性驯耐渴，行步稳健。沙漠中既不能行舟，又不能通车，且气候干燥，水草匮乏，故行路运货，多用骆驼。④西夏人还将其用于军事，"凡正军给长生马、驼各一"。⑤西夏统帅阿沙敢布曾对蒙古使臣宣称："今汝蒙古若以惯战而欲战，则我有阿剌筛（阿拉善）之营地，有褐子之帐房，有骆驼之驮焉。"⑥

3. 羊

羊有绵羊和山羊两种。绵羊行动缓慢，性温顺，喜合群，行路涉险，尾

---

① 《三国演义》中关羽日行千里的赤兔马就是来自西凉的"河西马"，"赤兔"本名"赤菟"，即赤红色的烈马，据说为汗血宝马（中亚大宛马和河西本地马杂交品种），最早是西凉刺史董卓的坐骑，后被董卓用来收买丁原的义子吕布；吕布死后，赤兔马被曹操赏赐关羽；关羽被杀后，赤兔马思念旧主，绝食而死。但根据史书记载，赤兔马在吕布战败后，不知去向，并没有成为关羽的坐骑，《三国演义》虽是虚构情节，但反映出当时人们心目中的河西马是上好马的代表，所谓"人中吕布，马中赤兔"。

② （唐）元稹：《元氏长庆集》卷二三《估客乐》，上海古籍出版社1994年版。

③ 《天盛改旧新定律令》卷一九《畜利限门》。

④ 《天盛改旧新定律令》卷一九《供给驿门》规定："旧驯之公骆驼年年当分离，当托付行宫司"，"行宫司之公骆驼中之老弱不堪骑用者，当交群牧司，入杂分用中"。可见除一般运输外，骆驼还是国主御用的重要交通工具。

⑤ 《宋史》卷四八六《夏国传下》。

⑥ 《蒙古秘史·续集》卷二，第352页。

随"头羊"，故成百上千，也不难驱赶。山羊即羖䍽[1]，也和绵羊一样，具有
较强的合群性，但远比绵羊敏捷，善登高涉险，绵羊群里经常混牧一部分山
羊，由其中强壮者作为"头羊"[2]，以提高羊群行动能力，西夏多在山地草原和
戈壁绿洲牧养[3]，且牧养的数量超过绵羊。[4]黑水城出土文物中，有一幅《山
羊图》。

黑水城出土山羊图

① 《文海》"羖䍽"释："此者羊也，小羊也，山羊之谓。"（《文海研究》，第452页）《豳风广义》
卷下曰："我秦中一种绵羊，头小、身大、尾长、多脂、最美，其毛柔软，一岁三剪，以为毡物；临渭
两岸，其毛更细，可作绫、毳毺、衣衫等物，绝佳。一种羖䍽羊，俗名驹䍽羊，项下有须，毛粗长，
作沙毡，避湿气；性捷，善缘屋壁，其味亦美。"显然，羖䍽是和绵羊有别的山羊。

② （宋）洪皓《松漠纪闻》卷二载："北羊皆生面多髯，有角者百无二三，大仅如指，长不过四
寸。皆目为白羊，其实亦多浑黑。亦有肋如箸者，味极珍。性畏怯，不觝触，不越沟堑，善牧者每
群必置羖䍽羊数头［羖䍽，音古力，北人讹呼羖为骨］，仗其勇狠，行必居前，遇水则先涉，群羊皆
随其后。"（文渊阁四库全书影印本407—706）（宋）苏颂《本草图经·禽兽部》卷一三载："羊之种类
亦多，而羖羊亦有褐色、黑白色者，毛长尺余，亦谓之羖䍽羊，北人引大羊，以此羊为群首。"

③ 《隋书》卷八三《党项传》：内迁前党项人无法令文字，"织牦牛尾及羖䍽毛以为屋"。元代在
西夏故地黑水城周围牧养大量羖䍽，黑水城出土汉文文书 F 111W67 记载："羊五十六口：大羊十三口，
羖䍽六口，羊羔卅七口。"（《中国藏黑水城汉文文献》卷一，第171页）

④ 《天盛改旧新定律令》记载的四种官畜为马、牛、骆驼、羖䍽（山羊），即使同时提到羖䍽和
绵羊，也是羖䍽在前，绵羊在后，反映出羖䍽羊在西夏畜牧生产中的地位。

4. 牛

牛分黄牛和牦牛两种，黄牛是我国古代农业生产的主要役畜，榆林窟西夏壁画《牛耕图》，描绘二牛抬一扛，耕者一手扶犁，一手持鞭驱牛，形象生动逼真；① 西夏陵出土的鎏金铜牛体态健壮，比例匀称，栩栩如生，为西夏耕牛的生动写照。牦牛是早期党项人主要役畜，跋山涉水，如履平地，毛可织披衣、帐篷、绳索，内迁后仍在祁连山、贺兰山一带牧养。② 宋乾德元年（963），"夏西平王李彝兴献牦牛一"。③ 黄牛作为耕畜，主要在民间牧养，牦牛民间和官府均牧养，除了驮运外，还为官营手工业提供毛绒。④

5. 驴、骡

驴、骡则是秦汉以来我国西北少数民族驯养的役畜，史载"驴者乃服重致远，上下山谷，野人之所用耳"⑤。西夏人可能用来乘挽及驮运，但牧养量不是很大，主要在民间牧养。⑥

在古代民族的生产活动中，经营畜牧业的民族也往往从事狩猎，党项人也如此，史载元昊"每欲举兵，必率酋豪与猎，有获，则下马环座饮，割鲜而食，各问所见，择取其长"⑦。秋天是各种动物上膘的季节，也是党项人狩猎

---

① 牛作为生产力，和军用马驼一样重要，法律规定："诸人杀自属牛、骆驼、马时，不论大小，杀一头徒四年，杀二头徒五年，杀三头以上一律徒六年。"（《天盛改旧新定律令》卷二《盗杀牛骆驼马门》）

② 《天盛改旧新定律令》卷一九《畜利限门》："牦牛在燕支山、贺兰山两地中，燕支山土地好，因是牦牛地，年年利仔为十牛五犊，赔偿死亡时，当偿实牦牛。贺兰山有牦牛处之数，年年七、八月间，前内侍中当派一实信人往检视之，已育成之幼犊当依数注册，已死亡时当偿犊牛。"

③ 《宋史》卷一《太祖纪一》。

④ 《天盛改旧新定律令》卷一九《畜利限门》："大牦牛十两、小牛八两、犊五两春毛，于纳羊绒之日缴纳。"

⑤ 《后汉书》卷八《孝灵帝纪》注引《续汉志》。

⑥ 《文海》有驼、马、牛、羊、驴、骡的记录，西夏四种官畜为马、牛、驼、羖羺（山羊），说明驴、骡主要在民间牧养。

⑦ 《续资治通鉴长编》卷一一五，景祐元年十月丁卯。

的季节。①西夏境内的猎物主要有狼、豹、黄羊、沙狐、鹿、野驴、野羊、野牦牛，其中沙狐是一种常见的猎物，皮毛珍贵，李继迁时，为了向契丹示好，一次进贡沙狐皮一千张。②

（二）牧养方式

1. 游牧

由于地理环境的差异，西夏境内存在牧业、农业、半农半牧三种不同的经济类型，同时，在畜牧业生产上，相应有游牧、喂养、放牧三种经营方式。鄂尔多斯高原、阿拉善和和河西戈壁草地，雨量稀少，除茫茫沙海外，地面多生牧草，祁连山一带地势高寒，不宜五谷，大致属于以游牧为主的牧业区。活跃在上述地区的党项人、回鹘人、吐蕃人居无定所，长期过着逐水草而居的游牧生活。当然游牧不是漫无边际的迁徙，而是有固定的区域和路线，按照气候变化进行游牧，高山牧场按寒暑两季转场，暑天在海拔较高的山地草原放牧，天凉后到山下草地放牧。山上山下又可细分为秋、冬、春三季草场。荒漠半荒漠草原，根据气候情况按寒暑两季转场，或按照四季多次转场，以恢复草地植被。遇到大旱，则不完全按照季节，而是根据实际情况转场。

游牧可以较充分保护和利用草原，是西夏牧业的重要组成，阿拉善的骆驼驰名中亚细亚，也是西夏军用骆驼的主要来源；祁连山一带所产牦牛，是欧洲早期旅行家笔下的珍贵之物。逐水草而居的游牧生活，生产条件比较艰苦，生产技术也相对粗放，主要依赖轮牧恢复草地生态，这种经营方式虽有

---

① 《圣立义海》记载："八月属西，国内演戏游乐，设网伺鹊，捕兽。"（《圣立义海研究》，第52页）；西夏文《月月乐诗》记载更为详细：七月里"安装上捕鸟的网，人们在追捕鹿群，收割稻谷，三［种］值钱的东西［鸟、鹿和稻谷］都要得到"。八月里，"赤叶戈洪地方的唐古特人和汉族人拆除障碍，拉着黑线和白线在捕鸟"。九月里"国内开始捕鸟，黑风乍起，鹿儿悲鸣。风吹草低，鹿群如惊马般在风中狂奔"。十月里，"国内到处在捕捉鸟雀"。"黑风骤起，鹿儿狂鸣。风儿捧打着草丛，野山羊隐没入林中"。（〔俄〕克恰诺夫：《关于西夏文献〈圣立义海〉研究的几个问题》，载《圣立义海研究》，第17—18页）。

② （宋）叶隆礼：《契丹国志》卷二一《西夏贡进物件》。

利于保护和利用草原，但和旱地农业一样，靠天吃饭，一旦遇到全域性自然灾害，生产会遭到严重破坏。①

2. 饲养

河南兴、灵一带农业区主要喂养耕畜和家禽，与牧区和半农半牧区相比，农区的畜牧业规模较小，一般农家主要牧养少量的役畜。这是因为农业区地狭人众，宜耕种的土地大多被辟成农田，可供放牧家畜的草场缺乏。再则当时还没有稳定的饲料生产基地，家畜的饲料只能以农作物的秸秆与谷物为主，一般农家只饲养耕畜，这样就使农业区的畜牧业不可能有一个较大的发展，而只是依附于农业的一项副业。当然，在灌溉农业区的周边，依托丰美的水草，有大量牲畜牧养。

西夏陵出土鎏金铜牛

3. 半农半牧

宋夏缘边山界，即东起横山，西至天都山一带，山岳绵亘，水草丰茂，

---

① 《西夏纪》卷二二载：公元1110年，瓜、沙诸州大旱，"水草乏绝，赤地数百里，牛、羊无所食，蕃民流亡者甚众"。

大片草地与小块农田相杂，河西甘、凉诸州（包括黑水地区），"水草丰美，畜牧孳息"，沙漠与半沙漠中密布绿洲，是西夏半农半牧地区。活动在这里的蕃部族帐既从事畜牧业生产，又进行农业耕作，过着定居与半定居的农耕与放牧生活。每户一个劳动力，往往上午耕作，下午放牧；两三个劳动力，有的分工耕作，有的分工放牧；还有农忙时种田喂养，农闲时到草地放牧。[①]

半农半牧区畜牧业的发展有其得天独厚的条件。首先，从自然条件上看，半农半牧区有大片草原草山，未开发的荒地极多，同时，这一地区水利资源十分丰富，银、绥以大里、无定等河为灌溉，"甘、凉之间，则以诸河为溉"[②]，不仅有利于农业生产的发展，也对发展畜牧业十分有利，著名的"党项马"就出产在这里。

其次，从地理位置上看，半农半牧区与宋朝相毗邻，同牧区相比，它与中原地区在经济、文化诸方面的联系更为密切。北宋陕西地区的耕畜，相当一部分是通过民间贸易的形式，从西夏半农半牧地区得到补充的。缘边政府榷场贸易，西夏也以马、牛、羊、驼出口为大宗。显然，半农半牧区的畜牧业，并非是自给自足性质，其产品的商品率是比较高的。

再次，从畜牧方式来看，牧业区以游牧为主，农业区以舍饲为主，半农半牧区与二者均有不同，它以族帐（家庭）为单位进行牧养，既可以利用天然的草地放牧或游牧，又可利用农作物的秸秆草料喂养。

由于以上种种原因，半农半牧区在西夏畜牧业中，占有相当重要的地位，它的存在是西夏畜牧业发展的重要基础。不过，必须指出的是，宋夏在半农半牧区经常发生大规模的战争，特别是在北宋长达几十年的进筑横山过程中，几乎每克一城一寨，西夏都要损失成千上万的牛马驼羊。蒙古攻占银州时，一次掠取了数十万牲畜，使这一地区的畜牧生产受到了极大影响。

---

① 西夏人对缘边山界坡谷地带的半农半牧生产有形象的记述："坡谷诸禾流彩，坡着艳装。野兽伏匿：九兽中，顽羊、山羊、豺狼等隐处也。畜类饶逸：坡谷草、药，四畜中白羊放牧易肥，每年产羔乳汁美。向柔择种：坡谷地向柔，待雨宜种荞麦也。"（《圣立义海研究》，第57页）。

② 《宋史》卷四八六《夏国传下》。

（三）官牧制度

我国古代政权都设置专门的养马机构，马政的兴弛是国家强弱的晴雨表。[①] 自秦汉以来，不仅汉族建立的政权直接经营畜牧业，而且像北魏、辽、金、西夏等少数民族建立的政权也都有官营牧场。就辽朝而言，契丹原来是一个以畜牧渔猎为生的游牧民族，建国前长期处于"畜牧畋渔以食，皮毛以衣，转徙随时，车马为家"[②] 的生活状态。建国后占领大片汉族居住的农业区，统治者推行农牧并举的政策，畜牧除私营外，国家还直接经营，即所谓的"群牧"。《辽史》卷六〇《食货志下》记载："自太祖及兴宗垂二百年，群牧之盛如一日。天祚初年，马犹有数万群，每群不下千匹。"西夏不仅有官牧生产，而且牧养的官畜不限于马匹，还包括牛、骆驼和羖羺（山羊）。

1. 管理机构

西夏对官畜经营管理，大致可分群牧司、经略司（或监军司）两个系统，其中群牧司是最高畜牧管理机构，负责牧场管理、官畜繁殖、调拨供给。官牧场公畜成年后，由群牧司调配给军队或行宫司、皇城司、三司。行宫司、皇城司等机构御用马驼老弱不堪使用时，又转拨给群牧司，"入杂分用中"[③]，作为一般公务使用乃至食肉。群牧司还负责奶畜牧养，所产奶酪专供宫廷食用。[④]

监军司和经略司属于军事机构，除管理所部丁壮的军马，还有监管所属

---

① 《辽史》卷六〇《食货志下》记载："自太祖及兴宗垂二百年，群牧之盛如一日。天祚初年，马犹有数万群，每群不下千匹。"

② 《辽史》卷三二《营卫志中》。

③ 《天盛改旧新定律令》卷一九《供给驮门》：群牧司牧场"旧训之公骆驼年年当分离，当托付行宫司"，"行宫司之公骆驼中之老弱不堪骑用者，当交群牧司，入杂分用中"。

④ 《天盛改旧新定律令》卷一九《畜利限门》："御用等年供给乳畜，依先群牧司人计议能定之用度，母牛、母羖羺、母羊者，应使笨工牧人中出多少，不许与牧监、大小首领等中派遣。彼牧乳畜者所在之处当奏报，当求谕文判写，直接供应酪脂、乳酥等，勿与诸牧场同，勿交羖羺毛绒，牧者当得之。"

部落牧养官畜的职责。①这里需要指出的是，西夏军事指挥系统前后有所变化，立国初期监军司为地方最高军事机构，但在天盛（1149—1169）年间或此前，又出现了经略司和边地经略使的设置，它的地位仅次于中书、枢密，高于其他诸司，沿边重大军务、财务都要报请经略司批准。因此，这以后的监军司系统的官牧业也被称作经略司系统。②

皇城司、行宫司是在役驼、马的管理机构，不是严格意义上的官牧生产管理机构③，皇帝御用马、驼由皇城司和行宫司负责，皇城司和三司派往宋辽的贸易使团，"坐骑骆驼预先由群牧司分给，当养本处，用时驮之"。④马院相当于养马监，牧养"熟马、生马及所予汉、契丹马"⑤，马院还养骆驼。⑥《天盛改旧新定律令》卷一〇《司序行文门》将其列入下等司，次于群牧司一等。马院的马料在官库中领取，"一斛可耗减七升"。⑦

2. 生产机制

国有草场牧地是官牧最重要的生产资料，西夏前期官私草场牧地的界线不是十分明确，天盛年间（1149—1169），统治者以法令的形式规定，官私

----

① 西夏实行亦兵亦民的部落兵制，沿边监军司在实施军事防务的同时，又协助群牧司管理所属部落牧养的官畜，包括派员参与群牧司对官畜的校验。

② 《天盛改旧新定律令》卷一九《畜患病门》规定：马、牛、驼、羊四种官畜患病时，"隶属于经略者，当速告经略处，不隶属于经略者，当速告群牧司"。

③ 《天盛改旧新定律令》卷一九《供给驮门》："官家驿驾出，三司、皇城等应遣所须骑乘骆驼者，三司、皇城、行宫司等大人当派其一以共职"，指挥小监审验所供骆驼体貌，若不合格，对库监、出纳、牵骆驼者、大小牧监处以杖刑。

④ 《天盛改旧新定律令》卷一九《供给驮门》。

⑤ 《天盛改旧新定律令》卷一九《畜患病门》。

⑥ 《天盛改旧新定律令》卷一九《畜利限门》规定："年年供应给他国所用骆驼、马，牧者预先于北院所辖牧人中分出八十户，再于东院所辖牧人中分出二十户，以此为供应所用骆驼、马予他国之牧者。"

⑦ 《天盛改旧新定律令》卷一七《物离库门》。

地界当分离，官牧场只许官畜放牧，不许私人家户居住放牧。① 大致二三百户牧人组成一个生产系统，由牧盈能统领，其下设牧监、大小牧首领、末驱。② 具体生产则由牧人承担。如果官畜死亡，先由牧人赔偿，"倘若牧人无力，则当催促小牧监令偿之。小牧监偿之不足，则当催促牧首领、末驱令偿之"。

既然牧人与大小牧监、牧首领、末驱共同承担官畜死亡的风险，因此，牧人必须经过大小牧监、牧首领的考察，认定是有赔偿能力者，方可申请到"骆驼、马、牛等自十五、二十以上，羖䍽羊自七十以上"的官畜。同时，牧人因此获得在官牧场放牧私畜的权利。至于无偿还能力的"无主贫儿"，也即没有牧监、牧首领担保者，只能给胜任牧人做"牧助"，无权领取官畜牧养。如果"大小牧监以胜任入不胜任，以不胜任入胜任中"，将受到一定的惩罚。

牧人领取官畜并在国有牧场上进行生产，其首要任务是保证官畜的繁殖。《天盛改旧新定律令》卷一九《畜利限门》明确规定：百大母骆驼一年限 30 仔，百大母马一年 50 驹，百大母牛一年 60 犊，百大母羊一年 60 羔，百大母牦牛一年五十犊。如果"不足者当令偿之，所超数年年当予牧人"。在保证幼畜繁殖的同时，牧人每年还要向封建政府上缴毛、绒、乳、酥等畜产品。大公训骆驼每年纳腿、项绒 8 两，大母训骆驼纳 3 两，旧训骆驼公母一律纳 2 两。"羖䍽春毛绒七两，羊秋毛四两。羔夏毛二两，秋毛四两，羔绒不须纳。母羖䍽以羔羊计，一羊羔三两酥"。"大牦牛十两、小牛八两、犊五两春毛，于纳羊绒之日交纳。""母骆驼应算一仔二斤酥"，马匹不纳毛酥。毛、酥交

① 《天盛改旧新定律令》卷一九《牧场官地水井门》："官私地界当分离，当明其界划，官地之监标志者当与掌地记名，年年录于畜册之末，应纳地册，不许官私地相混，倘若违律时，徒一年"；"若天旱□，官牧场中诸家主之寻牧草者来时，一年以内当安家，不许耕种，逾一年不去，则当告于局分而驱逐之。"

② 《天盛改旧新定律令》卷一九《牧盈能职事管门》规定："邻近二百户至二百五十户牧首领中遣胜任人一名为盈能，当领号印检校官畜。"

纳程序是："预先当由群牧司于畜册上算明，斤两总数、人名等当明之而入一册，预先引送皇城、三司、行宫司所管事处。各牧监本人处放置典册，当于盈能处计之，数目当足"，不许住滞一斤一两。供应皇室的乳畜由群牧司计议用度，"彼牧乳畜者所在之处当奏报"，经谕文批准，"直接供应酪脂、乳酥等，勿与诸牧场同，勿交殽羅毛绒，牧者当得之"。①

　　至此，我们对西夏官牧中的生产关系有了一个比较清楚的认识。官牧中的牲畜、牧场等生产资料属于官府所有，牧民只有替官府牧养不低于15—20头匹骆驼、马、牛和70只以上山羊，才能获得他所需要的最基本生产资料，即草地牧场。身为氏族部落首领的大小牧监、牧首领、末驱等代表官府管理生产，并从中得到加官及其他奖赏。② 牧人的人身具有双重依附性质，一是依附于大小牧监、牧首领。宋英宗治平年间（1064—1066），同知谏院吕诲在一道奏章中称："逐部族今所存者，却有外来散户依附其间，或是连亲，或即庸力，混杂居处，例各年深。"③ 官牧生产中的牧人，实际上就是"庸力"的散户，只有牧监等首领认为他们有偿还能力，同意他们成为所辖牧场的"庸力"，他们这才能申请到官畜牧养。否则被视为"无主贫儿"，只能作为牧人的牧助；二是大小首领代表官府来招募"庸力"牧人的，因此，牧人同时也依附于封建官府。尽管牧人的人身依附性很强，但他们有自己的家园、牲畜和财产，属于官府和大小牧监控制下的具有依附民性质的生产者。除牧人外，在官牧场上进行生产的还有籍没奴隶，《天盛改旧新定律令》对此有

---

　　① 《天盛改旧新定律令》卷一九《畜利限门》。
　　② 《天盛改旧新定律令》卷一九《校畜磨勘门》："大小牧监胜任一年，当予赏赐钱绢二、常茶三坨、绫一匹。二年连续胜任者，依前述法当予赏赐，当得一官。此后又胜任，则每年当加一官，赏赐当依前述所定予之。牧首领、末驱本人胜任一年，当予赏赐银三两、杂锦一匹、钱绢五、茶五坨。二年连续胜任者，赏施当依前述所定数予之，其上当得一官。倘若彼又胜任，则每年当加一官，赏赐当依前述所定予之。"
　　③ （明）杨士奇等编：《历代名臣奏议》卷三四三，文渊阁四库全书影印本442—604。

明确规定。①

3. 官畜审验

幼畜登记号印是官畜管理中的一项重要制度，每年四月一日至十月一日，牧场将四种官畜（驼、马、牛、羊）所繁殖的仔、驹、犊、羔，"于盈能处置号印，盈能当面应于仔、驹等之耳上及羔羊之面颊上为号印"②，表明为官畜。如果达不到政府限定的繁殖率，则令牧人偿之，若"有已超者，依法当还牧人"③。

十月一日，盈能登记号印结束，政府大校开始。一般由"群牧司及诸司大人、承旨、前内侍之空闲臣僚等中遣真能胜任之人，诸司称职之案头、司吏文字计量引导"④，前往诸牧场审校。在黑水等地区因地程遥远，"校畜者当由监军、习判中一人前往校验，完毕时，令执典册、收据种种及一局分言本送上，二月一日以内当来到京师"。校畜官吏出发时，携官印一枚，有关《律令》一卷，"由局分处借领，事毕时当依旧交还"。制畜册所用的纸张，"群牧司库中当买，使分领之"。大校所需的枷锁、大杖等，"当于所属盈能处取，毕时当依旧还之"。"大校处所使用人，于牧监子弟未持取畜者中，可抽出十五人使用，不许多抽使用人"。⑤

---

① 诸如盗毁帝陵、殿堂，"不分主从，以剑斩杀，自己妻子、同居子女等当连，迁往异地，当入牧农主中。畜、谷、宝物、地、人等当没收入官"。（《天盛改旧新定律令》卷一《失孝德礼门》）还有诸人议逃，已行者主犯以剑斩杀，各同谋者发往不同地服苦役，"主、从犯一样，自己妻子、儿女当连坐，当入牧农主中。其父母者，当视逃者总数，系百人以内，则不连坐；系百人以上，则同居不同居一样，当因子连坐，入牧农主中，应无期服役。……使军、奴仆者，当入牧农主中，无期服役"。（《天盛改旧新定律令》卷一《背叛门》）这些因夫、父、子犯罪而连坐入牧农主中的妻子、儿女、父母，他们的财产被籍没入官，因而没有资格领取官畜，只能充当牧助之类的角色。他们是官牧场中的奴隶，没有官府和大小牧监的允许，是不会有人身自由的。如官牧场之获罪妇人被偷卖给他人，"卖者以偷盗法判断，买者知觉，则当依盗之从犯法承罪，并罚其价，交与官方。未知，勿治罪，价当取之。妇人因自不告则十三杖，依旧当还牧场"。（《天盛改旧新定律令》卷一九《贫牧逃避无续门》）。
② 《天盛改旧新定律令》卷一九《牧盈能职事管门》。
③ 《天盛改旧新定律令》卷一九《牧盈能职事管门》。
④ 《天盛改旧新定律令》卷一九《牧盈能职事管门》。
⑤ 《天盛改旧新定律令》卷一九《校畜磨勘门》。

大校的程序大抵是："令牧场牲畜一并聚集"，然后对照畜册，一一点验齿岁、毛色、公母、肥瘦。若是赔偿之畜，更要与畜册细细校核，"不许不实齿偿还"。①在大校过程中，外来的校畜官对牧场的具体情况不太了解，因而常常发生诸牧场之间相互索借官畜顶替的作弊现象，《天盛改旧新定律令》卷一九《校畜门》对此作出了严厉的处罚规定。

除大校外，官畜死亡注销、赔偿、患病验视等制度也相当严格。"四畜群公母畜混者，十中当减取一死"②，死畜的皮及肉价钱不须交。这是按十分之一的正常死亡比例注销。此外，对因突发性疾病而死亡的官畜，如果验证是实，也予以注销。法律规定，诸牧场四种官畜患病时，当速告群牧司或经略处，"验者当往，于病卧处验之。其中因地程远而过限日，于验者未到来之前病卧而死时，当制肉疤，置接耳皮（即头皮）"。验者验视接耳头皮，实有官畜印记；"共用水井、草场之相邻官私畜患有同病"；另有大小牧监及其他牧人担保，方可予以注销。验毕后，即将有印记的接耳头皮焚掉，以防牧人作弊重验。死畜肉当计价：骆驼、马、牛一律五百，仔、犊、大羖䍩等一百，小羖䍩五十，"钱当入库，皮送三司"。如果"不患病及并未亡而入死中为虚假时，以偷盗法判断"。

马院中的生、熟马及予汉、契丹马的病死注销，大抵亦如此。首先，将病情速告局分处，局分处遣医人按视，"其中已告，判写已出然后死，及已视然后死等，应告注销，计肉价熟马一缗，生马五百钱，原皮等当交三司，若牧监失误致瘦死亡、盗取，及预先未告而生癞患病死等，记名牧人当赔偿"。③

马匹的牧养在西夏官牧业中具有头等重要的地位，如果"官牧场之马不好好养育而减食草者，计量之，比偷盗法加一等。未减食草，其时检校失误致马羸瘦者，当视肥马已瘦之数罚之，自杖罪至一年劳役，令依高低承罪"。④

---

① 《天盛改旧新定律令》卷一九《牧盈能职事管门》。
② 《天盛改旧新定律令》卷一九《死亡注销门》。
③ 《天盛改旧新定律令》卷一九《畜患病门》。
④ 《天盛改旧新定律令》卷一九《畜利限门》。

　　诸牧场四种官畜在正常死减和确系病死以外而损失者，首先"紧紧催促牧人偿之。倘若牧人无力，则当催促小牧监令偿之。小牧监偿之不足，则当催促牧首领、末驱令偿之。其中倘若催促偿之而无所偿，实无力者，当置命"，根据损失数量，处以杖、徒、绞 3 种刑罚。①

　　虽然官畜损失到一定数目，要对相关人员处以极刑，但牧人损失驼马四匹以内，小牧监九匹以内，牧首领、末驱损失十四匹以内，仅责以八至十三杖，显然，这要比赔偿合算得多。许多牧人乃至大小牧监宁愿选择杖击，也不愿赔偿。因此，对是否有赔偿能力的考察是相当严格的。假若牧人"实无力偿，则当令于盈能处置命，预先当告群牧司而送知状"。待大校时，校畜官"应再好好问之，无力偿而已置命是实言，则同场不同场人当担保"，方可"依律令承罪"。如果牧"盈能与牧人暗中徇情，能偿而入置命中时，计畜价，以偷盗法判断"②。若大校头监、案头、司吏受贿违法，将有力偿入无力偿时，"则以枉法贪赃罪及计畜价以偷盗罪等比较，从重者判断"。③

4. 官畜数量

　　由于文献的缺乏，我们对西夏官畜的数量只能作一大概估计。西夏的军队一般有 60 万左右，如果减去负担和辅军，初步估算有 20 万正军，每个"正军给长生马、驼各一"④。若以此计之，西夏的军用驼、马一般有 20 万左右。这 20 万战骑一般都为公马和骟马，那么在相应的牧场上，还应有 20 万母马和 10 万幼马（按 50% 的繁殖率计算），总计为 50 万。以后随着军队数

---

　　①　《天盛改旧新定律令》卷一九《校畜磨勘门》：骆驼、马。牧人无一二，十杖；无三四，十三杖；无五六，徒六个月；无七八至二十五，徒一至十二年；无二十五以上一律当绞杀。小牧监自一至三，八杖；四至六，十杖；七至九，十三杖；十至十二，徒六个月；十三至四十，徒一至十二年；四十以上一律当绞杀。牧首领、末驱自一至五勿治罪；六至八，八杖；九至十一，十杖；十二至十四，十三杖；十五至十七，徒六个月；十八至五十，徒一至十二年；五十以上一律当绞杀。牛、羊损失处罚略。

　　②　《天盛改旧新定律令》卷一九《牧盈能职事管门》。

　　③　《天盛改旧新定律令》卷一九《校畜磨勘门》。

　　④　《宋史》卷四八六《夏国传下》。

量的增加和生产的发展，官马可能达到 60 万匹左右，若加上民间养马，能达到 100 万匹以上。军用骆驼以运输为主，不限公母，其总数应在 20 万以上，这也是一个不小的数目。牛、羊的数量也比较可观，宋夏争夺横山战争期间，西夏经常一次战役就损失数万牛羊，其中有一部分当为官畜。

　　西夏官畜生产相当发达，尤其牧养大量官马，这样就使得国家掌握了大批战马，为建立一支强大的骑兵队伍奠定了雄厚的物质基础。这是其一。其二，官牧业的发展，使西夏政府掌握了对宋出口畜产品的主动权。除了和平期间，西夏在榷场上以马、牛、羊、驼、毡毯易缯帛、罗绮外，双方交恶期间的走私贸易，主要是青白盐和日用百货的交易，很少有驼、马等大家畜，它从一个方面影响了北宋骑兵队伍的建设。这一利一弊，对夏宋关系产生了深远的影响。

四、农田耕作

　　建立西夏国的党项族起初是"牧养牦牛、羊、猪以供食，不知稼穑"的，迁到西北地区后，唐王朝"于银、夏境内授以闲田"，和沿边汉族人民交错杂居，在汉族农耕文明的影响下，逐渐学会了作物耕种。但他们的活动范围长期囿于沙丘草地，毕竟"树艺殊少"①。直到公元11世纪立国前夕，从李继迁到李元昊祖孙三代先后占据河套平原与河西走廊，农业才成为西夏社会重要的经济基础。

（一）农田水利

　　地处我国西北内陆的西夏国，东距大海近两千公里，冬天是西北干寒季风的冲击方向，夏天是东南温湿季风的末梢地区，从而形成大陆性气候，降水量稀少且集中于夏季，当代年降水量由西往东只有39—400毫米，而年蒸发量在600—2000毫米。因此，除横山至天都山山界外②，其余大部分属干旱半干旱荒漠地区，地貌以干旱剥蚀和风蚀为主，如果没有灌溉就没有稳定的农业，西夏人对"农"的认识是"农耕灌溉之谓"。

----

① 《宋史》卷二七七《郑文宝传》。
② 《续资治通鉴长编》卷四六六，元祐六年九月条载：秦凤路经略使吕大忠言："夏国赖以为生者，河南膏腴之地。东则横山，西则天都、马衔山一带，其余多不堪耕牧。"

1. 灌溉渠道

西夏农田水利首推引黄灌溉。京畿兴灵地区，地势平坦，日照充足，为黄河前套平原。滔滔黄河由西南而东北流过，自秦汉以来中原王朝就在这里开凿渠道，屯垦实边。1002 年李继迁攻占灵州不久，因境内大旱，下令蕃汉人民"引河水溉田"。[①] 1038 年李元昊立国后，随着版图的扩大和封建政权的巩固，经济建设被提到重要的议事日程上，在中央政府设置农田司，专司农业生产和农田水利建设，相传沿贺兰山山麓的昊王渠（今天西干渠的前身）就是在这一时期开凿的，由于选址较高，加之工程量大，只修了一段。从总体上看，西夏时期自己开凿的渠道不多，其农田水利建设主要是对前代灌溉渠道的疏浚和修理。元人记载："西夏濒河五州皆有古渠，其在中兴州者，一名唐徕，长袤四百里；一名汉延，长袤二百五十里。其余四州又有正渠十，长袤各二百里，支渠大小共六十八，计溉田九万余顷。"[②]

唐徕又作唐来、唐梁，和汉延构成都城兴庆府周围两条最大的干渠，也是西夏境内最大的灌溉渠道，《天盛改旧新定律令》卷一五《渠水门》在讨论灌溉渠道时，常以此二渠溉之。其余四州十个干渠以灵州西平府为多，《西夏书事》卷二〇记载："黄河环绕灵州，其古渠五。一秦家渠，一汉伯渠，一艾山渠，一七级渠，一特进渠，与夏州（当为兴州）汉源、唐梁两渠毗接。余支渠数十，相与蓄泄河水。"这些密如蛛网的灌溉渠道除了用于农田灌溉外，还发挥着防洪和护城的作用。夏大安七年，即宋元丰四年（1081），宋朝发起规模空前的五路大进攻，泾源、环庆两路大军直抵灵州城下，"夏人决七级渠以灌遵裕师，军遂溃"[③]，就说明了这一点。

次于兴灵引黄灌溉的为河西三大水系灌溉。河西走廊南部祁连山终年积

---

① 《续资治通鉴长编》卷五四，咸平六年五月壬子条。
② （元）齐履谦：《知太史院事郭公行状》，载《元文类》卷五〇，文渊阁四库全书影印本 1367—648。
③ 《宋史》卷三四九《刘昌祚传》。

雪，形成 2000 多条大小不等的冰川雪峰，每年春夏之际，这些冰川与雪峰大片融化，汇聚成石羊河、黑河、疏勒河三大内陆水系，计有大小河流 57 条，当代年出山径流量 63.7 亿立方米。祁连山雪水品质优良，宜于人畜饮用和农田灌溉，唐代仅敦煌就有大小灌渠百余条，其中阳开、北府、阴安（以上前凉旧渠）、孟授（西凉旧渠）、都乡、宜秋、神农、东方为八条干渠；[①] 甘州张掖、凉州武威的灌溉渠道也是纵横交错。西夏立国后对这些水利设施全面修复，西夏文百科全书《圣立义海》云："积雪大山（祁连山），山高，冬夏降雪，雪体不融，南麓化，河水势涨，夏国灌水宜农也。""焉支上山，冬夏降雪，炎夏不化，民庶灌耕。"《宋史·夏国传》也指出，"甘、凉之间，则以诸河为溉"。

黑河自南向北注入东西居延海，下游绿洲渠道纵横，既有官渠，又有农户的自属渠，黑水城出土西夏户籍文书记有新渠、律移渠、习判渠、阳渠、道砾渠、七户渠；灌溉水税账记有山穴渠、南山穴渠、北山穴渠、北细渠；卖地契记有左渠、自属渠、灌渠、官渠、四井坡渠、自属酪布井坡渠、南渠、自属四井坡渠等。[②]

除祁连山雪水灌溉渠道外，西夏还继承了唐代泉泽灌溉系统，所谓"南边大山，夏国与藏界聚［玛］泽，树草丛生，野兽多居，荒山泉流宜耕"[③]。河西走廊东端的康古、智固、胜如（今兰州附近）也"平沃且有泉水，可以灌溉"[④]。

在东起横山、西至天都山的宋夏沿边山界，虽是以旱地作物为主的半农半牧区，但发源于鄂尔多斯高原南缘及横山高地的屈野河、葭芦川、无定河、大理河，河谷平坦，土地肥沃，西夏人民也在这里因地制宜，开凿渠道，引

---

①　李并成：《唐代敦煌绿洲水系考》，《中国史研究》1986 年第 1 期。

②　史金波：《西夏经济文书研究》附录"西夏文经济文书录文、对译和意译"，第 458—495、590—617 页。

③　罗矛昆等：《圣立义海研究》，宁夏人民出版社 1995 年版，第 59 页。

④　《续资治通鉴长编》卷四六〇，元祐六年六月丙午条。

水溉田。西夏时期天都山的自然植被相当好,"多树种竹,豹、虎、鹿、獐居,云雾不退。谷间泉水,山下耕灌也"①,构成西夏又一小流域灌区。

西夏河套平原灌溉渠道依次分为干、支、斗、毛四级。干渠又称正渠,直接从黄河峡口引水。前引流经都城兴庆府的唐徕、汉延二渠以及其他四州的 10 条正渠,就是直接从黄河引水。唐徕、汉延二渠是西夏最大的干渠。② 支渠是从干渠引水,有大有小,文献记载西夏河套平原共有 68 条支渠。③ 斗渠是从支渠引水,《天盛改旧新定律令》称之为"小渠",以别于大渠(支渠)④,总数达数百条。⑤ 毛渠是从斗渠引水,《天盛改旧新定律令》称为"供水细渠"。毛细渠水直接引入田畦,两边的耕地通常分属两户乃至多户农家,因此最容易引起纠纷。从干、支渠引水口设置闸门,从斗、毛渠引水口用草木和泥土堵塞。《嘉靖宁夏新志》卷一记载汉延渠有"支流陡口大小三百六十九处",唐徕渠有"支流陡口大小八百八处"⑥,是指从干、支、斗渠引水口总数,不包括从毛渠引水口。⑦

2. 管理机制

西夏农田水利的发展,不仅表现在渠道的数量上,更重要的是建立起系统的管理机制⑧,并以法律的形式巩固下来。开渠灌溉是国家的大政,法律规

① 罗矛昆等:《圣立义海研究》,宁夏人民出版社 1995 年版,第 60 页。
② 《天盛改旧新定律令》以唐徕、汉延代表西夏灌渠,唐徕在前而汉延在后,反映了唐徕渠在西夏人心目中比汉延渠更显重要,因为前者比后者的渠道里程长得多,灌溉面积也大得多。
③ (元)齐履谦:《知太史院事郭公行状》,载《元文类》卷五〇,文渊阁四库全书影印本1367—648。
④ 《天盛改旧新定律令》卷一五《桥道门》:"沿诸小渠有来往道处,附近家主当指挥建桥而监察之,破损时当修治。"
⑤ 按照常理,下一级渠是上一级渠的数倍乃至十多倍,目前所知西夏 12 条干渠 68 条支渠,斗渠应该数百。
⑥ 《嘉靖宁夏新志》卷一《水利》记载三百零八处。
⑦ 河套平原至少数千农户,一户的田地若分割成若干块,从毛渠引水口成千上万。
⑧ 《天盛改旧新定律令》专门列有《春开渠事门》《园地苗圃灌溉法门》《渠水门》《桥道门》《地水杂罪门》,尽管有的内容已残缺,如《园地苗圃灌溉法》只保留了条文名称,但仍不失为迄今所见我国古代最丰富的农田水利法规。

定上自中书令、转运使，下到地方长官都要躬亲过问。专门的农田水利管理机构，在中央有农田司，在地方有水利局分。水利局分设司吏、大人、承旨，专门负责一州一县农田水利工程的维修、保护及用水分配。水利局分下设佚事小监、渠水巡检、渠主、渠头。渠水巡检、渠主为官方委任的职员，从"大都督府至定远县沿诸渠干当为渠水巡检、渠主百五十人"①。渠头属差役性质，从沿渠受益的大小臣僚、租户家主、诸寺庙所属及官农主中，"依次每年轮番派遣"。佚事小监具体负责渠道的维修和建设工程。渠头相当于斗门长，专司渠口管理及送水工作。供水期间，值班渠头应昼夜守护在渠口，如果渠头"放弃职事，不好好监察，渠口破而水断时"，损失一缗至五千缗，分别处以有期徒刑3个月至12年，损失5000缗以上一律绞杀。"其中人死者，令与随意于知有人处射箭、投掷等而致人死之罪状相同。佚事小监、巡检、渠主等因指挥检校不善，依渠主为渠头之从犯，巡检为渠主之从犯，佚事小监为巡检之从犯等，依次当承罪"。②

渠水巡检巡察较大区域的水利设施，渠主专管某一支渠或某一段干渠。他们的日常任务为"于所属地界当沿线巡行"，若发现问题，当立即依次上报，由局分指挥维修。如果渠主所辖渠干、闸口等不牢，"预先不告于渠水巡检，生处断破时，与渠头放弃职事而致渠口断同样判断。渠水巡检因指挥检校不善，以渠主之从犯法判断"。同时，"渠主已告于渠水巡检，曰垫版、闸口不牢，渠水巡检不听其言，不立即告于局分，不修治而水断时，渠水巡检之罪与渠主垫版不牢而不告于局分致水断同样判断"。③

为了进一步加强水利灌溉设施的维护，西夏统治者还广泛发动灌区人民参与管理。"沿唐徕、汉延新渠诸大渠等至千步，当明其界，当置土堆，中立一碣，上书监者人之名字而埋之，两边附近租户、官私家主地方所应至处当

---

① 《天盛改旧新定律令》卷一五《渠水门》。
② 《天盛改旧新定律令》卷一五《渠水门》。
③ 《天盛改旧新定律令》卷一五《渠水门》。

遣之"。这些"各自记名，自相为续"的渠道监护人，其职责为"好好审视所属渠干、渠背、土闸、用草等，不许使诸人断抽之。若有断抽者时，当捕而告管事处"。如果"监者见而放纵时"，则要"依律令判断"，"不见者坐庶人十三杖，用草当偿，并好好修治。若疏于监视，粗心而致渠断坍时，比渠头粗心大意致渠断破之罪状当减二等"①。有人需要新垦的田地开渠道时，必须报告转运司和人员，确定新开渠不影响原有的官私熟地，且位置走向合理，才能获准实施。

3. 清淤维护

河套平原属沙黄土壤，渠道极易淤塞崩坍，水利工程远非一劳永逸，它要求每年夏灌前必须组织大批人工疏浚渠道并整修闸门水口。这一年一度的大规模"春工"和全灌区的用水管理，绝不是一家或几家地主所能胜任的，必须依靠朝廷或地方官府出面主持。②《天盛改旧新定律令》规定，每年春天例行的"开渠大事"，先由局分处提议，伕事小监、诸司及转运司大人、承旨、阁门、前宫侍等"于宰相面前定之，当派胜任人，自□局分当好好开渠，修造垫版，使之坚固"③。由中书令主持的会议除了确定负责开渠人员及对开渠质量要求外，还要计量"沿水渠干应有何事"，"至四十日期间依高低当予以期限，令完毕"。④开挖渠道的具体工程由伕事小监负责，同时在20个民夫中，抽派1和众、1支头为工长。挖渠的人工按受益田亩的多寡来摊派。"自一亩至十亩开五日，自十一亩至四十亩十五日，自四十一亩至七十五亩二十日，七十五亩以上至一百亩三十日，一百亩以上至一顷二十亩三十五日，一

---

① 《天盛改旧新定律令》卷一五《渠水门》。
② 《嘉靖宁夏新志》卷一《水利》记载："每岁春三月，发军丁修治之，所费不赀。四月初，开水北流，其分灌之法，自下流而上，官为封禁。修治少不如法，则水利不行，田涸而民困矣，公私无所倚。"
③ 《天盛改旧新定律令》卷一五《催租罪功门》。
④ 《天盛改旧新定律令》卷一五《春开渠事门》。

顷二十亩以上至一顷五十亩一整幅四十日。当依顷亩数计日，先完毕当先遣之"，最多"勿过四十日"①。

　　唐徕、汉延等干渠往往高出地平线，加之泥土含沙量大，土质松散，堤岸不易坚固。因此西夏统治者非常重视预防渠道决口，除每年加固堤岸外，还于干渠两侧广储冬草、枝条、条椽，以备不测。如果一旦大雨水涨，渠道决口，而"附近未置官之备草，则当于附近家主中有私草处取而置之。当明其总数，草主人有田地则当计入冬草中，多于一年冬草则当依次计入冬草中。未有田地则依捆现卖法计价，官方予之"②。渠道决口后水情的报告与民工的催派，"除依法派执符以外，事大小有急者，当遣神策使军、强坐骑"。③

4. 依次供水

　　灌溉渠道是公共设施，由于水源有大小、远近、足否之分，得水有早晚、需水有多寡，农户有阶级、强弱之别，往往出现豪强、官僚霸占水利，或渠头收受贿赂，不依次放水等情况。因此，在长期的实践中，河套平原形成了一套分灌方法，明代"分灌之法，自下流而上，官为封禁"④。西夏是否也是"自下流而上"，文献没有明确记载，但分灌是有次序的，并且受到法律的保护，《天盛改旧新定律令》卷一五《园地苗圃灌溉法门》就有"违章灌溉""不依次序灌溉"等条文。⑤《渠水门》在规定对渠道断破责任者处罚时，也有涉及灌溉法的内容，"节亲、宰相及他有位富贵人等若殴打渠头，令其畏势力不依次放水，渠断破时，所损失畜物、财产、地苗、佣草之数，量其价，与渠头渎职不好好监察，致渠口破水断，依钱数承罪法相同。所损失畜物、财产数当偿二分之一"。又"诸人予渠头贿赂，未轮至而索水，致渠断时，本罪由

① 《天盛改旧新定律令》卷一五《春开渠事门》。
② 《天盛改旧新定律令》卷一五《地水杂罪门》。
③ 《天盛改旧新定律令》卷一三《执符铁箭显贵言等失门》。
④ 《嘉靖宁夏新志》卷一《水利》。
⑤ 该门正文缺佚，只保留目录。

渠头承之，未轮至而索水者以从犯法判断"。还如"渠水巡检、渠主诸人等不时于家主无理相□，决水，损坏垫版，有官私所属地苗、家主房舍等进水损坏者"，处罚与蓄意放火罪同。① 毛细渠灌水最容易引起纠纷，各租户家主的田地往往是隔垄相邻，下水田进水要经过上水田畦垄间，故稍不留意，水便浸漫过垄，冲淹邻家的禾苗，对此《天盛改旧新定律令》也有明确规定。②

5. 筑路植树

水利灌溉是一个系统工程，除纵横交错的渠道外，还有大大小小的桥梁道路和纵横交错的防护林带。沿唐徕、汉延等干渠的大道、大桥的修治由转运司核准，官府出资修筑。沿支渠的道路和桥梁经转运司批准，农户出资出工修筑，官府派员监督。斗渠的道桥由附近家主指挥农户修治。如果应建桥不建、破损不维护以及大小道断毁、占道为田、道内放水等时，要追究渠水巡检、渠主的罪责。③

防护林具有护岸、护道、护田、固沙的功能，护岸林是栽种在渠道、河流两岸，减轻流水对堤岸的冲刷；护路林指的是在栽种在道路旁，减轻风沙对道路的冲击；护田林是栽种在农户田埂或毛细渠边，改善农田小气候，创造有利于农作物生长发育的环境。这些人工树木共同的特点是防风固沙，通

---

① 《天盛改旧新定律令》卷一五《渠水门》。

② 《天盛改旧新定律令》卷一五《地水杂罪门》："租户家主沿诸供水细渠田地中灌水时，未毕，此方当好好监察，不许诸人地中放水。若违律无心失误致渠破培口断，舍院、田地中进水时，放水者有官罚马一，庶人十三杖。种时未过，则当偿牛工、种籽等而再种之。种时已过，则当以所损失苗、粮食、果木等计价则偿之。舍院进水损毁者，当计价而予之一半。若无主贫儿实无力偿还工价，则依作错法判断。若人死者，与遮障中向有人处射箭投掷等而致人死之罪相同。"

③ 《天盛改旧新定律令》卷一五《桥道门》："沿诸渠干有大小各桥，不许诸人损之。若违律损之时，计价以偷盗法判断。""大渠中唐徕、汉延等上有各大道、大桥，有所修治时，当告转运司，遣人计量所需笨工多少，依官修治。""沿大渠干有各小桥，转运司亦当于租户家主中及时遣监者，依私修治。依次紧紧指挥，无论昼夜，好好监察。""沿诸小渠有来往道处，附近家主当指挥建桥而监察之，破损时当修治。若不建桥不修治时，有官罚钱五缗，庶人十杖，桥当建而修治之。""诸租地中原有官大道，不许断破、耕种、沿道放水等，若违律时有官罚马二，庶人徒三个月。""诸大小桥不牢而不修，应建桥而不建，大小道断毁，又毁道为田，道内放水等时，渠水巡检、渠主当指挥，修治建设而正之。若渠水巡检、渠主见而不告，不令改正时，与放水断道等罪同样判断"。

过减轻冲刷、降低风速、固定沙丘，达到保护农田、水渠和道路的目的。当然在固沙防护的同时，以杨柳为主的速生林，还是生产生活材植的重要来源。[①]

西夏非常重视护岸林的建设，规定官渠两岸租户、官私家主应在所属渠段栽植柳、柏、杨、榆及其他树木，令其成材，与原林木一同监护，除按时剪枝和轮伐补植外，不准随意采伐，不准牲畜入食，不许剥皮、斫刻，违者问罪。[②]渠水巡检、渠主是防护林建设的直接责任人，指挥所属渠段农户依时节植树，如果他们"不紧紧指挥租户家主，沿官渠不令植树时，渠主十三杖，渠水巡检十杖，并令植树"。另设树木护林员（监护人），如果有人盗伐，许人举赏，依偷盗法判罪，护林员因监护不力，将给予一定的处罚。护林员举告，因是职责所在，则不领赏。护林员监守自盗时，无论盗伐多少，"一律庶人十三杖，有官罚马一"。[③]另外，转运司还派出专门的植树监察人，巡查林木栽种与保护情况。

（二）耕作技术

1. 生产工具

生产工具和耕作技术的进步直接反映着农业生产的发展状况。西夏文《番汉合时掌中珠》与《文海》记载的农具有犁、耙、镰、锹、镐、子耧、石磙、刻叉、簸箕、扫帚等。《文海》"犁"释"犁铧也，耕用农器之谓也"[④]。"犁"

---

① 《天盛改旧新定律令》卷一五《渠水门》规定"京师界沿诸渠干上△有处需椽，则春开渠事兴，于百伏事人做工中当减一伏，变而当纳细椽三百五十根，一根长七尺，当置渠干上"。这里的"细椽"当是较长的剪枝。

② 《天盛改旧新定律令》卷一五《地水杂罪门》："沿唐徕、汉延诸官渠等租户、官私家主地方所至处，当沿所属渠段植柳、柏、杨、榆及其他种种树，令其成材，与原先所植树木一同监护。除依时节剪枝条及伐而另植以外，不许诸人伐之，转运司人中间当遣胜任之监察人。"

③ 见《天盛改旧新定律令》卷一五《地水杂罪门》。

④ 史金波、白滨、黄振华：《文海研究》，中国社会科学出版社1983年版，第479页。

字西夏文从木，"铧"字从铁，为铁铧木犁。内蒙古曾出楔形犁铧[①]，这种木柄铁农具，如犁、耙、锹、镢在瓜州榆林窟西夏壁画中亦有形象的描绘，其形状类似近代农具，可见西夏的耕作工具已相当先进了。

西夏铁犁铧（鄂尔多斯博物馆藏）

2. 耕作方法

西夏农田耕作方法和唐宋北方地区基本相同，首先，西夏人凭借发达的畜牧业，广泛采用牛耕（详见后）。《文海》"耧"释："埋籽用，汉语'耧'之谓"；"种"释："撒谷物籽种田地之谓"[②]。说明播种主要有耧播与撒播两种。大致糜粟、小麦耧播，荞麦撒播，因为荞麦颗粒大而呈三角形，耧播下籽不畅，加之播种时要拌以灰肥，只能撒播，时至今日仍沿袭这种传统的播种方法。文献没有记载点播，但自秦汉以来就对来不及秋耕的茬地，用犁浅耕开沟，点下种子，西夏也可能存在这种播种方式。

此外，西夏文辞书《文海》"渠"释："挖掘地畴中灌水用是也。""地畴"释："地畴也，畦也，开畦种田之谓也。""田畴"释："田畴也，种田也，出粮

---

① 《西夏文物·内蒙古卷（三）》，中华书局、天津古籍出版社 2014 年版，第 834—835、850—855、870—871 页。

② 《文海研究》第 521、504 页。

处也。"①"开畦种田"是否畦种法,我们不得而知,但至少反映了农田耕作的
精细程度。汉代赵过总结出"代田法",把每亩地分成三畎(垄沟)三垄(垄
台),每年互换位置,以休养地力。同时,把谷物种在垄沟里,待幼苗长起来
后,把垄背的土推到沟里,这样作物入土深,能抗风旱,很适合西北干旱地
区的农业生产,故"教边郡及居延城,是后边城、河东、弘农、三辅、太常
民皆便代田,用力少而得谷多"②。西夏时期可能仍延续这种耕作方法。

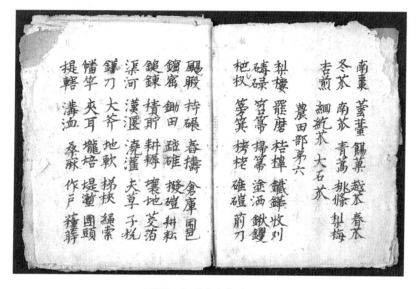

西夏汉文《杂字》农田部

西夏农业生产工具与生产技术,首先是对前代的继承,除上述"代田法"
外,还有铁农具与牛耕。额济纳河流域出土了大量汉代铁器,虽说这些铁器
未必全是农具,但可以肯定大多数为农具,尤其在居延屯田边缘之瓦因托尼
发现的铁器木器中,有一件木耧车脚,它原来尖端装置的铁铧已经丢失。后
端有两个柄,柄的下部是一扁平的托,表明汉代西北屯田中已使用最新式的

---

① 《文海研究》第404、472、521页。
② 《汉书》卷二四《食货志四上》。

播种工具——耧车。① 唐代西北地区的牛耕与铁农具的使用更为普遍，"诸屯田应用牛之处，山原川泽土有硬软，至于耕垦用力不同，土软处每一顷五十亩配牛一头，强硬处一顷二十亩配牛一头，即当屯之内有硬有软亦准此法。其稻田每八十亩配牛一头。诸营田若五十顷外更有地剩，配丁牛者所收斛斗皆准顷亩折除"。② 汉唐的生产工具与耕作技术，必然对后来的西夏产生深刻的影响，或者说西夏的铁农具和牛耕与汉唐有着一定的承袭关系。

其次，受同时代宋朝的影响。宋朝是我国历史上农业生产高度发展的一个朝代，广大农民经过辛勤劳动，开垦了大量的田地，并因地制宜，创造了圩田（围田）、梯田、淤田、沙田等，铁耙、镢头、铡刀、锄头、镰刀等生产工具的形制亦有所改进，轻巧耐用。铁制犁铧也多样化，以适合耕作不同的土质的需要。耕作技术比前代也有所进步，种粟后，"辗以辘轴，则地坚实"，科木茂盛，稼穗长而颗粒饱满。种麦则注意"屡耘而屡粪"。种稻方面，对水田、旱田、晚田及山川原隰之地，都有不同的耕作方法，像水田种稻，耘田先要放水，不问有草无草，都要用于排搅，使稻根周围干干净净。在稻田里拔掉的杂草，随埋在秧根底下，作为肥料。等到地面干裂再灌水，这样可以使"田干水暖，草死土肥"。

宋朝还是我国农作物品种南北大交流的一个时代，耕种粟、麦、豆在南方增多，水稻在北方较为普遍推广，特别是生长周期短、耐旱、不择地而生的"占城稻"在北方移植成功。这些先进的生产工具、耕作技术与优良品种，随着宋夏两国人民的友好往来以及战争俘获和掳掠的汉人，源源不断地传到西夏境内。毫无疑问，西夏得汉人脆弱无他伎者，"迁河外耕作"③，不仅仅是增加了劳动力，而且具有普遍的技术推广意义，它对西夏农业生产的发展起到了非常巨大的推动作用。

---

① 陈公柔、徐苹芳：《瓦因托尼出土廪食简的整理与研究》，《文史》第13辑。
② 《通典》卷二《食货二·屯田》。
③ 《宋史》卷四八六《夏国传下》。

　　最后，冶铁业与畜牧业推动了农业生产技术的进步与牛耕的普及。文献记载与出土文物证明，内徙不久的党项人在物质文化上已进入铁器时代，通过对外交换，能够打制简单的铁器。立国后利用境内铁矿资源，设置专门机构，进行冶炼铸造。《文海》"铁"释："此者矿也，使石熔为铁也。"①《天盛改旧新定律令》卷二〇《罪则不同门》规定将罪犯配往官方"熔铁"处服苦役。《圣立义海》在"山之名义"中记载：巴陵峰，"黑山郁郁溪谷长，生诸种树，熔石炼铁，民庶制器。""兽选宝山，诸树稍长，尽皆伐。熔石炼铁，民亦制器。"汉文史籍也有这方面明确的记述，"横山亘袤，千里沃壤，人物劲悍善战，多马，且有盐铁之利，夏人恃以为生"。②"西贼所恃，茶山铁冶、竹箭财用之府"。③

　　西夏铁器种类繁多，仅《天盛律令·物离库门》记载的就有镢头、斧头、钉七寸、五寸、四寸、三寸、二寸、斩刀、屠刀、铁罐、火锹、镰、城叉、推耙、铡刀、锹头、刀、剑、剪刀等。瓜州榆林窟西夏壁画中，有一幅《锻冶图》，描绘两人手举铁锤，共同对着一个铁砧锻打铁器，另一个人正在拉动一座形体高大的竖式风箱为锻炉鼓风。这种竖式双扇风箱能够"推拉互用，将风连续吹入炼炉，使炉膛始终保持所需高温"，表明西夏的冶铁技术已相当先进。④

　　冶铁业的发展，为农业生产提供了更多的铁农具，特别是铁制犁铧，而西夏的畜牧业比较发达，又不缺乏耕垦畜力，因此，在农业生产中普遍使用牛耕，《番汉合时掌中珠》与《文海》对此有着明确的记载。榆林窟西夏壁画《牛耕图》，描绘二牛挽一扛，耕者一手扶犁，一手持鞭驱牛，形象生动逼真。

---

①　《文海研究》，第487页。
②　《续资治通鉴长编》卷三二八，元丰五年七月丙戌条。
③　《续资治通鉴长编》卷二二〇，熙宁四年二月壬戌条。
④　王静如：《敦煌莫高窟和安西榆林窟中的西夏壁画》，载白滨编：《西夏史论文集》，宁夏人民出版社1984年版，第410页。

西夏牛耕图（榆林3窟）

牛耕与铁犁推广为扩大耕地面积和深翻土地提供了条件，提高了劳动生产率，正如恩格斯在《家庭、私有制和国家的起源》一书所指出的，"铁使更大面积的农田耕作，开垦广阔的森林地区，成为可能"。[①]"铁对农业提供了犁，犁完成了重大改革"。可见，铁农具尤其是铁犁铧的广泛使用，使西夏农业生产水平跃进到一个崭新的阶段。

（三）作物品种

1.粮食作物

西夏的粮食作物主要有水稻、小麦、大麦、荞麦、糜、粟、黍、黄谷、青稞、大豆、小豆、豇豆、豌豆、莢豆、荜豆、红豆、黑豆、赤豆、绿豆等[②]，兹分述如下：

---

① 《家庭、私有制和国家的起源》，人民出版社1972年版，第160页。
② （西夏）骨勒茂才：《番汉合时掌中珠》，宁夏人民出版社1989年版；李范文等：《电脑处理西夏文〈杂字〉研究》，日本国立亚非语言文化研究所，1997年；史金波：《西夏汉文本〈杂字〉初探》，载《中国民族史研究》（二），中央民族学院出版社1989年版。

（1）水稻

水稻是一种高产作物，性喜温湿，按地理分布、形态特征与生理特性，可分为粳稻与籼稻。粳稻秆硬不易倒伏，比较耐寒，耐弱光，适合于温带地区生长。籼稻耐热，耐强光，适宜于热带与亚热带气候，西夏所产的稻当为粳稻。《圣立义海·九月之名义》曰："粳稻、大麦，春播灌水，九月收也。"宋初郑文宝"至贺兰山下，见唐室营田旧制，建议兴复，可得秔稻万余斛，减岁运之费"①。《宋史·夏国传下》曰："其地饶五谷，尤宜稻麦。"

西夏的水稻主要产于兴灵灌区。宋元丰四年（1081），北宋五路伐夏，十一月，直抵灵州城下的宋军就扎营在收割后的稻田里。②除兴灵平原外，其他宜于灌溉的地方也有这种高产作物，宋朝曾在和西夏邻接的保安军设置稻田务，推广水稻种植。③宋天圣四年（1026）监察御史请求，"自今犯罪当配者，皆徒相州，教百姓水种"。④这些措施不仅推动了宋朝边地的水稻种植，而且也给包括西夏在内的西北少数民族地区带来了很大的影响，正如时人刘攽《熙州行》所说的："岂知洮河宜种稻，此去凉州皆白麦。"⑤

（2）小麦

小麦是北方旱地作物中食性最好的一种，在西夏境内广泛种植，灵武郡人缴纳的租税就有小麦。⑥前揭《宋史·夏国传下》曰："其地饶五谷，尤宜稻麦。"沙州"居民恃土产之麦为食"⑦。清楚地反映了东起黄河，西至玉门，均有小麦生产。

由于播种季节与生长周期不同，小麦分冬春两种，大致一年一熟地区，春分为种，处暑后收，名春麦；两年三熟地区，白露前种，芒种后收，名宿

---

① 《宋史》卷二七七《郑文宝传》。
② 《续资治通鉴长编》卷三二〇，元丰四年十一月辛丑。
③ 《续资治通鉴长编》卷七七，大中祥符五年正月癸未。
④ 《宋会要辑稿》食货七之九。
⑤ （宋）刘攽：《彭城集》卷八《熙州行》，商务印书馆1937年版，第108页。
⑥ 《天盛改旧新定律令》卷一五《催缴租门》。
⑦ 冯承钧译：《马可波罗行记》第五七章《唐古忒州》，上海书店出版社2001年版，第117页。

麦（冬麦）。冬麦"秋种冬长，春秀夏实，具四时中和之气，故为五谷之贵"。春麦春种夏收，比之冬麦者四气不足。[①]西夏正好处于一年一收的春麦区，因而小麦的质量不是很好。《鸡肋编》卷上载："陕西沿边地苦寒，种麦周岁始熟，以故黏齿不可食。如熙州斤面，则以掬灰和之，方能捍切。"

（3）荞麦

荞麦，亦称甜荞麦，以别于苦荞，一年生草本。生长周期短，一般两个月左右，在西夏高山坡谷广有种植。《圣立义海·地之名义》曰："坡谷地向柔，待雨宜种荞麦也。"西夏文本《碎金》云："回鹘饮乳浆，山讹嗜荞饼。"[②]山讹乃横山党项，元昊"苦战倚山讹，山讹者，横山羌，平夏兵不及也"[③]。"山讹嗜荞饼"，明确地反映了横山地区广种荞麦以及荞麦在当地人民生活中的重要地位。

宋人陈师道说："胡地惟灵夏如内郡，他才可种乔豆，且多碛沙，五月见青，七月而霜，岁才一收尔。"[④]这段文字有一定的片面性，但却反映出荞麦夏种秋收的特点。"种之则易为工力，收之则不妨农时，晚熟故也"。[⑤]宋元丰六年（1083）六月，提点河东路刑狱黄廉言："岚、石等州流移岢岚军民户，准诏发遣还乡。访闻流民昨为久雨，全损秋田，故暂来就种一夏苗麦，乞限一月毕田事。"[⑥]此时正值六月，既不是冬麦也不是春麦的播种期，流民恳求种植的只能是荞麦。荞麦的生长周期为两个月，荞麦一般五月播种，出于补灾等特殊情况，也有六月种荞，但常常因为霜冻，不能成熟。[⑦]

---

① （明）李时珍：《本草纲目》卷二二《谷部一》，文渊阁四库全书影印本773—442。
② 聂鸿音、史金波：《西夏文本〈碎金〉研究》，《宁夏大学学报》1995年第2期。
③ 《宋史》卷四八五《夏国传上》。
④ （宋）吕祖谦：《宋文鉴》卷一一九《上曾枢密书》。
⑤ （元）王桢：《农书·百谷谱集之二·荞麦》，农业出版社1981年版。
⑥ 《续资治通鉴长编》卷三三五，元丰六年六月甲子。
⑦ 荞麦为秋田作物，最怕霜冻。（宋）朱弁《曲洧旧闻》卷三载："荞麦叶青、花白、茎赤、子黑、根黄，亦具五方之色。然方结实时，最畏霜，此时得雨，则于结实尤宜，且不成霜，农家呼为解霜雨。"

（4）大麦

大麦亦称"麰"，性耐干寒，其中青稞为大麦的一种，故有时称青稞为大麦。党项内徙前不知稼穑，土无五谷，"求大麦于他界，酝以为酒"。① 这里的大麦当指青稞。内徙后党项人逐渐学会了包括大麦在内的农作物耕种，前引《圣立义海·九月之名义》云："粳稻、大麦，春播灌水，九月收也。"同书《山之名义》："焉支上山，冬夏降雪，炎夏不化。民庶灌耕，地冻，大麦、燕麦九月熟。利养羊马，饮马奶酒也。"《天盛改旧新定律令》卷一五《催缴租门》载："大麦一种，保静县人当交纳。"黑水城出土有关田赋、钱粮、诉讼等类文书中，也涉及大麦等农作物。② 可见，西夏的大麦种植比较广泛。

（5）粟

粟亦称为谷子，去壳后叫小米，是一种耐瘠耐旱，适应性极强的旱地作物，也是西夏境内最适宜种植的作物之一。可春播夏收，亦可夏播秋收，宋夏沿边地区的小米最为有名。"葭芦、米脂里外良田不啻一二万顷，夏人名为'真珠山'、'七宝山'，言其多出禾粟也。"③ 延州金明西北有浑州川，川尾桥子谷水土平沃，宋将狄青将万人筑招安寨于谷旁，"募民耕垦，得粟甚多"。④ 宋崇宁年间（1102—1106），钱即知庆州，筑安边城、归德堡，垦田万顷，"岁得粟数十万"。⑤ 镇戎、德顺军也有"收谷十余万"的记载。⑥

（6）穄

穄，又称穈子，耐旱且生长季节短，广泛种植于黄河中下游干旱地区，为西夏境内重要的粮食品种。《天盛改旧新定律令》卷一五《催缴租门》记载："穈一种，定远、怀远二县人当交纳。"1081 年（宋元丰四年、夏大安七年），

---

① 《旧唐书》卷一九八《党项羌传》。
② 李逸友：《黑城出土文书》（汉文文书卷），科学出版社 1991 年版，第 20 页。
③ 《宋史》卷一七六《食货志上四·屯田》。
④ （宋）曾巩：《隆平集》卷五《宰臣》。
⑤ 《宋史》卷三一七《钱惟演附钱即传》。
⑥ 《宋史》卷三五三《郑仅传》。

宋五路伐夏，河东军至宥州境，主帅王中正遣折克行等"分兵二千余人发
糜窖"①。

　　除兴、灵旱地与缘边山界外，黑水地区也出产糜子。黑水城出土汉文文
书 F13：W106 载："唐徕渠西兀日金师官人闲荒草□，东至唐徕为界，南至
民户地为界，西至草地为界，北至本地为界，四至分明，租课天雨汗种壹年，
承纳糜……叁硕，平旧方大斗刮量，不致短少。"②显然，租种人承纳的糜子
为当地生产。

（7）菽

　　菽即豆类，分大菽、小菽。大菽即大豆，小菽即小豆。西夏菽的种类较
多，仅西夏汉文《杂字》记载的就有赤豆、豌豆、绿豆、大豆、小豆、豇豆、
荜豆、红豆等，《天盛改旧新定律令》记载有黄豆。③

　　大豆　"大豆有黑、白、黄、褐、青斑数色，黑者名乌豆，可入药及充食
作豉，黄者可作腐、榨油、造酱，余但可作腐及炒食而已。皆以夏至前后下
种，苗高三四尺，叶团有尖，秋开小白花成丛，结荚长寸余，经霜乃枯。"④

　　小豆　小豆有数种，赤豆、白豆、绿豆等"皆小豆也"⑤。

　　豌豆　又名回鹘豆、胡豆、戎菽、荜豆、青小豆、青斑豆，"其苗柔弱宛
宛，故得豌名。种出胡戎，嫩时青色，老则斑麻，故有胡戎、青斑、麻累诸
名"。该豆在"百谷之中，最为先登"。⑥

　　豇豆　"豇豆，处处三四月种之，一种蔓长丈余，一种蔓短，其叶俱本
大末尖，嫩时可茹。其花有红白二色，荚有白红紫赤斑驳数色，长者至二尺，
嫩时充菜，老则收子。此豆可菜可果可谷，备用最多，乃豆中之上品。"⑦今豇

---

① 《续资治通鉴长编》卷三一八，元丰四年十月甲戌条。
② 李逸友：《黑城出土文书》（汉文文书卷），科学出版社1991年版，第186页。
③ 《天盛改旧新定律令》卷一五《催缴租门》。
④ 《本草纲目》卷二四《谷部三》，文渊阁四库全书影印本773—468。
⑤ 《本草纲目》卷二四《谷部三》，文渊阁四库全书影印本773—473。
⑥ 《本草纲目》卷二四《谷部三》，文渊阁四库全书影印本773—478。
⑦ 《本草纲目》卷二四《谷部三》，文渊阁四库全书影印本773—479。

豆以菜为主。

2. 经济作物

（1）桑麻

从历史上看，西夏境内早就有蚕桑。《汉书》卷九五《西南夷传》载：陈立"徙为天水太守，劝民农桑为天下最，赐金四十斤"。唐"安史之乱"前，"中国盛强，自安远门西尽唐境万二千里，闾阎相望，桑麻翳野，天下称富庶者无如陇右。"① 敦煌文献《长安二年（702）三月敦煌县录事董文彻牒》（大谷文书 2836）也称："其桑麻累年劝种，百姓并足自供。"

"安史之乱"后，吐蕃乘虚攻占河西陇右数十州之地，但该地的桑蚕业并没有因此中断。豪族地主阴伯伦投降吐蕃后，新占"山庄四所，桑杏万株"②。特别是在汉族的影响下，吐蕃人也学会了农桑，"养蚕缲茧成匹帛"。③ 吐蕃在敦煌地区设置的十三个部落中，有一个与桑麻有关的"丝绵部落"。

唐大中年间（847—859），沙州首领张义潮归唐时，敦煌一带"水流依旧种桑麻"。④ 宋雍熙五年（988），⑤ 瓜州榆林窟第 20 窟发愿文有祈求"蚕田善熟"之语。⑥

除河西陇右外，宁夏地区也有悠久的植桑历史，郦道元《水经注》卷三载："河水又北，薄骨律镇城（今宁夏灵武）在河渚上，赫连果城也。桑果余林，仍列洲上。"⑦

西夏的桑蚕业正是在继承前代的基础上发展起来的，西夏汉文《杂字》

---

① 《资治通鉴》卷二一六，天宝十二年。
② 《陇右金石录》卷二《阴处士修功德记》。
③ （唐）王建：《凉州行》，载《全唐诗》卷二九八。
④ 王重民辑录，刘修业整理：《〈补全唐诗〉拾遗》，载《中华文史论丛》1981 年第 4 期。
⑤ 宋雍熙只有四年，敦煌地遥，发愿者还不知己改"端拱元年"。
⑥ 史苇湘：《丝绸之路上的敦煌与莫高窟》，载《敦煌研究文集》，甘肃人民出版社 1982 年版，第 92 页。
⑦ （北魏）郦道元：《水经注》卷三《河水三》。

"农田部"明确提到桑麻。西夏文法典《天盛改旧新定律令》卷一七《物离库门》规定："缫生丝百斤，九十八两实交中，优九十一两半，劣四两，混二两半，二两耗减。"缫丝所需的蚕茧自然是西夏自己养殖，而非从宋、辽、金境内进口。

我国古代麻类作物主要有大麻、苎麻与葛麻。其中苎麻生性喜温好湿，适宜于热带、亚热带气候生长。葛麻简称葛，产地也多在南方。因此，西夏的麻主要指大麻。大麻适应性很强，不论在干燥炎热地区还是在高寒地区都能生长。大麻皮可织麻褐，子实可榨油、制烛或入药。《天盛改旧新定律令》卷一五《催缴租门》规定华阳县家主缴纳的赋税就有麻。

（2）水果

西夏盛产水果，其中桃、李、杏、梨、枣的分布范围较广。《武经总要·前集》载："怀远镇，本河外县城，西至贺兰山六十里。咸平中陷，今为伪兴州。旧管盐池三，管蕃部七族，置巡检使七员，以本族酋长为之。有水田果园，本赫连勃勃果园。"[①] 唐代诗人韦蟾《送卢藩》诗对此有生动的描述："贺兰山下果园成，塞北江南旧有名。"西夏文百科全书《圣立义海·山之名义》也指出："贺兰山尊，冬夏降雪，有种种林丛，树果、芜荑及药草。"秋天是塞上水果成熟的季节，八月，"果木熟时，桃、栗、榛、蒲桃等熟"。九月，"果木尾熟，栗子、胡桃、李子熟也"。[②] 文献没有记述河西走廊与宋夏缘边山界的果木种植情况，但可以想见，随着党项定居农业的出现，桑、杏、桃、李、梨等经济林是必不可少的，唐代敦煌地区的用木就主要靠人工种植。[③]

葡萄，又作蒲桃、蒲陶，为西夏境内的特色水果。一般认为张骞凿空西

---

① （宋）曾公亮：《武经总要》前集卷一八下《西蕃地界》，文渊阁四库全书影印本 726—540。

② 《圣立义海研究》，宁夏人民出版社 1995 年版，第 53 页。

③ 郑炳林：《唐五代敦煌种植林业研究》，载《敦煌归义军史专题研究》，兰州大学出版社 1997 年版。

域，始得此种，在京城与河西移植成功。① 唐代，葡萄与葡萄酒已成为当时著名产品，诗人王翰因此写出了"蒲萄美酒夜光杯，欲饮琵琶马上催"的名句。② 五代及宋初，敦煌出现以种植葡萄为主的园艺户与专门的葡萄园。敦煌文献 S.1366《年代不明（980—982）归义军衙内面油破用历》记载，归义军官府在南沙庄有葡萄园，每年逢结葡萄时节，都要举行赛神活动。西夏时期以种植葡萄等水果为主的园艺户与专门的葡萄园也应该是存在的。

（3）瓜类

回纥瓜　回纥瓜为西夏境内最有名的瓜。《契丹国志》记载：胡峤出使辽朝，"自上京东去四十里，至真珠寨，始食菜。明日东行，地势渐高，西望平地，松林郁然，数十里遂入平川，多草木，始食西瓜，云契丹破回纥得此种，以牛粪覆棚而种，大如中国冬瓜而味甘"。③ 西夏汉文《杂字》所载的回纥瓜应是上述的西瓜。

大食瓜　可能因来自大食而得名，当属甜瓜类。《圣立义海·八月之名义》载："八月末，储干菜，瓜熟冷食。"现代大棚种植前，西北地区的瓜果大致在这个季节成熟，故有"围着火炉吃西瓜"之说。

五代宋初敦煌地区瓜果种植相当兴盛，敦煌文献 P.3396《年代不明（十世纪）沙州诸渠诸人瓜园名目》，详细记载了敦煌地区五六十家瓜园的名称与分布情况。④ 由此看来，西夏的瓜不是直接来自回纥、契丹或中亚，应是从敦煌继承下来。

---

① 《本草纲目》卷三三《果部五》载："《汉书》言张骞使西域还，始得此种，而《神农本草》已有葡萄，则汉前陇西旧有，但未入关耳。"文渊阁四库全书影印本 773—691。

② 《全唐诗》卷一五六《王翰〈凉州词〉》；著名诗人元稹也写道："吾闻昔日西凉州，人烟扑地桑柘稠。蒲萄酒熟恣行乐，红艳青旗朱粉楼。楼下当垆称卓女，楼头伴客名莫愁。"（《元氏长庆集》卷二四《西凉伎》，上海古籍出版社 1994 年版。）

③ （宋）叶隆礼：《契丹国志》卷二五《晋胡峤陷北记》，文渊阁四库全书影印本 383—789。

④ 郑炳林：《晚唐五代敦煌园圃经济研究》，载《敦煌归义军史专题研究》，兰州大学出版社 1997 年版。

（4）蔬菜

西夏蔬菜品种较多，见夏、汉文《杂字》与《番汉合时掌中珠》记载的就有蔓菁、萝卜、胡萝卜、菠菜、香菜、芥菜、葱、韭、蒜、茄子、瓠子、笋蕨、越瓜、春瓜、冬瓜、南瓜等。这些蔬菜或为当地汉族所种，或来自西域与南方。

蔓菁　又名芜菁、九英菘、芥蓝，即大头菜，李时珍《本草纲目》曰："芜菁南北之通称也，塞北、河西种者名九英蔓菁，亦曰九英菘。根叶长大，而味不美，人以为军粮。""九英菘出河西，叶大，根亦粗长，和羊肉食甚美。"[1]苏颂《本草图经》曰：蔓菁"四时仍有，春食苗，夏食心，亦谓之苔子，秋食茎，冬食根。河朔尤多种，亦可以备饥岁。菜中之最有益者惟此耳"[2]。

萝卜　为芦菔或莱菔的俗称，南北皆种，而以北方为多。"有大、小二种，大者肉坚。宜蒸食，小者白而脆，宜生啖"。[3]"大抵生沙壤者脆而甘，生瘠地者坚而辣，根叶皆可生可熟，可菹可酱，可豉可醋可馐，可腊可饭，乃蔬中之最有利益者"。[4]今谓萝卜生消熟补。

胡萝卜　性喜冷凉，较耐旱，根直圆锥或圆柱形，呈紫红、橘红、黄或白色，生熟皆可食。"元时始自胡地来，气味微似萝卜，故名"。[5]但西夏时就有胡萝卜，说明传入我国在元朝以前。

菠菜　又名菠薐、波斯草、赤根菜。刘禹锡《嘉话录》云："菠薐种出自西国，有僧将其子来，云本是颇陵国之种，语讹为波薐耳。"《唐会要》云：太宗时"尼波维国献波薐菜"，类红蓝，实如蒺藜，火熟之能益食味，即此也，方士隐名为波斯草。八、九月种者可备冬食，正、二月种者可备春蔬。[6]

---

① 《本草纲目》卷二六《菜部一》，文渊阁四库全书影印本 773—530。
② （宋）苏颂：《本草图经》卷一七《菜部》。
③ （宋）苏颂：《本草图经》卷一七《菜部》。
④ 《本草纲目》卷二六《菜部一》，文渊阁四库全书影印本 773—532。
⑤ 《本草纲目》卷二六《菜部一》，文渊阁四库全书影印本 773—541。
⑥ 《本草纲目》卷二七《菜部二》，文渊阁四库全书影印本 773—550。

茄子 宋人苏颂云:"茄子处处有之,其类有数种,紫茄、黄茄,南北有,白茄、青水茄,惟北土有之。入药多用黄茄,其余惟可作菜茄尔。"①

瓠子 南北均产,一年生攀缘草本,或称壶卢、长瓠、匏瓜、蒲卢,虽"名状不一,其实一类各色也"。二月下种,生苗引蔓,五、六月开白花,结实大小不一,嫩时作蔬菜,熟老作壶瓢。

冬瓜 一年蔓生草本,"三月生苗引蔓,大叶团而有尖,茎叶皆有刺毛。六、七月开黄花,结实,大者径尺余,长三四尺。嫩时绿色有毛,老则苍色有粉。其皮坚厚,其肉肥白"。②

南瓜 一年蔓生草本,种出南番,故名。南北皆有,"二月下种,宜沙沃地,四月生苗,引蔓甚繁,一蔓可延十余丈,节节有根,近地即着"。"结瓜正圆,大如西瓜,皮上有棱如甜瓜,一本可结数十颗,其色或绿或黄或红",其肉色黄,蒸煮食之,可饭可菜。③

越瓜 以地名之,南人呼为菜瓜,"南北皆有,二、三月下种。生苗就地引蔓,青叶黄花,并如冬瓜花叶而小。夏秋之间结瓜,有青白二色,大如瓠子。一种长者至二尺许,俗呼羊角瓜。其子状如胡瓜子,大如麦粒,其瓜生食,可充果蔬"。④

芥菜 一二年生草本,苔茎叶有叶柄,不抱茎,为芥菜类与白菜类在形态上主要区别之一。梁人陶弘景曰:"芥似菘而有毛,味辣,可生食及作菹。"宋人苏颂曰:"芥处处有之,有青芥,似菘有毛,味极辣。紫芥,茎叶纯紫可爱。"此外,还有"南芥、旋芥、花芥、石芥之类,皆菜茹之美者。"⑤

香菜 即芫荽、胡荽的俗称,相传张骞得种于西域,故名。性喜冷凉,"八月下种,晦日尤良,初生柔茎圆叶,叶有花岐,根软而白,冬春采之,

① 《本草纲目》卷二八《菜部三》,文渊阁四库全书影印本 773—576。
② 《本草纲目》卷二八《菜部三》,文渊阁四库全书影印本 773—581。
③ 《本草纲目》卷二八《菜部三》,文渊阁四库全书影印本 773—583。
④ 《本草纲目》卷二八《菜部三》,文渊阁四库全书影印本 773—583。
⑤ 《本草纲目》卷二六《菜部一》,文渊阁四库全书影印本 773—527。

香美可食"，亦可作菹，道家五荤之一。①

3. 野菜草籽

《辽史·西夏外纪》曰：西夏"土产大麦、荜豆、青稞、古子蔓、碱地蓬实、苁蓉苗、小芜荑、席鸡草子、地黄叶、登厢草、沙葱、野韭、拒灰条、白蒿、碱地松实"。《隆平集·西夏传》也有大致相同的记载："西北少五谷，军兴，粮馈止于大麦、荜豆、青麻子之类。其民则春食鼓子蔓、碱蓬子，夏食苁蓉苗、小芜荑，秋食席鸡子、地黄叶、登厢草，冬则畜沙葱、野韭、拒霜、灰条子、白蒿、碱松子，以为岁计。"《杂字》与《番汉合时掌中珠》记载有苦苣、茵陈、半春菜、马齿菜等。这些野菜草籽是西夏老百姓不可或缺的食物，故亦附此。

碱蓬子　碱蓬，一年生藜科植物，俗称盐荒菜，荒碱菜，叶肉质，嫩茎叶既可食，是灾荒年的救命菜。生于荒漠低处的盐碱荒地上，为碱土指示植物。

苦苣菜　俗称苦苦菜、麻苣苣，是一种药食兼具的无毒野生植物，多年生草本，喜生于田间地头、盐碱地、山坡草地、林间草地、潮湿地或近水旁、河边砾石滩等地也多有生长。是农牧民必备的菜蔬，也是灾年的救命菜。②

苁蓉　又名肉苁蓉，多年生寄生草本，全株无叶绿素，多长在盐碱地或干河沙滩。二至八月采食，具有滋补功效。《名医别录》曰："肉苁蓉生河西山谷及代郡雁门，五月五日采。"另有花苁蓉或草苁蓉，原、渭、秦、灵州皆有之。③

---

① 《本草纲目》卷二六《菜部一》，文渊阁四库全书影印本 773—540。

② 《本草纲目》卷一八上《草部七》载有蔓草鼓子花，又名旋花，"其花不作瓣状，如军中所吹鼓子，故有旋花鼓子之名"。"河北、汴西、关陕田野中甚多，最难锄艾，治之又生。四、五月开花，其根寸截，置土灌溉，涉旬苗生。"（文渊阁四库全书影印本 773—334）夏人所食鼓子蔓，当为鼓子花。民间不食鼓子蔓，而食苦苦菜。

③ 《本草纲目》卷一二上《草部一》，文渊阁四库全书影印本 773—25、26。

小芜荑　芜荑有大小两种，小芜荑俗称"榆钱"，榆树花成朵簇生，先叶开放，果实结成前采摘可生食，亦可和面蒸食，"入药皆用大芜荑"。①

地黄　多年生草本植物，根茎黄色，肉质肥厚，用根或种子繁殖。叶长椭圆形，嫩时可食，王曼《山居录》云："地黄嫩苗，摘其旁叶作菜，甚益人。"②

登厢草　又名沙蓬，沙米，一年生藜科植物，生于流动沙丘，是一种生命力极强的沙地植物。种子埋在沙地多年，只要遇透雨仍能迅速扎根发芽。一株正常生长发育的沙蓬，产子量为8000—15000粒。沙蓬最大特点是幼苗期根系生长快，有利于在流沙上生长，在生有沙蒿和禾本科草类的沙地上，鲜有沙蓬，因此被称为"流沙上的先锋植物"。沙蓬子实可加工成面粉食用，亦可炒食或煮食。宋雍熙元年（984），王延德出使高昌，途经的乌兰布和沙地就"不育五谷，沙中生草名登相，收之以食"③。

沙葱　即山葱、茖葱、野葱，李时珍曰："茖葱，野葱也，山原平地皆有之，生沙地者名沙葱，生水泽者名水葱，野人皆食之。"④阿拉善高原的沙葱最为著名。

野韭　即山韭也，山中往往有之，形性亦与家韭相类，但根白，叶如灯心苗。⑤

灰条子　灰条，又名灰菜，灾荒年可救命。一年生草本，生于田野、荒地、路边及住宅附近，以田野最佳，春采幼苗，夏摘嫩茎叶，秋收子实，均可食用。

白蒿　又名茵陈，俗称艾蒿，多生路旁、荒地、河滩、草原、山坡，嫩

---

① 《本草纲目》卷三五下《木部二·芜荑》："芜荑有大小两种：小者即榆荚也，揉取仁，酝为酱，味尤辛。人多以外物相和，不可不择去之。入药皆用大芜荑。"文渊阁四库全书影印本774—80。
② 《本草纲目》卷一六《草部五》，文渊阁四库全书影印本773—198。
③ 《宋史》卷四九〇《高昌传》。
④ 《本草纲目》卷二六《菜部一》，文渊阁四库全书影印本773—517。
⑤ 《本草纲目》卷二六《菜部一》，文渊阁四库全书影印本773—513。

时鲜美，和面蒸食。宋人苏颂曰："此草古人以为菹，今人但食蒌蒿，不复食此，或疑白蒿即蒌蒿。"①

马齿菜　马齿菜，又名马齿苋，俗称胖娃娃菜。为马齿苋科一年生草本植物，南北各地均产，性喜肥沃土壤，耐旱亦耐涝，多生于菜园、农田、路旁及庭园废墟。嫩时茎叶可食，味鲜美。

4. 粮食产量

亩产量是衡量农业发展水平的重要依据，遗憾的是西夏文献没有留下任何记载，我们只能从一些间接材料中了解其大概。汉代河西屯田亩产徘徊在0.7—0.729石之间②，唐代的生产水平比汉代有较大的提高，陈子昂在《上西蕃边州安危事》说，甘州"四十余屯，并为奥壤，故每收获，常不减二十万"。③40余屯合20万亩（每屯按50顷计），亩产为1石。黑齿常之在河源军"开营田五千余顷，岁收百余万石"④，亩产则为2石。我们若取其中数，大致亩产1.5石左右。唐代1.5石，折合今天147.5斤粟，或158.4斤麦，这个产量已接近新中国成立前的水平。⑤此后1000年，西北地区的亩产没有大的变化，因而，西夏亩产量也大致在1.5石左右。当然，这是水浇地的产量，至于缘边山界旱地，亩产大致在一石左右。

元朝初年水利专家郭守敬恢复宁夏的水利，溉田一万余顷⑥，这大概是西夏兴灵灌区的垦田数字。唐代河西屯田约5.5千顷⑦，西夏时这一地区的垦

---

① 《本草纲目》卷一五《草部四》，文渊阁四库全书影印本773—156。
② 吴廷桢、郭厚安主编：《河西开发研究》，甘肃教育出版社1993年版，第36页。
③ （唐）陈子昂：《陈拾遗集》卷八《上西蕃边州安危事》，文渊阁四库全书影印本1065—628。
④ 《旧唐书》卷一〇九《黑齿常之传》。
⑤ 李并成：《唐代前期河西走廊的农业开发》，《中国农史》1990年第1期。
⑥ 关于元初宁夏溉田亩数，《嘉靖宁夏新志》卷四《沿革考证》记载为10万余顷，齐履谦《郭守敬行状》与《元史》本传记载为9万余顷。据陈明猷先生考证，明嘉靖年间宁夏屯田超过了元代，为1.5万顷，清乾隆年间为2.55万顷，1949为1.93万顷，1988年为2.92万顷，因此，元初宁夏垦田应为万余顷，考证甚是。见《贺兰集》第75—77页，宁夏人民出版社1994年版。
⑦ 参见赵俪生主编：《古代西北屯田发展史》，第179—182页。其中甘州屯田2500顷，凉州屯田1800顷，肃州屯田600顷，瓜、沙二州无数字记载。

田规模不会超过这个数字，大致在 5 千顷左右。银、夏、绥、宥诸州也大致有 5000 顷。以此计之，西夏全境垦田约 2.6 万顷（260 万亩），全国总人口约 200 万，这样人均占田约 1.3 亩。若水旱田亩产平均以 130 斤计，则人均占有粮食 160—170 斤。这对一个半农半牧的政权来说，已经是不小的数目，但它不是平均占有，而是主要集中在贵族地主和封建国家的手中，其结果是官府和贵族地主拥有大量的储粮①，老百姓则长年累月挣扎在饥饿线上，"春食苵子蔓、碱蓬子，夏食苁蓉苗、小芜荑，秋食席鸡子、地黄叶、登厢草，冬则畜沙葱、野韭、拒霜、灰条子、白蒿、碱松子，以为岁计"。②

---

　　① 《续资治通鉴长编》卷三一八元丰四年十月丙寅载：德靖镇七里平山上，有谷窖大小百余所，藏谷约八万石。《宋史》卷三四八《陶节夫传》载：石堡城"窖粟其间，以千数"，夏人谓之"金窟坬"。《天盛改旧新定律令》也有明确的储粮记载："地边、地中纳粮食者，监军司及诸司等局分处当计之，有木料处当为库房，务需置瓦，无木料处当于干地坚实处掘窖，以火烤之，使好好干。垛囤、垫草当为密厚，顶上当撒土三尺，不使官粮食损毁。"（卷一五《纳领谷派遣计量小监门》）。这是储粮仓库建设，至于粮食库的司吏、案头，则根据储粮多少来派遣："五千斛以内二司吏；五千斛以上至一万斛一案头二司吏；一万斛以上至三万斛一案头三司吏；三万斛以上至六万斛一案头四司吏；六万斛以上至十万斛一案头五司吏；十万斛以上一律一案头六司吏。"（卷一七《库局分转派门》）可见，前述藏粮"八万石"，不完全是宋人的妄言。

　　② （宋）曾巩：《隆平集》卷二〇；又见《辽史》卷一一五《西夏外纪》。

五、手工生产

党项人早期以游牧为生，手工生产依附于游牧经济，主要是族帐（家庭）毡毯毛褐制作，尚没有专门的手工作坊。内迁以后，随着农牧业的发展，特别是入居城镇和建立政权后，在当地汉族原有的基础上，特色鲜明的手工制作才迅速发展起来。至少在天盛年间（1149—1169），政府机构中设有铁工院、木工院、砖瓦院、织绢院、首饰院、纸工院、出车院、刻字司、作房司、治药司等①，分别负责冶金、锻造、建筑、陶瓷、纺织、造纸、印刷等行业的生产和管理。官营手工业生产主要满足封建国家和皇室贵族的需要，民间手工生产主要满足普通百姓的生活。与之相对应的手工工匠大致分为依附匠和自由匠，依附匠主要来源于服苦役的罪犯和招诱、掳掠来的"生口"，自由匠为民间个体工匠。西夏《凉州护国寺感通塔碑》结尾处不仅列有书写碑文及监修官员的姓名，还列有工匠姓名，说明西夏有一技之长的手工生产者社会地位较高。

（一）冶炼铸造

1. 冶铁及铁器加工制造

西夏以武立国，出于对外战争和农业生产的原因，统治者非常重视冶铁

----

① 《天盛改旧新定律令》卷一〇《司序行文门》。

生产，设置熔石为铁的冶铁场①，部分罪犯配往官方"熔铁"处服苦役。② 锻铁打作坊遍布全境，有的锻造刀、剑、矛、戈、甲、马镫、马衔、马掌等兵器和马具；有的锻造犁壁、铧、锹、锄、镬、斧、叉等生产工具；有的铸造锅、杵、铲、勺等生活用具，西夏光定十二年（1222）正月，李春狗租赁烧饼房契，记录连同"烧饼房"一同出租的有炉鏊、铁铮、铁匙、铁铲等。③ 公元1032 年，宋仁宗命工部郎中杨告为旌节官告使，前往夏国册元昊为定难节度使、西平王。杨告在会见元昊时，"闻屋后有数百人锻声"④，如果这不是元昊虚张声势的话，那么在兴州王宫附近就设有数百人的锻铁作坊。还有榆林窟西夏壁画《锻铁图》的发现，说明河西地区也是西夏一个重要的冶铁基地。

古代块炼铁纯度有限，在千锤百炼的锻打中去掉大量杂质，铁器精细度越高，损耗就越大，西夏官营锻铁坊打制刀剑、剪刀、枪下刃、黑铁等水磨铁器，"一斤耗减十一两"；打制钉3 寸、2 寸，城叉、锯、推耙、镫、铡刀、锹头等细铁器，"一斤耗减十两"；打制镬头、斧头，钉7 寸、5 寸、4 寸，铁凿、斩刀、屠刀等粗铁器，"一斤耗八两"。⑤

无论是水磨铁器还是细铁器和粗铁器，归纳起来大致有三类：一类是刀剑、枪下刃等兵器；一类是镬头、斧头、铁凿等生产工具；还有一类是钉7 寸、5 寸、3 寸等生产资料。这些各式各样的兵器和生产生活用具，在出土文物中可以找到实际例证，20 世纪70 年代在西夏陵区八号陵出土的文物中，就有铁剑、铁矛以及铁钉，其中铁钉"长短不一，最长者15 厘米，钉脚四边形，

---

① 《圣立义海》"山之名义"："黑山郁郁溪谷长，生诸种树，熔石炼铁，民庶制器""兽选宝山，诸树稍长，尽皆伐。熔石炼铁，民亦制器"；《续资治通鉴长编》卷三二八，元丰五年七月丙戌条："横山亘袤，千里沃壤，人物劲悍善战，多马且有盐铁之利，夏人恃以为生"；《文海》"铁"释："此者矿也，使石熔为铁也。"（《文海研究》，中国社会科学出版社1983 年版，第 487 页）。

② 《天盛改旧新定律令》卷二〇《罪则不同门》。

③ 《西夏光定十二年正月李春狗等扑买饼房契》，俄罗斯科学院东方文献研究所藏，俄藏编号Дх18993。

④ 《续资治通鉴长编》卷一一一，明道元年十一月癸巳条。

⑤ 《天盛改旧新定律令》卷一七《物离库门》。

钉帽为偏头平顶，有的尖端呈直角的弯曲"①，恰好印证了《天盛改旧新定律令》关于铁钉有 7 寸、5 寸、3 寸的记载。还有瓜州榆林窟西夏壁画《生产工具图》，也形象地再现了锹、镤、犁、耙等农业生产工具以及斧、锯、钵、剪、尺、规等手工工具，其形制与近代十分相似，"惟剪为宋代流行的折剪，非近代通常的铁剪"②。

西夏冶铁有两个显著的特点：一为竖式双扇风箱的使用。榆林窟西夏壁画《锻铁图》，描绘三个铁匠正在锻铁，一人手握火钳夹一铁件置砧上，右手举锤，另一人双手抡锤准备锻打。还有一人为坐式，推拉竖式双扇风箱，风箱之后的锻炉正冒着火焰。这种竖式双扇风箱能够"推拉互用，将风连续吹入炼炉，使炉膛始终保持所需高温"。这种方法比用皮囊鼓风更进了一步，是后世制作抽拉风箱的过渡阶段。③另一为掌握了冷锻硬化工艺，即淬火技术。宋庆历元年（1041），陕西安抚判官田况在上书言边事时指出：夏人"甲皆冷锻而成，坚滑光莹，非劲弩可入"④，其法与青唐吐蕃锻铁基本一致。

西夏锻铁图（榆林窟第 3 窟）

① 《西夏八号陵发掘简报》，《文物》1978 年第 8 期。
② 王静如：《敦煌莫高窟和安西榆林窟中的西夏壁画》，《文物》1980 年第 9 期。
③ 王静如：《敦煌莫高窟和安西榆林窟中的西夏壁画》，《文物》1980 年第 9 期。
④ 《续资治通鉴长编》卷一三二，庆历元年五月甲戌条。

正因为掌握了持续高温与冷锻硬化工艺，所以西夏的兵器非常犀利，"夏人剑"被太平老人《袖中锦》誉为"天下第一"，晁补之曾作歌称赞。[1] 夏人甲"坚滑光莹，非劲弩可入"。宋朝边帅沈括曾记载："镇戎军有一铁甲，匣藏之，相传以为宝器。韩魏公帅泾原曾取试之，去之五十步，强弩射之不能入。尝有一矢贯札，乃是中其钻空，为钻空所刮，铁皆反卷，其坚如此。"[2] 据说该甲由青唐吐蕃冷锻而成，掌握了冷锻技术的党项人所锻之甲，亦当大抵如此。

2. 金银冶炼与金银制品的打制

西夏境内有金银铜矿，"西边宝山，淘水有金，熔石炼银铜"。[3] 统治者将一部分罪犯遣送到"官方采金、熔银铁"处"令为苦役"。[4] 淘金—熔炼—打制是金银矿冶与金银制品的打制基本程序，由于生金的成色不同，熔炼时的耗减不一，"生金末一两耗减一字，生金有碎石圆珠一两耗减二字"；熟金打制器时根据精细程度耗减，其中"再熔一番为熟板金时，上等一两耗减二字，次等一两耗减三字；熟打为器，百两中耗减二钱"；打制银器时"上等、次等者，一律百两中可耗减五钱，中等、下等所至，一律百两中可耗减一两"[5]。

文献没有记载西夏金银器的品种，从出土实物看，金器有莲花盘、碗、佛像、透雕耳坠、桃形饰片、金指剔、马鞍饰、扣边及花瓣形金饰等；[6] 银器有钵、碗、盒、鎏金银饰、圆形带钉银饰等。值得一提的是1976年在宁夏灵武出土的银碗与银钵。银碗有三件，其中一件残，另外两件皆完好。平底、

---

① （宋）晁补之：《鸡肋集》卷一〇，文渊阁四库全书影印本1118—473。

② （宋）沈括：《梦溪笔谈》卷一九《器用》。

③ 罗矛昆等：《圣立义海研究》，宁夏人民出版社1995年版，第59页。

④ 《天盛改旧新定律令》卷二〇《罪则不同门》。

⑤ 《天盛改旧新定律令》卷一七《物离库门》。

⑥ 史金波、白滨、吴峰云：《西夏文物》，文物出版社1988年版，第307—308页。

侈口、直壁、薄胎，口径 11—11.2 厘米，底径 4.5—4.6 厘米，高 5.2—5.7 厘米。两碗内有西夏文墨书二两八、三两字样，以标明器物自身的重量。银钵有两件，平底、直口、浅腹，口径 10—10.5 厘米，底径 5—5.3 厘米，高 3.6 厘米。一钵底墨书西夏文三两半，实测为 137.5 克。[①] 这几件银器，不仅是研究西夏金属工艺的重要实物资料，而且还是探讨西夏衡制的重要依据。

西夏金托盏（内蒙古博物院藏）

西夏境内矿藏资源稀少，金、银的采冶量有限，远远满足不了皇室贵族和佛教寺院的需求，相当一部分靠进口来解决。"庆历议和"后从宋朝获得的 25.5 万两岁赐中，白银及其制品就占了 7.2 万两。[②]

3. 冶铜与铜器打铸

冶铜是西夏手工业中重要的生产门类，《文海》"鍮"释："熔铜撒药为鍮也"。[③] 鍮为黄铜（俗称红铜或紫铜）与锌的化合物，这里的撒药当指加入锌。掌握在冶炼过程中加入锌的方法，反映出党项人炼铜技术已比较先进。

---

① 董居安：《宁夏石坝发现墨书西夏文银器》《文物》1978 年第 8 期。
② 据吴天墀：《西夏史稿》第 53 页注文统计。
③ 《文海研究》，中国社会科学出版社 1983 年版，第 514 页。

西夏"内宿待命"铜牌

铜器制造分打、铸两种，官营作坊打制时1两耗减3钱，铸造时1两耗减2钱。^①目前出土的铜器计有铜牌、铜印、铜钱、铜镜、铜刀、铜牛、铜铃、铜甲片、铜门钉泡，等等。铜牌又分信牌、守御牌、宿卫牌、装饰牌四种。铜印有2字印、4字印、6字印3种。铜钱虽出土不多，但除开国皇帝李元昊与末主李睍外，其他各代均铸铜钱。

西夏冶铜业的发展，不仅表现了炼铜技术的先进与铜制品种类的繁多，而且表现了铸造工艺的高超。1977年在银川市西郊西夏陵区101号墓甬道东侧出土的鎏金铜牛，长120厘米，宽38厘米，高45厘米，重188公斤。模制浇铸成形，内空心，外表通体鎏金，造型生动，线条流畅，比例匀称，形象逼真，就充分说明了这一点。

（二）池盐生产

1.池盐分布

西夏境内池盐资源丰富^②，唐代池盐产地除河东外，其余多在西夏境内。^③西夏文"池"释"盐池也"；^④"碱"释"碱池也，如盐巴是也"。^⑤"碱"即"盐"，宋人记载："西人谓盐为碱，谓洼下处为限。"^⑥《天盛改旧新定律令》记录了盐

①　《天盛改旧新定律令》卷一七《物离库门》。
②　我国古代食盐大致可分为五大类型，一是产于盐池的池盐，因呈颗粒状，故又名颗盐；二是煮海水而成的海盐，以其状若粉末，或曰末盐；三是汲取盐井卤水熬制成的井盐；四是自然生成于崖岸之上的崖盐，亦称岩盐；五是提自碱土中的土盐，西夏境内的盐产资源主要是池盐。
③　参见《新唐书》卷五四《食货志四》。
④　史金波、白滨、黄振华：《文海研究》，中国社会科学出版社1983年版，第538页。
⑤　同上书，第415页。
⑥　《续资治通鉴长编》卷五一四，元符二年八月辛巳条。

池、□池、文池、萨罗池、红池，贺兰池，特剋池等 7 个大池和杂金池、大井集苇灰岬池、丑堡池、中由角、西家池、鹿□池、啰皆池、坎奴池、乙姑池等九个小池①，这些盐池的地理分布目前还不清楚，只能依据唐宋相关文献进行梳理。

西夏中东部的盐、灵二州是西夏池盐资源最丰富的地区，《新唐书》卷五四《食货志四》曰："盐州五原有乌池、白池、瓦池、细项池；②灵州有温泉池、两井池、长尾池、五泉池、红桃池、回乐池、弘静池。"乌池即今陕西定边县的苟池，白池为今内蒙古鄂托克前旗南境北大池东南隅③，所产青白盐最为有名。④所谓"青白盐出乌、白两池，西羌擅其利"。⑤温泉池，又作温池，在灵州回乐县"南一百八十三里，周回三十一里"。⑥唐代置榷税使一员，推官两员，巡官两员，胥吏 39 人，防池官健及池户 165 户。大中四年（850）三月，因收复河陇，敕令度支收管其盐，仍差灵州分巡院官专勾当。至六年，敕隶威州，以新制置，未立课额。⑦红桃池，在灵州怀远县西 320 里，盐色似桃花，故名。⑧此外，夏州长泽县北五十里有胡洛池，"周回三十里，亦谓之

---

① 《天盛改旧新定律令》卷一七《库局分转派门》。
② 细项池，又名细岭池，瓦池，又名瓦窑池。《元和郡县图志》卷四《关内道四·盐州》记载唐末两池荒废，西夏是否恢复不得而知。
③ 鲁人勇、吴忠礼、徐庄：《宁夏历史地理考》，宁夏人民出版社 1993 年版，第 112—113 页。
④ 《西夏纪事本末》卷首附《西夏地形图》与俄国收藏的《西夏地形图》均在灵、盐二州之间明确标出乌池、白池。
⑤ 《宋史》卷一八一《食货志下三·盐上》。
⑥ （唐）李吉甫：《元和郡县图志》卷四《关内道四·灵州》。
⑦ 《唐会要》卷八八《盐铁使》。按《新唐书》卷三七《地理志一》：威州，本安乐州，县二，"温池，上，本隶灵州，神龙元年置，大中四年来属，有盐池"。可见，大中四年先将温泉县划归威州，两年后即大中六年，又将回乐县温泉池"敕隶威州"。由于温泉池长期隶属回乐县，故《新唐书·食货志》所说的回乐池，很可能就是温泉池。
⑧ 《元和郡县图志》卷四：灵州"怀远县，上，南至州一百二十五里，在州东北，隔河一百二十里。本名饮汗城，赫连勃勃以此为丽子园。后魏徙百姓，立为怀远县。其城仪凤二年为河水汜损，三年于故城西更筑新城。县有盐池三所，隋废。红桃盐池，盐色似桃花，在县西三百二十里。武平盐池，在县西北一十二里，河池盐池，在县东北一百四十五里"。

独乐池，声相近也"。①

西夏西部的河西走廊与阿拉善高原也有丰富的池盐资源。凉州姑臧县"武兴盐池、眉黛盐池，并在县界，百姓咸取给焉"②。甘州张掖县盐池"在县北九百三十里。其盐洁白甘美，随月亏盈，周迴一百步"③。甘州东侧山丹县有红盐池，"山丹卫即张掖地，有池产红盐"。④ 沙州敦煌为唐五代归义军政权的统治中心，敦煌东 47 里有盐池，"池中盐常自生，百姓仰给焉"。⑤ 阿拉善高原东部著名的吉兰泰盐池，主要在明清时期开采，该地曾是西夏白马强镇军司所在地，党项人也有可能在这里进行过池盐生产。

西夏南部西安州碱隈川产盐，前揭"西人谓盐为碱，谓洼下处为隈"⑥。碱隈川即盐池川，"有盐池长十里，产红盐、白盐，如解池，可作畦种云。"⑦

① （唐）李吉甫：《元和郡县图志》卷四《关内道四·夏州》。《新唐书·地理志》《太平寰宇记》亦持此观点。《旧唐书》卷四八《食货志上》认为："胡落池在丰州界，河东供军使收管，每年采盐约一万四千余石，供振武、天德两军及营田水运官健。"《新唐书》卷五四《食货志四》："安北都护府有胡落池，岁得盐万四千斛，以给振武、天德。"从胡落池又名独乐池来看，当与汉代独乐县有关，而汉代独乐县在今陕西米脂县北，属银夏之地，故夏州长泽说较胜。参见郭正忠：《西夏地区古盐产资源考辨——兼论若干宁甘古盐池的位置》，《宁夏社会科学》1993 年第 6 期。
② （唐）李吉甫：《元和郡县图志》卷四〇《陇右道下·凉州》。北凉人段龟龙《凉州记》："有青盐山出盐，正方半寸，其形似石，甚甜美。"（（宋）李昉《太平御览》卷八六五《饮食部》二三）南朝梁元帝萧绎也说，凉州"有清池盐，正四方，广半寸，其形挟疏，似有人耕池旁地，取池水波种之，去勿回顾，即生此盐"（（宋）李昉：《太平御览》卷八六五《饮食部》二三）。段龟龙与萧绎记述的凉州青盐池，也许就是后来的武兴、眉黛池。
③ （唐）李吉甫：《元和郡县图志》卷四〇《陇右道下·甘州》。南朝梁人任昉《述异记》卷下云："张掖有盐池，自然生盐，其盐多少，随月增减。"（文渊阁四库全书影印本 1047—630）宋人乐史《太平寰宇记》卷一五二《陇右道》亦云：张掖"盐池周百步许，多少随人力以自增减"。
④ （明）李时珍：《本草纲目》卷一一《金石部五》，文渊阁四库全书影印本 772—709。《秦边纪略》卷三曰："红盐味甘，坚类石，色如丹，谓之盐根，河西多有之。"明洪武中，"岁往采盐，以供大内"。
⑤ （唐）李吉甫：《元和郡县图志》卷四〇《陇右道下·沙州》。
⑥ 《续资治通鉴长编》卷五一四，元符二年八月辛巳。
⑦ 《续资治通鉴长编》卷五一四，元符二年八月辛巳。

元符年间（1098—1100），宋人进筑西安州后继续生产。[1] 西南河湟地区也出产盐，历史上湟中羌人“依西海、盐池左右”[2]，西夏占领该地后当依然利用该地丰富的盐业资源。

2. 生产方法

西夏池盐生产方法“如解池，可作畦种云”[1]。这种开畦灌水的“畦种法”早在秦汉时就已出现[4]，至隋唐五代，已成为北方池盐最重要的生产方法。唐“河东盐池是畦盐，作畦，若种韭一畦。天雨下，池中咸淡得均，即畎池中水上畔中，深一尺许，日暴之，五六日则成。盐若白矾石，大小如双陆及，则呼为畦盐”[5]。畦种法必须经整畦、引卤和晒制三道程序。整畦相当讲究，包括塍、井、沟、渠、路在内的一整套系统设施。[6]“但至其所，则见沟、塍、畦、畹之交错轮囷，若稼若圃，敞兮匀匀，涣兮鳞鳞，逦纷属，不知其垠”。[7]

畦盐虽为人工灌种，但对自然气候却有很高的要求，雨水要适中，旱则没有足够的卤水，同时盐易板结；涝则卤水太淡，也不易结晶，只有适量的雨水，才能形成咸淡适中的盐卤，并在晒制中除去原来池水中苦涩的芒硝。另外，还要有适时的盐南风，使卤水迅速结晶。“每盐南风急，则宿昔（夕）

① （宋）方勺《泊宅编》卷三曰：“西安有池产颗盐，周回三十里，四旁皆山，上列劲兵屯守。池中役夫三千余，悉亡命卒也，日支铁钱四百，亦多窃盐私贸。盖绝塞难得盐，自熙、河、兰、鄯以西，仰给于此。初得此池，戎人岁入寇，其后拓地六十里，斥堠尤谨，边患遂绝。”（宋）李之仪：《姑溪居士后集》卷二〇《折渭州墓志铭》：崇宁间（1102—1106），泾原路经略安抚使、马步军都总管、知渭州折可适“展西安州，增置定戎寨，广平夏城为怀德，安兴定戎盐池，岁得盐七十万石”。（文渊阁四库全书影印本1120—727）从地望上看，西夏碱隈川盐池当为唐代的河池。唐代该池在会州（今甘肃靖远县）境，宋夏时又归属西安州（今宁夏海原县境），西去会州120里，“春夏因雨水生盐，雨多盐少，雨少盐多，远望似河，故名河池”（《元和郡县图志》卷四《关内道四·会州》）。迄今海原县盐池乡仍有干盐池。

② 《后汉书》卷八七《西羌传》。

① 《续资治通鉴长编》卷五一四，元符二年八月辛巳条。

④ 郭正忠：《中国盐业史·古代编》，人民出版社1997年版，第36页。

⑤ 《史记》卷一二九《货殖列传·正义》。

⑥ （清）王昶《金石萃编》卷一〇三《大唐河东盐池灵庆公神祠碑》记载：“旱理其埤，水营其高。五夫（幅）为塍，塍有渠；十井为沟，沟有路；臬之为畦，酾之为门。渍以浑流，灌以殊源。”

⑦ （唐）柳宗元：《柳河东集注》卷一五《问答》，文渊阁四库全书影印本1076—603。

成盐满畦"。① 正所谓"曰风曰雨，以积以凝"也。因此，每年只有在二三月垦畦，四月开始灌种，八月乃止。

宋代畦种制盐技术更趋成熟，夜间灌畦，白天晒制，"每南风起，盐结，须以杷翻转，令风吹，则坚实"。② 西夏池盐生产技术正是在继承唐宋的基础上发展起来的③，直至明清，西夏故地池盐仍然是"每年二月间，于池内开治坝畦，引水入池灌畦，风起波生，日晒成盐，用力极易。惟天旱少水，或雨水过溢，所产差少"④。

在人工畦种的同时，西夏天然采掘也值得称道，所谓天然采掘，顾名思义，系指纯粹由风吹日晒等自然条件形成于盐池卤泽之中，然后经人工采掘获得。由于受干旱少雨气候的影响，西夏许多地方的池盐毋须人工畦种，而成之自然，如前引沙州"池中盐常自生"⑤。"盐在水中自为块片，人就水里漉出曝干。"⑥ 乌池"凿井深一二尺，去泥即到盐，掘取若至一丈，则著平石无盐矣。其色或白或青黑，名曰井盐"⑦。这里的"井盐"实际上是自然形成的池盐。

西夏池盐生产规模相当可观，景宗李元昊曾公然提出每年向宋朝出售青盐十万石⑧，以宋制每石50斤计之⑨，则合500万斤。尽管宋朝没有答应元昊的要求，公开的青盐贸易被禁止，但随之而来的走私问题始终没有能够解决，这批青盐的一大半实际上通过各种走私途径流入到宋朝。这只是出售到宋朝境内的青白盐，如果加上西夏自用部分，每年产量大致在 20 万石，1000 万

---

① （宋）唐慎微：《证类本草》卷四，第 100 页。

② （宋）江休复：《江邻几杂志》卷下，中华书局 1991 年版，第 26 页。漆侠先生在《宋代经济史》最先引用。

③ （唐）张守节《史记正义》明确指出盐州乌池出产畦盐，并与同池中出产的井盐、花盐作了比较。见《史记》卷一二九《货殖列传正义》。

④ （清）《雍正陕西通志》卷四一《盐法·产盐》，第 434 页。

⑤ （唐）李吉甫：《元和郡县图志》卷四〇《陇右道下·沙州》。

⑥ 《沙州都督府图经·P2005 号》，郑炳林：《敦煌地理文书汇辑校注》，甘肃人民出版社 1989 年版，第 9 页。

⑦ 《史记》卷一二九《货殖列传·正义》。

⑧ 《宋史》卷二九五《孙甫传》。

⑨ 《宋史》卷一八一《食货志下三》。

斤左右。这个产量是完全可能的，前引宋朝夺取西夏碱隰川定戎盐池，"岁得盐七十万石"。清代花马大池年产盐 800 万斤上下，"供汉中府所属各州县及延安、鄜州所属，并清涧一十五州县"。①

3. 征榷制度

自汉武帝确立盐铁专卖制度后，盐利在封建国家财政中占有极其重要的地位，所谓"天下之赋，盐利居半"。那么，西夏的盐利究竟有多少？史籍没有确切的记载，庆历年间夏景宗李元昊提出"每年入中青盐十万斛"②，作为和宋朝议和的条件，谏官孙甫认为："西盐五、七万石，其直不下钱十余万贯。"③ 枢密副使韩琦、知制诰田况也指出："青盐十万斛，今只以解盐半价约之，已及二十余万贯。"④

由此看来，西夏青白盐利每年至少有数十万贯，这对一个"旱海"小邦来说，已是相当可观。"元昊数州之地，财用所出，并仰给于青盐。"⑤ 宋人何亮在《安边书》中写道："乌、白盐池，夏贼泊诸戎视之犹司命也。"⑥ 熟悉西夏内情的宋朝边将李继和曾指出："蕃戎所赖，止在青盐。"⑦

西夏的池盐生产由官府组织，依附于封建政权的"畦户"在官府的监督下进行生产。⑧ 所产池盐必须由官府统一征税后方能出售，"不许随意偷税，倘若违律时，偷税几何，当计其税，所逃之税数以偷盗法判断"。⑨

为了控制池盐的生产与征榷，西夏特设盐务使、榷税使以及巡检使之类

---

① 《嘉庆定边县志》卷五《财赋志》。
② 《续资治通鉴长编》卷一四六，庆历四年二月庚子条。
③ 《续资治通鉴长编》卷一四五，庆历三年十一月辛卯。
④ 《续资治通鉴长编》卷一四六，庆历四年二月庚子条。
⑤ （宋）包拯：《包孝肃奏议》卷九《论杨守素》，文渊阁四库全书影印本 427—171。
⑥ 《续资治通鉴长编》卷四四，咸平二年六月戊午条。
⑦ 《宋史》卷二五七《李继和传》。
⑧ 《天盛改旧新定律令》卷七《为投诚者安置门》在规定对"逃跑重归投诚来者"的安置时，提到"织布、采金、织褐、□□、盐池出盐者"，显然"盐池出盐者"与织布、采金一样，属于依附官府的生产者。
⑨ 《天盛改旧新定律令》卷一八《盐池开闭门》。

的职位。巡检使主要负责盐池的安全保卫，统领诸如唐朝"防池官健"之类的兵丁，昼夜巡逻盘查。① 另外，还设小监、出纳、掌斗，其中贺兰池等"七种一律二小监、二出纳、一掌斗"，杂金池等"九种一律一小监、二出纳、一掌斗"②，具体负责过斗榷税。征榷的税率一般按品质来定，"乌池之盐者，一斗一百五十钱，其余各池一斗一百钱"。③ 这种榷税制度，很大程度上是对五代的继承。④

商贩向官府缴纳池盐专卖税后，运往西夏各地销售，或走私到宋朝。熙宁初"西界不稔，斛食倍贵，大段将牛、羊、青盐等物裹私博斛斗入番"⑤。熙宁四年（1071）三月，"大顺城管下蕃部数持生绢、白布、杂色罗锦、被褥、腽茶等物，至西界辣浪和市，复于地名黑山岭与首领岁美泥、咩乜悖讹等交易，博过青盐、乳香、羊货不少"。⑥ 诸如此类，不一而足。

上述为已经开采的盐池，至于没有开采的，则由官府统一保护起来，不许诸人偷采。"倘若闭护池中盐而盗抽者，依其盗抽多寡，当依所犯地界中已开池纳税次第法量之，以偷盗法判断"。⑦

（三）皮毛加工

皮毛加工是党项人传统的手工业生产门类，内徙前他们过着"织牦牛尾

---

① 《天盛改旧新定律令》卷一七《库局分转派门》规定："池大则派二巡检，池小则派一巡检，与池税院局分人共监护之。□池者，当就近次第总计，每三、四种当派一巡检。以下家主中不须派监池者。"

② 《天盛改旧新定律令》卷一七《库局分转派门》。

③ 《天盛改旧新定律令》卷一八《盐池开闭门》。

④ 《五代会要》卷二六《盐》记载，后周广顺二年（952）敕文曰："青白池务，素有定规，祇自近年，颇乖循守。比来青盐一石，抽税钱八百，盐一斗。白盐一石，抽税钱五百，盐五升。访闻改法以来，不便商贩。宜令庆州榷盐务，今后每青盐一石，依旧抽税八百，八十五陌，盐一斗。白盐一石，抽税钱五百，八十五陌，盐五升。此外，更不得别有邀求。"

⑤ （宋）文彦博：《潞公文集》卷一九《乞禁止汉人与西人私相交易》，文渊阁四库全书影印本1110—696。

⑥ 《宋会要辑稿》食货三八之三一。

⑦ 《天盛改旧新定律令》卷一八《盐池开闭门》。

及羖𤚩毛以为屋，服裘褐，披毡以为上饰"，不知稼穑的游牧生活。[①]内徙后虽然部分党项人逐渐转向定居的农耕生活，但大多数仍以畜牧业为生。因此，皮毛加工既是官营手工业，又是党项牧民普遍的家庭副业。

1. 裘皮制品

西夏的裘皮制品有皮衣、皮帽、皮褥等，其制作工序首先用硝水熟皮，然后根据不同需要，剪裁加工成各类衣物。有的制品，如牛皮靴之类，则用生皮制成。1972 年在甘肃省武威张义乡下西沟岘出土的西夏牛皮靴，就是用生牛皮制成，皮面上的牛毛尚存。[②]黑水城出土裴松寿典麦契中的抵押物品有袄子裘、旧皮裘、苦皮等。[③]

2. 毛制品

毛制品主要有毡、褐、毯三种。毡是用牛羊及骆驼毛经弹化、浸湿、加热、挤压等工序制成的片状材料，具有良好的保温防潮性能。在制作过程中，还可一次性做成披毡、雨毡、毡帽、毡靴、毡袜或毡帐。羖𤚩（山羊）、牦牛毛制成的毡比较粗，绵羊、骆驼绒制成的毡为细绵毡。官营作坊毡匠领秋毛、春毛、夏毛、羔毛、驼毛制毡时，"十斤可耗减三斤"[④]。元朝初年意大利人马可·波罗在他的《行记》中记载，西夏古都中兴府"城中制造驼毛毡不少，是为世界最丽之毡；亦有白毡，为世界最良之毡，盖以白骆驼毛制之也。所制甚多，商人以之运售契丹及世界各地"[⑤]。黑水城出土裴松寿典麦契中的抵押物品除皮裘外，还有白帐毡、马毯等。[⑥]

---

① 《隋书》卷八三《党项传》。
② 史金波、白滨、吴峰云：《西夏文物》，文物出版社 1988 年版，第 307—308 页。
③ 陈国灿：《西夏天庆间典当残契的复原》，《中国史研究》1980 年第 1 期。
④ 《天盛改旧新定律令》卷一七《物离库门》。
⑤ 冯承均译：《马可波罗行记》第七二章《额里哈牙国》，上海书店出版社 2001 年版，第 164 页。
⑥ 陈国灿：《西夏天庆间典当残契的复原》，《中国史研究》1980 年第 1 期。

　　毛褐是用牲畜毛捻线织成的毛布，有粗细之分，绵羊线织成的较细，称
为绵毛褐，羖羅毛线织成的为粗毛褐。在牧区和半农半牧区，捻线织褐成了
人们最普遍的家庭副业。[①]宁夏灵武西夏窑出土的纺轮既有褐釉、黑釉、青釉，
又有素烧等。[②]甘肃武威张义乡下西沟岘山洞中发现西夏石纺轮，"平面近圆
形，径 10 厘米，厚 3 厘米，中间有孔"[③]。这些各式各样的纺轮，充分反映了
捻线织褐在西夏社会生活中的重要地位。西夏的毛褐制品有两大类，一类是
将毛线织成毛布，然后缝制成衣服；另一类是直接用毛线编织衣、袜、帽以
及盛装谷物的口袋以及行路驮运的褡裢。[④]

　　毛毯即氍毯，藏族人称为氆氇。《天盛改旧新定律令》卷一七《物离库
门》规定："百斤绒毛为织锦事，三斤线渣，三十斤剪头毛线，前断碎散落可
耗减三十三斤"，应该是织毯。该门还反映了一些官营毛纺织业的情况，"百
斤毛已均匀，造为毛线时可耗减四十斤"，为官家染生毛线，由库局分人监
督，"十斤可耗减一斤"。官营毛纺织业生产者主要为人身依附很强的"匠户"，
其中一部分为苦役犯。

（四）丝麻棉织

　　西夏虽地处西北边陲，但其境内也种桑养蚕。《水经注》卷三曰："河水
又北，有薄骨律镇城（今宁夏灵武市）在河渚上，赫连果城也，桑果余林，
仍列洲上。"和西夏相邻的今黄河后套土默特平原亦产蚕，"土人饲之以制绸
绢，所谓建昌绢者是也"[⑤]。唐朝前期"自安远门西尽唐境万二千里，间阎相望，

---

　　① （宋）庄绰《鸡肋编》卷上记载：北宋泾州"虽小儿皆能撚茸毛为线，织方胜花。一匹重只
十四两者。宣和间，一匹铁钱至四百千"。
　　② 中国社会科学院考古研究所：《宁夏灵武窑发掘报告》，第 72—74、106 页。
　　③ 史金波、白滨、吴峰云：《西夏文物》，文物出版社 1988 年版，第 310 页。
　　④ 褡裢是我国民间曾长期使用的一种口袋，农区用粗棉麻布编织，牧区和半农半牧区用粗毛线
编织。长方形，中间开口，两端各成一个口袋，口边留有绳头，可以串连系扣。有大小两种，小者
搭在肩上，用来盛放干粮及其他用品；大者搭在牲畜鞍上，用来盛装货物。（清）石玉昆《三侠五义》
第 24 回：屈申接过银子褡裢，搭在驴鞍上面，乘上驴，竞奔万全山南。
　　⑤ 《蒙古志》卷三《物产》，第 309 页。

桑麻翳野，天下称富庶者无如陇右"①。"安史之乱"后，吐蕃乘虚攻占河西陇右数十州之地，但该地的桑麻并没有因此中断，大中年间（847—859），沙州首领张义潮归唐时，敦煌一带"水流依旧种桑麻"②。西夏文《圣立义海》也说河西一带的西边宝山"郊产丝宝也"。宜于植桑种麻的地理条件，为西夏丝麻纺织的发展奠定了坚实的基础。

1. 丝绸

西夏的丝织业也分官营与民营两种，官营由专门的织绢院负责，其生产程序大抵是先缫生丝，律令规定缫丝百斤，"九十八两实交中，优九十一两半，劣四两，混二两半"。接下来为纺线，纺上等好绢线，"一两中耗减三钱，下等织线十两中耗减六钱，不堪织绢用之混丝线渣为马鞍盖者，百两中耗减七两"。然后染色，生染一两无耗，当依法交。熟染时，白、银黄、肉红、粉碧、大红、石黄六色，一百两中交七十五两，"其余种种诸色皆本人交八十两熟"。

染好的绢线先由仓库保管，织绢工再向仓库领取。"女子领绣线时，一两中可耗减一钱半"。"纺织之应用纬线、格子线等，二月一日于事着手领取，自置经纬线起，纺织罗帛，至十月一日止，所领线数一百两耗减三两"。③至此，富有民族特色的丝织品就生产出来了。

西夏丝织品种类繁多，据西夏汉文本《杂字》与《番汉合时掌中珠》记载：有绫罗、绣锦、绢丝、纱、紧丝、煮丝、彩帛、线罗、川锦等。1976 年在西夏陵区 108 号陪葬墓出土的工字绫、茂花闪色锦，1990 年在宁夏贺兰山拜寺口方塔出土的绢、绫、纱、罗、织锦等，这些丝织品有的是自己生产外，

---

① 《资治通鉴》卷二一六，天宝十二年。
② 王重民辑录，刘修业整理：《〈补全唐诗〉拾遗》，载《中华文史论丛》1981 年第 4 期。
③ 《天盛改旧新定律令》卷一七《物离库门》。

有的是从宋、金进口的。[①]

2. 麻布

麻布是西北地区重要的土产，归义军时期麻布的产量是棉布的三四倍。[②]西夏建立后，继续种桑织布，华阳县税户缴纳的就有黄麻。[③]西夏汉文《杂字》农田部记有"桑麻"，《番汉合时掌中珠》地用下记有"麻稗"。西夏人认为棉麻是细布，毛褐是粗布[④]，破旧的麻布可用来造纸。[⑤]我国古代麻类作物主要有大麻、苎麻与葛麻，其中苎麻生性喜温好湿，适宜于热带、亚热带气候生长，葛麻产地也多在南方，西夏的麻当是大麻。大麻适应性很强，不论在干燥炎热地区还是在高寒地区都能生长，收割后子实可榨油、制烛或入药，麻秆经杖击、剥皮、沤泡等工序，制成熟麻，方可纺线织布。官营麻布生产中，10 斤麻可耗减 1 斤。[⑥]个体农户生产的麻布除满足自身需要，有时还在市场上出售，黑水城出土西夏文买卖税账，就记录买布 2 匹，税 3 斗 2 升。[⑦]

3. 棉布

棉花古代作白叠、白氎、白牒，纺织成的棉布称氎布或牒布。原产印度

---

① 《宋史》卷一八六《食货志下八·互市舶法》记载：宋朝在榷场上"以缯帛、罗绮易驼马、牛羊、玉、毡毯、甘草"，俄藏黑水城出土西夏榷场文书记载夏金榷场上的等价物为川绢、北地绢，说明大量内地丝织品流入西夏，现出土的西夏丝织品中，非全部是西夏生产，有的是来自内地。

② 郑炳林：《唐五代敦煌手工业研究》，载《敦煌归义军史专题研究》，兰州大学出版社 1997 年版。

③ 潘洁：《〈天盛律令·催缴租门〉一段西夏文缀合》，《宁夏社会科学》2012 年第 6 期；西夏文《碎金》记载："棉麻线袋细，毛毡褐囊粗。断树斧斤头，芟割壮工镰。烧瓦要沙著，洗麻须杖敲。"（聂鸿音、史金波：《西夏文本〈碎金〉研究》，《宁夏大学学报》1995 年第 2 期）。

④ 西夏文辞书《文海》"麻"释："此者麻草，可做纱布也。"（《文海研究》第 411 页）。

⑤ 《文海》"纸"释："此者白净麻布、树皮等造纸也。"（《文海研究》第 497 页）

⑥ 《天盛改旧新定律令》卷一七《物离库门》。

⑦ 史金波：《西夏经济文书研究》附录"西夏经济文书录文、对译和意译"，第 525—526 页。

和阿拉伯，魏晋以来在我国西域和敦煌地区就开始种棉织布。[①]西夏占据敦煌后，当地的棉花种植和棉布生产并没有中断，《番汉合时掌中珠》记录白氎，西夏纸含有破麻布的成分[②]，就说明了这一点。

（五）陶瓷建材

1. 瓷窑分布

制瓷是西夏立国后才发展起来的产业，根据 20 世纪 70 年代以来的考古发掘，现已探明西夏瓷窑有宁夏灵武磁窑堡、灵武回民巷、贺兰山插旗口、银川缸瓷井以及甘肃武威古城乡等处。磁窑堡窑址在灵武市区东 35 公里处，占地面积约 24000 平方米，一二期为西夏遗存，其中一期为西夏中期，器物有明显的宋金瓷的特点；二期为西夏晚期，有的一期器物在二期依然存在，只是略显粗糙些。[③]回民巷窑距磁窑堡窑仅 4 公里，两窑产品基本相同，但回民巷发现较多的黄釉印花瓷。[④]

插旗口窑位于贺兰山深处，现在窑址内建有林场住房，从采集到的标本来看，其质量可能略高于磁窑堡窑。银川市郊缸瓷井砖瓦窑，亦生产部分瓷质建材，应是供应陵区和都城使用的。[⑤]武威古城窑是 1992 年发现的，出土

[①] 《梁书》卷五四《高昌传》记载高昌"多草木，草实如茧，茧中丝如细纩，名为白叠子，国人多取织以为布。布甚软白，交市用焉"。《新唐书》卷二二一《高昌传》也记载"有草名白叠，撷花可织为布"。敦煌文献 P.3212《辛丑年五月三日惠深牒》记载："惠深听阿旧与立机细一匹，交小师作汗衫。"P.3352《丙午年三界寺招提司法松入破历算会牒残卷》记录除粟麦外，还有"二百尺布，一百一十尺牒"，布指麻布，牒指棉布。P.2638《清泰三年沙州俫司教授福集等状》记载唱卖官施衣物中等得布 58502 匹，得粗牒 57 匹，计 1452 尺，细牒 13 匹，计 325 尺。当时敦煌的牒布和麻布的使用比例为 1：3 至 1：4 之间，这是一个很可观的数目。（郑炳林：《唐五代敦煌手工业研究》，载《敦煌归义军史专题研究》，兰州大学出版社 1997 年版）。

[②] ［俄］捷连提耶夫·卡坦斯基著，王克孝、景永时译：《西夏书籍业》，宁夏人民出版社 2000 年版，第 15—16 页。

[③] 中国社会科学院考古研究所：《宁夏灵武窑发掘报告》，中国大百科全书出版社 1995 年版，第 168—169 页。

[④] 中国社会科学院考古研究所内蒙古队：《宁夏灵武县回民巷瓷窑址调查》，《考古》1991 年第 3 期。

[⑤] 宁夏回族自治区博物馆：《银川缸瓷井西夏窑址》，《文物》1978 年第 8 期。

大量瓷器及残片，其中一件瓮底外沿墨书"光定四年四月卅日郭善狗家瓮"。[1]

光定四年四月卅日郭善狗家瓮

另外，近30年来在内蒙古伊金霍洛旗、准噶尔旗出土了不少西夏瓷[2]，其胎质、釉色及造型均显粗糙，与灵武窑产品相比，也稍有差异。据此推测，在内蒙古后套地区可能也有西夏瓷窑存在。

西夏瓷窑不仅分布范围广，而且生产规模较大，技术先进。以灵武磁窑堡窑为例，在14个探方、700平方米的掘面内，就有西夏窑炉3座，作坊8座。窑炉的形体大致与宋金时窑炉相似，并用煤作为燃料。从出土的窑具及产品造型来看，原始坯体分轮制与模制两种，大量圆形器具轮制成形，器物上的耳、把、嘴另作附件，待稍干后用泥浆粘接。人物、动物造型等模制，还有少数为手塑成形。西夏气候干燥，室外棚架晾坯容易干裂，故在室内用火炕烘坯并施釉，这不同于南方瓷窑，和宋代耀州窑如出一辙。

西夏瓷窑有官、民之分，官窑大致归砖瓦院之类的机构管理。缸瓷井窑址距西夏王陵约3公里，出土的建筑材料与西夏陵使用的完全相同，说明该

---

① 孙寿岭：《武威新发现的西夏瓷器》，《文物天地》1993年第1期。

② 高毅、王志平：《内蒙古伊金霍洛旗发现西夏窖藏文物》，《考古》1987年第12期；伊克昭盟文物工作站：《准噶尔旗发现西夏窖藏》，《文物》1987年第8期。

窑是专门为修建西夏王陵而设置的，应属于官窑性质。灵武磁窑堡窑的产品有粗细之别，其中有的精品，如高质量的白瓷、剔花瓷以及建筑材料为官府生产[1]，大量的较粗的器物则为民用。贺兰山为西夏皇家林苑，插旗口窑的产品质量高于磁窑堡窑，可能供给官府或皇室。

2. 装饰技法

西夏瓷装饰技法有施化妆土、剔刻、印花、点彩、镂空等。胎体上釉前涂上化妆土（白色浆料），稍干后再涂一层透明的釉，入窑烧即成白瓷。剔刻包括刻釉、剔刻釉、刻化妆土、剔刻化妆土，刻釉和剔刻釉均先在胎体上施釉（黑釉、褐釉、茶釉），待其稍干后，前者是在釉上刻划纹饰，后者是剔刻掉部分釉，形成纹饰。剔刻化妆土是在胎体上釉前涂上化妆土（白色浆料），稍干后再涂一层透明的釉，然后刻划或剔刻花。

印花主要在瓦当、滴水、莲花座等上单模压印而成，印花器皿仅见姜黄釉残片，灵武瓷窑堡西夏窑和回民巷西夏窑均有出土。[2]点彩多在白釉、青釉的碗、盘、盆上用褐色颜料在胎体或化妆土上点成五点、六点或七点的梅花点纹，或点成九点菱形点纹，然后再施以透明釉。镂空是在坯体干燥前，用刻刀镂空成各种纹饰。

3. 装烧技术

装烧技术主要表现在两个方面，一是采用了带孔的匣钵，既保护了坯体，又便于排除加热后钵内的气体，同时也使得空气流畅，使坯体受热均匀；另一是采取了先进的顶碗（盘）覆烧法。这种覆烧法使用的窑具是一个上口小、下口大的喇叭形顶碗或顶盘，碗、盘的坯体施釉后，在内底刮掉一圈釉（俗

---

① （宋）曾巩《隆平集》卷二〇载：西夏"民居皆立屋，有官爵者始得覆之以瓦"。
② 中国社会科学院考古研究所内蒙古队：《宁夏灵武县回民巷瓷窑址调查》，《考古》1991年第3期。

称涩圈），然后倒扣在顶碗上，如此依次倒扣 10 余件，最后罩以开底式筒状匣钵。当然，顶碗覆烧法并不是西夏独创，当时北方宋、金诸窑普遍使用这种方法。较之过去的单件装烧，顶碗覆烧法大大提高了装窑量，为规模化生产创造了有利的条件。

4. 器具特点

瓷器的种类更是各种各样，有碗、盘、盆、壶、瓶、罐、瓮、缸、钵、杯、盂、盒、炉、灯盏、器托、器盖、漏斗、铃、钩、纺轮等生活与生产用具；有砚、滴砚等文房用具；有棋子、瓷埙等娱乐品；有人物、动物塑像；有瓷眼珠、擦擦、如意轮、金刚杵、念珠、莲花座等宗教用具；有瓦当、滴水、筒瓦、板瓦、白釉贴面、脊饰等建材；还有匣钵、顶碗、顶盘、顶钵、垫条、垫饼、垫圈、模子、刮板等窑具。这些瓷器归纳起来有两个显著的特点，一是生活用具占了绝大部分，反映了西夏金属原料缺乏，日用金属品只有靠瓷器来代替；二是有明显的游牧民族的特色，如带耳壶便于马鞍上系带，牛头埙是游牧民族喜爱的乐器，瓷纺轮、瓷铃、瓷钩是游牧民族常用的生产生活用具。[①]

5. 建筑材料

西夏一般老百姓居住的是毡帐土屋，所需材料非常简单，但皇宫官衙、达官贵人的宅第则金碧辉煌。20 世纪 70 年代以来，考古工作者对位于银川市西郊的西夏陵进行了大规模的发掘，在采集与出土的文物中，建筑材料数量最多，使我们比较全面地了解西夏建材的种类及特点。

陶质建材。陶质建材以砖瓦为大宗，砖有长方形条砖、绳纹砖、菱格纹条砖、忍冬纹条砖、素面方砖、八瓣纹方砖、莲纹方砖、菱格龟背纹方砖等。

---

① 以上参见中国社会科学院考古研究所：《宁夏灵武窑发掘报告》，中国大百科全书出版社 1995 年版；马文宽：《宁夏灵武窑》，紫禁城出版社 1988 年版。

瓦有筒瓦、板瓦两种，筒瓦分一端有子口、两端平齐无子口、一端连有瓦当三型。板瓦规格亦不一，大者长近 50 厘米，小者长 28 厘米。瓦当有花卉纹与兽面纹两种，其中圆形兽面纹瓦当较为普遍。此外，还有兽面纹滴水、龙头饰、兽头饰、鸱吻等。

西夏王陵出土灰陶鸱吻

瓷质、琉璃建筑材料。出于装饰的需要，瓷、琉璃质建材种类繁多，有绿釉石榴纹方砖、绿釉龙纹砖、绿釉筒瓦、板瓦、条瓦、酱釉槽心瓦、白瓷瓦、绿釉兽面纹瓦当与石榴纹滴水等。装饰品有绿釉兽头饰、龙头饰、板瓦形兽头饰、尖喙兽头饰、立鸽、龙首鱼、鸱吻等。其中一鸱吻高 1.5 米，宽 0.6 米，厚 0.3 米，通体鱼鳞，尾出两鳍，头部呈张口吞脊之状。

石质建材。石质建材数量较少，主要有望柱、石螭首、石柱础、石兽头、石人、石狮等。望柱由柱头、柱身、柱座 3 部分组成。柱头为一束腰莲花座，座上蹲狮，柱身呈圆角方形，三面雕有缠柱龙纹，一面平素无纹，上下各有一长方形榫孔。

上述 3 种质地的建材中，琉璃与瓷制品占有相当大的比例，特别是兽形装饰品种类繁多，形制各异，不仅反映出西夏高超的陶瓷生产技术，同时也表明其建筑十分注意外部装饰。

（六）造纸印刷

1. 造纸

西夏纸张生产大致经历了一个逐渐发展的过程，早期大量使用中原地区的纸，有时还利用宋代文书的背面来刻印，中期以后政府设立纸工院[1]，专门负责官营纸业生产。俄罗斯科学院东方文献研究所藏有大量的西夏文献，1963年研究人员把写本页边和个别残片上取下来的纸，送全苏制浆造纸工业科学研究所实验室进行化验，然后得出10件纸样的分析数据，尽管这些纸薄厚、颜色、质量、纹路不尽相同，但所含成分却是一致的：（1）破亚麻布和棉布纸浆；（2）含有大麻纤维质的亚麻破布纸浆；（3）破棉布纸浆。卡坦斯基由此认为"西夏的纸主要是用破布制造"[2]，这与我国古代敦煌乃至中亚、北非的纸非常相似。[3]换言之，西夏纸与我国古代敦煌纸有着一致的承袭关系。[4]

除麻布、绳头外，西夏还存在用树皮制造皮纸。西夏自己的文献资料在提到西夏纸的成分时就指出："此者白净麻布、树皮等造纸也。"[5]北京图书馆藏西夏文《瓜州审案记》的"用纸原料是木本韧皮纤维，粗帘纹，纸较薄，透眼较多"[6]。当然，西夏地处西北干旱地带，木料和木本纤维比较缺乏，用木本韧皮造纸并不普遍。

2. 印刷

西夏的印刷业可能是从印施宗教文献开始的，现存最早的西夏汉文刊本为惠宗李秉常天赐礼盛国庆五年（1073）刻印的《夹颂心经》，该刊本为经折

---

[1] 《天盛改旧新定律令》卷一〇《司序行文门》。

[2] [俄]捷连提耶夫·卡坦斯基著，王克孝、景永时译：《西夏书籍业》，宁夏人民出版社2000年版，第13—16页。

[3] 1877—1879年埃及出土的写本中，有用阿拉伯文写的纸本文书，相当于公元791、874、900、909年写的。20世纪初，奥地利植物学者威斯纳对我国新疆、敦煌发掘的晋、南北朝纸和这些阿拉伯古纸写本作了显微分析，结果发现它们的原料都是废麻料（麻绳头与破麻布）或麻布与树皮混料，制作方法也一样。这就是说这些8至10世纪阿拉伯古纸的制造技术，是经我国西域传过去的。（见潘吉星：《中国造纸技术史稿》，文物出版社1979年版，第154—155页）。

[4] 唐五代敦煌地区有许多纸坊，从事造纸的工匠称为纸匠。S.542《壬戌年六月沙州诸寺丁口车牛役簿》灵图寺寺户"葵曹八，纸匠"。P.4640号："十四日，支与纸匠造洗麻补粗布壹疋。"S.5845《己亥年二月十七日某寺贷油面麻布》："付纸匠"，"纸匠张留住贷面叁斗"。

[5] 《文海研究》，第497页。

[6] 潘吉星：《中国造纸技术史稿》，文物出版社1979年版，第141页。

装，系佛教徒陆文政私人发愿刻印。

不论宗教文献还是世俗文献，其印刷方式不外乎活字与雕版两种。1991年在宁夏贺兰山拜寺口方塔出土了一批珍贵的西夏文物，内有9册西夏文佛经《吉祥遍至口和本续》，蝴蝶装，200余页，约10万字。据研究，该刊本版框栏线四角不衔接，留有大小不等的空隙；墨色浓淡不匀，背面透墨深浅有别；字型大小不一，笔法风格各异；个别版心线漏排；另外，《本续》卷五汉字页码"二十二""二十九"中的"二"字，《解补》第七页的"七"字均倒置。还有字行间有隔行夹片印痕，等等，这些都是活字印刷的特征，隔行夹片印痕还说明了不仅是活字，而且还是木活字。[①]

俄藏黑水城西夏文献中，也有字行排列不均匀，有些字歪斜得厉害的文献，这种歪斜不可能归咎于刻工的粗心或手艺不高，很可能是活字印刷本。[②]

在甘肃省武威新华乡出土的西夏文《维摩诘所说经》，"印墨有轻有重，经背透印深浅有别，有的字高于平面，有的字体肥大，所以印墨厚重，并有晕染现象，经背透墨也很明显。有的字体歪斜，还有的因字模放置不平，印出的字一半轻一半重"。显然，该印本为活字本。同时，"有的笔画生硬变形，竖不垂直，横不连贯，中间断折，半隐半现，体现了泥活字印刷所具有的特点"。[③]

1973年英人格林斯塔在印度出版九卷本《西夏文大藏经》，其中收有《维摩诘所说经》，该经印制粗劣，字体大小有别，应是初期阶段的泥活字版。[④]武威出土的《维摩诘所说经》与西夏文大藏经中的《维摩诘所说经》可能是同一种泥活字版印本。

在我国古代印刷史上，虽然公认泥活字为北宋毕昇发明，但没有保留下

---

① 牛达生：《我国最早的木活字印刷品——西夏文佛经〈吉祥遍至口和本续〉》，《中国印刷》1994年第2期。
② ［俄］捷连提耶夫·卡坦斯基：《西夏书籍业》，宁夏人民出版社2000年版，第128页。
③ 孙寿岭：《西夏泥活字版佛经》，《中国文物报》1994年3月27日。
④ 孙昌盛：《西夏印刷业初探》，《宁夏大学学报》（哲学社会科学版）1992年第2期。

任何实物，木活字过去一般认为是元代王桢创制。西夏泥活字本《维摩诘所说经》与木活字本《吉祥遍至口和本续》，不仅为宋夏时期的泥活字印刷找到了实物依据，更为重要的是把木活字印刷整整提前了一个朝代，这是我国古代科技史上一件有意义的大事。当然，活字印刷在西夏并不普遍，普遍而具有主导地位的印刷仍为雕版印刷。

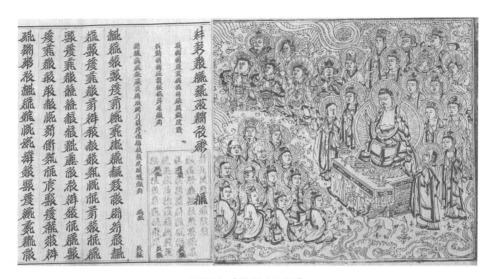

西夏文《佛说宝雨经》

雕版印刷大致分官府、寺院、民间三个系统。官府刻印由专门的刻字司及各类教育文化机构组织开展。崇宗李乾顺正德六年（1132）版西夏文辞书《音同》跋曰："今番文字者，乃为祖帝朝搜寻。为欲使繁盛，遂设刻字司，以番学士等为首，雕版流行于世。后刻工印匠不［晓？］事人等因贪小利，肆开文场，另为雕刻。彼既不谙文字，未得其正，致使印面首尾颠倒，左右混杂，学者惑之。义长见后，于心不安，故仔细校勘，虽不类归本杂乱之多，然因眼心不至，有疏略不妥处，智者莫嫌。正德壬子六年十月十五日完毕。"①

---

① 史金波、黄振华：《西夏文字典〈音同〉序跋考释》，载《西夏文史论丛》（一），宁夏人民出版社 1992 年版，第 11 页。

由此可见，刻字司至少在正德六年前就已设立。

　　由刻字司施印的书籍还有《类林》《圣立义海》《文海》《番汉合时掌中珠》等。《类林》卷四末尾记有"乾祐癸丑十二年（1181）六月二十日刻字司印"。《圣立义海》卷一末尾刻"乾祐壬寅十三年（1182）五月十日刻字司重新刻印"字样。此外，像《天盛改旧新定律令》《贞观玉镜将》等法律文献，也必然由官府刻字司刻印。

　　寺院刻书在西夏印刷业中占有非常重要的地位，前述1073年由佛教徒陆文政发愿印施的《夹颂心经》，很可能由寺院刊刻。如果这个推测正确的话，那么寺院刻印早在1073年就已经开始，此后又有大安十年（1084）由大延寿寺演妙大德沙门守琼散施的《大方广佛华严经》；皇建元年（1210）众圣普化寺副使沙门李智宝印施《无量寿王经》[1]，诸如此类，不一一列举。

　　贺兰山为元昊离宫和皇家林苑所在地，这里皇家寺院林立，其中贺兰山佛祖院规模最大，它曾组织刻印了全部汉文《大藏经》，即所谓的贺兰山佛祖院《西夏藏》。寺院刻书在文物考古中也得到了证实，1990年在宁夏贺兰县宏佛塔出土了2000余块西夏文佛经木雕版残块。[2]毫无疑问，宏佛塔所在的寺院，是西夏一个重要的佛经印施点。

　　民间刻印大致有两种类型，一是由个人出资雇人刊刻，如著名学者梁德养搜集编纂的《西夏谚语》，是在褐布商人蒲梁尼的赞助下，于乾祐十八年（1187）雕版印行的。另一种是民间刻坊刻印，在经济利益的驱使下，刻坊书贩常常私刻一些盗版书，如前所引，刻字司刊布《音同》后，一些刻工印匠"因贪小利，肆开文场，另为雕刻"，就属于这一类型。

　　西夏印刷业的发展还表现在刊印的数量上，据20世纪60年代苏联出版的《西夏文写本和刊本目录》统计，俄藏黑水城文献中，已考订出405种

---

① 史金波:《西夏佛经史略》附录一，宁夏人民出版社1988年版。
② 宁夏回族自治区文物管理委员会办公室、贺兰县文化局:《宁夏贺兰县宏佛塔清理简报》，《文物》1991年第8期。

3000 余件为西夏文本，其中刊本 1200 余件，尚未考订者还有 5000 余件。[①]
印量最大的刊本为国主、皇后发愿施印的佛经。天盛十九年（1167）仁孝为
纪念曹太后"周忌之辰"，发愿印施《佛说圣佛母般若波罗蜜多心经》，"印造
番汉共二万卷"。乾祐二十年（1189）为仁孝登极 50 周年，特刻印散施汉文
《观弥勒菩萨上升兜率天经》10 万卷，汉文《金刚经》《普贤行愿经》《观音经》
各 5 万卷，共计 25 万卷。[②]

　　世俗著作印量虽小，但种类繁多，有译自汉文的《论语》《孟子》《类林》
《孙子兵法》《黄石公三略》等，有《番汉合时掌中珠》《文海》《同音》《杂字》
等辞书，有《西夏诗集》《新集锦合辞》《月月乐诗》等诗文集，有百科全书
《圣立义海》，还有《天盛改旧新定律令》《亥年新法》《法则》《贞观玉镜将》
等法律文献。

（七）制曲酿酒

　　酿酒是党项羌人传统的生产部门，早在内徙前虽"不知稼穑，土无五谷"，
但却开始"求大麦于他界，酝以为酒"。[③]内徙后特别是立国后，随着农耕的
普及与当地酿酒技术的影响，传统的酿酒业呈现出前所未有的生机。榆林窟
西夏壁画《酿酒图》，绘有二妇人正在酿酒，一人坐于炉前烧火，炉火正旺，
妇人目视灶上的酿酒器；另一人立于灶台旁，手持陶钵，回首看着烧火的妇
人，若有所问。灶旁置酒壶、高足碗、木桶各一，生动而真实地再现了作坊
酿酒的情景。[④]

　　① ［俄］戈尔巴切娃、克恰诺夫：《西夏文写本和刊本目录》，莫斯科东方学出版社 1963 年版。
　　② 史金波：《西夏佛教史略》，宁夏人民出版社 1988 年版，第 96 页。
　　③ 《旧唐书》卷一九八《党项羌传》。
　　④ 一般认为《酿酒图》上的酿酒者是妇女，为家庭酿酒的生动写照。实际上与其说是家庭酿酒，
不如说是手工作坊酿酒。西夏手工作坊既有男性生产者，又有女性生产者，因此，妇女酿酒并不能说
明就是家庭酿酒，这是其一。其二，《天盛律令》明确规定，诸人不许造曲及酿制小曲酒、酽酒、普
康酒，因而西夏家庭酿酒没有普遍性，西夏大量存在作坊酿酒。其三，酿酒图上的酿酒设施非一般农
牧民家庭力所能及，酿酒妇女也非农牧民家庭妇女的装束。由此断定，西夏《酿酒图》为作坊酿酒的
生动写照。

西夏壁画酿酒图（榆林窟第 3 窟）

1. 酒的种类

酿酒用曲是西夏酿造谷物酒的重要方法，《文海》"曲"释："此者谷物研磨成面，令混以药草做曲，酿酒时散也。"[①] 这一解释透露出两方面信息：一是制曲原料以经过加工处理的麦类为主；[②] 二是制曲使用中草药。[③] 中草药含有许多有利于微生物生长的维生素，可以促进酒曲中的微生物更好地生长。[④] 由于

---

① 史金波、白滨、黄振华：《文海研究》，中国社会科学出版社 1983 年版，第 430 页。

② 《天盛改旧新定律令》卷一八《杂曲门》对此也有明确记载："诸处踏去曲者，大麦、麦二斗当以十五斤计，一斤当计三百钱卖之。"

③ 中原宋朝制曲也使用中草药，《北山酒经》卷中曰："小麦一石，磨白面六十斤，分作两栲栳，使道人头、蛇麻、花水共七升，拌和似麦饭，入下项药：白术一两半、川芎一两、白附子半两、瓜蒂一箇、木香一钱半。"文渊阁四库全书影印本 844—818。

④ 李华瑞：《西夏酿酒业初探》，载《首届西夏学国际学术会议文集》，宁夏人民出版社 1998 年版。

制作方法与原料的差异，西夏的曲分麦曲、清水曲、百花曲、小曲等[1]，酒的种类则更多，有麦酒、粟酒、畜酒、马奶酒、葡萄酒、小曲酒、醅酒等。

　　麦酒主要是传统的大麦酒，党项内迁前就开始"求大麦于他界，醖以为酒"。西夏用大麦造曲，也有可能酿酒。[2]粟酒又称黄酒、米酒，是我国古代最普遍的饮用酒，它是以大米、粟米等谷物为原料，经过蒸煮、糖化和发酵、压滤而成的酿造酒。粟酒有数千年的历史，但将其称为黄酒大致始于唐宋[3]，西夏文《文海》将酒直接释为黄酒[4]，反映出粟酒的特点。畜酒又名芦酒[5]，"畜"字口旁，可能是"吸"的别写，因用荻管吸饮，故又名芦酒。该酒多饮还醉，当属低度麦酒或粟酒。

　　马奶酒为包括党项在内的北方游牧民族特酿的一种酒[6]，酿造方法有三：一是将锅置于灶上，盛酸奶水，锅上置一木桶，悬一罐或坛在桶内中空处，桶上再置一圆底锅，中盛冷水，用火烧下面锅使酸奶沸腾，蒸汽在上锅底冷却，凝结入罐或坛内，就是奶酒。漠北蒙古人用此法酿制；二是牧民"缝皮

---

　　① 史金波：《西夏汉文本〈杂字〉初探》，载《中国民族史研究》（二），中央民族学院出版社1989年版。

　　② 敦煌文献 P.4638《谢赐物状》载，曹元德赐"麦酒壹瓮"。S.1519 载："麦酒壹瓮，看官家用。"如果敦煌麦酒是用小麦酿造的话，西夏也会继承下来。

　　③ 敦煌文献 P.4995《儿郎伟》："今载初修功德，社人说好谈量，麨饭早夜少吃，都来不饮黄汤"黄汤即今黄酒（郑炳林：《唐五代敦煌酿酒业研究》，载《敦煌吐鲁番文献研究》，兰州大学出版社1995年版）。

　　④ 史金波、白滨、黄振华：《文海研究》，中国社会科学出版社1983年版，第472页。《文海》中的"酿""酰酿"，夏、汉文《杂字》中的"蒸米"，《掌中珠》中的"甑"等词语，直接反映了西夏黄酒生产的特点。"蒸米"可以解释为蒸煮米饭，以供食用，也可以解释为蒸煮好的米，以供酿酒之用。蒸米的目的是使白米的淀粉受热吸水糊化，有利于糖化酵菌的生成，是酿造黄酒（粟酒、米酒）的一道重要工序，"酿"释"盖也""闷也"，即将蒸煮好的原料加上酒曲，令其保温发酵的过程。"甑"，既是炊饪之器，又可释为蒸煮酒的酒器。

　　⑤ （宋）庄绰《鸡肋编》卷中记载："关右塞上有黄羊无角，色类獐麂，人取其皮以为衾褥。又夷人造嘴酒，以荻管吸于瓶中。老杜送从弟亚赴河西判官诗云：'黄羊饫不膻，芦酒多还醉'，盖谓此也。"

　　⑥ 其生产方法有三：《圣立义海·山之名义》云："焉支上山，冬夏降雪，炎夏不化，民庶灌耕，地冻，大麦、燕麦九月熟。利养羊马，饮马奶酒也。"《宋史》卷四九〇《高昌传》记载：宋雍熙年间（984—987）王延德出使西州，途经西夏北部大虫太子族境，该"族接契丹界，人衣尚锦绣，器用金银，马乳酿酒，饮之亦醉"。

为袋，中盛牲乳，束其口，久而酿成。味微酸，谓之潼酒"；[①] 三是将"沸水贮于桶，俟其冷，浸酥酪，酥沉油浮，毋摇动，日以鲜乳汁滴之，以味酸为度，约数十日，成潼酒矣。味酸而腥，略带酒气"[②]。西夏的马奶酒当是其中的一种或两种。

葡萄酒原产于地中海东岸和小亚、中亚地区，张骞凿空西域，葡萄与葡萄酒遂传入中原[③]，并得到迅速推广。唐代葡萄酒成为文人笔下的驰名产品[④]，"安史之乱"后，西北社会经济遭到了很大的破坏，但种植葡萄与酿制葡萄酒并没有因此中断。[⑤] 西夏时期敦煌等地的葡萄酒生产得到了进一步发展，《天盛改旧新定律令》中"普康酒"就是葡萄酒。古代西域葡萄酒的制法有曲酿和蒸馏两种[⑥]，传到敦煌地区后亦大抵如此。

小曲酒，当用小曲酿制的酒[⑦]，醽酒当指味醇的麦酒或粟酒，《天盛改旧新定律令》将其和葡萄酒、小曲酒并列[⑧]，就说明了这一点。

2. 榷酤制度

西夏榷酤制度大致上继承了唐五代，分官榷、买扑、民酤三种形式。官

---

① （清）祁士韵：《西陲要略》卷四《厄鲁特旧俗纪闻》，台北成文出版社 1968 年版，第 159 页。

② 徐珂：《清稗类钞·饮食类》，中华书局 2010 年版，第 6249 页。

③ （明）李时珍《本草纲目》卷三三《果部五》认为，汉代以前陇西旧有葡萄，但未入关耳，张骞始携籽种于长安。文渊阁四库全书影印本 773—691。

④ 王翰《凉州词》："葡萄美酒夜光杯，欲饮琵琶马上催。醉卧沙场君莫笑，古来征战几人回。" 元稹《西凉伎》："吾闻昔日西凉州，人烟扑地桑柘稠，蒲萄酒熟恣行乐，红艳青旗朱粉楼。"（《全唐诗》）

⑤ 敦煌文献 S.1316《年代不明（980—982）归义军衙内面油破用历》载：归义军官府在南沙庄有葡萄园，每年逢结葡萄时节，都要举行赛神活动。P.3468《驱傩文》记述的"有口则皆食蒲桃，欢乐则无人不酸"，当是饮食葡萄酒。

⑥ 《本草纲目》卷二五《谷部四》："酿者，取汁同曲，如常酿糯米饭法，无汁用干葡萄末亦可。魏文帝所谓葡萄酿酒，甘于曲米，醉而易醒者也；烧者，取葡萄数十斤，同大曲酿酢，取入甑蒸之，以器承其滴露红色可爱。古者西域造之，唐时破高昌，始得其法"。文渊阁四库全书影印本 773—506。

⑦ 《天盛改旧新定律令》卷一八《杂曲门》规定："诸人不许造小曲"，也"不许酿饮小曲酒"。

⑧ 《天盛改旧新定律令》卷一八《杂曲门》："诸人不许酿醽酒、普康酒等，若违律□□，与酿饮小曲酒之罪状、获举赏次第同样判断。"

権，即由官府控制酒曲和酒的生产与销售，西夏汉文《杂字》载有曲务、酒务。①《天盛律令》将曲务分为踏曲与卖曲两部分，踏曲库负责生产②，卖曲库负责销售，卖百斤粗曲，京师畿内可耗减1斤半，地边2斤；卖百斤细曲，京畿耗减1斤，地边1斤半。③踏曲库一般设在京师及大都督府、富清县、鸣沙军、官黑山、黑水等中心城镇，卖曲库的设置范围则比较广泛，除上述地区外，还有定远县、回定堡、怀远县、临河县、会州、保静县、南山九泽、五原郡、宥州、夏州、北院、文静、武威等地。

不同的曲库，吏员设置也不尽相同，如中兴府踏曲库设二提举、一小监、二出纳、一掌钥匙、四掌斗、六监库；鸣沙军、官黑山、黑水三种踏曲库二小监、二出纳、一掌秤、一掌斗、二监库；大都督府踏曲库二提举、二头监、二出纳、一掌钥匙、二掌斗、二监库；中兴府卖曲院二小监、二出纳、一掌钥匙、四监库。大都督府属卖曲税院二小监、二出纳、一掌钥匙、十拦头；定远县等18种地方卖曲库一律设二小监、二出纳、四拦头。④中兴府与大都督府设置"提举"一职，可能与踏曲规模有关，而卖曲库设"拦头"一职，则明确反映出酒曲专卖的强制性。⑤

酒务是官方负责生产和销售酒的机构，也广泛设置各地，北宋环庆副都部署任福曾夜入西夏白豹城，焚烧酒务。⑥酒务酿造主要供给王室和各级官府，各种酒"置库内供给者，一斗可耗减一升。驮运供给者，一斗可耗减二升"。⑦

----

① 《续资治通鉴长编》卷一二八，康定元年九月壬申记载："环庆副都部署任福等攻西贼白豹城，克之，凡烧庐舍、酒务、仓草场、伪太尉衙。"司马光《涑水记闻》卷一二有相同的记载，只是将酒务记为"酒税务"。
② 《天盛改旧新定律令》卷一八《杂曲门》规定："踏曲库每年踏曲事中不好好踏，不细细磨，粗磨致曲劣，又不依时为之等时，管事者局分大小，小监、库监、出纳、局分人等一律徒二年。"
③ 《天盛改旧新定律令》卷一七《物离库门》。
④ 《天盛改旧新定律令》卷一七《库局分转派门》。
⑤ 《天盛改旧新定律令》卷一八《杂曲门》规定：诸人不许私酿曲，倘若违律，私酿曲价值自1缗至20缗，主犯分别判以13杖至12年徒刑，从犯判以10杖至10年徒刑；20缗以上，主犯无期徒刑，从犯徒十二年，"买者知晓，则当比从犯减一等。若买者不知，勿治罪"。
⑥ （宋）司马光：《涑水记闻》卷一二。
⑦ 《天盛改旧新定律令》卷一七《物离库门》。

当然，通过收取买卖税的形式，官酿酒也向民间销售。

买扑是一种酒税承包制度，即个人向官府承包某一特定区域的酒税，由其在这一地区酿酒酤卖。宋代买扑始于真宗大中祥符元年（1008），广泛实行于神宗及以后。起初"扑户相承，皆有定额，不许增抬价数"，后实行"实封投状制"，"募民愿买坊场者，听自立价，实封其价状告，为扃钥，纳期启封，视价高者给之"。① 西夏汉文《杂字》论语部"投状"一词，很可能是买扑制度中的"实封投状"，因为北宋曾把这种投状买扑制广泛推行于西北沿边②，有的买扑户甚至把酒店开到塞外边境③，这样势必对西夏沿边榷酒制度产生深刻的影响。

民酤为民间自酿自销，官收其税。大中祥符三年（1010），德明"所部蕃族酿酒，召内属户饮之，欲诱其背畔"④。这里的"蕃族酿酒"，就属于民间自酿自酤。西夏立国后加强对民间酿酒的控制，一是必须经官府许可，倘若不经官府许可，私自酿造至百斤，"有官罚马二，庶人徒三个月，百斤以上一律徒六个月"；⑤ 二是必须使用官府卖曲库的酒曲⑥，并专曲专用，不许向他人转卖。这样一来，西夏政权通过酒曲专卖和对扑买、民酤的税收，获得双重收入，这是统治者严禁酒、曲私酿的关键所在。

酿酒饮酒在西夏社会生活中占有重要的地位，元昊"每举兵，必率部长与猎，有获，则下马环坐饮，割鲜而食，各问所见，择取其长"⑦。德明时，"所部蕃族酿酒，召内属户饮之，欲诱其背畔"⑧，就说明了这一点。

---

① 《续资治通鉴长编》卷二一七，熙宁三年十一月甲午条附注。
② 《宋会要辑稿》食货二〇之五载：大中祥符七年（1014）诏"应陕西诸州军县镇酒务，衙前及百姓诸色人等已增添课利买扑，转运司更招人添钱划夺"。
③ 《宋会要辑稿》食货二〇之五载："大中祥符五年六月，泾原路都钤辖曹玮言：沿边诸寨许令人户买扑酒店，直于寨外边上开沽，恐隐藏奸恶，乞行停废，从之。"
④ 《续资治通鉴长编》卷七三，大中祥符三年五月癸卯条。
⑤ 《天盛改旧新定律令》卷一八《杂曲门》。
⑥ 《天盛改旧新定律令》卷一七《库局分转派门》规定："中兴府租院租钱及卖曲税钱等，每日之所得，每晚一番，五州地租院一个月一番，当告三司"。这里的"卖曲税钱"当是酒曲专卖收入。
⑦ 《宋史》卷四八五《夏国传上》。
⑧ 《续资治通鉴长编》卷七三，大中祥符三年五月癸卯条。

六、货币商业

（一）通货流通

1. 通货形态

西夏时期作为商品交换媒介的通货大致有马、牛、骆驼、羊、布帛、金银、钱币、交抄等多种形态。党项人内迁后长期处于"比物交换"阶段，羊马、绢帛往往充当交换的等价物。[①]宋景德四年（1007），宋朝在保安军设置榷场，以缯帛、罗绮易驼、马、牛、羊、玉、毡毯、甘草，以香药、瓷漆器、姜桂等物易蜜蜡、麝脐、毛褐、羱羚角、硇砂、柴胡、苁蓉、红花、翎毛。[②]立国以后，虽然自己铸造货币，又广泛使用宋钱和前代货币，但比物交换依然长期存在。宋熙宁四年（1071），宋朝关闭榷场，断绝宋朝境内和市，西夏在自己境内的辣浪和市，用青盐、羊货、乳香交换宋朝大顺城蕃部携带的

---

① 《新唐书》卷二二一《党项传》："元和时复置宥州，护党项。至大和中浸强，数寇掠，然器械钝苦，畏唐兵精，则以善马购铠，善羊贸弓矢。……至开成末，种落愈繁，富贾人赍缯宝鬻羊马"；《宋史》卷一八六《食货志下八·互市舶法》：宋景德元年（1007）与西夏德明约和成立后，"于保安军置榷场，以缯帛、罗绮易驼马、牛羊、玉、毡毯、甘草，以香药、瓷漆器、姜桂等物易蜜蜡、麝脐、毛褐、羱羚角、硇砂、柴胡、苁蓉、红花、翎毛。"
② 《宋史》卷一八六《食货志下八·互市舶法》。

绢帛、膳茶等日用品。[①] 西夏乾祐元年（1170），黑水地区耶和女人用四峰骆驼，换取耶和氏宝引的 22 亩土地以及土地上的 3 间茅舍两棵树。[②] 西夏晚期 11 件卖地文契中，全部是用粮食交换，而不是货币交换。[③] 夏金榷场贸易也是物物交换，西夏输出的有褐、毛罗，输入的有绢帛、纸张、笔墨等，川绢和河北绢作为交换的等价物，计算价格和扭算缴税。[④] 因此在西夏人的观念中，商品交换常常是以物易物。[⑤] 不只西夏，即就货币经济发达的宋朝，也长期用茶、绢市马。[⑥]

铜钱用于交换至少在西夏立国前夕就已出现，景宗李元昊立国后，铜钱在西夏社会中使用更加广泛。[⑦] 庆历年间宋夏陕西之战期间，宋朝关闭榷场，断绝和市，西夏境内物资紧张，"一绢之直为钱二千五百"[⑧]；"中兴府租院

① 《宋会要辑稿》食货三八之三一载：1071 年北宋"大顺城管下蕃部数持生绢、白布、杂色罗锦、被褥、膳茶等物至西界辣浪和市，复于地名黑山岭，与首领岁美泥哔、匕悖讹等交易，博过青盐、乳香、羊货不少"。

② 黄振华：《西夏天盛廿二年卖地文契考释》，载白滨编：《西夏史论文集》。

③ 史金波：《西夏经济文书研究》，社会科学文献出版社 2017 年版，第 253—268 页。该契约均有年款，其中 8 件为天庆元年（1194），另外三件分别为天庆三年、天庆五年、天庆七年。兹录《天庆寅年庆现罗成卖地契》（第 258—259 页）：

寅年二月一日立契者庆现罗成，向普渡寺属寺粮食经手者梁那征茂及梁喇嘛等全部卖掉撒十石熟生地一块，及大小房舍、牛具、石笆门、五枙分、树园等，议价十石麦、十石杂粮、十石糜，价、地等并无参差。若彼及其余诸人，官私同抄子弟有争讼者时，由现罗成管，那征茂及喇嘛等不管。谁人欲改变时，不仅按官府规定，罚交三两金，服，还按情节依文据施行。

四面界上已令明：东界梁老房西地，南界梁老房有地，西界恶恶现罗宝地，北界翟师狗地。

税一石中有二斗麦。

　　　　　　　立契者庆现罗成（押）
　　　　　　　同立契者恶恶兰往金（押）
　　　　　　　同卖恶恶花美犬（画指）
　　　　　　　知人梁西犬白（画指）
　　　　　　　知人梁善盛（画指）

④ 孙继民、许会玲：《西夏汉文"南边榷场使文书"再研究》，《历史研究》2011 年第 4 期。

⑤ 《文海》"商"释："此者买卖也，贸易也，贩卖也，买卖也，货也，等物交换之谓"；"买卖"释："买卖也，等物交易之谓也"；"贩卖"释："此者贩也，买卖也，商也，等物交换谓"；"易"释："此者易也，商贾卖也，等物交换之谓。"（《文海研究》第 421、482、434、420 页）

⑥ 《宋史》卷一九八《兵十二·马政》载："先是，以铜钱给诸蕃马直，八年，有司言戎人得钱，销铸为器，乃以布帛茶及他物易之。"参见杜建录：《宋代市马钱物考》，《固原师专学报》1992 年第 1 期。

⑦ 西夏主要流通宋钱。

⑧ 《续资治通鉴长编》卷一三八，庆历二年十二月。

租钱及卖曲税钱等，每日之所得，每晚一番，五州地租院一个月一番，当告三司"；① 敌军入境，损失畜、人、物以钱计算；② 以身还债，大男一日工价 70 钱，小男及大妇一日工价 50 钱，小妇一日工价 30 钱；③ 举告犯罪赏以缗钱；④ 货币借贷受到法律保护；⑤ 有官品者因罪获杖刑时，可交铜钱免罚；⑥ 法律有关财物犯罪量刑往往以缗钱计算；⑦ 渡口摆渡者，需要向官府缴纳税钱；⑧ 布施缗钱者，可获得僧人或僧人头目资质；⑨ 大小臣僚不来朝或朝见时不穿朝服，罚

---

① 《天盛改旧新定律令》卷一七《库局分转派门》。

② 《天盛改旧新定律令》卷四《边地巡检门》规定：敌人入境，掠去人、畜、物计值一缗至五千缗，相关人员处以三个月至十二年徒刑，五千缗以上，一律当绞杀。

③ 《天盛改旧新定律令》卷三《盗赔偿返还门》。

④ 《天盛改旧新定律令》卷三《追赶逋举告盗赏门》："告强盗赏赐法：依人数及物量分为两种，盗人多，物甚少，则一人二十缗，十人以上一律二百缗。"卷二《戴铁枷门》："戴铁枷者被头监及主管处他人等去掉铁枷时，不足一年者十三杖，一年至三年者当徒三个月，四年至六年者当徒六个月，三种长期徒刑当徒一年。一对解去铁枷者举告时，举赏：一年之内当给五缗，一年至三年当给十缗，四年至六年当给十五缗，二种长期徒刑给二十缗。"卷一三《举虚实门》："诸人举他人，予举赏法一一分明以外，犯余种种杂罪时，获死罪赏五十缗，三种长期、无期等赏四十缗，自徒四年至徒六年赏三十缗，自徒一年至徒三年赏二十缗，月劳役十缗，杖罪五缗，当由犯罪者予之举赏。"

⑤ 《天盛改旧新定律令》卷三《催索债利门》规定："诸人对负债人当催索，不还则告局分处，当以强力搜取问讯。因负债不还者，十缗以下有官罚五缗钱，庶人十杖，十缗以上有官罚马一，庶人十三杖，债依法当索还。""放钱、谷物本而得利之法明以外，日交钱、月交钱、年交钱、执谷物本，年年交利等，本利相等以后，不允取超额"。

⑥ 《天盛改旧新定律令》卷二《罪情与官品当门》："庶人、有杂官等获杖罪时，及品'暗监'官以上至'拒邪'官，一律七、八杖交二缗钱，十杖交五缗钱，十三杖交七缗钱。"

⑦ 《天盛改旧新定律令》卷四《边地巡检门》：敌寇掳掠畜、人、物，价值一缗至四千缗，相关责任人处三个月至十二年徒刑，四千缗以上，一律当绞杀；卷八《烧伤杀门》：诸人无意失火，烧毁他人畜物、房舍、人口、粮食、草捆者，价值五十缗以下者，有官罚马一，庶人十三杖，五十缗以上至百缗徒六个月，百缗以上一律一年；卷一五《渠水门》："当值渠头并未无论昼夜在所属渠口，放弃职事，不好好监察，渠口破而水断时，损失自一缗至五十缗徒三个月，五十缗以上至一百五十缗徒六个月，一百五十缗以上至五百缗徒一年，五百缗以上至千缗徒二年，千缗以上至千五百缗徒三年，千五百缗以上至二千缗徒四年，二千缗以上至二千五百缗徒五年，二千五百缗以上至三千缗徒六年，三千缗以上至三千五百缗徒八年，三千五百缗以上至四千缗徒十年，四千缗以上至五千缗徒十二年，五千缗以上一律绞杀。"

⑧ 《天盛改旧新定律令》卷一一《渡船门》："河水上置船舶处左右十里以内，不许诸人免税渡船。倘若违律时，当纳税三分，一分当交官，二分由举告者得。若罪税钱自五十至一缗，庶人七杖，有官罚钱三缗。罪税钱一缗以上至二缗，有官罚钱五缗，庶人十杖。二缗以上一律有官罚马一，庶人十三杖。"

⑨ 《天盛改旧新定律令》卷一一《为僧道修寺庙门》："舍一千缗者当得二僧人，衣绯一人。舍二千缗当得三僧人，衣绯一人。自三千缗以上者一律当得五僧人，衣绯二人。"

交缗钱；① 府库所藏缗钱 "绳索断，一缗可耗减二钱"；② 马院马病死，成年马肉价一缗，小马肉价五百钱，连同马皮一并上交三司等。③

铁钱是不足值的货币，其名义价值大于实际价值，因此，有严格的流通范围。西夏法律规定："诸人不允将南院黑铁钱运来京师，及京师铜钱运往南院等，若违律时，多寡一律徒二年，举告赏当按杂罪举告得赏。"④ 夏汉合璧《凉州碑》西夏文铭文中的 "南院"，对应的是汉文铭文中的 "右厢"⑤，从河西走廊的武威、敦煌到内蒙古的河套均有西夏铁钱发现，特别是内蒙古出土数量巨大，仅达拉特旗盐店乡窖藏清理出乾祐元宝 168131 枚，天盛元宝 14058 枚⑥ 的情况来看，西夏铁钱流通范围远不止右厢南院，应包括黑水地区⑦ 在内的西北部地区。宋夏两国都在特定区域使用铁钱，而铜钱是硬通货，进入宋朝的西夏使人往往用铁钱兑换铜钱，以便进入都城交易。⑧

银在西夏作为通货使用，夏毅宗谅祚近臣高怀正曾 "贷银夏人"⑨。西夏派往宋朝的贺正旦使 "以钱银博买物色"⑩。夏天赐礼盛国庆年间（1069—1073）审判文书记录 "铸银近万，乃持折验，诸处为贩"⑪。军功奖赏中既有银

---

①　《天盛改旧新定律令》卷一二《内宫待命等头项门》。

②　《天盛改旧新定律令》卷一七《物离库门》。

③　《天盛改旧新定律令》卷一九《畜患病门》。

④　《天盛改旧新定律令》卷七《敕禁门》。

⑤　史金波：《西夏社会》，上海人民出版社 2007 年版，第 315 页。

⑥　牛达生：《浅论西夏铁钱及铁钱专用区的设置》，《中国钱币》2004 年第 1 期。

⑦　俄藏黑水城 5949《乾祐二十七年卖使军奴仆契》："乾祐甲辰二十七年三月二十四日，立契者讹一吉祥宝，自愿今将自属使军、奴仆、军讹六人，卖与讹移法宝，价四百五十贯铁钱。"（史金波：《西夏经济文书研究》附录 "西夏经济文书录文、对译和意译"，第 650—652 页）。

⑧　《续资治通鉴长编》卷四五七，元祐六年四月甲午条记载："陕府系铜铁钱交界之处，西人之来，必须换易铜钱，方能东去。即今民间以铁钱千七百，始能换铜钱一千，遂致铁钱愈轻，铜钱愈重，百物随贵，为害最深。"

⑨　《续资治通鉴长编》卷一六二，庆历八年正月辛未条。

⑩　《宋会要辑稿》食货三八之三〇。

⑪　陈炳应：《西夏文物研究》，宁夏人民出版社 1985 年版，第 291 页。

碗、银腰带之类的用品，又有作为通货使用的银锭。[①]甘肃武威西夏窖藏曾出土一批银锭，上面鉴刻官正、行人姓名、店铺字号、重量等铭文[②]，反映出银锭铸造、发行与流通使用情况。甘肃武威西夏墓出土木板题记，记载该墓地的大小、位置和购买墓地所花费的银两。[③]当地又一墓葬出土的西夏乾祐三年（1172）朱书汉文木板题记中，亦记载该墓地也是用银两购置的。[④]所有这些都说明了银通货较为广泛地运用于社会生活各个方面。

交钞是北宋发行的纸币，便于携带，大大方便商业交换特别是长途贩运，除了内地商业使用外，还在沿边交换中使用。庆历五年（1045），宋朝三司担心流入西夏，请求严加禁止。[⑤]但宋夏沿边蕃部居地相接，在经济利益的驱动下，北宋境内蕃部手中的交钞[⑥]，必然会在两国蕃部交换中使用，至少在他们之间的走私贸易中使用。

---

① 《贞观玉镜将》规定：将官"俘获人、马、甲胄、旗、鼓、金等七种一千五百种以下，则不算挫敌军锋。若俘获一千五百种以上，则可算挫敌军锋，乃加八官，当得八十两银碗，大锦上服一〔件〕，七两银腰带一条，银一锭，茶绢五百"。（陈炳应：《贞观玉镜将研究》，宁夏人民出版社1995年版，第97页）。

② 该银锭追回21块，上面鉴刻"使正""官正""行人任应和、窦献成秤""行人裴元、宋琦秤""赵铺记""夏家记""肆拾玖两捌钱""五十两六钱""四十六两六钱四株""贰拾伍两捌钱""贰拾肆两肆钱""贰拾肆两叁钱正""真花银壹锭"等铭文。使正、官正，是官府审核后的鉴记；行人裴元、宋琦秤，是行业验秤；赵铺记、夏家记，应是铸造银锭的店铺和作坊；真花银壹锭，应是银锭的成色；肆拾玖两捌钱，应是银锭重量，根据以上银锭的实际重量，一两折合克的幅度在37—42.8克之间。（黎大祥：《甘肃武威发现一批西夏通用银锭》，《中国钱币》1991年4期）。

③ 梁晓英：《对武威新出土的西夏木板画的浅见》，《陇右文博》1997年第2期。

④ 姚永春：《武威西郊西夏墓清理简报》，《陇右文博》2000年第2期。

⑤ 《宋会要辑稿》蕃夷七之二六：庆历五年七月十二日三司言："夏国、角厮啰差人诣阙进奉，虑于延、秦州、镇戎军沿路收买陕西粮草、交钞，乞行禁止。如违，卖者并牙人严断，没入之。告人每一抄赏钱五千，以犯人家财充。从之。"

⑥ 《续资治通鉴长编》卷一五九记载：庆历六年（1046）十一月壬午，鄜延蕃官刘化基因"掠蕃部嵬通等妇女羊马，又以官钞易马与蕃部，收息钱二百九十九千，法当死，为其尝有战功，特贷之"；《续资治通鉴长编》卷一九八：嘉祐八年（1063）正月戊辰，宰臣韩琦言："秦州永宁寨以钞市马。自修古渭寨在永宁之西，而蕃、汉多互市其间，因置买马场，凡岁用缗钱十余万，荡然流入敌境，实耗国用。诏复置场永宁，罢古渭寨所置场，蕃部马至，径鬻于秦州"；《宋会要辑稿》食货五五之三一：熙宁三年（1070），诏令"将本司见管西川交子差人往彼转易物货，赴沿边置场，与西蕃市易"。

2. 铸钱

开国皇帝李元昊设官立制，应该铸有自己的年号钱，但出土西夏钱币最早是毅宗李谅祚铸造的西夏文福圣宝钱，至少第二代国主开始铸钱，一直到夏神宗李遵顼，前后7个朝代，其中夏仁宗时期最多。[①] 这与文献记载夏仁宗天盛十年（1158）"始立通济监铸钱"相吻合。[②] 天盛以前铸钱由

西夏文天庆宝钱

文思院兼掌[③]，铸造量也很小，象征意义大于流通意义。天盛年间开始设立通济监，大规模铸造，并限定铜钱和铁钱流通范围。[④] 铸钱是国之大事，由中央设置的钱监院统一掌管，任何地方官府和个人不许私铸或销铸为器，违者严惩。[⑤]

3. 宋钱流通

天盛年间西夏大量铸钱，用于商品交换，但由于原料缺乏，铸造的规模比较小，远远满足不了社会经济发展的需要，因此西夏境内主要流通宋钱，现存的西夏遗址与窖藏出土钱币中，北宋钱占绝大多数，有的高达97%，而西夏钱一般只有两三种，每种多为一两枚或三五枚，说明在西夏立国的190

① 牛达生：《西夏钱币研究》，宁夏人民出版社2013年版，第2页。
② 《宋史》卷四八六《夏国传下》。《天盛律令》卷五《军持兵器供给门》中提到的"钱监院"当是"通济监"。
③ 陈炳应：《西夏货币制度概述》，《中国钱币》2002年第3期。
④ 《天盛改旧新定律令》卷七《敕禁门》规定："诸人不允将南院黑铁钱运来京师，及京师铜钱运往南院等，若违律时，多寡一律徒二年，举告赏当按杂罪举告得赏"。说明西夏对铁钱流通有地域限制。
⑤ 《天盛改旧新定律令》卷七《敕禁门》规定："诸人不允去敌界卖钱，及匠人铸钱，毁钱等。假若违律时，一百至三百钱徒三个月，五百钱以上至一缗徒六个月，二缗徒一年，三缗徒二年，四缗徒三年，五缗徒四年，六缗徒五年，七缗徒六年，八缗徒八年，九缗徒十年，十缗徒十二年，十缗以上一律绞杀，从犯依次当各减一等。"

年中，主要流通的不是自己铸造的货币，而是宋钱。[①]

宋夏关系的好坏以及宋朝"阑出"政策的宽严，往往决定宋钱流入量的多少。宁夏贺兰山大风沟、榆树台、滚钟口西夏窖藏钱币，"庆历重宝"只有4枚，占大量宋钱的极少数。[②]显然与这一时期两国爆发战争，宋朝关闭権场，断绝和市有密切的关系。宋神宗熙宁、元丰钱数量最多，占所有窖藏宋钱的百分之二十多，这不仅因为熙丰年间铸钱量大，更为重要的是熙宁七年"颁行新敕，删去旧条，削除钱禁，以此边关重车而出，海舶饱载而回"[③]。"沿边州军钱出外界，但每贯收税钱而已"。[④]绍圣、元符间连年用兵西夏，两国关系再度紧张，两国大规模贸易中断，出土的绍圣、元符宋钱的数量自然减少。宋室南渡，两国之间的经济交流被金朝阻断，所以在西夏窖藏和遗址中，很难见到南宋钱币。为了解决这一问题，西夏于1158年（西夏天盛十年、南宋绍兴二十八年、金正隆八年）立通济监以铸钱。[⑤]

4. 省陌制

省陌又称短陌，即不足百之钱当百，是解决货币不足的手段。灵武窑出土西夏瓷器中，有一块斜壁碗边上墨书"三十吊五十串"，"吊"作为货币计量单位，一吊1000文，"三十吊五十串"，可以理解为将30吊钱分成50串，每串600文，也有可能当时以600文为一吊（贯），如是30足吊当做50吊用。[⑥]唐朝曾以85为百，宋朝以77为百[⑦]，金朝以80为百，如此看来，铜材

① 杜建录：《西夏经济史》，中国社会科学出版社2002年版，第232页。
② 牛达生：《西夏钱币研究》，宁夏人民出版社2013年版，第204—209页。
③ 《宋史》卷一八〇《食货志下二·钱币》。
④ 《宋史》卷一八〇《食货志下二·钱币》。
⑤ 《宋史》卷四八六《夏国传下》。
⑥ 张连喜、马文宽：《宁夏灵武磁窑堡出土钱币及墨书"吊"字瓷片》，《考古》1991年第12期。
⑦ 《宋史》卷一八〇《食货志下二·钱币》："自唐天祐中，兵乱窘乏，以八十五钱为百。后唐天成中，减五钱。汉乾祐初，复减三钱。宋初，凡输官者亦用八十或八十五为百，然诸州私用则各随其俗，至有以四十八钱为百者。至是，诏所在用七十七钱为百"；《金史》卷四八《食货志三·钱币》："民间以八十为陌，谓之短钱。官用足陌，谓之长钱。大名男子斡鲁补者上言，谓官私所用钱，皆当以八十为陌，遂为定制。"

料缺乏的西夏完全有可能以 60 为百。

（二）度量衡制

度量衡是人类生产劳动、商业交换的重要手段，我国自秦朝统一度量衡后，历代一直沿用，不同的朝代的度量衡有增有减，但总的趋势是逐渐增长。[①] 唐代党项进入内地后，在生产和对外交换过程中，逐渐掌握中原地区的度量衡。西夏立国后，在继承中原地区度量衡的基础上，又进行了一定的变革，形成了自己的制度。

1. 度制

古代的长度单位有分、寸、尺、丈、寻、常、仞等，数学上长度细化到分、厘、毫、妙、忽，所谓"蚕吐丝为忽，十忽为一丝，十丝为一毫，十毫为一厘，十厘为一分"[②]，均为十进位制。到了宋代，把秒改为丝，清末把长度最小单位定到毫。西夏社会生活中主要使用分、寸、尺、丈等长度单位，《番汉合时掌中珠》记有一寸、一尺、一（丈）。西夏文《新集碎金置掌文》记有"褐绢量尺寸"[③]。另外，还使用匹、段的概念，大体 1 匹等于 35 尺[④]，匹、段只在丝、毛织品中使用，不作为一般意义上的长度单位。黑水城榷场文书将尺作"赤"，如"河北绢三十三赤九寸""壹疋壹赤玖寸贰分""贰拾捌赤肆寸贰分半"。[⑤] 丈、尺、寸按十进位，和唐宋相同，[⑥]"河北绢三十三赤九寸"就

---

① 梁方仲：《中国历代度量衡之变迁及其时代特征》，《中山大学学报》1980 年第 2 期。

② 《孙子算经》卷上，文渊阁四库全书影印本 797—141。

③ 西夏文《碎金》记载："解豆衡斗升，鍮铁称斤两。褐绢量尺寸，大数估算得。分别号独一，结合千百亿。"（聂鸿音、史金波：《西夏文本〈碎金〉研究》，《宁夏大学学报》1995 年第 2 期）。

④ 孙继民、许会玲：《西夏榷场使书所见西夏尺度关系研究》，《西夏研究》2011 年第 2 期。

⑤ 杜建录、史金波：《西夏社会文书研究》"汉文西夏社会文书释文"编号 307、313、352 文书。

⑥ 《唐律疏议》卷第二六"校斛斗秤度不平"条"疏议"："度，以秬黍中者，一黍之广为分，十分为寸，十寸为尺，一尺二寸为大尺一尺，十尺为丈。"（中华书局 1996 年版，第 1857 页）；《宋刑统》卷第二十六"校斗秤不平"条"疏议"相同。（《庆元条法事类》卷三六："论如'用斛斗称度不平'律"，黑龙江人民出版社 2002 年版，第 562 页）。

清楚地说明了这一点。

《天盛改旧新定律令》卷一七《斗尺秤换卖门》缺佚[1]，出土的西夏文物中，也没有尺之类的标准物。只有通过该律令卷一〇关于"僧监副、判、权首领印一寸七分"的规定[2]，结合相关实物来判断。目前所见西夏首领印大都属于最低一级的司印，它们的边长5—6厘米不等，多数在5.2—5.3厘米左右，若平均边长5.3厘米，按法律规定的一寸七分计算，西夏的一寸约合3.12厘米。[3]据专家考证，唐代一寸3厘米，宋代一寸3.16厘米。[4]由此可见，看来西夏的尺寸接近唐宋制度。中国古代尺度由短而长，至唐代以后变化甚小[5]，西夏的尺度接近唐代，自然是情理之中的事。

2. 量制

西夏的容积基本计量单位为斛、斗、升、合，《天盛改旧新定律令》规定："各租户家主各自地何时种、耕牛数、租种数、斛、斗、升、合、条草当明之，当使书一木牌上。一户当予一木牌。"[6]西夏承唐制，合、升、斗、斛是十进位[7]，与宋一斛五斗不同。石本是重量单位，为一百二十斤，但自秦汉

---

① 该门类只存"斗尺秤交旧换新""边中用斗尺秤""斗尺秤价增"等条目。

② 《天盛改旧新定律令》卷一〇《官军敕门》。

③ 史金波：《西夏度量衡刍议》，《固原师专学报》2002年第2期。

④ 吴承洛：《中国度量衡史》，上海书店出版社1937年版；丘光明：《中国度量衡》，新华出版社1993年版，第109、124页。

⑤ 梁方仲在《中国历代度量衡之变迁及其时代特征》一文中解释王国维的论断时指出："如果在年代上说得更确切一点，应该是：由于曹魏西晋以后，迄唐代中叶，五六百年间，政府征收的户调是绢、布，因此在这个时期内尺度不断地增长；尤以北朝的增率为最甚——自东晋至北魏不满三百年内，尺度便增长了几乎十分之三，这是增率最速的一段时候。其后，至唐代中叶，朝廷始不复以绢、布为户调正课，所以自宋金元迄清，八九百年来，尺度犹仍唐代之旧，没有多大的变动。"（《中山大学学报》1980年第2期）。

⑥ 《天盛改旧新定律令》卷一五《纳领谷派遣计量小监门》。

⑦ 俄藏编号6377《西夏光定卯年（1219）贷粮契》记录："借一石五斗麦，每石有五斗利，共算为二石二斗五升"，显然一石是按十斗计算的。（史金波：《西夏经济文书研究》附录"西夏经济文书录文、对译和意译"，第551—553页）。

开始，石也作为容量单位，与斛相等，西夏亦如此，斛、石通用。[①]

唐朝 1 升合 600 毫升[②]，宋朝一升合 660 毫升。[③]西夏制度略与唐宋相同，其一升究竟相当于唐代的 600 毫升，还是宋代的 660 毫升，一方面考虑到北宋每年给西夏大量岁赐，双方贸易往来频繁，另一方面方便对农民的剥削[④]，应该是宋制的 660 毫升。经测定小麦 1 毫升约 0.82 克，大致推测西夏 1 升为 541 克，约合现今 1.08 斤。当然，荞麦、糜、谷等杂粮一升的克数要少一些。

西夏还有更小的量的单位，《文海》"撮"字条"十粟一粒，十粒一圭，十圭一撮，十撮一抄，十抄一合，十合一升，算量起处是也"[⑤]。这应该是对计量的认识，实际在日常生活中计量时，"合"以下几乎不使用。

3. 衡制

西夏 1 斤 16 两，《文海》"斤"字条"称星十六两一斤也"[⑥]。《天盛改旧新定律令》规定锻打铁器时，打镢头、斧头等粗铁器一斤耗减八两，打灯炷、火炉、锹头等细铁器时一斤耗减十两，打刀剑、剪刀、枪下刃等水磨铁器时一斤耗减十一两[⑦]，可以印证《文海》所记 1 斤 16 两。宁夏灵武市石坝发现的西夏文银碗，分别在碗底用西夏文写明其重量是"三两"和"三两半"，经实测，其重量是 114 克和 137.5 克，由此可知西夏"两"的单位值约 38—39 克，

---

① 黑水城出土汉文典当文书有"共本利大麦一石九斗五升""共本利二石七斗""大麦一石三斗七升"等语，说明石与斛同，一石十斗，一斗十升。（陈国灿：《西夏天庆间典当残契的复原》，《中国史研究》1980 年第 1 期）。

② 吴慧：《魏晋南北朝隋唐的度量衡》，《中国社会经济史研究》1992 年第 3 期；胡戟：《唐代度量衡与亩里制度》，《西北大学学报》1980 年第 4 期。

③ 吴慧：《宋元的度量衡》，《中国社会经济史研究》1994 年第 1 期；邱隆：《中国历代度量衡单位量值表及说明》（《中国计量》2006 年第 10 期）认为宋代一升 702 毫升。

④ 我国古代度量衡总体有增大的趋势，其中量的增率最大，首先是因为量器的大小最难于判定，它不像尺度可以凭眼和手足作出适当的评验，故易于作弊。但最基本的理由是由于我国田赋和地租一向征收的是实物，它的历史最为长久，至少也有二千年以上。（梁方仲：《中国历代度量衡之变迁及其时代特征》，《中山大学学报》1980 年第 2 期）。

⑤ 史金波、白滨、黄振华：《文海研究》，中国社会科学出版社 1993 年版，第 514 页。

⑥ 史金波、白滨、黄振华：《文海研究》，中国社会科学出版社 1993 年版，第 458 页。

⑦ 《天盛改旧新定律令》卷一七《物离库门》。

与宋朝"两"的单位值 39—40 克相近。① 西夏的 1 斤约 608—624 克，宋朝的
1 斤约 624—640 克，说明西夏在衡制方面"略与宋同"②。

《文海》"锰"字条"十黍一锰，十锰一株，六株一钱，四钱一两，此者
称算用是"③。其中"六株一钱，四钱一两"，即 1 两合 24 株，4 钱，这是秦汉
古制的记录，在西夏天盛年间社会生活中并不实行。④《天盛改旧新定律令》
规定打造银耗减法，"上等、次等者，一律百两中可耗减五钱"，纺"上等好
绢线一两中耗减三钱；下等织线十两中耗减六钱"。⑤ 证明钱至两不是四进位。

4. 亩制

我国先秦一百平方步为一亩，秦统一后以二百四十平方步为一亩，一直
延续到清。⑥ 西夏的亩制与唐宋不尽相同，《文海》"亩"释："一边各五十尺，
四边二百尺算一亩。"⑦ 按西夏 1 尺 0.312 米计算，50 尺合 15.6 米，每亩约合
243 平方米，即百平方步亩制。唐宋为 240 平方步亩制，每亩约 600 平方米。⑧
因此宋朝一亩为西夏 2.4 亩，也即西夏是小亩制。

---

① 董居安：《宁夏石坝发现墨书西夏文银器》，《文物》1978 年第 12 期。

② 《天盛改旧新定律令》卷一八《杂曲门》记载："诸处踏去曲者，大麦、麦二斗当以十五斤计，
一斤当计三百钱卖之。"按：西夏 15 斤为 240 两（16 两 × 15 斤 =240 两），240 两为 9360 克（39 克
× 240 两 =9360 克）；20 升（2 斗）为 9360 克，1 升 468 克，与上述 1 升 541 克不同。也许西夏有大
小升斗之分，所谓大斗进，小斗出，这是卖出，用的是小斗，存疑待考。

③ 史金波、白滨、黄振华：《文海研究》，中国社会科学出版社 1993 年版，第 452 页。

④ 史金波：《西夏度量衡刍议》，《固原师专学报》2002 年第 2 期。

⑤ 《天盛改旧新定律令》卷一七《物离库门》。

⑥ （宋）王应麟《玉海》卷一七六引宋初窦俨语："小亩步百，周之制也；中亩二百四十，汉之
制也；大亩三百六十，齐之制也。今所用者，汉之中亩"（文渊阁四库全书影印本 947—545）；《盐铁
论·未通篇》曰："古者，制田百步为亩，民井田而耕，什而籍一；……先帝哀怜百姓之愁苦，衣食不
足，制田二百四十步而一亩，率三十而税一"；《旧唐书·食货志》曰："武德七年（624），始定律令，
以度田之制，五尺为步，步二百四十为亩，亩百为顷。"

⑦ 史金波、白滨、黄振华：《文海研究》，中国社会科学出版社 1993 年版，第 534 页。

⑧ 陈梦家：《田制与里制》统计，先秦 1 亩约合今 192 平方米，西汉 1 亩约合今 465 平方米，唐
1 亩约合今 522 平方米，明朝 1 亩约合今 608 平方米，清朝 1 亩约合今 614 平方米，今 1 亩约合今 667
平方米。宋代与唐略同，1 亩约合 520 多平方米。（《考古》1966 年第 1 期）考虑到古代尺度数据来源
不同，往往有不同的记载，兹从史金波《西夏度量衡刍议》（《固原师专学报》2002 年第 2 期）。

和唐宋一样，西夏"百亩为一顷"①。西夏农户缴纳麦草、粟草时也以地亩计算，以一顷五十亩一块地即 150 亩地为单位，交麦草七捆、粟草三十捆，捆绳四尺五寸。②西夏疏浚引黄渠道的人工是以耕地的顷亩数派遣，"自一亩至十亩开五日，自十一亩至四十亩十五日，自四十一亩至七十五亩二十日，七十五亩以上至一百亩三十日，一百亩以上至一顷二十亩三十五日，一顷二十亩以上至一顷五十亩一整幅四十日。当依顷亩数计日，先完毕当先遣之"③。

西夏还有一种计量土地数量的方法，就是依据种子计算土地的面积。黑水城出土西夏户籍手实，记录移讹千男一家 7 口人，是一个较大的家庭，有地四块，共有可撒 27 斛种子的地，其中 3 块各撒 7 斛，一块撒 6 斛。另一件户籍手实记录梁行监一家男女 18 人，有地 4 块，共撒 52 斛，其中一块撒 20 斛，一块撒 15 斛，一块撒 10 斛，一块撒 7 斛。两个家庭都养有牲畜，其中前移讹千男一家牧养 3 头骆驼、10 头牛、80 只羊；梁行监一家牧养 3 匹马和 32 头骆驼。④黑水城出土的土地买卖契约和租赁契约中，绝大部分用撒种子数量计算土地面积⑤，而在缴纳赋税文书中，则以实际顷亩数统计，如"十亩税三斗七升半""二十八亩税三斗五升""一顷五十亩税一石八斗七升半。"⑥西夏法律明确规定按照耕地亩数和脊肥缴纳田赋，"一亩：上等一斗，次等八升，中等六升，下等五升，末等三升"⑦。由此看来，西夏民间在土地买卖中约定成俗，按照撒种子数量计算亩数，官府层面则按照中原地区传统，计亩纳税。

---

① 史金波、白滨、黄振华：《文海研究》，中国社会科学出版社 1993 年版，第 550 页。
② 《天盛改旧新定律令》卷一五《催缴租门》。
③ 《天盛改旧新定律令》卷一五《催缴租门》。
④ 史金波：《西夏经济文书研究》附录"西夏经济文书录文、对译和意译"，第 457—460 页。
⑤ 俄藏黑水城 12 件西夏卖地契约中，其中出卖撒二石熟生地 1 件，撒二十石熟生地 2 件，撒十五石熟生地 1 件，撒八石熟生地 1 件，撒 10 石熟生地 3 件，撒五石熟生地 2 件，撒三石熟生地 1 件，23 亩地 1 件，撒 100 石熟生地 1 件。租赁契约中，租出的土地有撒 20 石熟生地、撒 15 石熟生地、撒 8 石熟生地、撒 85 石熟生地，还有的直接写包租地一块。（史金波：《西夏经济文书研究》附录"西夏经济文书录文、对译和意译"，第 584—618、558—673 页。）
⑥ 史金波：《西夏经济文书研究》附录"西夏经济文书录文、对译和意译"，第 464—470 页。
⑦ 潘洁：《〈天盛改旧新定律令·催缴租门〉一段西夏文缀合》，《宁夏社会科学》2012 年第 6 期。

这种按撒种子多少计量土地面积，在我国地广人稀的少数民族地区较为普遍流行。

我国西北地区谚云："种1斗打1石"，唐宋北方一般年景下亩产1石左右，也即撒1斗种子地（1亩）大致收1石粮食，撒1石（斛）种子地大致收10石粮食，以此计算，27斛可撒270宋亩土地，合计西夏648亩。当然，这是个约数，撒小颗粒的谷子和大颗粒的大、小麦所需种子的数量差距很大，俄藏编号4199《西夏天庆丙辰年（1196）梁善因熊鸣卖地契》记录，立契人梁善因熊鸣卖出"数生地十石撒处七十亩"①，1亩撒种子1.42升，这似乎是撒大颗粒的荞麦种子。当然，西夏撒1石种子地的亩数应该有约定俗成的标准。

（三）商业交换

西夏立国前，党项人商业交换主要是和中原王朝的绢马贸易和沿边羌汉人民的互市，立国以后，随着农牧业、手工业的发展和社会分工的扩大，国内商业交换迅速发展起来，特别是到了中后期，商品交换几乎渗透到西夏社会生活方方面面。都城兴庆府和灵、夏、绥、宥、甘、凉、肃、瓜、沙等州城和监军司驻地，是居民、军队、官府集中的地方，也是区域交换的中心，凉州"武威当四冲地，车辙马迹，辐凑交会，日有千数"②。

1. 酒肆店铺

造曲卖曲和酿酒卖酒是一个产业链条，西夏官府在京师及大都督府、富清县、鸣沙军、官黑山、黑水、定远县、回定堡、怀远县、临河县、会州、保静县、南山九泽、五原郡、宥州、夏州、北院、文静、武威等州县和沿边重要城镇设库专卖酒曲③，专卖酒曲的地方一般都设有官私酿酒作坊和酒肆，

---

① 史金波:《西夏经济文书研究》附录"西夏经济文书录文、对译和意译"，第609—612页。
② 《凉州重修护国寺感应塔碑铭（汉文）》，载白滨编:《西夏史论文集》，第456页。
③ 《天盛改旧新定律令》卷一七《库局分转派门》；卷一八《杂曲门》。

文献记载西夏白豹城开设具有生产和销售性质的酒务或酒税务。① 文人墨客、官员士子、商旅兵丁是酒肆的常客，投奔西夏的张元、吴昊初到兴庆府后，"相与诣酒肆，剧饮终日"。② 西夏官僚贵族和平民百姓婚丧嫁娶所用酒③，当主要来自市场交换，而非家庭酿造。俄藏黑水城西夏《酒价钱账》记录 4 斗酒价 6 斗大麦、1 石酒价 15 斗大麦、3 斗酒价 4 斗 5 升大麦、2 斗酒价 3 斗大麦。④ 当然随着交换的发展，各地市场上的酒也不完全是本地生产，黑水城的一款米酒就来自甘州。⑤

除酒肆外，在繁华的城镇中还有大大小小的饭馆、饼店、当铺、金银店、丝绸店之类的店铺，这些形形色色的店铺，有的是店家自己开的，有的是租赁的。西夏光定十二年（1222）正月，李春狗租赁到一间烧饼房⑥，连同"烧

---

① 《续资治通鉴长编》卷一二八，康定元年九月壬申记载："环庆副都部署任福等攻西贼白豹城，克之，凡烧庐舍、酒务、仓草场、伪太尉衙。"司马光《涑水记闻》卷一二有相同的记载，只是将酒务记为"酒税务"。

② 《西夏书事》卷一四。

③ 《天盛改旧新定律令》卷八《为婚门》；（宋）上官融《友会谈丛》卷下记载：麟州一带的党项族"凡育女稍长，靡有媒妁，暗自期会，家不之问。情之至者，必相挈奔逸于山石掩映之处，并首而卧，绳带置头，各悉力紧之，倏忽双毙。二族方率亲属寻焉，见而不哭，谓男女之乐何足悲悼。用绘彩都包其身，外裹之以毡，椎牛设祭，乃条其革，密加缠束。然后择峻岭架木，高丈余，呼为女棚。迁尸于上，云子飞升天也。二族于其下击鼓饮酒，数日而散"。

④ 史金波：《西夏经济文书研究》附录《西夏经济文书录文、对译和意译》，社会科学文献出版社 2017 年版，第 515—516 页。

⑤ 俄藏编号 4696-8 酒价钱账，写本长卷，开头有"甘州米酒来，已卖数单子"，说明这批米酒来自河西地区的甘州。（史金波：《西夏经济文书研究》，第 161—163 页）。

⑥ 《西夏光定十二年正月李春狗等扑买饼房契》，俄罗斯科学院东方文献研究所藏，俄藏编号ДХ18993，兹录文如下（史金波：《西夏经济文书研究》，第 418 页）：

光定十二年正月廿一日立文字人李春狗、刘番家等，今于王元受处扑到面北烧饼房舍一位，里九五行动用等全，下项内炉整一富，重四十斤，无底。大小铮二口，重廿五斤。铁匙一张，糊饼划一张，大小槛二个，大小岸三面，升房斗二面，大小口袋二个，里九小麦本柒石伍斗。每月行价赁杂壹石伍斗，恒月系纳。每月不送纳，每一石倍罚一石与元受用。扑限至伍拾日，如限满日，其五行动用，小麦七石五斗，回与王元受。如限日不回还之时，其五行动用、小麦本每一石倍罚一石；五行动用每一件倍罚一件与元受用。如本人不回与不辨之时，一面契内有名人当管填还数足，不词。只此文契为凭。

立文字人李春狗［押］同立文字人李来狗 同立文字人郝老生［押］立文字人刘番家［押］同立文字人王号义［押］

饼房"一同出租的有炉鏊一个①，大小铮二口②，铁匙一张，糊饼剗一张③，大小槛二个④，大小岸三面⑤，升房斗二面⑥，大小口袋二个，小麦本柒石伍斗。

烧饼、糊饼是西夏流行的两种食品，《番汉合时掌中珠》记载西夏面食有油饼、胡饼、蒸饼、干饼、烧饼、花饼、油球、角子、馒头等。⑦其中烧饼，西夏文二字，第一字音"北"，"烧"意；第二字音"遏"，"饼"意，当指用炉鏊烤制的饼类食品。糊饼，西夏文二字，第一字音"宜则"，与"烤"音同，并用"烤"字的一部分构成，有"烧烤"之意；第二字音"遏"，"饼"意。我国古代将撒上芝麻的烤饼叫胡饼或麻饼，西夏的胡饼应属此类，它可以用铮（锅）烙制，也可以用鏊烤制。⑧

西夏的典当借贷非常活跃，不仅典当商人从事借贷，官府和寺院也插手其间，获取暴利。为了规范境内的典当借贷活动，《天盛改旧新定律令》专列《当铺门》及《催索债利门》。文献中虽然没有金银店、丝绸店的记述，但从西夏"每一使至，赐予、贸易，无虑得绢五万余匹，归鬻之其民，匹五六千，民大悦。一使所获，率不下二十万缗"⑨的情况来看，它应该是存在的，因为

---

① 鏊有两种，一是烙饼用的平底锅，曰饼鏊。《正字通·戍部·金部》："鏊，今烙饼平锅，曰饼鏊，亦曰烙锅。"《宋史》卷四八五《夏国传上》记载，宋大中祥符三年（1010），西平王赵德明"大起宫室于鏊子山"。鏊子山，就是说山顶凹下去像个锅底，而不是像桶状的炉鏊。另一是烤饼的器具，就是本文契所说的炉鏊，桶状，无底，烧烤时下部生火加温，面饼贴在上部四周。

② 铮，本指古乐器，形圆如铜锣，引申为形状似铮的器具。烧饼房里的铮当然不是铜锣，而是形如铜锣的平底锅，糊饼就是用铮烙制的。铁匙，即铁勺，用来舀水或舀面粉。

③ 糊饼划，"划"通"铲"，烙糊饼用。

④ 槛，柜也，盛物或盛水的器具，木制，西夏汉文《杂字》直接作"木槛"。《农桑通诀》曰：江北陆地种草，"用之铡切，以泔糟等水，浸于大槛中，令酸黄。或拌麸糠杂饲之，特为省力"（（明）徐光启：《农政全书》卷四一引《农桑通诀》，上海古籍出版社1979年版，第1168页）。烧饼房内应有盛水的缸和发面的盆，大小两个木槛当是用来盛水和发面的。

⑤ 案，即案板，用来揉擀面团。

⑥ 升房斗，升、斗均为量器，十升为一斗。此器是在斗内又设一升量物空间，故称升房斗。

⑦ 《俄藏黑水城文献》第10册，上海古籍出版社1999年版，第35页。

⑧ 《资治通鉴》卷二一八，唐肃宗至德元年条胡三省注云："胡饼，今之蒸饼，高似孙曰：'胡饼，言以胡麻著之也。'崔鸿《前赵录》：'石虎讳胡，改胡饼曰麻饼。《细素杂记》曰：'有鬻胡饼者，不晓名之所谓，易其名曰炉饼。以为胡人所啖，故曰胡饼也。"按胡三省所考胡饼制作方式有"蒸"和"炉烤"两种，西夏胡饼用铮（锅）烙制，可见，胡饼的含义较广。

⑨ 《续资治通鉴长编》卷四○五，元祐二年九月丁巳条。

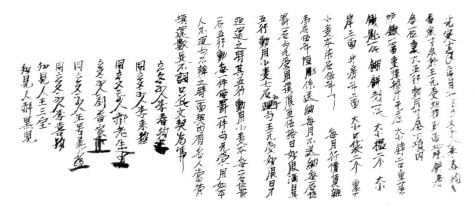

西夏光定十二年李春狗等扑买饼房契

这些长途贩来的货物，"鬻之其民"的途径不外乎店铺和集市两种途径。夏金权场上有一批专门从事买卖的商户，他们将收购来的特产，通过权场牙人转售出去，换取金人的丝织品及其他日用品，运回所在州县或其他地方销售。①

2. 集市交换

集市是西夏人民交易牲畜、粮食、丝绸、布匹、农器及其他生活日用品的重要渠道。俄藏黑水城文书中，有 20 件牲畜买卖契约，甘肃武威亥母洞也发现西夏卖畜契。这些契约大多首尾完整，每件契约开始写明时间，然后是卖畜人和买畜人姓名，出卖牲畜品种、数量和价格，以及反悔处罚等，最后是立契人、同立契人、证人姓名画押，其中编号 Инв. No.7630-2 有买卖税院朱印，表明该契通过买卖税院缴纳过买卖税。黑水城还发现四件换畜契，是通过畜畜交换补差价形式的牲畜交换，契约开始写明时间，然后是双方畜主人姓名，交换牲畜品种和所补差价多少，以及反悔处罚等，最后是立契人、

---

① 俄藏西夏权场文书记录在权场交易的西夏商户有的是西凉府住户，有的是镇夷郡住户。（杜建录、史金波：《西夏社会文书研究》下篇"汉文西夏社会文书释文"，第 254—271 页）。

同立契人、证人姓名画押。① 兹列表以资考察。②

西夏牲畜买卖一览表

编号	卖畜者	买畜者	买卖时间	牲畜种类及特征	价格
Инв. No. 5124-3（5、6）	嵬移祥瑞宝	普渡寺梁喇嘛	天庆寅年（1194）正月二十九日	全齿生红牛二头、全齿黑牛一头	五石麦及二石杂粮
Инв. No. 5124-4（4）	梁盛犬	梁喇嘛及梁那征茂	天庆寅年（1194）二月三日	全齿母骆驼一峰、马一匹	二石麦、三石杂粮
Инв. No. 5124-4（5）	平尚讹山	梁那征茂、喇嘛	天庆寅年（1194）二月三日	二齿公骆驼一峰	二石大麦、一石糜

---

① Инв. No.5124-4（4）天庆寅年（1194）卖畜契（史金波：《西夏文卖畜契和雇畜契研究》，《中华文史论丛》2014年第3期）：

天庆寅年二月三日，立契者梁盛犬等，向梁喇嘛及梁那征茂等自愿出卖全齿母骆驼及一马，价二石麦、三石杂粮等，实已付，价畜等并无悬欠。其畜有其他诸人、同抄子弟追争诉讼者时，不仅按《律令》承罪，还依官罚交三石麦。服。

立契者梁盛犬（押）　同立契子打盛（押）　证人积力隐藏子（押）　证人梁老房西。

Инв. No.7630-2 光定酉年（1213）卖畜契：

光定酉年五月三十日，立契者啰铺小狗西，向嵬移小狗子等卖一四齿生牛，价四石杂粮议定。此后其畜有同抄子弟诉讼者时，卖者管。并罚交八石杂粮。服。

立契者小狗酉（押）　同立契梁小狗子（押）　证人酩布正月吉（押）。

Инв. No.4195 天庆午年（1198）换畜契

天庆午年正月十日，立契者没移铁乐，将原自属一全齿花牛与梁守户铁讹一全齿白牛互换，白牛增加一石杂粮。畜谷各自并无悬欠。若畜谷有官私同抄子弟其余诸人等诉讼者时，铁乐管。个人有反悔不实时，罚交二石杂粮。本心服。

立契者铁乐（押）　同立契儿子盛铁（押）　同立契儿子显令（押）　证人吴隐藏山（押）

证人移契老房（押）

② 史金波先生对西夏文卖畜契和雇畜契进行了深入的研究（《西夏文卖畜契和雇畜契研究》，《中华文史论丛》2014年第3期；《西夏经济文书研究》，第310—311页），所引契约来自上述成果，只在个别文字上适当调整。

编号	卖畜者	买畜者	买卖时间	牲畜种类及特征	价格
Инв. No. 2546-2、3	左移犬孩子	梁讹吉	天庆亥年（1203）二月二十五日	三齿短红马一匹	一石？斗杂粮
Инв. No. 2546-1	梁那征讹	嵬移十月犬	天庆亥年（1203）二月三十日	全齿母骆驼一峰	六石杂粮
Инв. No. 5404-8、9	讹七盛	郝那征奴	天庆子年（1204）十一月十五日	有绺母马	五石杂粮
Инв. No. 5404-10	白清势功水	嵬名水	天庆子年（1204）十一月十六日	五齿可用粟马一匹	四石杂粮
Инв. No. 2858-1	郝隐藏宝	涂千犬	天庆丑年（1206）腊月三十日	四齿能用红母马一匹	七石杂粮
Инв. No. 7630-2	啰铺小狗酉	嵬移小狗子	光定酉年（1213）五月三十日	四齿生牛一头	四石杂粮
Инв. No. 7994-14	啰铺博士	张顺利	光定亥年（1215）三月二十七日	六齿牛一头	十石，实付一石，六月二十日付八石

编号	卖畜者	买畜者	买卖时间	牲畜种类及特征	价格
Инв. No. 6377-15	梁犬势	依丑移、嵬移山	光定子年（1216）五月十六日	二齿母骆驼一峰、一齿母骆驼六峰、栗色马一匹	九十两银
Инв. No. 840-3				羖䍽羊四十只、公母骆驼三峰、黑母马二匹、牛大小二、驴子二头	九十八石六斗五升
Инв. No. 5404-8、9			天庆未年（1199）五月二十五日	十齿	
G31·003 [6727]1-2	寿长山	命屈般若铁	乾定酉年（1225）九月日	全齿黑牛一头	六十五贯钱
G31·002 [6726]	移祥瑞善	提佛鸠	乾定酉年（1225）四月八日	麻黄驴一头	五十贯钱

西夏换畜一览表

编号	换畜者	换畜对方	换畜时间	所换牲畜	换畜价
Инв. No. 4195	没移铁乐	梁守护铁讹	天庆午年（1198）	全齿生花牛一头	全齿生白牛一头、加一石杂粮
Инв. No.2851-1	梁……	鲁卧显令	天庆亥年（1203）正月十九日	马一匹、骡一匹	粟马一匹，加一石杂粮
Инв. No.2851-33	？母娃	药乜心喜势	天庆亥年（1203）二月十八日	全齿黑公骆驼一头	全齿公驴一头、加花褐布一庹、一石五斗杂粮
Инв. No.5120-2	酩布驴子盛	律移铁善	天庆子年（1204）二月二十四日	一齿马一匹	骆驼一头，五石杂粮

现存西夏大家畜的买卖交换有正月、二月、三月、四月、五月、九月、十一月、腊月，其中正月到三月居多，这段时间正是备耕和春耕时间，四、五月是晚秋作物播种时间，这一时期买畜主要用于农业生产，包括出租给贫困农民生产。[1] 有的则用于畜牧生产，编号 Инв.No.6377-15 文契，光定子年（1216）五月十六日，依丑移、嵬移山花90两银，购买梁犬势1峰二齿母骆、6峰一齿母骆驼和1匹栗色马，这个季节购买幼畜，显然是用于牧养。

卖畜大致有三方面原因，一是青黄不接，换取口粮，以度饥荒，这种情况买主价格压得比较低；[2] 二是耕作季大家畜需求旺盛，价格比较理想，编号 Инв.No.7994-14 文契，光定亥年（1215）三月二十七日，啰铺博士用1头六

---

[1] 俄藏黑水城文书中有5件雇畜契，其中5件在编号 Инв.No.5124 长卷中，这3件雇畜契前面各有1件卖畜契，雇畜契的时间和卖畜契相同，说明普渡寺买到牲畜后，立即租给缺乏役畜的贫困农民，有的还是卖畜本人。（史金波：《西夏文卖畜契和雇畜契研究》，《中华文史论丛》2014年第3期）。

[2] 史金波：《西夏经济文书研究》，第312页。

齿牛，换取十石粮，实付一石，六月二十日付八石，显然不是为了度过饥荒，可能是为了卖一个比较好的价钱；三是淘汰部分牲畜，以利越过冬春。冬春季牧草干枯，需要添加饲草，减群有利于牧养。

至于换畜，一是出于牧业生产的目的，有的想养骆驼，有的想养马，有的想养驴，有的需要公畜，有的需要母畜；二是出于农业生产的目的，编号Инв.No.4195文契，天庆午年（1198），梁守护铁讹用1头全齿生白牛加一石杂粮，换取没移铁乐1头全齿生花牛。两头牛齿岁相同，可能肥瘦强弱不同，梁守护铁讹需要一头强健的牛用来使用；三是其他方面的原因，如编号Инв.No.5120-2文契，天庆子年（1204）二月二十四日，律移铁善用1头骆驼加五石杂粮，换取酩布驴子盛1匹一齿马。1匹一岁小马驹，就能换取1峰骆驼加五石杂粮，当年讹七盛1匹有辔母马才换了五石杂粮（编号Инв.No.5404-8、9），也许出于赔偿官畜的需要①，律移铁善花了大价钱，买了1匹小马驹。

牲畜的价格并不高，Инв.No.5124-3（5、6）文契，3头全齿成年牛，价五石麦及二石杂粮；编号Инв.No.5124-4（4）文契，1峰全齿母骆驼、1匹马，价二石麦、三石杂粮；编号Инв.No.5124-4（5）文契，1峰二齿公骆驼，价3石杂粮；编号Инв.No.7630-2文契，1头四齿牛，价四石杂粮。这除了寺院地主乘人之危，在农民青黄不接时，压低购买价格，还由于西夏法律严禁私自屠杀驼马牛驴骡②，大家畜只能作为役畜，而不能宰杀食肉，市场需求有限。母畜体格虽小，或有孕在身，一畜二卖；或可繁殖生产，价格一般高于公畜。

牲畜买卖不完全都在集贸市场上进行，至少编号5124三件文契是这样的，这3件卖畜契的后面各有1件雇畜契，立契的时间和卖畜契相同，也即普渡寺买到牲畜后，立即租给缺乏役畜的贫困农民，有的还是卖畜者本人。

---

① 《天盛改旧新定律令》卷一九《畜利限门》规定：国有母马每年必须保证50%的繁殖率，"不足者当令偿之，所超数年年当予牧人"。
② 《天盛改旧新定律令》卷二《盗杀牛骆驼马门》："诸人杀自属牛、骆驼、马时，不论大小，杀一头徒四年，杀二头徒五年，杀三头以上一律徒六年"；"诸人杀骡、驴，不论大小，杀自属一头徒三个月，杀二头徒六个月，杀三头以上一律徒一年"。

普渡寺还放高利贷，集寺院、地主、商人于一身，横行城乡，干着高利借贷和出租牲畜的勾当，当地贫困的农牧民为了生存，只能将牲畜贱卖给该寺院，然后再高价租用。

3. 土地买卖

土地买卖的规模比牲畜买卖有过之而无不及，目前所见黑水城田地买卖契约共 12 件[①]，这些文契有的是单页，有的多件连在一起。

西夏田地买卖一览表

编号	卖地者	买地者	买卖时间	卖地数量及附带物	价格
Инв. No. 5010	寡妇耶和氏宝引	耶和米千	天盛庚寅廿二年（1170）	撒二石子种生熟地，附带三间房、两棵树	全齿骆驼二峰、二齿骆驼一峰、老牛一头
Инв. No. 5124-2	邱娱犬	普渡寺梁那征茂及喇嘛	天庆寅年（1194）正月二十四日	撒二十石子种生熟地，附带四舍房等	十五石杂粮、十五石麦
Инв. No. 5124-1	梁老房酉	普渡寺梁喇嘛等	天庆寅年（1194）正月二十九日	撒子种十五石地，附带院舍、树、石等	六石麦、十石杂
Инв. No. 5124-7、8	恧恧显令盛等	普渡寺梁那征茂及喇嘛	天庆寅年（1194）正月二十九日	撒八石子种地，附带两间房、五棵树	四石麦、六石杂

[①] 多年来学界只运用俄罗斯专家克恰诺夫教授译释的《西夏天盛庚寅廿二年卖地文契》，20 世纪 90 年代以来，史金波先生在整理出版《俄藏黑水城文献》时，又发现 11 件，并进行考释研究。

编号	卖地者	买地者	买卖时间	卖地数量及附带物	价格
Инв. No. 5124-9、10	梁势乐西	普渡寺梁那征茂及梁喇嘛	天庆寅年（1194）二月一日	撒十石子种生熟地，附带房舍等	二石麦、二石糜、四石谷
Инв. No. 5124-4	庆现罗成	普渡寺梁那征茂及梁喇嘛	天庆寅年（1194）二月一日	撒十石子种生熟地，附带大小房舍、牛具、石笆门、树园等	十石麦、十石杂、十石糜
Инв. No. 5124-5、6、1	梁势乐娱	普渡寺梁那征茂及梁喇嘛	天庆寅年（1194）二月二日	撒五石子种地	四石麦、九石杂
Инв. No. 5124-12、13	每乃宣主	普渡寺梁那征茂及梁喇嘛	天庆寅年（1194）二月二日	撒五石子种地	一石麦、六石杂
Инв. No. 5124-16	平尚岁岁有	普渡寺梁喇嘛及梁那征茂	天庆寅年（1194）二月六日	撒三石子种地，附带四间老房	五石杂
Инв. No. 4199	梁善因熊鸣	梁守护铁	天庆丙辰年（1196）六月十六日	撒十石子种七十亩地	五石杂
Инв. No. 4193	麻则犬父子	梁守护铁	天庆戊午年（1198）正月五日	二十三亩地，附带院落	八石杂
Инв. No. 4194	小石通判	梁守护铁	天庆庚申年（1200）二月二十二日	撒一百石子种生熟地，附带院舍等	二百石杂

古代社会里，土地是农民最基本的生产资料，是安身立命的根本，不到万不得已，绝不会轻易出卖。上揭 12 件卖地契约中，10 件发生在生活困难的正月和二月，显然，这种买卖不是一般的商业交换，而是为了换取维持生命的粮食。天庆寅年（1194）正月二十九日，梁老房西将自己撒 15 石种子地卖给普渡寺，当天又从普渡寺租种了撒 8 石种子地，从自耕农变成了佃农①，就充分说明了这一点。尽管这些文契是黑水城卖地契的一小部分，不能反映黑水地区土地买卖全貌，但值得注意的是，三分之二的契约是寺院买地契，反映出僧侣地主的土地兼并情况。

（四）高利借贷

1. 抵押借贷

西夏高利借贷分有抵押借贷和无抵押借贷两种，有抵押借贷是借贷人将其财产作抵押给典当行或其他放贷者，典借到期不赎者，抵押的财产任由放贷者处置。如果典借不到期，债主不和借债人商量，随意出卖借贷人抵押的财产，价值在 10 缗以内，有官罚马一，庶人 13 杖，10 缗以上一律徒 1 年。②抵押的财产有牲畜、裘皮、毡毯、衣物、土地、房舍等动产和不动产③，黑水城出土贷粮契有骆驼、牛、羊、毡等，借贷契约成立后，抵押的牲畜仍由借粮者牧养，若按时不能偿还时，由债主收取。④黑水城出土天庆典当残契中就有袄子裘、马毯、旧皮毯、苦皮、白帐毡等抵押物品。⑤此外，还有人口抵押，

---

①　史金波：《西夏经济文书研究》，第 289 页。

②　《天盛改旧新定律令》卷三《当铺门》。

③　《天盛律令》卷三《当铺门》："官私所属畜物、房舍等到他处典当，失语而着火、被盗诈时，所无数依现卖法次等估价，当以物色相同所计钱还给，本利钱依法算取。"

④　编号 4079-2 西夏文贷粮契："腊月三日，立契者卜小狗势先，自梁势功宝处借贷五石麦，十一石杂，共十六石。二全齿公母骆驼，一齿母骆驼抵押。日期定为九月一日还付。日过不付时，先有抵押骆驼数债实取，无异议。有争议反悔时，依官罚交杂粮、麦十五石。立契者卜小狗势，同立契梁回鹘泥，证人梁辰戌。"见史金波：《西夏经济文书研究》，社会科学文献出版社 2017 年版，第 378 页。

⑤　陈国灿：《西夏天庆间典当残契的复原》，《中国史研究》1980 年第 1 期。

他们或为借债人的妻、子，或为其所属使军、奴仆。①受儒家忠孝思想的影响，《天盛改旧新定律令》规定，"诸人不许因官私债典父母"。②配给军人的披、甲、马等装备，也"不许使诸人处典当，违律者当罚钱交官。披、甲、马当给领属者，使典当者有官罚马一，庶人十三杖，不知者不治罪"③。

2. 放贷者与借贷人

西夏放高利贷者有官府、商人、官僚地主和寺院。《天盛改旧新定律令》卷三《催索债利门》载："诸人于官私处借债，本人不在，文书中未有，不允有名为于其处索债。""借官私所属债不能还，以人出力抵者，其日数、男女工价计量之法当与盗偿还工价相同。"由于资料的缘故，我们目前对官营高利贷的本钱与运作情况尚不清楚，但可以想见，它和宋朝官营高利贷一样，是由各级官府出资经营的。《太平治迹统类》卷一五载："牙头④吏史屈子者，狡猾，为众贷谅祚息钱，累岁不能偿。"⑤这里以国主谅祚名义经营的高利贷应具有官贷性质。

出土文献中有关典当商人的记述比较丰富，《天盛改旧新定律令》专列《当铺门》，详细记述了典当商人的放贷程序及其他相关规定。内蒙古额济纳旗黑城出土的天庆年间典谷文契，也为我们提供了弥足珍贵的原始资料。文契都是天庆十一年（1204）五月书写的，各契按日相连，可能是典当商人裴松寿⑥的典当契约底账⑦，裴松寿就是典型的典当商人。据陈国灿先生对英藏黑水城出土的典当残契统计，裴松寿典出的大、小麦已有14石之多，"如果

---

① 《天盛改旧新定律令》卷一一《出典工门》。
② 《天盛改旧新定律令》卷一一《出典工门》。
③ 《天盛改旧新定律令》卷六《官披甲马门》。
④ 牙头，又作衙头，虏语酋长所在，这里指西夏都城兴庆府。《续资治通鉴长编》卷三六八曰："顺宁塞主许明申称，西人叶乌玛等来界首，言兴州衙头差下贺登宝位人使多时，为国信不来，未敢过界。"所谓"兴州衙头"，就是兴庆府衙头。（韩荫晟：《"衙头"释义》，《宁夏社会科学》1989 年第 2 期）
⑤ 《太平治迹统类》卷一五《神宗经制西夏》，文渊阁四库全书影印本 408—402。
⑥ "裴松"二字后缺，从后来公布的《俄藏黑水城文献》来看，其姓名为"裴松寿"三字。
⑦ 陈国灿：《西夏天庆间典当残契的复原》，《中国史研究》1980 年第 1 期。

按照黑水城出土的元代文书，即至元六年（1269）九月勒俺布一户有地一顷二十四亩，税粮三斗八升的文书来推算，仅这一部分粮食就需近四百亩土地作基础来提供，何况裴松寿支付的远不止此"。①

这是一般典当商的情况，至于官僚地主和寺院放贷，其资本远比这雄厚得多。黑水城出土西夏文借贷文契中的放贷人移讹成宝、千名奴小狗、罗名吉祥忠、耶和梁善随、兀尚般若山、嵬名佛护城就是党项地主首领，他们拥有较多土地，在农牧业生产的同时，兼营高利放贷。黑水城西夏借贷文契多次出现从使军处借贷。使军为依附主人的农奴，经济地位低下，他们应是主人放贷的经手者。②

西夏寺院有较为雄厚的经济基础，和地主商人相比，他们在高利放贷中有过之而无不及。1989 年在甘肃省武威新华乡亥母寺洞遗址发现的《西夏乾定申年典糜契约》，记载乾定申年（1224）二月二十五日，立文约人没瑞隐藏犬向讹国师借糜子一斛，于同年九月一日归还。俄藏西夏文普渡寺 9 件借贷文契贷出 30 石 3 斗 5 升小麦，54 石杂粮（大麦、粟、糜、谷等），这只是天庆寅年（1194）正月二十九日到二月二日的四天时间，试想青黄不接的二至五月都在放贷，几个月下来普渡寺一家寺院要贷出多少粮食。西夏境内若有 1/3 的寺院放贷，将是多么大的数字。西夏时期特别是晚期，下层民众深深陷入高利贷的"铁桶"中。

西夏借贷者既有党项族、吐蕃族，又有汉族，文契中的立文人（借贷人）只移奴兰、命泥三山、酩布氏子导、契罗寿长势、积立禅势、平尚讹山、嵬立势功宝、西玉功吉、耶普小狗、耶和大力盛、啰铺祥和西、吉祥子引就是党项人。梁氏是西夏的大族，毅宗谅祚和惠宗秉常时先后由两任梁太后听政，外戚梁乙埋、梁乙逋相继专权，普渡寺放贷者梁喇嘛和借贷者梁功铁、梁羌德犬、梁老房乐、梁西狗白、梁五月宝及梁盛犬、梁氏二盛乐等，当是党项

---

① 陈国灿：《西夏天庆间典当残契的复原》，《中国史研究》1980 年第 1 期。
② 史金波：《西夏粮食借贷契约研究》，载《中国社会科学院学术委员会集刊》第 1 辑，社会科学文献出版社 2005 年版，第 186—204 页。

梁氏。这些缺少子种、口粮和缺钱使用的贫困民众，不完全是农民，应包括部分牧民，因为游牧部族也需要基本的粮食消费。

3. 借贷文契

《天盛改旧新定律令》催索债利门："诸人买卖及借债，以及其他类似与别人有各种事牵连时，各自自愿，可立文据，上有相关语，于买价、钱量及语情等当计量，自相等数至全部所定为多少，官私交取者当令明白，记于文书上。"[①] 这条律令明确规定，借贷依双方自愿订立文据，上书借贷数量、本利总计（利息是本金的一倍，即所谓相等数）、违约依官罚交数（即官私交取者当令明白）等。古代契约由出借方收执，常常是日期相连，一纸书写多件，有的是多件粘连在一起的长卷，有的因为另作裱褙用纸，剪裁成残件。[②]

西夏借贷文契一览表 [③]

编号	借贷时间	抵押	放贷者	借贷者	借贷数额	借贷利息	归还日期	违约处罚
4762-6-1	天庆寅年（1194）正月二十九日	二月一日	普渡寺梁喇嘛	梁功铁	十石麦、十石大麦	每月一斗二升利	本利相等时还	罚交十石麦
4762-6-2	寅年正月二十九日	二月一日	普渡寺梁喇嘛	吉祥子引	四石麦、四石杂、一石粟	每月一斗有二升利	本利相等时还	罚交五石麦

---

① 《天盛改旧新定律令》卷三《催索债利门》。
② 俄藏 4696 贷粮契是粘连在一起的长卷，共 50 多件契约。
③ 引自史金波：《西夏经济文书研究》，社会科学文献出版社 2017 年版，第 547—584 页；陈国灿：《西夏天庆间典当残契的复原》，《中国史研究》1980 年第 1 期；杜建录：《黑城出土的几件汉文西夏文书考释》，《中国史研究》2008 年第 4 期；杜建录：《俄藏西夏天庆年间典粮文契考释》，《西夏研究》2010 年第 1 期。

编号	借贷时间	抵押	放贷者	借贷者	借贷数额	借贷利息	归还日期	违约处罚
4762-6-3	寅年正月二十九日	二月一日	普渡寺梁喇嘛	梁羌德犬	三石麦、三石杂、一石粟	每月一斗有二升利	本利相等时还	罚交三石麦
7741-1	寅年正月二十九日	二月一日	普渡寺梁喇嘛	什或狗盛	二石麦、二石谷、一石糜	每月一斗有二升利	本利相等时还	罚交三石麦
7741-2	寅年正月二十九日	二月一日	普渡寺梁喇嘛	梁老房乐	十石杂、五石麦	每月一斗有二升利	本利相等时还	罚交五石麦
7741-3	寅年正月二十九日	二月一日	普渡寺梁喇嘛	鬼移氏女虎	三石麦、七石杂	每月一斗有二升利	本利相等时还	罚交五石麦
5870-1	天庆寅年二月一日	二月一日	普渡寺梁喇嘛	讹利禅势	十石麦、四石谷	每月一斗有一升利		罚交十石
5870-2-1	天庆寅年二月一日	二月一日	梁那征盛及喇嘛	梁酉狗白	六石杂、一石麦、一石粟	每月一斗有一斗利	本利相等时还	罚交三石麦
5870-2-2	天庆寅年二月二日	二月一日	梁喇嘛、梁那征茂	梁五月宝及梁盛犬	二石三斗五升麦	每月一石有一斗二升利	本利相等时还	
5870-2-3	天庆寅年二月二日	二月一日	普渡寺梁喇嘛、梁那征茂	梁氏二盛乐	八石杂粮	每月一石有一斗二升利	本利相等时还	

编号	借贷时间	抵押	放贷者	借贷者	借贷数额	借贷利息	归还日期	违约处罚
G31.004 [6728]	乾定申年（1224）二月二十五日		讹国师	没水隐藏犬	一石糜	一石有八斗利	同年九月一日	罚交七十缗钱
6377-16-1	光定卯年（1219）三月六日		老房势	梁十月犬	一石五斗麦	每石五斗利，本利二石二斗五升	同年八月一日	一石还二石
6377-16-2	光定卯年三月六日		老房势	梁铁功宝	三石麦	每石五斗利，本利四石五斗	同年八月一日	一石还二石
8005-1	光定寅年（1218）		嵬名佛护成	骨宁老房花	七石大麦	每石五斗，共计十石五斗	同年八月一日	一石还二石
2996-1	天盛未年二月二十九日	二齿公骆驼	□□小狗	律移吉祥势	四石麦	本利共计六石	同年七月一日	抵押骆驼顶账。若反悔，罚交六石麦

编号	借贷时间	抵押	放贷者	借贷者	借贷数额	借贷利息	归还日期	违约处罚
M21.003 [F135：W75/2026]	乙亥年二月五日		嵬移阿俄	嵬移乐意	平斗一石五斗	每月每石一斗半		
4079-2	腊月三日	二全齿公母骆驼、一齿母骆驼	梁势功宝	卜小狗势	五石麦、十一石杂		同年九月一日	抵押骆驼顶账。若反悔罚交杂粮、小麦十五石
4079-3	同日	一头牛、一只羊		没藏吉人	一石麦	变为一石五斗	同年八月内	抵押牛羊顶账
4079-4	同日	一全齿骆驼、一二竖母骆驼、一调伏公骆驼	官员梁势功	只移酉长	五石麦、十石杂			

编号	借贷时间	抵押	放贷者	借贷者	借贷数额	借贷利息	归还日期	违约处罚
001 [474]	天庆十一年（1204）五月三日	袄子袭一领	裴松寿	兀女浪粟	大麦五斗小麦五斗	大麦加三利、小麦加四利，计一石三斗五升	同年八月一日	抵押物一任出卖
002 [474]	天庆十一年（1204）五月四日	马毯一条	裴松寿	刘折兀埋	小麦五斗	小麦四利，计七斗	同年八月一日	抵押物一任出卖
003 [474]	天庆十一年（1204）五月九日	白帐毡一领、皮毯一领	裴松寿	夜利那征布	大麦一石五斗	大麦加三利，本利一石九斗五升	同年八月四日	抵押物一任出卖
011 [475]	天庆十一年（1204）五月二日	皮毯一领白帐毡一领、苫皮十张	裴松寿		大麦四石	大麦加三利，本利五石二斗	同年八月一日	抵押物一任出卖
TK49P	天庆六年（1199）四月十六日		裴松寿	胡住儿	大麦	大麦六斗加五利	同年八月一日	一斗倍罚一斗

编号	借贷时间	抵押	放贷者	借贷者	借贷数额	借贷利息	归还日期	违约处罚
7779	天盛十五年正月十六日		□赵国	王受	铜钱	每贯日生利	限一百三十夜	一任克值

　　无论西夏文借贷文契，还是汉文借贷文契，无论是黑水城出土还是武威出土，西夏文借贷文契的内容基本一致①，有借贷日期、借贷人和出借人姓名、借贷粮食钱物种类与数量、偿还期限及利息、违约处罚、书契人与证人姓名、画押等内容。粮食借贷集中在西夏后期，虽然不能排除出土不全面的因素，但可以肯定，与西夏晚期战乱不断，民不聊生有很大关系。借贷的时间大都

---

　　① 俄藏 4762-6 天庆寅年（1194）贷粮契："天庆寅年正月二十九日立契约者梁功铁，今从普渡寺中持粮人梁喇嘛等处借十石麦、十石大麦，自二月一日始，一月有一斗二升利，至本利相等时还，日期过时按官法罚交十石麦，心服。立契约者梁功铁（押），相借契子般若善（押），相借契梁羌德山（押），相借契□恶□恶禅定善（押），知人平尚讹山（画指），知见人梁羌犬（画指）。"（史金波：《西夏经济文书研究》，社会科学文献出版社 2017 年版，第 546—548 页）。

　　俄藏 6377-16 光定卯年（1219）贷粮契："光定卯年三月六日立契约者梁十月犬，今于兀尚般若山自本持者老房势处借一石五斗麦，每石有五斗利，共算为二石二斗五升，期限同年八月一日当聚集粮数来。日过时，一石还二石。本心服，当按文书上所写还。立契约者梁十月犬（押），同借（者）兀尚老房犬（押），同借（者）梁九月犬，同借（者）李满德（押），知人杨老房犬（押），知人杨罗山（押）。"（史金波：《西夏经济文书研究》，社会科学文献出版社 2017 年版，第 551—553 页）。

　　黑水城典谷文契第二件："［天庆十一年］五月初四日立文人［刘折兀埋今将］［自己］□马毯一条于裴［处典到小麦五斗加四利］［共本利］小麦七斗，其典不充，限［至来八月一日不赎来］［时一任］出卖。不词。立文人刘折兀埋（押），同典人来兀哩鬼（押），知见人马能鬼（押）。"（陈国灿：《西夏天庆间典当残契的复原》，《中国史研究》1980 年第 1 期）。

　　黑水城典谷文契第九件："天庆十一年［五月初一日立文人□□□□今将］［自己］马毯［一条，皮裘一领，于裴松寿处典］［到小］麦五斗［加四利，大麦一石加三利，共本利］［大麦二］石。其［典不充，限至来八月一日不赎来］［时，一任出卖，不词。］立文字人［□□□□］［书契□□□］。"

　　武威典穈文契："乾定申年（1224）二月二十五日，立契者没瑞隐藏犬，今于讹国师处已借一石穈本，一石有八斗利。由命屈般若铁处取持，全本利一齐于同年九月一日本利聚集，当送讹国师处，若过期不还来时，先有穈数偿还以外，依官法罚交七十缗钱，本心服。立契者没瑞隐藏犬（押），相借者李祥和善（押），相借者李氏祥和金（押），知人李显令犬（押）。"（史金波：《西夏经济文书研究》，社会科学文献出版社 2017 年版，第 577—578 页）。

在青黄不接的季节，最早在腊月，也有正月，最多是二至五月。①

　　由于年代、地域和具体情况不同，也存在一些差异，有的是抵押借贷，有的是非抵押借贷，英藏黑水城裴松寿典麦契全部有抵押，限日不来赎时，抵押物"一任出卖"。俄藏裴松寿借贷文契中，却出现了没有抵押借贷，"限日不见交还之时，每一斗倍罚一斗与松寿"。同是抵押借贷，有的抵押裘皮、毡毯、衣物，有的抵押骆驼、牛羊，限日不来赎时，用抵押骆驼顶账，若反悔罚交粮食。非抵押借贷中，借贷者不能偿还时，倍罚粮食，也即借贷粮食本利的一倍。武威讹国师贷糜契规定，"过期不还来时，先有糜数偿还以外，依官法罚交七十缗钱"，和其他借贷不尽相同。

　　契尾当事人和相关人署名画押也基本一致，黑水城汉文典麦契或署立文人、同典人，或立文人、知见人，或立文人、书契人，或立文人、同典人、知见人。第八契残尾署"立文人夜□□□，同典人夜□□□，同典人□□□"；西夏文贷粮契多署立契人、同借人、知见人，俄藏6377光定卯年贷粮契契尾署"立契约者梁十月犬（押），同借（者）兀尚老房犬（押），同借（者）梁九月犬，同借（者）李满德（押），知人杨老房犬（押），知人杨罗山（押）"。武威乾定申年典糜契尾署"立契者没瑞隐藏犬（押），相借者李祥和善（押），相借者李氏祥和金（押），知人李显令犬（押）"。立文人或立契人、立契者是借贷人，同典人、同借人是连带责任人，也即保人，他们多是借贷人的妻子或直系亲属，如果"借债者不能还时，当催促同去借者"②。由于借贷须直系亲属担保的缘故，经常出现借贷者和担保人的身份互换，俄藏7741天庆寅年贷粮契长卷中，同是正月二十九日，一件契尾署"立契者梁老房乐（押），同立契嵬移氏女虎（押），同立契平尚吉有（押），同立契子嵬移阿姊小白（押），知人只移回鹘（画指），知人梁老房西（画指）"。另一件契尾署"立契者嵬移氏女虎（指押），同立契梁老房乐（押），同立契

———————————

　　①　史金波：《西夏经济文书研究》，第216—219页。
　　②　《天盛改旧新定律令》卷三《催索债利门》。

平尚吉有（押），同立契讹利犊有（押），知人梁羌德山（画指），知人只移回鹘（画指）"①。

这里的梁老房乐和嵬移氏女虎不仅互为保人，而且平尚吉有和只移回鹘分别都是二人借贷的保人和证人，可见关系非同一般。

知见人是证人，他们或是借债人的邻里，或是亲友。书契人负责文契的书写，契约的正文和借贷人、同借人、证人的姓名是书契人一并写就，然后分别画押或画指。一般情况下，借贷人和同借人是画押，证人是画指，以示区别，也有证人是画押的。画押形式多种多样，画指对比手指，在指尖和指结位置画上横线，以为标记。

无论借贷人，还是保人、证人，都是具有民事行为能力的人，也即能够对自己的行为负责。使军是依附于贵族地主的农奴，而非奴隶②，他们有自己的财产，因此有借贷或担保的权利，俄藏4079-13文契中的借贷人是使军贾凡犬黑，7892-2文契中的借贷人是使军三犬。③不过使军毕竟是依附民，在某种程度上和"私人"类同，或者就是"私人"，他们的民事行为能力还是有限的，《天盛律令》规定"私人"不能随便借债的，假若要借债，"当令好好寻执主者等。私人自能还债则当还债，自不能还债则执主者当还，执主者无力，则当罚借债主，不允私人用头监畜物中还债"。④

上述是一般的借贷文契，另外还有一些特殊规定，像典借时或"因物多钱甚少，说本利相等亦勿卖出，有知证，及因物少钱多，典当规定日期，说过日不来赎时汝卖之等，可据二者所议实行。此外典当各种物品，所议日限未令明者，本利头已相等，物属者不来赎时，开当铺者可随意卖"⑤，等等。

① 史金波：《西夏经济文书研究》附录"西夏文经济文书录文、对译和意译"，第558—560页。
② 杜建录：《西夏经济史》，中国社会科学出版社2002年版，第306页。
③ 史金波《西夏经济文书研究》，第222页。
④ 《天盛改旧新定律令》卷三《催索债利门》。
⑤ 《天盛改旧新定律令》卷三《当铺门》。

4. 借贷利率

西夏借贷有的按年计息，有按月计息，还有按日计息，即所谓的"日交钱、月交钱、年交钱"①。按年计息，实际上并不是一整年，而是将月利息总计，一次写明本利总额。俄藏 6377-16-1 贷粮契，梁十月犬三月六日"借一石五斗麦，每石有五斗利，共算为二石二斗五升，期限同年八月一日"。每石五斗利，指 5 个月的总利息 50%，若按月计算，每月每石一斗利，月利 10%。俄藏 6377-16-3 贷粮契，李扇显于同日借麦二石，八月一日还"本利为三石"，五个月 50% 的利息，每石每月一斗利，即月利 10%。黑水城裴松寿典麦契，借期三个月，大麦一斗加三利，30% 的利息，每月 10% 利息；小麦一斗加四利，40% 的利息，每月 13% 过一点利息。武威出土没瑞隐藏犬贷粮契，二月二十五日借，九月一日还，"一石有八斗利"，如果加上二月，共 8 个月，总利息 80%，每月 10% 的利息。二月只有 5 天时间，也当作一个月计，反映出高利贷对贫困农牧民的盘剥是何等残酷。

由于借贷时间长短不一，或杂细粮的区别，目前所知西夏按总共计算的利息在 30% 至 80% 之间。黑水城裴松寿典麦契，借期三个月，大麦一斗加三利，30% 的利息，小麦加四利，为 40% 的利息，就总计利息而言，这在当时是比较少的。

按月计息比较普遍，大多每月 10% 到 12% 的利息，俄藏 4762-6 借贷文契长卷，"每月有一斗二升利"，即每石每月 12% 的利息。俄藏 5870-2 梁那征盛贷粮契，"每月一石有一斗利"，每月 10% 的利息，看似每月利息和前面并无二致，但关键在于归还的最后期限是"至本利相等"，即 100% 的利息，也即法律规定的最高借贷利息。② 这个利率非常容易达到，一方面正月借贷，九

---

① 《天盛改旧新定律令》卷三《催索债利门》。
② 《天盛改旧新定律令》卷三《催索债利门》："全国中诸人放官私钱、粮食本者，一缗收利五钱以下，及一斛收利一斛以下等，依情愿使有利，不准比其增加，其本利相等仍不还，则应告于有司，当催促借债者使还。"

月还贷，8个月高达96%利息，另一方面，高利贷者钻法律的空子，一直等到利率达到100%才接受还债，因此，很多借贷文契直接写明还贷期限是"及至本利相等"。因此，西夏谚语有"二月三月，不吃借食，十一腊月，不穿贷衣"①。

《天盛改旧新定律令》卷三《催索债利门》也对借贷利息作了明确的规定："全国中诸人放官私钱、粮食本者，一缗收利五钱以下，及一斛收利一斛以下等，依情愿使有利，不准比其增加，其本利相等仍不还，则应告于有司，当催促借债者使还。""一缗收利五钱"，当是按天计算②，一天是0.5%的利息，一个月15%的利息，六个多月是100%的利息；贷粮利息按年计算，"一斛收利一斛"，即所谓的"倍称之息"或"本利相等"。"本利相等以后，不允取超额。若违律得多利时，有官罚马一，庶人十三杖。所超取利多少，当归还属者。"③

西夏的这种计息方法和利息率与同时代的宋朝基本一致。北宋中期陈舜俞曾指出："伏见民间出举财物，其以信好相结之人，月所取息不过一分半至二分。"④袁采对当时的高利贷也有如下记述："典质之家至有月息什而取一者，江西有借钱约一年偿还而作合子立约者，谓借一贯文约还两贯文。衢之开化借一秤禾而取两秤。浙西上户借一石米而收一石八斗。"⑤说明宋代高利贷月息以什一（10%）为主，年息多为"倍称之息"。当然，个别情况下也有高的，"不两倍则三倍"。⑥

西夏统治者极力维护高利贷者的利益，他们运用法律手段，规定"诸人

---

① 陈炳应：《西夏谚语——新集锦成对谚语》，山西人民出版社1993年版，第13—14页。
② 见杜建录：《黑城出土的几件汉文西夏文书考释》，《中国史研究》2008年第4期。
③ 《天盛律令》卷三《催索债利门》。
④ （宋）陈舜俞：《都官集》卷五《奉行青苗新法自劾奏状》，文渊阁四库全书影印本1096—447。
⑤ （宋）袁采：《袁氏式范》卷下，文渊阁四库全书影印本698—638。
⑥ 参见漆侠：《宋代的商业资本和高利贷资本》，载《宋史研究论文集》，河南人民出版社1984年版，第19页。

对负债人当催索，不还则告局分处，当以强力搜取问讯"。如果负债不还，10
缗以下有官罚 5 缗钱，庶人 10 杖，10 缗以上有官罚马 1，庶人 13 杖，债依
法当偿还。①

上述负债者没按时还债，承罪以后仍不能立即还清，"则当依地程远近
限量，给二三次限期，当使设法还债，以工力当分担。一次次超期不还债时，
当计量依高低当使受杖。已给三次宽限，不送还债，则不准再宽限，依律令
实行"。②

对债务限期"以工力当分担"，就是令借债人与同典人的妻子、媳、未嫁
女等"出力典债"。至于出力典债的时间和"男女工价计量之法当与盗偿还工
价相同"③，大致大女、媳每天当算 50 钱，10 至 15 以每天算 30 钱工价，"偿
钱数与工价数相等时，当依旧往回"④。

如果借债人"无妻子、子女、儿媳时，确不能偿债"时，将处以笞刑。
欠 1 缗至 20 缗笞 40，20 缗以上至 50 缗 60 笞，50 缗以上至 100 缗笞 80，
100 缗以上一律当笞 100。⑤

在阶级社会里，经济力量最强的总是臣服和奴役经济力量最弱的，经济
力量弱的总是依附于经济力量强的。司马迁曾经指出："凡编户之民，富相什
则卑下之，伯则畏惮之，千则役，万则仆，物之理也。"⑥西夏社会亦不例外，
前述典债出力人实际上就是债主人的奴隶，他们在还清债务前是没有自由民
地位的。如果典押处主人因其"不做活业者，击打等而致打死者徒一年，执
械器而拷打逼迫致死者徒三年"⑦。但"诸典押出力人不许殴打、对抗、辱骂
押处主人。若违律时，押处主人是庶人，则当面辱骂相争十三杖，殴打则徒

① 《天盛改旧新定律令》卷三《催索债利门》。
② 《天盛改旧新定律令》卷三《催索债利门》。
③ 《天盛改旧新定律令》卷三《催索债利门》。
④ 《天盛改旧新定律令》卷七《为投诚者安置门》。
⑤ 《天盛改旧新定律令》卷七《为投诚者安置门》。
⑥ 《史记》卷一二九《货殖列传》。
⑦ 《天盛改旧新定律令》卷一一《出典工门》。

一年，伤者当比他人殴打争斗相伤罪加三等，死亡则当绞杀。对有官人辱骂相争时徒一年，殴打则徒二年，伤时当比诸人殴打争斗相伤罪加五等，死则以剑斩"①。

还有，"典押人奸淫押处主人之妻子、女、媳、姑、姊妹等时，当比第八卷上往他人妻处罪加三等。出力处人侵凌典押女时，比第九卷上当事人受人逼迫、未施枷索而在边司上为局分大小侵凌之罪情当减一等"。②这与欧洲封建领主对农奴之女有所谓的"初夜权"何其相似，它无可争辩地告诉人们，西夏的典当史就是压迫史、奴役史。

综上所述，西夏的高利贷非常盛行，它在封建官府的庇护下，拼命地压榨贫困的牧民，使这些小生产者只能重复简单的再生产。更有甚者，他们中间相当一部分连简单的再生产也无法维持，仅有的一点土地、牲畜、房舍被剥夺后，变成高利贷控制下的债务奴隶。高利贷这一经济力量转化为超经济的强制力量，对西夏社会长期保留奴隶制残余起了重要的杠杆作用，这是对西夏高利贷的基本认识。③

（五）对外贸易

1. 立国前党项与外界交换

建立西夏国的党项族是我国古代羌族的一支，长期生活在今甘青川三省毗邻的草原上，牧养牦牛、羊、猪为生，不知稼穑，"求大麦于他界，酝以为酒"。④唐朝前期迫于吐蕃奴隶主政权的压力，内迁到黄土高原的庆州一带，"安史之乱"后，一部分又迁徙到鄂尔多斯高原的银、夏、绥、宥诸州，这些地区原来都是汉族人民长期过着封建社会生活并创造着封建文明的所在，

---

① 《天盛改旧新定律令》卷一一《出典工门》。
② 《天盛改旧新定律令》卷一一《出典工门》。
③ 杜建录：《西夏高利贷初探》，《民族研究》1999年第2期。
④ 《旧唐书》卷一九八《党项羌传》。

党项人在这里定居下来后，当地的封建文明对他们在新环境中进行生产劳动是极为有利的，诸如先进的生产技术，金属工具特别是铁器的使用，河渠灌溉设施等，对于党项社会生产力的提高和经济的发展，都起着积极的推动作用。因此，内迁定居下来的党项人不仅在畜牧业方面显示了兴旺的前景[1]，而且还逐渐学会了农作物的耕种。[2] 当然从事农耕是一个十分漫长的过程，事畜牧、住毡帐、衣裘褐，一直是他们的主要生活，直到立国前夕，开国皇帝李元昊还自豪地说："衣皮毛，事畜牧，蕃性所便。"[3]

随着生产的发展，剩余产品的增多与社会分工的扩大，商品交换是不可缺少的了。唐贞元三年（787），唐朝"禁商贾以牛、马、器械于党项部落贸易"[4]。从这条禁令看，在中唐或更早，党项对外贸易业已发生，及至唐末五代，显示出日益繁荣的趋势。党项部落以进贡马驼为名，同中原王朝换取银绢，党项马成为驰名中原的商品，所谓"求珠驾沧海，采玉上荆衡，北买党项马，西擒吐蕃鹦"[5]。

后唐同光二年（924）二月，党项朝贡，十月进贡白驴；十二月遣使贡方物。[6] 后唐天成四年（929），后唐庄宗御中兴殿，阅蕃部进马，枢密使安重海奏曰："吐浑、党项近日相次进马，皆给还马直，对见之时，别赐锦彩，计其所费，不啻倍价，渐成损耗，不如止绝。"庄宗曰："常苦马不足，差纲远市，今蕃官自来，何费之有？外蕃锡赐，中国常道，诚知损费，理不可止。"[7] 自是，蕃部羊马不绝于路。"鄜州驿路好马来，长安药肆黄耆贱"[8]，正是唐五

---

① （唐）沈亚之《夏平》记载："夏之属土广长几千里，皆流沙，属民皆杂房，房之多者曰党项，相聚为落，于野曰部落。其所业无农桑事，畜马、牛、羊、骆驼。"（《文苑英华》卷三七〇）。

② 大中五年（851），南山党项迫于饥寒，犹行钞掠，唐政府即"于银、夏境内授以闲田"（《资治通鉴》卷二四九，大中五年二月辛未条）。

③ 《宋史》卷四八五《夏国传下》。

④ 《旧唐书》卷一九八《党项羌传》。

⑤ （唐）元稹《元氏长庆集》卷二三《估客乐》，上海古籍出版社1994年版。

⑥ 《旧五代史》卷三三《唐书·庄宗纪》。

⑦ 《册府元龟》卷一七〇《帝王部·来远》。

⑧ （唐）白居易：《白氏长庆集》卷三《新乐府·城盐州》。

代党项与中原马匹贸易的生动写照。稍晚一点，后唐明宗鉴于"党项皆诣阙，以贡马为名，国家约其直酬之，加以馆穀赐与，岁费五十余万缗。有司苦其耗蠹"①。"诏沿边置场买马，不许蕃部直至阙下"。②除和中原王朝绢马贸易外，沿边羌汉人民之间的交换也发展起来，有的是定期的，有的则不定期，还有汉族商贾携带货物入其部落贸易。③

党项内徙后对外贸易有其明显的时代特点。一是除生活日用品外，兵器甲胄的贸易占有突出的地位。史载党项俗尚武力，"然器械钝苦，畏唐兵精，则以善马购铠，善羊贸弓矢"。④尽管唐王朝屡屡下令禁绝兵器贸易，但商人为牟取厚利，以各种手段走私出境，或边臣因循，"都不遵守"⑤，实际上兵器贸易从来没有禁绝过。

二是唐末藩镇割据，吏治腐败，沿边贪官污吏和奸商沆瀣一气，对党项的贸易带有很大的掠夺性。党项有羊马来市者，边将"不顾危亡，或强市其羊马，不酬其直，以是部落苦之"⑥。唐代著名诗人元稹指出："河朔之间，丰有水草，内附诸夷，多以畜牧为事。吏二千石已上，皆（弗）能拊循，竞致侵削，藉其蹄角齿毛之异，廉者半价而买，贪者豪夺。"⑦

三是商品交流为中原王朝对党项进行羁縻统治的一项重要内容。后唐明宗即位后，"欲来远人，党项之众，竞赴都下。常赐酒食于禁庭，醉则连袂，歌土风以出。凡将到马无驽良，并云上进国家，虽约其价以给之，及计其馆穀，锡赍所费，不可胜纪"。⑧每年花费如此之巨，并且无论良驽一律收买，显然不仅仅是为了买马。同时禁断贸易也是制服党项的一种重要手段。后周

---

① 《资治通鉴》卷二七六，天成四年四月丙午条。
② 《旧五代史》卷四〇《唐书·明宗纪》。
③ 《旧唐书》卷一九八《党项羌传》。
④ 《新唐书》卷二二一《党项传》。
⑤ 《唐大诏令集》卷一三〇《平党项德音》。
⑥ 《旧唐书》卷一九八《党项羌传》。
⑦ 《全唐文》卷六四九《授王元琬银州刺史制》。
⑧ 《册府元龟》卷六二一《卿监部·监牧》。

世宗显德二年（955），定难节度使李彝兴因折德扆也升为节度使，和自己并列，心中不平，"塞路不通周使"。世宗以为"夏州惟产羊马，贸易百货，悉仰中国，我若绝之，彼何能为"。"乃遣供奉官齐藏珍赍诏书责之，彝兴惶恐谢罪。"①

2. 夏宋贸易

西夏与北宋之间的商业贸易，是农牧两大部类经济之间的交换。北宋是我国封建社会经济文化高度发展时期，其经济发展水平远远超过西夏，但经济结构相对单一，以种植农业为主，畜牧业不发达，尤其是辽、夏政权相继崛起于北方和西北，失去辽阔的草原牧场，监马不振，正如群牧使欧阳修所说："唐世牧地，皆与马性相宜，西起陇右、金城、平凉、天水，外暨河曲之野，内则岐、豳、泾、宁，东接银、夏，又东至于楼烦，此唐养马之地也。以今考之，或陷没夷狄，或已为民田，皆不可复得。"②因此，养马监只能设在河南、河北地区，然而这一地区多"河防塘泺之患，而土多泻卤，戎马所屯，地利不足"。故虽设监众多，耗费甚巨，马缺"未尝孳息"；或不堪战斗，"驱之边境，未战而冻死者十八九"。③另中书省、枢密院报告，神宗熙宁二年至五年，河南北十二监每年"出马一千六百四十匹，可给骑兵者二百六十四，余仅足配邮传"④。号称养马最多的沙苑监，"占牧田九千余顷，刍粟、官曹岁费缗钱四十余万，而牧马止及六千。自元符元年至二年，亡失者三千九百"⑤。为此，宋政府曾采取"牧马于民"的措施，相继推行户马、保马、给地牧马诸法，但均没有显著效果。⑥在这种情况下，对外交换就必不可少了。

---

① 《资治通鉴》卷二九二，后周显德二年正月庚辰条。
② 《续资治通鉴长编》卷一九二，嘉祐五年八月甲申条。
③ （宋）宋祁：《景文集》卷二九《论夏河北广平两监澶郓两监》，第366页。
④ 《宋史》卷一九八《兵志十二·马政》。
⑤ 《宋史》卷一九八《兵志十二·马政》。
⑥ 杜建录：《论宋代民间养马制度》，《固原师专学报》1993年第4期。

西夏立国后，虽据有黄河河套灌溉农业区和河西走廊半农半牧区，但畜牧业仍是西夏的支柱产业，畜牧经济的单一性和发展不平衡性，迫切需要用畜产品交换农副产品与手工业产品，而与之相邻的契丹、回鹘、吐蕃诸部不能满足这种需求，因此西夏前期对外商业活动，主要是与北宋的商品贸易。正如宋人司马光所说："西夏所居，氐羌旧壤，地所产者，不过羊马毡毯。其国中用之不尽，其势必推其余与他国贸易。其三面皆戎狄，鬻之不售，惟中国者，羊马毡毯之所输而茶彩百货之所自来也。故其民如婴儿，而中国乳哺之矣。"①当然，司马光夸大了西夏对北宋的经济依赖，确切地说，是夏宋两国在经济上的互补性，才维系了二者之间的商品交换，只不过宋朝急需的是马匹等军用物资，因此，除青盐白外②，一旦断绝贸易，对一般老百姓生活影响不大；西夏急需的是茶绢等生活日用品，如果禁止交换，立即物价上涨，影响到普通百姓的生活。

（1）贸易方式

西夏与北宋商品交换有榷场贸易、和市贸易、贡使贸易和走私贸易四种方式。榷场贸易是夏宋双方在沿边指定地点进行的以官方为主的大宗货物交易。景德四年（1007），宋朝应赵德明的请求，第一次在保安军设置榷场，以缯帛、罗绮易驼马、牛羊、玉、毡毯、甘草，以香药、瓷漆器、姜桂等物易蜜蜡、麝脐、毛褐、羱羚角、硇砂、柴胡、苁蓉、红花、翎毛。非官市者，还"听与民交易"③。夏天授礼法延祚九年，即宋庆历六年（1046），两国和议成立后，除恢复保安军榷场外，又在镇戎军高平寨新设置了一处榷场。此外，在延州、麟州等处也设有榷场，但规模比保安军、镇戎军榷场要小，属于次一级的和市。④

---

① （宋）司马光：《上哲宗乞还西夏六寨》，载《宋朝诸臣奏议》卷一三八。
② 杜建录：《宋夏青白盐问题》，《固原师专学报》1987年第1期。
③ 《宋史》卷一八六《食货志下八·互市舶法》。
④ 杜建录：《宋夏商业贸易初探》，《宁夏社会科学》1988年第3期。

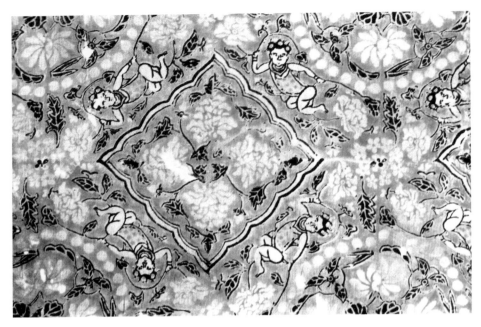

宁夏拜寺口双塔出土童子戏画绢

　　为了掌握对外贸易的主动权，宋朝始终把榷场设在自己的境内，拒绝在西夏境内设置两国贸易榷场。①榷场的管理主要由宋朝承担，所需费用一度由三司直接拨付给榷场所在州军，由州军负责开支。②榷场交易的数额也由宋朝规定③，鄜延、泾原两路经略安抚司，分别指挥保安军、镇戎军处理榷场方面事务，保安军、镇戎军知军直接过问榷场交易情况。1047 年保安军榷场迁到顺宁寨后，顺宁寨和镇戎军高平寨的寨官也参与榷场的管理。④

　　①　《宋史》卷四八五《夏国传上》记载：大中祥符八年，夏州赵德明"筑堡于石州浊轮谷，将建榷场，诏缘边安抚司止之"。
　　②　《续资治通鉴长编》卷六八，大中祥符元年四月甲寅："增给保安军公用钱，是军最极边，以赵德明纳款置榷场，使人继至，而所费不充故也。"
　　③　《续资治通鉴长编》卷一五九，庆历六年十月己酉：庆历六年（1046），仁宗又诏"保安军、镇戎军榷场，岁各市马二千匹，博买羊一万口"。
　　④　《续资治通鉴长编纪事本末》卷八三《种谔城绥州》云："（治平四年）癸卯，鄜延路经略司言，知保安军杨定、都巡检侍其臻、顺宁寨张时庸与西人于界首议榷场事，被诱过界，并为所杀。"这条记载反映出当时保安军官员与驻守顺宁寨的保安军北巡检、顺宁寨官共同处理有关榷场方面的事务。

权场的治安由所在地的巡检或都巡检负责，为了防止巡防军士和夏境亲故"期于权场"，徇私舞弊。1015 年（宋大中祥符八年）八月，宋真宗诏令"沿边权场巡守军健并须用驻泊兵士，不得差本州军人"①。权场所在地官员不得在"场内博买物色"②。权场勾当官和权场指挥使负责指挥权场交易。③还有牙人评定货色等级，兜揽成交。权场设有税务进行征税，征税方式为"官中止量收汉人税钱，西界自收番客税利"④。西北远蕃卖马于宋，也须于"德明权场内，每匹纳买路绢一匹，大茶十斤"⑤。和宋辽沿边权场一样，在交易过程中，有一些章则条例性的规定，这些贸易规定经双方商量，一旦确定下来⑥，就须依照执行，一般不会因权易官的变动而更改。

权场贸易是夏宋关系的晴雨表，两国和好时，宋朝开放权场，一旦交恶则关闭权场，西夏只能依靠其他途径同宋朝交换。

和市，又称民市，主要是为了满足羌汉人民日常生活所需而设置的，其规模比权场要小，但也有固定的交易地点，并经双方官府认可，可以说是合法的市场。夏宋沿边久良津、吴堡、银星、金汤、白豹、虾蟆、折姜等地都设有和市。此外，还有西夏统治者单方面设立的或羌汉人民私设的和市，其中有的事后得到了宋朝的承认，宋人文彦博曾指出："自来番汉客旅博易往还之处，相度置立和市，须至两界首开置市场，差官监辖番汉客旅，除违禁物色外，令取便交相转易，官中止量收汉人税钱，西界自收番

---

① 《宋会要辑稿》食货三八之二八。
② 《宋会要辑稿》食货三八之二八。
③ 俄藏黑水城出土西夏权场文书记载，在夏金权场贸易中，西夏设有权场使兼拘榷西凉府签判，由此推断西夏在对宋权场中，也应有此类职官。
④ （宋）文彦博：《潞公文集》卷一九《奏西夏誓诏事》，文渊阁四库全书影印本 1100—698。
⑤ 《宋会要辑稿》兵二四之一二。
⑥ （宋）张方平：《乐全集》卷四〇《赠工部尚书蔡公墓志铭》："范文正公宣抚陕西、河东，荐公才，任烦要，徙通判泾州，除太常博士，易鄜州。夏人请置权场，通关市，命公会羌豪于延州，以定权法。"（四库全书影印本 1104—508）

客税利。"①

　　和市在夏宋贸易中非常重要，一是它为数众多，在两国沿边密密排开，几乎所有蕃汉聚居地都有和市；二是它不仅设在宋朝境内，而且在西夏境内也广泛设置，如"麟、府州民多赍轻货，于夏州界擅立榷场贸易"②，这里的榷场就是和市。"环州永和寨西北一百二十里有折姜会，庆州东北百五十里有金汤、白豹寨，皆贼界和市处也"③，是宋人眼中的"奸商往来，物皆丛聚"的集市。④设在西夏境内的和市，宋朝往往鞭长莫及，即使战争年代，宋朝只能关闭其境内的榷场与和市，断绝不了西夏境内的和市。⑤西夏对和市贸易非常重视，专设"管勾和市"一职。⑥

　　贡使贸易是西夏还贡奉使节携带大量货物，在宋朝境内进行的一种贸易。赵德明"称藩日久，岁遣人至京师货易，出入民间如家"⑦。"入贡至京者纵其为市"。⑧一般情况下，西夏贡使至都亭西驿，"除卖于官库外，余悉听与牙侩市人交易"。王安石变法期间，提举市易司奏请全部由市易务收购，"一切禁其私市"。这样就带来了两个问题，一是夏使不能在民间交易所需货物，很不乐意；二是西夏贺正旦等使人所须货物，"本务又不能尽有，不免责买于市肆"。为此，元丰二年（1079）三月，宋神宗批示"宜令仍旧"，恢复了官库不收购的货物，听与民间交易。

　　和榷场贸易一样，贡使贸易也有明确的章则条例，熙丰间（1066—1085），

　　① （宋）文彦博：《潞公文集》卷一九《奏西夏誓诏事》，文渊阁四库全书影印本 1100—698。《续资治通鉴长编》卷五一，咸平五年正月甲子条记载，咸平五年，继迁所部在赤沙川、骆驼口"各置会贸易"，"会"就是一种定期的市场。《续资治通鉴长编》卷七二，大中祥符二年十一月乙卯条记载，大中祥符二年十一月，河东缘边安抚司言："麟、府州民多赍轻货，于夏州界擅立榷场贸易"。这里的榷场实际上就是和市。

　　② 《续资治通鉴长编》卷七二，大中祥符二年十一月乙卯条。

　　③ 《续资治通鉴长编》卷一三四，庆历元年十月乙巳条。

　　④ 《续资治通鉴长编》卷一三五，庆历二年正月条载范仲淹语。

　　⑤ 杜建录：《西夏沿边堡寨述论》，《宁夏社会科学》1993 年第 5 期。

　　⑥ 《续资治通鉴长编》卷一八五，嘉祐二年二月壬戌条。

　　⑦ （宋）苏舜钦：《苏学士集》卷一六《韩公行状》，文渊阁四库全书影印本 1092—122。

　　⑧ 《宋史》卷一八六《食货志下八·互市舶法》。

苏辙曾"略取都亭及西驿所以待西北人使约束，与同文馆待高丽例，轻重相比"，制定出北使、西使及高丽使条例，其中"西人诣阙贺正旦圣节，到，许住二十日，非泛一十五日（如系商量事，候朝旨进发）；西人到阙，随行蕃落将不许出驿，或有买卖，于本驿承受使臣处出头，官为收买；西人到京买物，官定物价，比时估低小，量添分数供卖，所收加抬纳官"①。由于夏使的坚决反对，宋政府同意使馆官市后，允许与民交易，但使馆交易的价格往往低于市场价格，这是宋朝的一贯做法。早在宋大中祥符二年（1009）四月，宋真宗下诏："诸蕃贡物，咸令估价酬之。如闻左藏库减抑所直，目曰润官，自今宜禁之。"②压低价格，"减抑所直"，其结果是夏使减少或不带低估的货物③，影响两国的往来。

尽管如此，由于夏宋之间货物差价的缘故，西夏依然有巨额利润可赚。夏天仪治平元年，即宋元祐二年（1087），宋人苏轼就明确指出："每一使至，赐予、贸易，无虑得绢五万余匹，归鬻之其民，匹五六千，民大悦。一使所获，率不下二十万缗。"④

走私贸易多种多样，一是和平年代，西夏通过各种手段从宋朝换取粮食、兵器、金、银、铜铁⑤、货币、水银、丹漆等违禁物。这些货物有的是军用物资，有的是关乎经济安全，有的是西夏所紧缺，宋朝出于边防战备和限制西

---

① （宋）苏辙：《苏辙集·栾城集》卷四六《乞裁损待高丽事件札子》，中华书局1990年版，第802页。

② 《续资治通鉴长编》卷七一，大中祥符二年四月条。

③ 嘉祐七年西夏贺正旦使至"所贸易约八万贯，安息香、玉、金精石之类，以估价钱，却将回。其余硇砂、琥珀、甘草之类，虽贱亦售。尽置罗帛之旧，价例太高，皆由所管内臣并行人抬压价例，亏损远人。其人至贺圣节，即不带安息香之类来，只及六万贯"（（宋）龚鼎臣：《东原录》，文渊阁四库全书影印本862—573）。

④ 《续资治通鉴长编》卷四〇五，元祐二年九月丁巳条。

⑤ 《续资治通鉴长编》卷二四，太平兴国八年十一月壬申："盐铁使王明言：沿边岁运铜钱五千贯于灵州市马……戎人得铜钱，悉销铸为器，郡国岁铸钱，不能充其用。"（《续资治通鉴长编》卷二四，太平兴国八年十一月壬申条）宋神宗时张方子也曾说："自熙宁七年颁行新敕，删去旧条，削除钱禁，以此边关重车而出，海舶饱载而回，闻缘边州军钱出外界，但每贯收税钱而已。……钱本中国宝货，今乃与四夷共用。"

夏的原因，禁止出口，西夏则利用走私的形式来获取。粮食主要在沿边蕃汉百姓之间交易，但在宋人看来，"西界不稔，斛食倍贵，大段将牛、羊、青盐等物裹私博斛斗入番，不惟资假盗粮，兼妨沿边及时计置收籴军储"。[①]兵器是绝对禁止出口的，金银、铜铁、钱币阑出时严时宽。宋开宝三年（970）诏曰："铜铁不得阑出蕃界及化外。"[②] "庆历初，阑出铜钱，视旧法第加其罪，钱千，为首者抵死"。[③] "元丰八年，哲宗嗣位，复申钱币阑出之禁"。[④] "大中祥符元年，帝以京城金银价贵，以问三司使丁谓，谓言多为西贼、回鹘所市入蕃，诏约束之"。[⑤]宋景德二年（1005），诏"弛边民铁禁"[⑥]。宋熙宁七年（1074），"颁行新敕，删去旧条，削除钱禁，以此边关重车而出，海舶饱载而回，闻沿边州军钱出外界，但每贯收税钱而已"。[⑦]宋朝大量钱币的流出，推动了西夏货币经济的发展。

二是两国交恶时，宋朝关闭榷场，断绝宋朝境内的和市，为了弥补由此带来的经济困难和满足羌汉人民的日常生活，于沿边地区进行大量的走私活动。夏天赐礼盛国庆二年，即宋熙宁三年（1070），宋朝对西夏采取强硬政策，两国战事再起，宋朝拒绝夏使入境，关闭互市榷场，边境走私随之而起。次年双方商议恢复和市，神宗皇帝就此指出，"近虽令陕西、河东诸路止绝蕃汉百姓不得与西贼交易。访闻止是去冬及今春出兵之际略能断绝，自后肆意往来，所在无复禁止。昨于三月中，有大顺城管下蕃部数持生绢、白布、杂

---

①　熙宁年间文彦博曾指出，"检会累降指挥，沿边诸路经略安抚使严切禁止汉人与西界私相交易、博买，非不丁宁。近访闻诸路沿边因循习俗，不切禁止，常有番汉私相交易。盖缘官司不遵守条贯，明行赏罚，是致全无畏避，及无人发摘告陈。近又闻西界不稔，斛食倍贵，大段将牛、羊、青盐等物裹私博斛斗入番，不惟资假盗粮，兼妨沿边及时计置收籴军储，令欲再下逐路经略安抚司，依累降指挥施行。"（（宋）文彦博：《潞公文集》卷一九《乞禁止汉人与西人私相交易》，四库全书影印本1110—696）。

②　《宋史》卷一八〇《食货志》。

③　《宋史》卷一八〇《食货志》。

④　《宋史》卷一八〇《食货志》。

⑤　《宋会要辑稿》刑法二之一六二。

⑥　《宋史》卷七《真宗纪》。

⑦　《宋史》卷一八〇《食货志》。

色罗锦、被褥、腊茶等物至西界辣浪和市，复于地名黑山岭与首领岁美泥咩、匕悖讹等交易，博过青盐、乳香、羊货不少。况近方令回使，议立和市，苟私贩不绝，必无成就之理"。①

宋元祐二年（1087）二月，宋朝辅政大臣司马光在讨论西夏问题时指出："旧制官给客人公据，方听与西人交易，传闻近岁法禁疏阔，官吏弛慢，边民与西人交易者，日夕公行。彼西人，公则频遣使者，商贩中国，私则边鄙小民，窃相交易，虽不获岁赐之物，公私无乏。所以得偃塞自肆，数年之间，似恭似慢，示不汲汲于事中国，由资用饶足，与事中国时无异故也。"② 走私贸易不仅影响到和市的设立，而且影响到西夏对宋的态度，可见其规模之大，影响之深刻。

西夏有时还动用武力，迫使宋朝边吏网开一面，允许私市。施昌言为环庆路经略使时，"亦禁私市，西人发兵压境，昌言遣使问其所以来之故，西人言无他事，只为交易不通。使者惧其兵威，辄私许之"。③

三是西夏出使宋朝的外交官员及其随从人员利用出使北宋的机会进行走私活动，宋大中祥符五年（1012）二月，宋真宗听说"夏州贡奉人在道市物，颇或扰民"，遂"令所在有司，严示约束"④。为了招徕远人，宋朝仅仅是约束不要扰民，而不是禁绝，在两国关系友好发展时，贡使夹私交易一直半遮半掩地存在着。宋大中祥符七年（1014）十一月，鄜延路钤辖张继能上言："赵德明进奉人挟带私物，规免市征，望行条约"。真宗曰："戎人远来，获利无几，第如旧制可也。"⑤ 有时宋朝还专门调集货物，以备西夏使人私下交易。⑥ 当然，在很多情况下特别是两国关系不稳定时期，北宋严格禁止西夏使人夹

① 《宋会要辑稿》食货三八之三一。
② 《续资治通鉴长编》三六五，元祐元年二月壬戌条。
③ 《续资治通鉴长编》卷三六五，元祐元年二月壬戌条。
④ 《续资治通鉴长编》卷七七，大中祥符五年二月丙辰条。
⑤ 《续资治通鉴长编》卷八三，大中祥符七年十一月乙未条。
⑥ 《宋史》卷二八六《薛奎传》记载："赵元昊每遣吏至京师请奉予，吏因市禁物，隐关算为奸利，（薛）奎廉得状，请留蜀道缣帛于关中，转致给之。"

私交易。①

四是宋朝边吏或百姓从西夏套取马匹等违禁货物。辽宋西夏金时期，宜于养马之地均在辽、夏、金境内，宋朝和沿边诸族茶马贸易以及夏宋榷场上马匹进口②，远远不能满足骑兵建设的需求，这种供需矛盾是从西夏走私马匹的主要动因。宋代西北地区活跃着一支专事马匹贸易的商队，他们从沿边吐蕃、党项地区以及西夏境内的游牧部落收购马匹，然后驱赶至沿边买马场或直接深入内地进行交换，西夏法律严格禁止马匹出口就说明了这一点。③

五是西夏统治者有目的走私。李继迁曾在赤沙、骆驼路等地"置会贸易"，④ 这里的"会"就是西夏单方面设置的贸易市场。赵德明多遣人于庆州"赍违禁物窃市于边"⑤。

六是青白盐走私。青白盐是沿边羌汉人民进行交换的传统商品，宋太宗时为了困李继迁，采用郑文宝的建议，"绝其青盐，不入汉界，禁其粒食，不及蕃夷"。⑥ 结果事与愿违，以致外则"戎人乏食，相率寇边"，内则"关、陇民无盐以食，境上骚扰"⑦。归附宋朝的万余骑党项也叛去。在外扰内乱的情况下，宋太宗被迫派钱若水解除禁令，归附青白盐的自由贸易。⑧

李继迁攻占灵州，易名西平府，将统治中心从平夏地区的夏州迁到河套平原的灵州，给宋朝带来了更大的威胁。为了使"蕃粟不能入贼境，而入于

---

① 《宋会要辑稿》蕃夷七之四三记载："大观四年正月二十八日，夏国遣使入贡，五月四日，诏：'诸西人入贡，诸色人私有交易，编栏使臣不觉察者徒二年，引伴官与同罪，管勾行李马驼使臣减一等，并不以赦降，去官原减。'"

② 《续资治通鉴长编》卷一五九，庆历六年十二月己酉条。

③ 《天盛改旧新定律令》卷七《敕禁门》规定"牛、骆驼、马不论大小及铠甲、军披等到敌人中去卖时，庶人造意斩，从犯当得无期、长期徒刑，有官当以官品当"。

④ 《续资治通鉴长编》卷五一，真宗咸平五年正月甲子；陕西转运使刘琮言："访闻迁贼蕃部于赤沙、橐驼路各置会贸易，深虑诱熟户叛涣，请令本路部置潜军讨之。"

⑤ 《续资治通鉴长编》卷七一，大中祥符二年三月己卯条。

⑥ 《续资治通鉴长编》卷四二，至道三年十二月辛丑条。

⑦ 《宋史》卷二七七《郑文宝传》。

⑧ 《宋史》卷四八五《夏国传上》。

边廪"①，再度禁止青白盐入内。几年后，李继迁在同西凉吐蕃的战斗中，中流矢身亡，德明袭位，夏宋议和，德明提出开放青白盐贸易的要求②，宋朝以其不肯遣子弟入质及归还灵州疆土为由，没有答应。但是终德明之世，两国关系亲密无间，"门市不讥，商贩如织"，北宋王朝务求绥靖，不愿惹是生非，在一定程度上默许了青白盐走私贸易。③

夏天授礼法延祚七年，即宋庆历四年（1044），历时七年的夏宋陕西之战结束，媾和条约规定，宋朝承认西夏的割据地位，册元昊为夏国主，西夏承认依附宋朝；宋每年赐西夏绢15万3千匹，银7万2千两，茶3万斤。议和过程中，西夏曾提出每年向宋朝出口十万石青盐，宋朝要维护食盐专门利益，必须把这10万石青盐全部包买过来，然而这样不仅要支付20多万贯巨款④，而且青盐味美价廉，一旦开禁，"则流于民间，无以堤防矣"，走私问题必然严重起来，"恐缘边蕃汉，尽食西界所贩青盐，无由禁止，解盐之利，日渐侵削，而陕西财用不得不屈矣"。⑤另外，每年买青盐须给西夏20万贯，再加上已答应的25万岁赐，高达四十余万，"与遗北敌物数相当"，恐引起辽朝增加岁币的贪求。⑥经过宋朝君臣反复讨论，认为不可。

青白盐公开贸易被禁止后，随之而来的便是严重的走私问题，宋朝没有禁青白盐时，沿边地区食盐便宜，禁盐后运河东解盐在陕西边地销售，其价格远远高于青盐，因此，边民必然冒法图利，"却入蕃界，私贩青盐"⑦，"往往犯法抵死而莫肯止"。⑧特别是"缘边属户，与西界蕃部交通为常，大率以青盐价贱而味甘，故食解盐者殊少。边臣多务宽其禁以图安辑，惟汉户犯者，

① 《续资治通鉴长编》卷五〇，咸平四年十二月乙卯条。
② 《续资治通鉴长编》卷六四，景德三年九月丁卯条。
③ 杜建录：《宋夏青白盐问题》，《固原师专学报》1987年第1期。
④ 《续资治通鉴长编》卷一四六，庆历四年二月庚子条。
⑤ 《续资治通鉴长编》卷一四六，庆历四年二月庚子条。
⑥ 《续资治通鉴长编》卷一四五，庆历三年十一月辛卯条。
⑦ 《续资治通鉴长编》卷五四，咸平六年三月辛亥条。
⑧ 《续资治通鉴长编》卷一八〇，至和二年七月丙子条。

坐配隶之刑，曾无虚月"①。大量青白盐实际上通过沿边属户及土著汉人走私到内地。

总之，宋朝在缘边设置権场、和市进行贸易，在政治意图上含有通过经济手段安边绥远，同时也以断绝贸易来威胁或制裁西夏，是一种带有政治性的商业。西夏也为了取得经济利益，保境息民而中止战争，有时也为了贸易而发动战争。因此，宋夏商业贸易从总体上讲繁荣发展，但具体地来看，除赵德明时期外，总是反反复复，権场、和市、走私及贡使贸易四种形式有时并存，有时只存在一二种。

（2）贸易物色

西夏输出物品：

畜产品　羊、马、牛、驼，数额十分可观，庆历六年北宋政府的规定，每年仅在保安军、镇戎军高平寨两个権场就购入马四千匹，羊两万只。②贡奉使节也经常携带大批马驼。宋景德四年（1007）三月，德明遣牙吏贡马五百匹、骆驼二百头。③夏天仪治平元年，即宋元祐元年（1087）三月，夏崇宗乾顺遣使进马驼 270 匹（头）。④

毛制品　毡毯、毛褐、裘衣。除在権场上输出外，畜产品（羊、马、牛、驼）及其副产品（毡毯、毛褐、裘衣）也是和市与走私贸易的重要货物。

青白盐　仁宗年间宋夏战争前，宋朝断断续续允许青白盐入内，战争后随着双方政治、军事对立的扩大以及北宋为了保障河东解盐的专卖利益，严禁青白盐入内。但青白盐价廉味美，最为宋朝边民所喜食，西夏每年生产的十几万石青白盐，相当一部分通过各种走私手段输入宋朝。⑤

药物　麝脐、羱羚角、甘草、大黄、柴胡、苁蓉、红花等，西夏特产，

---

① 《续资治通鉴长编》卷一四六，庆历四年二月庚子条。
② 《续资治通鉴长编》卷一五九，庆历六年十二月己酉条。
③ 《续资治通鉴长编》卷六五，景德四年三月癸丑条。
④ 《续资治通鉴长编》卷三九六，元祐二年三月戊辰条。
⑤ 杜建录：《宋夏青白盐问题》，载《固原师专学报》1987 年第 1 期。

多为榷场交易品，其中甘草、苁蓉等贡奉使人也携带。①

玉石、珠宝、硇砂　来自中亚西域，多以贡奉的形式转手卖给宋朝，从中获取利益。1062年（夏奲都六年、宋嘉祐七年），西夏贺正旦使就携带安息香、玉、金精石、硇砂、琥珀、甘草之类，价值约八万贯。②另外，硇砂还是榷场交易品。

琥珀、蜜蜡　琥珀是松柏科植物树汁形成的化石，蜜蜡是琥珀的一种，即半透明至不透明的琥珀，来自丝路，西夏贡使携带，榷场上也有交易。

安息香、乳香　安息香出自中亚古国安息，乳香为橄榄科植物乳香树皮渗出的树脂，产于中亚北非。西夏从回鹘商人获取③，贡奉使人携带入宋，或在和市走私。④

金银制品　来自中亚西域，转手到宋朝，获得利润。宋庆历六年四月九日，"夏国遣使贡大石样、金渡黑银花鞍辔、金渡黑银花香炉合、御马、长进马、骆驼，自是岁来贡"。⑤

银钱　银钱是输入品，也是输出品。庆历六年正月十八日，"枢密院言：'夏国近遣贺正旦人到阙，以钱银博买物色，比前数多'"⑥。

翎毛　鸟翅和尾上的长而硬的羽毛，保安军榷场交易品。

西夏输入物品：

丝麻织品　缯帛、罗绮、绢绤、布匹、被褥等。西夏输入的丝绵织品除

---

① 《宋会要辑稿》食货三八之二九记载："赵德明进奉人使中卖甘草、苁蓉甚多，人数比常年亦倍。"

② （宋）龚鼎臣：《东原录》，文渊阁四库全书影印本862—573。

③ （宋）洪皓：《松漠纪闻》，文渊阁四库全书影印本407—697：回鹘"卷发深目，眉修而浓，自眼睫而下多虬髯。土多瑟瑟珠玉、帛有兜罗帛、毛毡、狨锦、注丝、熟绫、斜褐；药有腽肭脐、硇砂；香有乳香、安息、笃耨。善造宾铁刀剑、乌金银器，多为商贾于燕，载以橐它（即骆驼）过夏地，夏人率十而指一，必得其最上品者"。

④ 大中祥符六年"取犯茶盐矾曲，私铸造军器，市外蕃香药，挟铜钱诱汉口界，主吏盗货官物，夜聚为妖，比旧法咸从轻减"（《宋史》卷二○一《刑法志》）。

⑤ 《宋会要辑稿》番夷七之二六。

⑥ 《宋会要辑稿》食货三八之三○。

"岁赐"外，大部分是用牛马羊驼在榷场与和市上换取。宋熙宁四年（1071）三月，"大顺城管下蕃部数持生绢、白布、杂色罗锦、被褥、腊茶等物至西界辣浪和市，复于地名黑山岭与首领岁美泥咩、乜悖讹等交易，博过青盐、乳香、羊货不少"。①

茶叶　西立建国后，农业经济虽有较大的发展，但相当一部分党项人民仍以肉食乳饮为生，特别需要饮茶帮助消化，"惟茶最为所欲之物"。②庆历年间宋夏议和中，西夏要求"岁赐"茶叶数额很大，宋初许5万斤，后减为3万斤，仍然不能满足需求，因而在榷场与和市上有大量的贸易，茶还是夏宋走私贸易的大宗商品。

钱币、交钞　西夏由于缺乏铜铁原料，铸造货币不免受到限制，流通宋朝货币是西夏社会经济的一大特点。宋夏榷场、和市都有大量缗钱流入塞外。《西夏书事》卷三六记载："自茶山铁冶入于中国，国中乏铁，常以青白盐易陕西大铁钱为用。"宋太平兴国八年（983）盐铁使王明言："沿边岁运铜钱五千贯于灵州市马。"③嘉祐年间（1056—1063），秦州古渭寨榷马场"凡岁用缗钱十余万"④。此外，西北缘边内属戎人，多赍轻货于秦、阶州易铜钱出塞，销铸为器。宋朝曾多次严禁钱币出口，然一旦开禁，则"边关重车而出，海舶饱载而回"⑤，输出量是相当大的。交钞是宋朝流通的纸币，便于长途携带，西夏套购后用于对外交换。⑥

金银及金银制品　白银在宋朝岁赐中是重要项目，同时西夏进奉时也有大量的回赐。贺生辰回赐中有银1万两，贺正旦赐银5000两，贺冬至赐银

① 《宋会要辑稿》食货三八之三一。
② 《续资治通鉴长编》卷一四九，庆历四年五月甲申条。
③ 《续资治通鉴长编》卷二四，太平兴国八年十一月壬申条。
④ 《宋史》卷一九八《兵志十二·马政》。
⑤ 《宋史》卷一八〇《食货志下二·钱币》。
⑥ 《宋会要辑稿》蕃夷七之二六：庆历五年七月十二日，"三司言：'夏国、唃厮啰差人诣阙进奉，虑于延、秦州、镇戎军沿路收买陕西粮草交钞，乞行禁止。如违，卖者并牙人严断，没入之。告人每一钞赏钱五千，以犯人家财充。'从之"。

5000 两，夏国主生辰赐银 2000 两。平时所遣的泛使，则赐以金荔支带、金花银匣、银沙罗、盆、盒等金银器。此外西夏还通过各种手段向宋朝套购金银。

　　谷物　西夏立国前，地处平夏地区的党项人就用青白盐在缘边贸易粟、麦，德明时曾提出在榷场大规模籴粮。立国后，随着农业生产的发展，粮食已基本自给，但灾年仍有大量谷物输入。①

　　瓷器、漆器。保安军榷场交易品，瓷器易碎，主要供给皇室贵族使用，从目前出土情况来看，西夏主要使用自己烧制的剔刻花瓷。

　　姜、桂、香药。保安军榷场交易品，姜、桂可入药，亦可做烹调配料。香药来自中亚西域，传入中国有陆海两路，宋代从海上舶来后又转手西夏。②

　　兵器　兵器是违禁物，不允许出口③，为了适应对外战争的需要，西夏经常通过各种手段从宋朝换取兵器或制造兵器的原料。④

　　图书　西夏立国后，随着党项族封建化的发展，除物质上需求外，思想文化方面的需求也日益明显，夏使求佛经、太宗御制诗章隶书拓本、医书、《九经》《唐史》《册府元龟》《孟子正义》等记载，每每见于史册。⑤

　　生产技术　仁宗嘉祐八年（1063），西夏因缺乏技术人员，向宋朝乞取工匠，宋朝以为自西平王以来，无此旧例，没有答应。⑥不过随着双方友好往来与商业贸易的发展，技术工匠肯定流入塞外。

---

　　①　（宋）文彦博：《潞公文集》卷一九《乞禁止汉人与西人私相交易》，文渊阁四库全书影印本 1110—696。
　　②　香药本是西夏向宋出口商品，或许是宋朝经过加工的产品，再传入西夏。
　　③　《续资治通鉴长编》卷七二记载：夏州进奉使白守贵等请市弓矢及弩，上以弩在禁科，不许，余从之。
　　④　《续资治通鉴长编》卷一五七，庆历五年九月戊戌条记载：宋仁宗诏"河东、陕西缘边州军，有以堪造军器物鬻于化外者，以私相交易律坐之，仍编管近里州军"。
　　⑤　天圣八年（1030），西平王赵德明遣使献马 70 匹，乞赐佛经一藏，从之。（《续资治通鉴长编》卷一〇九）；景祐元年（1034）元昊献马 50 匹，求佛经一藏，仁宗诏特赐之。（《续资治通鉴长编》卷一一五）；至和二年（1055），赐夏国大藏经。（《续资治通鉴长编》卷一七九）；嘉祐七年（1062）4 月，夏毅宗谅祚上表宋朝，求太宗御制诗草、隶书石本、欲建书阁宝藏之。且进马 50 匹，求《九经》《唐书》《册府元龟》及本朝正至朝贺仪。诏赐《九经》，还其马。（《续资治通鉴长编》卷一九六）
　　⑥　（清）张鉴：《西夏纪事本末》卷二〇，第 130 页。

衣物饰品　名目众多，冬服①、幞头、帽子等，仁宗年间西夏向宋乞买物。②锦袍、袭衣、银带、金带等，贡使赐赠。宋景德三年（1006）七月，宋赐德明袭衣、金带、器币。③十月，赐德明袭衣、金带等，次年三月，德明遣牙吏贡马五百、骆驼二百，赐袭衣、金带、器币。④诸如此类，不绝于史。

珍玩　名目繁多，多为国遭新丧，即位皇帝以大行帝后的衣饰什物致馈西夏国主，也有朝贡赐赠的。宋真宗崩，宋致辽的礼物中有：金饰玳瑁饮食灌器、象牙撮、车渠注碗、碧车渠琥珀杯、白玉翠石茶器、通犀碾玉带、金饰玳瑁乐器、金饰七宝玛瑙鞍马、玉鞭等。⑤宋致西夏大致与辽差不多，但其质与量肯定不如辽。

薰衣香、龙脑、朱砂，西夏特别请求向宋朝购买。⑥薰衣香为香料之一种，龙脑为中成药，榷场交易的香药，可能包括薰衣香和龙脑。

米、面、酒等食品，宋馈赠礼物。夏国主李元昊卒，宋朝祭奠使赙绢一千匹，布五百端、羊百口、面米各百石、酒百瓶。"及葬，仍赐绢一千五百匹，余如初赙"。⑦

历日　宋朝颁赐，宋景德四年（1007）十月，宋朝赐赵德明《仪天历》。⑧西夏立国后，双方关系友好时，宋朝均颁赐《历日》。夏正德五年，即宋绍兴

---

①　冬服也是宋朝赐赠品，景德四年（1007）十月庚申：知延州张崇贵上言"准诏赐赵德明冬服及《仪天历》，令延州遣牙校赍往"。（《续资治通鉴长编》卷六七，景德四年十月庚申条）；乾兴元年（1022）宋遣使赐德明冬服及颁仪天具注历。（《宋史》卷四八五《夏国传上》）；元丰三年（1080）九月，赐夏国主生日礼物及仲冬时服。（《续资治通鉴长编》卷三〇八）。元祐元年（1086），宋遣供备库使张懋押赐夏国主生日礼物，内殿崇班安愈押赐中冬时服。（《续资治通鉴长编》卷三八三）；元祐四年（1089），宋遣崇仪使董正叟押赐夏国主生日礼物，如京副使李玩押赐中冬时服。（《续资治通鉴长编》卷四二九）；元祐六年（1091）九月，因西夏大举寇掠麟府路，宋押赐夏国主生日礼物和押赐中冬时服使至延州后称疾不前。（《续资治通鉴长编》卷四六六）。

②　（宋）王珪：《华阳集》卷一九《赐夏国主乞买物诏》，文渊阁四库全书影印本 1093—136。

③　《续资治通鉴长编》卷六三，景德三年七月癸卯条。

④　《续资治通鉴长编》卷六五，景德四年三月癸丑条。

⑤　《宋会要辑稿》蕃夷二之四。

⑥　（宋）孔平仲《孔氏谈苑》卷三记载："苏涣郎中押伴夏人，云：'卖银五千两，买乐人幞头四百枚，薰衣香、龙脑、朱砂凡数百两，及买绫为壁衣。'"

⑦　《宋史》卷四八五《夏国传上》。

⑧　《续资治通鉴长编》卷六七，景德四年十月庚申条。

元年（1131），宋高宗下诏，夏本敌国，毋复颁《历日》。①

人口　西夏人口较少，除战争俘获外，还招诱贩买宋朝人口，从北宋一再明令禁止的情形来看②，人口走私始终存在。

矾、曲　矾可供造纸、制革及制颜料、染料，曲用来酿酒。宋朝矾、曲专卖③，西夏也严禁私酿酒曲，只有小量走私贸易。④

从以上情况来看，西夏输出物品以驼马牛羊、毡毯、裘皮、青白盐为主，总的来说原料居多，输入物品主要有丝棉织品、茶、缗钱、金属制品、瓷漆器、衣物等，以加工成品居多，反映了宋夏两国经济生活水平和生产力发展状况。另外西夏利用占据丝路要道的优势，从中亚西域获得安息香、玉、金精石、硵砂、琥珀、乳香、大石样金渡黑银花鞍辔、金渡黑银花香炉合，转手卖给宋朝，从中获利。

（3）贸易影响

西夏与宋之间商业贸易的繁荣，对国内社会经济的发展有着积极的作用。首先，由于畜产品的大量输出，刺激和促进了传统畜牧经济的发展。西夏立国后，尽管农业生产得到蓬勃发展，但畜牧业仍在国民经济中占有举足轻重的地位，这固然与以游牧业为生的历史渊源和我国西北宜于牲畜牧养的地理条件有关，但扩大畜产品的出口，不能不说是一个很重要的原因。同时宋朝铁原料和手工业技术的输入，使西夏金属原料缺乏和生产技术落后的不足得

---

①　《宋史》卷四八六《夏国传下》。

②　太平兴国八年（983）二月诏曰："应有蕃部将带人口入蕃界者，宜令所经历及次边州县军镇，常切验认收捉，不得放去。如有将人口货卖与蕃人，及勾该居停住，并依格律处死。验认到人口，便仰根问来处，牒送所属州府，付本家。仍令逐处粉壁晓示"（《宋会要辑稿》兵二七之一《备边》）；淳化二年（991）六月二十三日诏"陕西路诸州戒疆吏谨视，有掠生口阑出边关卖与戎人者，捕之，寘于法，匿不以闻者同罪"。（《宋会要辑稿》刑法二之四）；天禧三年（1019）三月，内殿崇班韩令琮言："前知环州，切见民人多将违禁物色、人口偷卖与北界。询其道路，止于截原寨、柳镇二路。望差蕃官于逐处缉捉。"从之。（《宋会要辑稿》兵二七之二○《备边》）。

③　《宋史》卷一八五《食货志下七》。

④　大中祥符六年（1013）正月庚子，"令审刑院、大理寺、三司详定配隶法。既而取犯茶、盐、矾、麹、私铸钱，造军器，市外蕃香药，挟铜钱，诱汉口出界，主吏盗货官物，夜聚为妖等12条，悉减从轻焉"。（《续资治通鉴长编》卷八○，大中祥符六年正月庚子条）。

以弥补，从而推动了西夏兵器、农具等金属制造业的发展，使西夏的农业生产得以飞速发展。尤其是铁的输入，为西夏农业生产提供了更多的犁，使更大面积的荒地开垦与农田耕作成为可能。

其二，宋夏大规模的贸易兴起后，榷场、和市上宋朝缗钱的大量输入，促进了西夏货币经济与城市商业的繁荣。据不完全统计，宁夏、甘肃、内蒙古、陕西等省区 16 个地点的西夏墓葬、遗址、窖藏中，多数地点出土的宋朝货币品种多、数量大。从不太多的文献资料中看出，西夏立国后，宋朝货币确实在社会生活中占有越来越重要的地位，成为普遍的价值尺度、流通和贮藏手段。战争年代，宋朝关闭榷场，断绝和市，西夏货源断绝，物价暴涨，民间"尺布可直钱数百"，"一绢之直八九千钱"，有时甚至高达"五十余千"[①]。苏轼曾说：西夏"每一使至，赐予、贸易，无虑得绢五万余匹，归鬻之其民，匹五六千，民大悦。一使所获，率不下二十万缗"[②]。王安石也说："今蕃户富者，往往蓄缗钱二三十万。"[③] 西夏人编著的辞书《文海》"金钱"释："钱也，卖种种买价值用是也"；"串"释："钱串也，连袋串也"；"缗"释："缗钱也，缗袋也"；"价"释："卖价之谓"，又"值也，计称用也"；"值"释："价也，卖买之所交付也"等，所有这些，都表明西夏在贸易时广泛使用货币。[④]

货币在社会生活中的广泛使用，又促进了城市经济的发展，夏汉合璧的《凉州护国寺感应塔碑》记载："武威当四冲地，车辙马迹，辐凑交会，日有千数"[⑤]，反映出西夏城市经济的一般情况。

其三，西夏与宋商业贸易的繁荣发展，加速了党项西夏封建化的进程。"一个民族本身的整个内部结构都取决于他的生产以及内部和对外的交往的

---

① 《续资治通鉴长编》卷四〇五，元祐二年九月丁巳条。
② 《续资治通鉴长编》卷四〇五，元祐二年九月丁巳条。
③ 《宋史》卷一八六《食货志》。
④ 《文海研究》，第 536、427、430、443 页；白滨：《从西夏文字典〈文海〉看西夏社会》，载《西夏史论文集》，宁夏人民出版社 1984 年版。
⑤ 罗福颐：《西夏护国寺感应塔碑介绍》，《文物》1981 年第 4、5 期。

发展程度"。① 西夏封建化的完成，固然是党项自身社会经济发展的结果，但与中原地区的经济文化交流也有着密不可分的关系。在中原文化的影响下，李继迁"潜设中官，全异羌夷之体，曲延儒士，渐行中国之风"②；赵德明"礼文、仪节、律度、声音，无不遵依宋制"③。景宗李元昊立国时为了笼络蕃族大姓，创制文字，建立蕃学，但蕃学使用的教材是夏译儒家经典，在学习西夏文的过程中，传播了儒家思想。这正是李元昊所需要的，因为他要建立的是封建君主国，而不是部落酋长国。

综上所述，作为商品交换的贸易，首先是由整个社会经济发展状况所决定的，同时又受到政治等上层建筑的左右。但贸易不是消极的东西，在一定的历史条件下，贸易的发展对生产、对整个社会经济的发展都具有极大的反作用，甚至对政治、民族关系都有一定的影响。尤其是国内两个民族政权之间的贸易往来，对于民族融合和中华民族经济共同体的形成和发展，都有着积极的影响。在榷场、和市、私市以及贡使贸易中，羌汉人民相互交流商品，是两国人民经济生活的共同要求，这种频繁的贸易往来，是维系中华民族共同体的紧密纽带。

3. 夏辽贸易

夏辽两国都有发达的畜牧生业，缺乏经济上的互补，因而双方的交换远不能同夏宋相比。但辽朝是西夏政治上的盟友，辽统和四年（986）李继迁正式附辽，到辽朝灭亡百余年间，除景宗李元昊和毅宗李谅祚时有过短暂的争战外，西夏每年都按例八节贡献，故两国的贡使贸易是比较兴盛的。

辽统和八年（990）三月，李继迁遣使向辽朝进献的贡品有"细马二十匹，麁马二百匹，驼二百头，锦绮三百匹，织成锦褥被五匹，苁蓉、砑石、井盐

---

① 《马克思恩格斯全集》卷三，第 24 页。
② 《续资治通鉴长编》卷五〇，咸平四年十二月丁卯条。
③ 《西夏纪》卷六。

各一千斤，沙狐皮一千张，兔鹘五只，犬子十只"①。以后遂为定制，只是在个别物品和数目上有所变化。辽朝回赐西夏的物品计有金腰带 2 条，细衣 2 袭，金涂鞍辔马 2 匹，素鞍辔马 5 匹，散马 20 匹，弓箭、器仗 2 副，细锦绮罗绫 200 匹，衣著绢 1000 匹，以及酒果食品。此外，契丹还赐西夏贡奉使节"金涂银带 2 条，衣 2 袭，锦绮 30 匹，色绢 100 匹，鞍辔马 2 匹，散马 5 匹，弓箭、器 1 副，酒果不定数。上节从人白银带 1 条，衣 1 袭，绢 20 匹，马 1 匹；下节从人衣 1 袭，绢 10 匹，紫绫大衫 1 领"。②辽朝为了笼络和褒奖夏国，还经常"优赐之"③。

辽重熙二年（1033），辽兴宗下令"禁夏国使沿路私市金铁"④，辽清宁九年、即夏拱化元年（1063），又"禁民鬻铜于夏"⑤。从这两条禁令来看，西夏贡使一度在沿途和契丹人民做一些铜铁生意。同时也从一个侧面反映出，除铜铁等军用物资以外的商品是允许贡使交易的。

除上述贡使贸易外，辽朝还在云中西北过腰带上石椤坡、天德、云内、银瓮口地区设置贸易市场，让居住在这一带的鞑靼和契丹人同西夏进行畜产品及日用百货的交换，"惟铁禁甚严，夏国与鞑靼人不得夹带交易"。⑥

4. 与回鹘及其他远蕃贸易

西夏和西州回鹘的贸易相当兴盛，史载回鹘土产珠玉为最，帛有兜罗锦、毛毡、绒锦、注丝、熟绫、斜褐；药有腽肭脐（即麝香）、硇砂；香有乳香、安息、笃耨。其人善造宾铁刀剑、乌金银器，"多为商贾于燕，载以橐它（骆驼）过夏地，夏人率十而指一，必得其最上品者"。⑦除了抽取十分之一的过

① （宋）叶隆礼:《契丹国志》卷二一《西夏国贡进物件》，文渊阁四库全书影印本 383—775。
② （宋）叶隆礼:《契丹国志》卷二一《西夏国贡进物件》，文渊阁四库全书影印本 383—774。
③ 《续资治通鉴长编》卷一四九，庆历四年五月甲申引田况语。
④ 《辽史》卷一一五《西夏外纪》。
⑤ 《辽史》卷一一五《西夏外纪》。
⑥ 《西夏纪》卷二四引《西夏事略》，又见《大金国志》卷一三。
⑦ （宋）洪皓:《松漠纪闻》卷一，文渊阁四库全书影印本 407—697。

境税外，占据"贸易华夷"地位的西夏还积极同回鹘商人进行交换，《天盛改旧定新律令》规定，严禁向他国贸易使团出售武器、牲畜、粮食等违禁物。若违禁出售，"庶人造意斩，从犯当得无期、长期徒刑，有官当以官品当"。如果是向大食和西州商队出售违禁品，当减二等判断。大食和西州之使臣和商人，因"是客人给予罚罪"。大食和西州商队的驮畜死亡，或因交换的货物甚多而运力不足，或需要弓箭保护商队安全，或需要补充粮食等给养，经有关机构批准，可以购买。①

西夏北部的蒙古诸部及其他远蕃，自来以游牧为生，肉食乳饮，特别需要饮茶帮助消化，西夏利用自己的优越地位，大量从宋朝手中套购茶叶等物品，转手卖给他们，"以茶数斤，可以博羊一口"。②西夏的这种转手贸易，有时还做在吐蕃与中原的交换上。在靠近西夏东部边境的鞑靼人聚居地区，辽、金都先后开设过榷场，为西夏和这一地区鞑靼人的交换创造了便利的条件。

5. 夏金贸易

1127年宋室南迁后，西夏对外交换的对象主要是入主中原的金朝，交换的形式仍以传统的贡使和榷场贸易为主。"天会议和"后，西夏奉金之使，道路相继，《北行日录》卷上载西夏的贡品有"礼物十二床，马二十匹，海东青七，细狗五"。金朝的回赐计有银、绢帛、绫罗、布衣、貂裘、金带、鞍辔、书匣等，其中以绢帛、绫罗的量最大。③在以贡赐形式交换的同时，金朝还允许夏使在京城市场上与富商自由买卖，大定中（1161—1189），由于使者辄市禁物，金世宗下令只限于都亭贸易。④1190年新即位的金章宗又令"夏使馆内贸易且已"⑤，禁止了使馆贸易。这种错误的决定，遭到了西夏的坚决反对，

① 《天盛改旧定新律令》卷七《敕禁门》。
② 《续资治通鉴长编》卷一四九，庆历四年五月甲申条。
③ 《金史》卷三八《礼志》。
④ 《金史》卷一三四《西夏传》。
⑤ 《金史》卷一三四《西夏传》。

第二年金朝又恢复了夏使都亭贸易，但在时间上只限三天。

夏金榷场贸易规模较大，1141年（夏大庆三年、即金皇统元年），应夏仁宗李仁孝之请，金熙宗首先在云中西北过腰带上石椤坡、天德、云内、银瓮诸处置场互市。这一地区曾是夏辽贸易点，金朝占据后，在夏辽榷场的基础上，恢复和扩大了贸易。更难能可贵的是金熙宗还在榷场上放宽了对铜铁出口的限制①，这是宋、辽两国都始终没能做到的。随后金朝又相继在东胜、环、庆、兰、绥德、保安等沿边州军设置了贸易榷场，其中个别是恢复北宋对西夏贸易的旧榷场。

黑水城出土的西夏榷场文书，是研究夏金榷场贸易的珍贵资料。② 来自于西夏镇夷郡、西凉府等地的住户（商户），携带毛褐等货物，和金朝商户交换丝织品及其他生活用品。和夏宋榷场一样，两国商户不能直接交易，而是由替头③ 评定货色等级，兜揽承交。

西夏统治者非常重视榷场贸易，由银牌安排所的安排官监管④，榷场使依据银牌安排官的"头子"（即公文），对商户携带货物搜检，确定没有违禁物品，然后交由替头兜揽承交。交易结束后，榷场使向银牌安排官呈文，写明按照银牌安排官的"头子"，将某州或某府住户（商户）某人携带货物依法搜检，没有发现违禁物品，由替头（牙人）兜揽成交，并按照规定扭算上税。接着总体开列住户（商户）原带货物名称数量，博买到川绢价某某正，折充

---

① （宋）宇文懋昭：《大金国志》卷一三《海陵炀王上》。

② 目前所见黑水城出土西夏榷场文书17件，其中俄藏15件，孙继民先生从英藏文献中考证出2件。相关研究见佐藤贵保：《ロシア藏カラホト出土西夏文〈大方广仏华严经〉经帙文书の研究——西夏榷场使关连汉文文书群を中心に》，《东トルキスタン出土"胡汉文书"の综合调查》，日本平成15年度—17年度科学研究费补助金（基盘研究［B］）研究成果报告书，研究课题番号15401021，2006年，第61—76页；杨富学、陈爱峰：《黑水城出土夏金榷场贸易文书研究》，《中国史研究》2009年第2期；杜建录：《黑城出土西夏榷场文书考释》，《中国经济史研究》2010年第1期；孙继民、许会玲《西夏汉文"南边榷场使文书"再研究》，《历史研究》2011年第4期；孙继民、许会玲：《西夏榷场使文书所见西夏尺度关系研究》，《西夏研究》2011年第2期。

③ 替头，相当于宋夏榷场交易中的"牙人"。

④ 西夏在战争和重要事务中，派出持银牌官员，宋夏战争中，宋朝曾多次俘获西夏银牌天使。

河北绢某某疋，收税川绢某某疋，折充河北绢某某疋。随后具体开列交易每位住户（商户）换回的货物种类、数量、价值、税额等。

川绢与河北绢作为榷场交易的价值尺度，充当着等价物的职能。交易税也是以川绢与河北绢计算的，税率大体在 2% 左右，下限 1.5%，上限 2.5%[①]，这个税率是比较低的，和西夏早期对回鹘商人的 10% 重税不能同日而语。[②]

夏乾祐三年，即金大定十二年（1172），金世宗对宰相说："夏国以珠玉易我丝帛，是以无用易我有用也。"于是下令关掉保安、兰州两个规模较大的榷场。不久，金世宗又以西辽诸部不靖，而"边民私相越境，盗窃财畜，奸人托名榷场贸易，得以往来，恐为边患"为由，下令"复罢绥德榷场，止存东胜、环州而已"[③]。后在夏仁宗李仁孝的恳求下，金世宗才同意"绥德建关市以通货财"，而以"地无丝枲"为辞，拒绝开放保安等榷场。[④] 直到夏天庆四年，即金承安二年（1197），才"复置兰州、保安榷场"。[⑤]

夏金货物名目繁多，其中西夏输出的有：

羊马骆驼等畜产品。"大定三年，市马于夏国之榷场"[⑥]，沿边百姓互市交换中也大量输出羊马骆驼。

毛褐　榷场输出，按照色泽来分，有黄、白两种。[⑦] 按照质地来分，有粗细之别，绵羊毛线织成的较细，为绵毛褐，山羊或牦牛毛织成的较粗，为粗毛褐。在牧业或半农半牧区，捻线织褐是人们普遍的家庭副业，泾州"虽小儿皆能撚茸毛为线，织方胜花。一匹重只十四两者，宣和间，一匹铁钱至四百千"[⑧]。与泾州相邻的西夏居民也是捻线织毛褐。既然褐是西夏普遍的重要

① 孙继民、许会玲：《西夏榷场使文书所见西夏尺度关系研究》，《西夏研究》2011 年第 2 期。
② （宋）洪皓：《松漠纪闻》卷一，文渊阁四库全书影印本 407—697。
③ 《金史》卷一三四《西夏传》。
④ 《金史》卷一三四《西夏传》。
⑤ 《金史》卷一三四《西夏传》。
⑥ 《金史》卷五〇《食货五·榷场》。
⑦ 俄藏编号 ИHB.NO.308："［贰］拾玖段，白褐陆段，博买川［绢］"，俄藏编号 ИHB.NO.313："黄褐壹拾陆段，博买川绢"，俄藏编号 ИHB.NO.353："褐肆拾段，白褐肆段，博买川［绢］"。
⑧ （宋）庄绰：《鸡肋编》卷上，中华书局 1997 年。

的手工产品，它在榷场上大量交易就不足为奇了。

毛罗，为用细毛线织成的毛织品，质地轻软，如前述泾州人织的方胜花，一匹只有 14 两重。俄藏编号 307 榷场文书记录，西夏客商携带"黄褐伍拾捌段，白褐叁段，毛罗□□□"。

白缨，缨，或系冠的带子，或套马的革带，或丝线做成的穗状饰物。待考。俄藏编号 313 场文书记录，西夏客商携带"黄褐肆拾段，白褐陆段，白缨叁拾□"。

珠玉、香料。来自西域，转手卖给金朝。1172 年金世宗对宰相说："夏国以珠玉易我丝帛，是以无用易我有用也。"

柴胡、苁蓉、大黄等中药材。西夏特产，夏宋榷场交易品，宋室南渡后，输出金朝。

金朝输出的为绢帛、铁器、瓷器、纸张、书籍及其他生活日用品。另外，在鞑靼居地上设置的榷场，可能还有畜产品的输出。

川绢　四川出产的绢，既是两国榷场交易的价值尺度，又是交易货物。宋辽夏金时期川蜀是著名的丝织中心，所谓"蜀中富饶，罗纨锦绮等物甲天下"[1]。宋人往往用川绢同西北少数民族交换马匹[2]，因此，川绢是西夏境内非常流行的丝织品。

河北绢　河北路出产的绢，既是两国榷场交易的价值尺度，又是交易货物。宋辽西夏金时期河北路盛产丝绸，民富蚕桑，契丹称之为"绫绢州"[3]。所谓"南北东西本一家，从来河朔富桑麻"[4]。时有"河北衣被天下"的美誉。[5]西夏后期，河北地区为金朝所有，河北绢通过榷场贸易，源源不断输往西夏，再次呈现出"南北东西本一家"的景象。川绢与河北绢，又细分为押纱、川

① 《宋史》卷二七六《樊知古传》。
② 杜建录:《宋代市马钱物考》,《固原师专学报》1992 年第 1 期。
③ (宋)晁补之:《鸡肋集》卷六二《张洞传》,文渊阁四库全书影印本 1118—918。
④ (宋)曹勋:《松隐集》卷一七《过真定》,文渊阁四库全书影印本 1129—424。
⑤ 《宋史》卷一七九《食货志下一·会计》。

缬、小绝缬、小晕缬、大纱、小绫、中罗缬、小绢子、紫绮等名目。

纱　有押纱、皂中纱、大纱等。押纱包括生押纱、皂押纱、黄押纱和紫押纱，俄藏编号 315 榷场文书："押纱贰疋，计贰疋肆分"，编号 352 榷场文书："紫押纱壹疋计壹疋半"，说明其价格高于一般的川绢；中纱也有不同颜色，英藏编号 12380 榷场文书载有"皂中纱伍疋"。

缬　有小绝缬、小晕缬、中罗缬、川缬等。缬带有花纹的丝织品，绝为质地较粗的绸子，小绝缬就是带有花纹的粗绸；小晕缬，带晕状花纹的丝绸。中罗缬是带有花纹的罗；川缬是有花纹的川绢。榷场上不同的缬价格高低不一，俄藏编号 313 榷场文书："缬壹疋，计壹疋""缬贰疋，计叁疋肆分"。

绢　有中绢、小绢等。俄藏编号 313 榷场文书："□绢壹拾壹疋，计贰拾贰疋""小绢子壹疋，计壹疋叁分""□绢叁疋，计陆疋，中绢壹疋，计壹疋"。可见榷场上不同的绢价格差别较大。

绫　小绫，为轻细有纹的丝织品，俄藏编号 315 榷场文书记录，西夏商户王大成购买的货物有"小绫叁拾疋"。

绮　紫绮，平底起花的紫色丝织品，俄藏编号 347 榷场文书记录西夏商户购买的货物有紫绮。

薑　又作姜，草本植物，根茎辛辣，用作调味品，有生姜、干姜之分，生薑，指新鲜的含有水分的薑；干薑，指晾晒干的薑。[①] 姜是宋夏榷场交易品[②]，金人入主中原后，继续在榷场出售，俄藏编号 315 榷场文书，干薑叁拾伍斤，价值川绢柒疋；编号 316 榷场文书："薑叁佰柒拾斤，计柒拾肆疋"。

椒　调味品，具有刺激性的麻辣味，如胡椒、辣椒等，俄藏编号 313 榷场文书记录，西夏商户购得"椒柒拾壹斤""椒壹拾伍斤"。

---

① 《本草纲目》卷二六《菜部·干薑》："凡作干薑法，水淹三日，去皮置流水中六日，更刮去皮，然后晒干，置瓷缸中酿三日，乃成。"文渊阁四库全书影印本 773—537。
② 《宋史》卷一八六《食货志下八·互市舶法》：宋朝在榷场上以"缯帛、罗绮易驼马、牛羊、玉、毡毯、甘草，以香药、瓷漆器、姜桂等物易蜜蜡、麝脐、毛褐、羱羚角、硇砂、柴胡、苁蓉、红花、翎毛"。

蜜　俄藏编号 315 榷场文书记录，西夏商户王大成一次在榷场收购壹佰斤，价值川绢八匹。

挺茶　加工成块状的茶，有时称砖茶。党项人以肉食乳饮为生，特别需要茶叶帮助消化，在对外榷场贸易中，"惟茶最为所欲之物"。[①] 俄藏编号 313 榷场文书："挺茶贰拾斤，计壹锭。"

槐子　槐树的果实，可以入药。西夏商户王大成一次在榷场收购八斗，价值川绢二匹。

谷物　主要在民间市场交换，俄藏编号 352A 榷场文书记有"贰石贰斗，计伍锭半"字样，用石斗来计量，说明交易的是谷物。

纸张　俄藏编号 307 榷场文书"速抄壹力〔仟〕伍佰张，计捌锭"；编号 313 "抄玖仟"。这里的"抄"当是纸张，而非钞钱。

墨　书写绘画用的黑色颜料，用松烟、桐煤制成，块状，因此榷场文书用梃来计量，俄藏编号 313 场文书："墨陆佰梃，计叁锭。"

笔　书写绘画的工具，俄藏编号 347 文书记录"笔壹仟伍拾管"，可见西夏文化教育事业之一斑。

鹿射箭　疑为箭的一种。俄藏编号 347 文书记录"鹿射箭叁班半"。待考。

大匙筋　疑为漏勺一类的生活用具，俄藏编号 347 文书记录"大匙筋壹拾玖"。待考。

甏椀　当为瓷碗，俄藏编号 313 榷场文书："甏椀壹佰对，计伍锭"。

小鞿　即小鞴，衬托马鞍的垫子，榷场输出货物。[②]

水獭皮　比较名贵的皮毛，用于制作风领、帽子，西夏榷场文书记载和丝织品一起购买。[③]

夏金贸易也具有两大部类交换的特点，和宋夏榷场一样，西夏输出的以

---

① 《续资治通鉴长编》卷一四九，庆历四年五月甲申条。
② 俄藏编号 ИHB.NO.313："小鞿柒副，计壹锭肆□。"
③ 俄藏编号 ИHB.NO.313 西夏榷场文书。

马驼牛羊及其副产品毛褐、毛罗为大宗，另外有药材等土特产以及来自中亚西域的珠玉、香料等，输入的有绢帛、铁器、瓷器、纸张、书籍及其他生活日用品。金朝占据整个北中国，不少地方以畜牧业和狩猎为生，因此向西夏还输入小靬、水獭皮之类的物品。特别需要指出的是夏金之间除个别时期外，长期保持和平友好关系，是双方贸易繁荣发展的政治基础。

七、土地制度

西夏土地制度大致可分为国有、贵族大土地占有、寺院土地占有与小土地占有四种形式。在国有土地上进行生产的主要为屯田兵士、具有农奴身份的"佃耕者"与服苦役者。党项贵族的土地一般出租给佃农和役使各类依附民进行生产。寺院土地关系是世俗土地关系的缩影，也采取租佃和役使各类依附民的生产方式。西夏境内虽存在为数众多的小土地占有者，但在官僚贵族的剥削和高利贷的侵蚀下，大量破产沦为佃农和依附民，这样就使得西夏社会沿着封建制的方向发展，而不是向奴隶制的方向发展。

（一）国家土地所有制

1. 国有土地来源

西夏的国有土地主要来源于前代国有荒地、草场和农田。宋淳化五年（994）四月四日，宋太宗为了制服李继迁，诏"夏州旧城宜令废毁，居民并迁于绥、银等州，分官地给之"[①]。毫无疑问，西夏立国后，上述官田被全部继承了下来。

西夏国有土地第二个来源是战争中掠夺，宋咸平四年（1001），李继迁

[①]《宋会要辑稿》方域八之三二。

兵围灵州，"凡四旁膏腴之地，使部族万山等率蕃卒驻榆林、大定间为屯田计，垦辟耕耘"，①大致就属于这种类型。第三个来源为籍没入官的田土。按照律令，谋逆、大不敬、背叛等主犯，一律以剑斩杀，妻儿老小当连坐，人畜、财物、田地、牧场"并皆没收入官"②。另外，户绝田也在原则上入为官地。

官田和私田（贵族地主和自耕农占有土地）、寺院田地犬牙交错，边界比较清楚。③但官私牧场的界划却不十分明确，在一望无垠的沙地和连绵不断的山峁沟壑里，经常发生地界一些纠纷。为此，夏仁宗天盛年间（1149—1169）颁行的法律规定，"官私地界当分离，当明其界划"，法律规定每年上报的官畜册上须附官牧场的界至。④

2. 国有土地经营

西夏国有土地上的生产者主要有屯田兵士、具有农奴身份的"佃耕者"与服苦役者。屯田是国有土地传统的经营方式立国以后，随着版图的扩大与戍边卫疆的需要，这种屯田垦辟制度肯定被继承了下来，只是目前还缺乏这方面的详细资料。

依附于官府的佃耕者主要是失去土地的个体农牧民，他们虽名为国有土

---

① 《西夏书事》卷七。

② 《天盛改旧新定律令》卷一《谋逆门》；《背叛门》。

③ 在俄藏编号 5124 土地买卖契中，《天庆寅年（1194）正月二十九日梁老房酉等卖地舍契》记录，梁老房酉将一块撒十五石种子田地和院落树木等卖给普渡寺梁喇嘛，该地东与梁吉祥成及官地接，南与恶恶显盛令地接，西与普刀渠上接，北与梁势乐娱地上接。有税二石，其中有四斗麦。日水。《天庆寅年（1194）正月二十九日恶恶显盛令卖地契》记录：恶恶显盛令将撒八石种子水田，连同两间房、五棵树卖给普渡寺梁喇嘛，该地"东与官地为界，南与梁势乐西地为界，西与梁老房西为界，北与小老房西地为界"。有税五斗，其中一斗麦。细水。《天庆寅年（1194）二月一日梁势乐酉卖地契》记录，梁势乐酉撒十石种子生熟地卖给普渡寺梁喇嘛，该地"东与嵬移江为界，南与梁宝盛及官地为界，西与梁宝盛地为界，北与恶恶吉讹地为界"。有税五斗，其中一斗麦。细水"。参见史金波：《西夏经济文书研究》，第591—599页。

④ 《天盛改旧新定律令》卷一九《牧场官地水井门》："诸牧场之官畜所至住处，昔未纳地册，官私交恶，此时官私地界当分离，当明其界划。官地之监标志者当与掌地记名，年年录于畜册之末，应纳地册，不许官私地相混。""诸牧场所属官地方内之原家主中另外有私地者，不许于官地内安家，皆当弃之。"

地的佃耕者，但没有自由佃耕的权利，也不能随便离开国有土地，靠官府贷给口粮、籽种、耕牛和农具进行生产，然后向官府缴纳分成地租。如果不能按期缴纳分成数，则被戴铁枷，支付后即行解除。[①] 显然，他们和官府结成的是农奴制生产关系，而不是宋夏边界地区的自由租佃关系。由于《天盛改旧新定律令》卷一六的缺佚，我们无从知道佃耕国有土地的分成数，只能从俄国学者翻译的总目录中了解其大概。如，该卷《农人权益门》列有"畿内租地与用木犁种地人，租者与所有者分成数"，"地边租地与租用木犁者，所有者与耕者分成数，""提供农人犁和种子"，"租地与木犁，租者与承租者分成数"等条目。另外，还专列《租地分成数门》，规定"畿内租地分成与征租期限呈文"，"地边、地中租地分成数与征租呈文"，等等。由此可见，在西夏国有土地上，官府与佃耕者之间的产品分成数，不仅因是否使用官府提供的犁和种子而不同，而且还存在着畿内、地中、地边不同地域的差别。

服苦役者大致有二，一为服徒刑者；一为连坐的编管人员，他们在期满以前是没有人身自由的。[②]西夏把战争中俘获的宋朝兵民分成两类，勇者为前军，号"撞令郎"，脆怯无他技者，则"迁河外耕作，或以守肃州"[③]。西夏时期的河外，为都城兴庆府在内的黄河以西地区，而河西兴庆府周围在西夏以前开发较少，还大片荒芜着，直到西夏定都后，灌溉农业才大规模发展起来。[④] 因此，完全有理由认为掳掠来的汉人被迁往河外国有"闲田旷土"上进行耕垦。他们带来了宋朝先进的生产技术，为西夏农业的发展与黄河河套平原的开发作出了重要贡献，这一点应给予充分的肯定。

另据《西夏重修护国寺感通塔碑》记载：夏天祐民安五年（1094）重修凉州护国寺塔后，崇宗李乾顺赐给该寺"钱千缗、谷千斛、官作四户，充番

----

① 《天盛改旧新定律令》卷一六《命置分等门》，第520页。
② 《天盛改旧新定律令》卷一九《贫牧逃避无续门》。
③ 《宋史》卷四八六《夏国传下》。
④ 陈明猷：《党项迁都兴州的深远意义——宁夏平原历史上的一次重大转机》，《宁夏社会科学》1992年第4期。

汉僧常住，俾晨昏香火者有所资焉，二时斋粥者有所取焉"。"官作"二字非
常重要，西夏文第一字为"农""耕"意①，显系国有土地上的劳动者。从他
们和钱谷一样，可以任意赐赠的情况来看，人身地位等同于国有土地上的服
苦役者与战争掠夺来的"生口"，或者说他们本身就是服苦役者或战争掠夺来
的"生口"。当然，这只是用于农耕的"官作"，还有用于手工业的"官作"。《天
盛改旧新定律令》卷一三《逃人门》载："官私人外逃，逃窜于国境内时，当
地附近举报人中，有因罪入为织褐、捆草、绣女子者，予牧农主为妻子等者，
依法当得举赏，可迁住处，勿转院。"这些因罪籍为织褐、绣女子，就是用于
官营手工业的"官作"。

　　上述可见，国有土地上的"官作"，或者说服苦役者与战争掳获来的"生
口"，其社会地位要低于国有土地上的"佃耕者"，他们和商品一样，可以任
意买卖、赐赠，没有官府的许可，绝对不能离开土地，他们的产品除维持生
命外，其余全归官府占有。但他们还不是完全意义上的奴隶，这正是《辽夏
金经济史》指出的西夏奴隶的特殊性。

　　在国有牧场上进行生产的主要为牧人。由于要承担赔偿责任，牧人只有
具备一定的经济能力，方允其领取"骆驼、马、牛等自十五、二十以上，羖
羻自七十以上"的官畜。②然后按照百大母骆驼一年三十仔，百大母马一年
五十驹，百大母牛一年六十犊，百大母羖羻一年六十羔羊，百大母牦牛一年
五十犊的繁殖率，向官府缴纳幼畜，如果"不足者当令偿之，所超数年年当
予牧人"③。

　　除保证幼畜繁殖外，牧人还要向官府缴纳乳、酥、毛、绒，其中大公驯
骆驼项、腿绒八两，大母驯骆驼三两，旧驯骆驼公母一律二两；母骆驼应算
一仔二斤酥。"羖羻春毛绒七两，羊秋毛四两。羔夏毛二两，秋毛四两，羔绒

---

① 陈炳应：《西夏文物研究》，宁夏人民出版社1985年版，第115页。
② 《天盛改旧新定律令》卷一九《贫牧逃避无续门》。
③ 《天盛改旧新定律令》卷一九《畜利限门》。

不须纳。每羖羅以羔羊计，一羊羔三两酥"；"大犍牛十两、小牛八两、犊五两春毛，于纳羊绒之日交纳"。[1]

牧人的经济力量虽比佃耕官田的农人强，但其人身地位比农人高不了多少，他们表面上承包经营，实际上没有自由承包的权利，没有官府的许可，不能随便离开国有牧场。至于失去土地、牲畜的"无主贫儿"，他们没有权利承包官畜，只能给胜任牧人当"牧助"[2]。

（二）地主土地占有制

1. 地主土地来源

党项内徙后，唐王朝即授以庆、夏一带田土，令部落居住生息。后来随着生产的发展与社会的进步，原来归氏族部落公有的土地逐渐被贵族即宗族大首领私人所占有。因此，党项贵族大土地占有制是西夏土地制度的重要组成部分。

宋神宗元丰四年（1081）九月讨伐夏国敕榜曰："其先在夏国主左右并虺名诸部族同心之人，并许军前拔身自归，及其余首领能相率效顺，共诛国仇，随功大小，爵禄赏赐，各倍常科。许依旧土地住坐，子孙世世常享安荣。"[3] 敕榜许党项首领"依旧土地住坐"，明确反映出党项贵族对土地的占有。

要说西夏立国前党项贵族的私有土地主要从氏族部落领地转化而来，那么，立国后官僚贵族的巧取豪夺和土地买卖则成为贵族私有土地的重要来源。景宗李元昊被弑身亡后，毅宗李谅祚祚年幼，外戚没藏讹庞专权，他见宋朝窟野河西田土肥沃，令民播种，以所收入其家，"宴然自以为己田"。[4] 这段记述西夏侵耕的文字，就清楚地反映了党项大贵族没藏讹庞兼并土地的情况。又

---

① 《天盛改旧新定律令》卷一九《畜利限门》。
② 《天盛改旧新定律令》卷一九《贫牧逃避无续门》。
③ 《续资治通鉴长编》卷三一六，元丰四年九月丙午条。
④ 《续资治通鉴长编》卷一八五，嘉祐二年二月壬戌条。

如晋王察哥，"有园宅数处，皆攘之民间者"。①

西夏中期以后，土地买卖频繁，成书于乾祐二十一年（1190）的《番汉合时掌中珠》有"更变田地"的记述。《天盛改旧新定律令》明确规定："诸人卖自属私地时，当卖情愿处，不许地边相接者谓'我边接'而强买之。"②俄藏黑水城文献中，有12件西夏卖地文契，其中天盛廿二年（1170）1件，天庆元年（1194）8件，天庆三年（1196）1件，天庆五年（1198）1件，天庆七年（1200）1件。

西夏田地买卖一览表

编号	卖地者	买地者	买卖时间	卖地数量及附带物	价格
Инв. No.5010	寡妇耶和氏宝引	耶和米千	天盛庚寅廿二年（1170）	撒2石种子生熟地，22亩，附带三间房、两棵树	全齿骆驼二峰、二齿骆驼一峰、老牛一头
Инв. No.5124	邱娱犬	普渡寺梁那征茂及喇嘛	天庆寅年（1194）正月二十四日	撒20石种子生熟地，附带4舍房等	15石杂粮、15石麦
Инв. No.5124	梁老房酉	普渡寺梁喇嘛等	天庆寅年（1194）正月二十九日	撒种子15石地，附带院舍、树、石墓等	6石麦、10石杂

① 《西夏书事》卷三六。
② 《天盛改旧新定律令》卷一五《租地门》。

编号	卖地者	买地者	买卖时间	卖地数量及附带物	价格
Инв. No.5124	恧恧显令盛等	普渡寺梁那征茂及喇嘛	天庆寅年（1194）正月二十九日	撒8石种子地，附带两间房、5棵树	4石麦、6石杂
Инв. No.5124	梁势乐酉	普渡寺梁那征茂及梁喇嘛	天庆寅年（1194）二月一日	撒10石种子生熟地，附带房舍等	2石麦、2石糜、4石谷
Инв. No.5124	庆现罗成	普渡寺梁那征茂及梁喇嘛	天庆寅年（1194）二月一日	撒10石种子生熟地，附带大小房舍、牛具、石笆门、树园等	10石麦、10石杂、10石糜
Инв. No.5124	梁势乐娱	普渡寺梁那征茂及梁喇嘛	天庆寅年（1194）二月二日	撒5石种子地	4石麦、9石杂
Инв. No.5124	每乃宣主	普渡寺梁那征茂及梁喇嘛	天庆寅年（1194）二月二日	撒5石种子地	1石麦、6石杂
Инв. No.5124	平尚岁岁有	普渡寺梁喇嘛及梁那征茂	天庆寅年（1194）二月六日	撒3石种子地，附带4间老房	5石杂
Инв. No.4199	梁善因熊鸣	梁守护铁	天庆丙辰（1196）六月十六日	撒10石种子70亩地	5石杂

编号	卖地者	买地者	买卖时间	卖地数量及附带物	价格
Инв. No.4193	麻则犬父子	梁守护铁	天庆戊午年（1198）正月五日	23 亩地	8 石杂
Инв. No.4194	小石通判	梁守护铁	天庆庚申（1200）二月二十二日	撒 100 石种子生熟地，附带院舍等	200 石杂

　　12 件卖地文契中，有 10 件在青黄不接的正月及二月，恰恰是贫困农民出卖土地和贵族地主兼并土地的时节。出卖土地的梁老房酉、恶恶显令盛、庆现罗成、梁势乐酉、梁势乐娱、每乃宣主、平尚岁岁有、梁善因熊鸣、麻则犬，是为了维持生计的党项农民，兼并土地的是普渡寺经手人梁喇嘛，仅天庆寅年（1194）正月二十四日到二月六日，前后 13 天时间，普渡寺就兼并土地 760 亩，约合 190 宋亩。军溜首领梁守护铁 5 年期间先后兼并土地 1000 亩，约 250 宋亩。小石通判一次出卖撒 100 石种子土地，约和 1000 亩，250 宋亩，显然是大地主，而非一般自耕农，由此看出西夏晚期土地兼并的激烈。从允许土地买卖的"那一瞬间起，大土地所有制的产生，便仅仅是一个时间问题了"[①]。

　　黑水城出土户籍手实，记录梁行监一户 18 口，有撒 52 石种子地 4 块，约 520 西夏亩，218 宋亩。马 3 匹，2 大 1 小；骆驼 32 头，26 大 6 小。讹移千男一户 7 口人，有撒 27 石种子地 4 块，约 270 西夏亩，113 宋亩。骆驼 3 头，2 大 1 小；牛 10 头，4 大 6 小；羊大小 80 只。反映出除贵族大地主外，还有

---

① ［德］恩格斯：《德国古代的历史和语言》，人民出版社 1957 年版，第 72 页。

一定数量的中小地主。①

2. 地主土地经营

　　租佃是地主土地重要经营方式，宋英宗治平年间（1064—1066），同知谏院吕诲在一道奏章中曾说："逐部族今所存者，却有外来散户依附其间，或是连亲，或即庸力，混杂居处，例各年深。"② 这些外来"庸力"与前来"连亲"的党项人，就是失去土地的自耕农，他们以租佃形式耕种地主的土地。俄藏租地契约是租佃生产关系的真实写照③，其中有的农户把土地过户给地主后，又从地主手中包租土地，从自耕农变成佃农。

　　西夏法律保护雇工关系，"双方乐意又言明工价，可立文书"。④ 地主和佃农之间是租佃契约关系，黑水城出土租地契约只是一年租佃，从法律上讲，佃户有自由选择的权利，即一年期满后离开或续租。但必须指出，这种自由租佃的权利是有限的，一是部落社会下，贵族首领（大地主、大牧主）对失去土地的个体族帐（家庭）有相当的控制权，寺院地主把梁老房酉撒 15 石种子地兼并后，当即又向他出租了一块撒 8 石种子的土地，就透露出这样的信息；二是部落兵制下，有严格的兵役登记制度，男孩年 10—14 岁登记为预备役，15—70 登记为现役，然后以族帐（家庭）为基础组织军抄，一人为正军，一人为负赡，还有一人为辅主。⑤ 这种兵役制度，限制了家族成员的流动，即使流动，也主要在本部落内部。没有人口的自由流动，就没有一定意义上的

---

　　① 史金波：《西夏经济文书研究》附录"西夏文经济文书录文、对译和意译"，第 457—463 页。
　　② （宋）赵汝愚：《宋朝诸臣奏议》卷一二五，《吕诲〈上英宗请重造蕃部兵帐〉》。
　　③ 俄藏编号 5124 契约长卷包括土地买卖契 8 件、租地契 8 件、卖畜契 3 件、雇畜契 3 件、贷粮契 1 件，共 23 件。兹录其中一件租地契约（史金波：《西夏经济文书研究》，第 663 页）：
　　寅年正月二十九日立契人梁老房酉等，今将普渡寺中梁喇嘛属八石撒处地一块包租，地租二石八斗麦及三石六斗杂粮等议定，日限八月一日当还。日过不还为时，一石还二石。本心服。
　　立契人梁老房酉（押）同立契人梁老房茂（押）知人平尚讹山（押）知人梁老房（押）
　　④ 《天盛改旧新定律令》卷六《军人使亲礼门》。
　　⑤ 《宋史》卷四八六《夏国传下》；《天盛改旧新定律令》卷六《抄分合除籍门》规定："年十五当及丁，年至七十入老人中"；《隆平集》卷二〇《夏国赵保吉传》记载：其民"年六十以下，十五以上，皆自备介胄弓矢以行"。

自由租佃。这样一来，佃户身受贵族地主和封建国家双重剥削。①

　　宋熙宁年间（1068—1077），宋朝城绥德时，鄜延经略使赵卨招问党项大酋，"'往时汝族户若干，今皆安在？'对：'大兵之后，死亡流散，其所存止此。'卨曰：'其地存乎？'酋无以对。卨曰：'听汝自募丁，家使占田充兵，若何？吾所得者人尔，田则吾不问也。'诸酋皆感服归募，悉补亡籍。"②这里"听汝自募丁"中的"募"所包含的关系，应该和"熙河官庄法"中立功弓箭手与佃户之间的关系一样，为封建租佃关系，但租佃者和"党项大酋"之间有一种隶属关系，或人身依附关系，谁招募来的就是谁的佃户。

　　尽管如此，土地租佃契约关系在党项西夏社会发展中具有十分重要的意义，失去土地的佃户有一定的人身自由，更为重要的是地主获取的是定额地租，有利于调动佃农的生产积极性，推动生产的发展。当然，必须指出的是西夏贵族地主拥有大量大地，利用超经济的强制手段，对农民进行残酷的剥削和压迫，大量农民贫困化，西夏晚期黑水地区农民维持生活都很困难。

　　在贵族地主（包括部分富裕的自耕农）的土地上还存在雇工生产，俄藏黑水城文献中有一件《西夏光定卯年雇工契》③，记录光定卯年（1219）腊月五日播盂犬粪茂立契，从来年正月一日至十月一日为地主人耕作，九个月工价5石粮食、3丈白布，其中3石粮食现付，两石秋收后支付。另给播盂犬

---

　　① 《天盛改旧新定律令》卷一五《地水杂罪门》："租户家主（占有土地的宗族首领）有种种地租佣草，催促中不速纳而住滞时，当捕种地者及门下人，依高低断以杖罪，当令其速纳。"这里的种地者和门下人，当是依附贵族地主的租户，他们不仅要向土地主人缴纳地租，还要承担封建国家的赋税和徭役。

　　② 《宋史》卷三三二《赵卨传》。

　　③ 史金波先生翻译俄藏编号5949《光定卯年雇工契》（史金波：《西夏经济文书研究》，第350页）：光定卯年腊月五日，立契者播盂犬粪茂，今自愿到于宁离青处，自正月一日起至十月一日九个月出雇工，力价五石中二石现付，秋上三石，夏衣三丈白布。自己种五斗二升杂粮、三斗麦，明确有。犬粪茂当努力出工。其无谎诈、推诿，若任意往行，忙日旷工时，一日当还二日。工价未所剩遗数十月一日不给还，一石当还二石。谁反悔改口时，按官法罚交五石杂粮，不仅本心服，还依情节按文书所记实行。

　　立契者犬粪茂（押） 知人千玉吉祥酉（押） 知人麻则犬男（押） 知人杨那征增（押）

粪茂撒 5 斗 3 升杂粮、三斗麦的土地上的收成，约 3 石左右。[①] 满打满算，9
个月的收入 8 石粮食和 2 件单衣。

（三）寺院土地占有制

1. 寺院土地占有

西夏人笃信佛教，经景宗李元昊、毅宗李谅祚、惠宗李秉常祖孙三代的
提倡，佛教寺院遍布全境，并逐渐形成了兴灵、甘凉、瓜沙、黑水四个佛教
中心。[②] 上层统治者在经济上给寺院以大力支持，夏天祐民安五年（1095）重
修凉州护国寺塔后，崇宗李乾顺就赐给该寺"黄金一十五两，白金五十两，
衣著罗帛六十段，罗锦杂幡七十对，钱一千缗，用为佛常住。又赐钱千缗，
谷千斛，官作四户，充番汉僧常住，俾晨昏香火者有所资焉，二时斋粥者有
所取焉"[③]。然而要维持偌大寺院的宗教活动和僧侣的衣食，仅靠官府和信男
善女的施舍是远远不够的，在当时的社会条件下，田产经营自然成为寺院一
项重要的经济活动。

西夏寺院田产的来源不外乎兼并和施舍，《天盛改旧新定律令》规定："僧
人、道士、诸大小臣僚等，因公索求农田司所属耕地及寺院中地、节亲主所
属地等，诸人买时，自买日始一年之内当告转运司，于地册上注册，依法为
租佣草事。"[④] 既然法律规定寺院土地可以出卖，那么兼并买进也是必然的事
了。前揭 12 件西夏土地买卖契约中，有 8 件是普渡寺梁喇嘛经手的，在天庆
寅年（1194）正月二十四日到二月六日，短短的 13 天时间里，普渡寺就兼并
土地 760 亩，约合 190 宋亩。至元元年（1264），元世祖忽必烈下令"禁宁夏
良田为僧所据者，听蒙古人分垦"[⑤]。此时西夏灭亡已近 40 年，寺院还占有大

---

① 撒五斗三升杂、三斗麦种子土地约合 8 亩，宋制 3 亩多，每亩产量 1 石，约 3 石。
② 史金波：《西夏佛教史略》，宁夏人民出版社 1998 年版，第 110—126 页。
③ 《凉州重修护国寺感应塔碑铭》，载白滨编：《西夏史论文集》，第 456 页。
④ 《天盛改旧新定律令》卷一五《租地门》。
⑤ 《嘉靖宁夏新志》卷四《沿革考证》。

量的土地，以致忽必烈亲自下令干预，由此可以想见西夏时期寺院占田之多。

2. 寺院土地经营

租佃是寺院土地重要的经营方式，现存的 8 件西夏租地文契，全部是寺院土地出租。

普渡寺土地租佃一览表

出租者	承租者	租佃时间	租地数量	地租额	纳租时间
普渡寺	苏老房子	天庆寅年（1194）正月二十四日	撒二十石种子生熟地，附带院舍	十石五斗麦及五石杂	九月一日
普渡寺梁喇嘛	梁老房势	天庆寅年（1194）正月二十九日	撒十五石种子地	四石二斗麦、六石杂粮	八月一日
普渡寺梁喇嘛	梁老房酉	天庆寅年（1194）正月二十九日	撒八石种子地	二石八斗麦、三石六斗杂	八月一日
普渡寺梁那征茂	梁老房茂	天庆寅年（1194）二月一日	一块地	一石四斗麦、三石六斗杂	八月一日
普渡寺梁那征茂及梁喇嘛	麻则羌德盛	天庆寅年（1194）二月一日	一块地	七石麦、十二石谷	九月一日
普渡寺梁那征茂及梁喇嘛	梁老房茂	天庆寅年（1194）二月二日	撒五石种子地	二石八斗麦、五石四斗杂	八月一日

续表

出租者	承租者	租佃时间	租地数量	地租额	纳租时间
普渡寺梁那征茂及梁喇嘛	梁势乐茂	天庆寅年（1194）二月二日	撒五石种子地	七斗麦、三石六斗杂	八月一日
普渡寺梁那征茂及梁喇嘛	梁小善麻	天庆寅年（1194）二月六日	撒五石种子地	七斗麦、三石六斗杂	八月一日

从表中可以看出，普渡寺出租的 8 块土地，从失去土地的雇农手中获取 34.4 石小麦、42.8 石杂粮的租子。天庆寅年（1194）正月二十九日，梁老房酉把自己撒 15 石种子地卖给普渡寺，得到 6 石小麦、10 石杂粮。当天他又从普渡寺包租了一块撒 8 石种子的土地，秋收后交 2 石 8 斗小麦、3 石 6 斗杂粮地租，从自耕农变成佃户。如此高的地租，相当于该地地价的一半，换言之，地主将兼并的土地连续出租，两年就能捞回成本。① 可见西夏晚期寺院地主翻手为云，覆手为雨，对广大农民剥削之残酷。

目前只见到一件地主雇工耕作的契约文书，但西夏法律保护地主雇工，可以想见寺院土地也有雇工耕作的情况。除出租和雇工生产外，寺院土地上也存在依附民生产，前揭 1095 年重修凉州护国寺塔后，崇宗李乾顺赐给该寺"钱千缗，谷千斛，官作四户"，即将依附于官府的四户农业生产者赐赠给护国寺，转化成带有农奴性质的寺院农业生产者。除"官作户"外，寺院还有行童、居士、农主和奴仆，《天盛改旧新定律令》卷一一《为僧道修寺庙门》规定，诸寺庙、官堂、神帐中不许诸人住宿，"若寺属居士、行童、奴仆等应居寺中，亦当报职管处，应居则使居之"。"僧人、道士、居士、行童及常住物、农主等纳册时，佛僧常住物及僧人、道士等册，依前法当纳于中书，居

① 史金波：《西夏经济文书研究》，第 343 页。

士、童子、农主等册当纳于殿前司。”

行童为用于杂役的青少年，农主可能是寺属土地的生产者或管理者。奴仆的身份也很明确，除用于杂役外，也有可能在寺院土地上耕牧。至于寺属居士，其身份可能要复杂些，就字面而言，西夏文二字，原意为“行庶”，暂译成居士。他们的人身地位低于行童，因为行童能诵《莲花经》《仁王护国》等二部及种种敬礼法，梵音清和，“则当奏而为住家僧人”，而“居士及余类种种，虽知其有前述业行，亦不许为僧人”①。

《天盛改旧新定律令》不仅不许寺属居士为僧人，同时亦不许具有农奴性质的使军为僧人②，可见寺属居士与世俗使军的社会地位是对等的，更进一步说，归属寺院而不剃度为僧人的居士，很可能从世俗使军转化而来，成为依附于寺院的农奴，他们的身份可能稍高于国主赐赠的“官作户”。当然，这仅仅是推测罢了，深入研究还有待于西夏文献与文物考古资料的进一步挖掘。

除经营田产外，寺院还放高利贷，1989 年在甘肃武威新华乡亥母寺洞遗址发现了一批西夏文献，其中有《乾定申年典糜契约》，记载乾定申年（1224）二月二十五日，立文约人没水何狗狗典借瓦国师糜子一斛，于同年九月一日归还，从中获利八斗。③反映出包括上层国师在内的僧侣贵族经营高利贷的一般情况。俄藏西夏文普渡寺 9 件借贷文契贷出 30 石 3 斗 5 升小麦，54 石杂粮（大麦、粟、糜、谷等），这只是天庆寅年（1194）正月二十九日到二月二日的 4 天时间。试想青黄不接的二至五月都在放贷，几个月下来普渡寺一家寺院要贷出多少粮食。显然普渡寺不是一般的寺院，它大量兼并土地、出租土地、高利借贷，气焰十分器张。

---

① 《天盛改旧新定律令》卷一一《为僧道修寺庙门》。
② 《天盛改旧新定律令》卷一一《为僧道修寺庙门》。
③ 孙寿龄：《西夏乾定申年典糜契约》，《中国文物报》1993 年 2 月 7 日第 3 版；史金波：《西夏经济文书研究》第 578 页。“没水何狗狗”又作没瑞隐藏犬。

（四）农牧民土地占有制

1. 小土地占有

西夏境内还存在为数较多的小土地占有者，这在《天盛改旧新定律令》中也有反映："畿内诸租户上，春开渠事大兴者，自一亩至十亩开五日，自十一亩至四十亩十五日，自四十一亩至七十五亩二十日，七十五亩以上至一百亩三十日，一百亩以上至一顷二十亩三十五日，一顷二十亩以上至一顷五十亩一整幅四十日。当依顷亩数计日，先完毕当先遣之。"①

上述修渠人工是按占田多少来派遣，从 1 亩至 150 亩，分别出 5 至 40 个工日。按西夏的亩，"一边各五十尺，四边二百尺"，合二十五平方丈，即百步亩制②，与宋朝的二百四十步亩制不同。因而，西夏的 10 亩约合宋朝的 4.2 亩，40 亩约合 16.6 亩，75 亩约合 31.3 亩，100 亩约合 42 亩，120 亩约合 50 亩，150 亩约合 62.5 亩。

京畿兴灵地区灌溉农业发达，亩产约在 1.5 石左右（以宋亩计，下同）③，若以此计之，占田 30 亩就能维持一个五口之家的基本生活与简单再生产④，占田 50 亩至 70 亩，则在维持基本生活后，还能略有盈余，可以适当扩大再生产，为自耕农的上层或富裕农民，占田 20 亩左右为自耕贫农。由此可见，上述西夏个体土地占有者主要为自耕农阶层。

除京畿兴灵地区外，周边其他地区亦存在大量的小土地占有者，内蒙古黑水古城出土的西夏缴纳税粮文书，记录农户的田亩数有 10 亩、30 亩、70 亩、139 亩、150 亩⑤，折合 2.4 到 35.7 宋亩。西夏文 12 件土地买卖契约，11 件出

---

①　《天盛改旧新定律令》卷一五《春开渠事门》。

②　白滨：《从西夏文字典〈文海〉看西夏社会》，载《西夏史论文集》，宁夏人民出版社 1984 年版。

③　参见杜建录：《再论西夏的农业》，《中国农史》2003 年第 1 期。

④　邓广铭、漆侠：《两宋政治经济问题》，知识出版社 1988 年版，第 133—134 页。

⑤　编号 Инв. No.1755 税粮文书，见史金波：《西夏经济文书研究》附录"西夏文经济文书录文、对译和意译"，第 467—469 页。

卖的土地约为 22 亩到 200 西夏亩，折合 4.2 到 47 宋亩，大部分是一二十亩，他们都是小土地占有者。①

2. 小土地经营

小土地占有者拥有属于自己的小块土地，农田单位面积产量越高，他们经济上收益就越多。因此，他们生产积极性比较高，对改良土壤、兴修水利、精耕细作有浓厚的兴趣。夏仁宗天盛年间（1149—1169），西夏有大批占有小块土地的自耕农，他们是封建政权赋役的重要承担者。但小土地占有者的经济地位是不稳定的，除个别上升为地主外，大部分一旦遇上天灾人祸，出卖一部分土地，变成自耕贫农，有的出卖仅有的一点土地，变成佃农或雇农。天庆寅年（1194）正月二十九日，梁老房酉把自己撒 15 石种子地卖给普渡寺，当天他又从普渡寺包租了一块撒 8 石种子的土地，由自耕农变成佃户。

---

① 编号 5010《西夏天盛廿二年卖地文契》："天盛庚寅二十二年立文契人寡妇耶和氏宝引等，今有自用畜养牲口之闲置地一片，连同陋屋茅舍三间，树两株，情愿让与耶和女人，圆满议定地价为全齿骆驼二，双峰骆驼一，代步骆驼一，共四匹。此后他人不得过问此地，若有过问者（耶和）宝引等是问。若我等翻悔，当依法领罪，有不服者告官罚麦三十斛，决不食言。地界在院堂间，共二十二亩，北接耶和回鹘茂，东南邻耶和写，西界梁嵬名山。"（黄振华：《西夏天盛廿二年卖地文契考释》，载白滨编：《西夏史论文集》，宁夏人民出版社 1984 年版，第 316 页）耶和氏宝引就是典型的小土地占有者。

八、赋税徭役

西夏赋役制度是对前代的继承和发展，唐代前期在均田制的基础上推行租庸调制，所谓"有田则有租，有家则有调，有身则有庸"。[①] 租是向政府缴纳谷物，即田税；庸是向政府缴纳布帛以代劳役，所谓"输庸代役"；调是向政府缴纳绢麻布等产品。中唐以后随着均田制的破坏，租庸调制演变成"两税法"，按人户资产定分等征税。西夏适应这种变化，土地是地主和自耕农占有，不是政府"授田"，田赋应为税而不是"租"；役是依据田亩多少直接出工，没有"输庸代役"；适应经济发展水平和半农半牧特点，官府向土地占有者征收草。由此可见，西夏农户的主要负担是"税役草"，而不是"租庸草"。[②]

（一）赋税

西夏赋税种类较多，主要有田赋、水税、畜产税、商税以及各种苛捐杂税，兹分述如下：

1. 田赋

田赋即土地税，主要有税粮与税草两大类，税粮包括小麦、大麦、糜、

粟、豆、稻等。^①糜、粟主要产于西夏旱作农业区，有的地方直接纳谷物，有的地方则令纳米，没有统一的规定。至迟在天盛年间（1149—1169），政府通过法令规定，此后税户家主人不须纳米，直接纳谷物。^②由于生产条件的差异，不同地区有不同的征收标准，黄河灌溉农业区依土地脊肥分为五等缴纳^③，上等每亩一斗，次等八升，中等六升，下等五升，末等三升。^④边地半农半牧区则低于灌溉农业区，俄藏西夏耕地税账记录黑水地区主要缴纳杂粮和小麦两种，每亩缴纳 1.25 升^⑤，其中大麦等杂粮占 75%，小麦占

① 《宋史》卷四八六《夏国传下》记载，西夏"地饶五谷，尤宜稻麦"，在产水稻的河套地区，当缴稻谷。
② 《天盛改旧新定律令》卷一五《催缴租门》。
③ 《天盛改旧新定律令》卷一五《取闲地门》：诸人耕种弃地与不属官私之生地，三年内不纳税赋，三年过后，"当再遣人量之，当据苗情及相邻地之租法测度，一亩之地优劣依次应为五等租之高低何等，当为其一种，令依纳地租杂细次第法纳租"。
④ 潘洁：《〈天盛律令〉农业门整理研究》，上海古籍出版社 2016 年版，第 234 页。《天盛改旧新定律令》卷一五《催缴租门》规定："麦一种，灵武郡人当交纳。大麦一种，保静县人当交纳。麻褐、黄豆二种，华阳县家主当分别交纳。秫一种，临河县人当交纳。粟一种，治源县人当交纳。糜一种，定远、怀远二县人当交纳。"按：西夏税户家主，包括自耕农和地主，《天盛改旧新定律令》卷一五《地水杂罪门》规定："租户家主有种种地税役草，催促中不速纳而住滞时，当捕地者及门下人，依高低断以杖罪，当令其速纳。"这里的税户家主显然不是自耕农，而是占有大量土地的地主，为他们生产的"种地者或门下人"，不仅要缴纳定额地租或分成地租，还要为地主缴纳土地税。
⑤ 黑水城出土西夏税粮文书，有的只存税粮数，有的保存田亩数和税粮数，兹据史金波先生整理补充，表列如下：

黑水城出土税粮文书所记亩税一览表

编号	田亩数	总税额	杂细粮比例	亩税
Инв. No.1755	三十亩	三斗七［升半］	［杂三斗］，麦七升半（4：1）	一升二合半
Инв. No.1755	一顷五十亩	一石八斗七［升半］	［杂一］石四斗，麦三斗七升半（4：1）	一升二合半
Инв. No.1755	七十亩	八斗七升［半］	［杂七］斗，麦一斗七升半（4：1）	一升二合半
Инв. No.1178	一顷四十三亩	一石七斗八升七合［半］	［杂二］斗八升，麦七升（4：1）	一升二合半
Инв. No.1178	二十八亩	三斗五升		一升二合半
Инв. No.1178	七十二亩	税九［斗］	［杂七］斗二升，麦一斗八升（4：1）	一升二合半

25%①，远低于黄河灌区每亩最低三升的规定。

黑水地区亩产量和田赋低于河套灌区，一方面发源于祁连山的黑河清澈见底，下游淤灌层的土壤不如黄河灌区肥沃；另一方面黑水径流量远小于黄河，时常出现渠水不至，土地沙化，不堪耕作的现象②，亩产量和税收必然低于河套灌区。夏宋沿边旱作农业区亩产量和税收也相对较低。

西夏农户买卖土地须向官府申报并办理赋税交割手续。"倘若卖处地中注销，买者自地中不注册时，税役草计价，以偷盗法判断"③，僧人、道士、大小臣僚也不例外。④黑水城出土西夏土地买卖契约中，就明确记录地税随土地一并过户给买家⑤，其中最高亩税3.3升，最低0.25升，大部分在一升

---

① 编号Инв. No.1755、1178耕地纳粮账记录，黑水地区地水中，杂细粮的比例是4∶1，编号Инв. No.4808户纳税粮账的比例也是如此："一户罗般若乐，大麦一石一斗五升，麦二斗［八升七合半］"；一户正首领盛曼，大麦四斗三升，麦一斗七合［半］；一户叔嵬西九铁，大麦六斗七升，麦一斗六升半；一户嵬移茂，大麦一斗五升，麦三升七［合半］；一户麻则金吉，大麦六斗七升，麦一斗八升七［合半］。（史金波：《西夏经济文书研究》，社会科学文献出版社2017年版，第85页）
② 元代大量土地碱硬不堪，内蒙古藏黑水城文书多有记录：编号F125∶W73，兀汝一户"地土五顷四伯七十垅，见种二百六十亩，麦子廿二石，碱硬不堪廿一石子地"，有一半土地已不能耕种。编号F116∶W242，"地土大半硝碱，不堪耕种"。编号F116∶W231，"未耕碱硬叁拾玖亩"。编号F116:W25，"碱硬叁拾亩"。西夏时期亦大抵如此，《天盛改旧新定律令》卷一五《地水杂罪门》记录，税户家主土地沙化，不堪耕种时，经转运司大人、承旨实地考察和相邻地家主担保，可弃耕不种。
③《天盛改旧新定律令》卷一五《地水杂罪门》。
④《天盛改旧新定律令》卷一五《租地门》规定：僧人、道士、诸大小臣僚等，因公索求农田司所属耕地及寺院中地、节亲主所属地等，"自买日始一年之内当告转运司，于地册上注册，依法为税役草事。若隐之，逾一年不告，则所避租佣草数当计量，应比偷盗罪减一等，租佣草数当偿"。
⑤ 编号Инв. No.5124《天庆寅年二月一日梁势乐西卖地契》（史金波：《西夏经济文书研究》，第599页）：
寅年二月一日，立状者梁势乐西，今向普渡寺属寺粮食经手者梁那征茂及梁喇嘛等将熟生十石撒处地一块，有房舍、墙等，自愿出卖，议定价二石麦、二石糜、四石谷，价、地并无参差。若其地上有官私二种转贷时，梁势乐西管，梁那征茂等不管，不仅需依原有价数一石还二石。谁改口变更时，不仅依《律令》承罪，还由官府罚一两金。本心服。四至界已令明 契约。东与嵬移江为界，南与梁宝盛及官地为界，西与梁宝盛地为界，北与恶恩吉讹地为界。有税五斗，其中一斗麦。细水。
立契人梁势乐西（押）同立契妻子恶恶氏犬母宝（画指）同立契子寿长盛（押）同立契子势乐宝（押）知人平尚讹山（画指）知人梁老房西（画指）

多①，和黑水城出土税粮文书中收取的田赋大体相当。

草为西夏土地税的重要组成部分，除冬草蓬子、夏蒡及其他种种草外，还有麦草、粟草等谷物秸秆与谷糠；大概"一顷五十亩一块地，麦草七捆，粟草三十捆，捆绳四尺五寸，捆袋内以麦糠三斛入其中"，各自依"地税法"交官之所需处，"当入于三司库，逾期时与违纳税谷物之纳利相同"。② 税草以捆计算也在黑水出土税役草文书也有反映，占田十亩至数 10 亩，缴纳草 10

---

① 统计数据来自《西夏经济文书研究》，史金波先生推算撒 1 石种子地约 10 亩，这个推算是符合实际的。黑水地区土地买卖过税虽大多在一升多外，还出现最高亩税 3.3 升，最低 0.25 升的情况，不同于正常纳税中的每亩 1.25 升。究其原因大致有三：一是黑水地区地广人稀，农民实际占有土地和官府地税册上土地数不完全一致；二是按照法律规定，新垦的生荒地三年内不纳税，三年后根据土地脊肥情况，确定是五等地税中之一种（《天盛改旧新定律令》卷一五《取闲地门》），生熟地相混出卖，因此过户的地税较少；三是土地瘠肥不一。

西夏黑水地区土地买卖过税一览表

编号	时间	土地面积	折合亩数	过税数量	亩税额	土地价格
Инв. No.5124	天庆寅年（1194）正月二十四日	撒 20 石种子生熟地	200 亩	1 斗麦，4 斗杂	0.25 升	15 石杂粮、15 石麦
Инв. No.5124	天庆寅年（1194）正月二十九日	撒种子 15 石地	150 亩	4 斗麦，1 石 6 斗杂	1.33 升	6 石麦、10 石杂
Инв. No.5124	天庆寅年（1194）正月二十九日	撒 8 石种子地	80 亩	1 斗麦，4 斗杂	0.63 升	4 石麦、6 石杂
Инв. No.5124	天庆寅年（1194）二月一日	撒 10 石种子生熟地	100 亩	1 斗麦，4 斗杂	0.5 升	2 石麦、2 石糜、4 石谷
Инв. No.5124	天庆寅年（1194）二月一日	撒 10 石种子生熟地	100 亩	2 斗麦，8 斗杂	1.0 升	10 石麦、10 石杂、10 石糜
Инв. No.5124	天庆寅年（1194）二月二日	撒 5 石种子地	50 亩	1 斗 4 升麦，5 斗 6 升杂	1.4 升	4 石麦、9 石杂
Инв. No.5124	天庆寅年（1194）二月二日	撒 5 石种子地	50 亩	1 斗麦，4 斗杂	1.0 升	1 石麦、6 石杂
Инв. No.5124	天庆寅年（1194）二月六日	撒 3 石种子地	30 亩	2 斗麦，8 斗杂	3.3 升	5 石杂
Инв. No.4199	天庆丙辰（1196）六月十六日	撒 10 石种子 70 亩地	70 亩	租役草		5 石杂

② 《天盛改旧新定律令》卷一五《催缴租门》。

捆至数十捆，50多户的一溜，合计缴纳2900多捆。①

西夏法律规定"中兴府租院租钱及卖曲税钱等，每日之所得，每晚一番，五州地租院一个月一番，当告三司，依另列之磨勘法施行"②。可见在土地税中也开始征收货币，不过西夏的货币经济不发达，估计征收量不大。

为了纳税方便，按就近结合的原则，将纳税户③家主组织起来，十户遣一小甲，五小甲遣一小监，二小监遣一农迁溜，分别由下臣、官吏、独诱、正军、辅主担任甲长、小监和迁溜。④一迁溜管附近几个村庄或一段渠道的农户，往往是自然的数字，而不是整一百户。⑤在建立基层组织的基础上，对纳税土地登记造册，写明"税户家主各自种地多少，与耕牛几何记名，地税、冬草、条椽等何时纳之"等⑥，分别藏于中书、转运司、受纳司、皇城司、三司、农田司及所在郡县。税户家主则持有本户纳税簿册，其上"登录顷亩、升斗、草之数"，"家主当视其上依数纳之"⑦，有的簿册是一木牌。⑧为防止收税人贪赃枉法，税户家主依纳税牌的规定纳税后，收税人要给予收据，并在"白册"上手记。⑨

---

① 编号 Инв. No.4067《户耕地租役草税账》："一户梁吉祥有上十亩地，税一斗二升半，杂一斗，麦二升半，役五日，草十捆"；编号 Инв. No.8372 里溜地税粮草役账："里溜吾移宝共五十四户，税三十六石六斗三升七合半，杂二十九石三斗一升，麦七石三斗二升七合半，役五十四人，草二千九百三十一捆；五十三户农人有杂细共三十六石二斗六升二合半，杂二十九石一斗，麦七石二斗五升二合半，役五十三人，草二千九百一捆。"（史金波：《西夏经济文书研究》附录"西夏文经济文书录文、对译和意译"，第470—471页；第476—477页）。

② 《天盛改旧新定律令》卷一七《库局分转派门》。

③ "税户"原译"租户"，从文意来看，"税户"较贴切。（潘洁：《西夏税户家主考》，《宁夏社会科学》2016年第2期）。

④ 《天盛改旧新定律令》卷一五《纳领谷派遣计量小监门》。

⑤ 编号 Инв. No.4991-6《里溜人口税账》："迁溜梁肃寂局分五十九户全户及三十九人单身，男女大与小总计二百二十一人之税粮食五十六石四斗。"编号为 Инв. No.6342-2《户籍计账》："里溜饶尚般百局分七十九户，共二百二十人，大一百八十人，小四十人。"（史金波：《西夏经济文书研究》附录"西夏文经济文书录文、对译和意译"，第484、455页）。

⑥ 《天盛改旧新定律令》卷一五《纳领谷派遣计量小监门》。

⑦ 《天盛改旧新定律令》卷一五《地水杂罪门》。

⑧ 《天盛改旧新定律令》卷一五《纳领谷派遣计量小监门》中也有反映，"各租户家主各自地何时种、耕牛数、租种数、斛、斗、升、合、条草当明之，当使书一木牌上，一户当予一木牌"。

⑨ 《天盛改旧新定律令》卷一五《地水杂罪门》。

西夏土地买卖频繁，为加强管理，防止土地买卖后地税流失，官府三年通检一次，具体程序为：先由农迁溜、小监、小甲于各自所辖农户中推寻变卖田地情况，逐一登记造册，上报所属郡县。各郡县于二月一日开始订正变更情况，"一县写五面地册板簿，自己处及皇城、三司、转运司、中书等当分别予之"。这期间需花七十天时间，到"四月十日当送转运司，分别为手记于板簿。五月一日当送中书，十五日以内当校验，无参差，则中书大人亦当为手记、置印。五月二十日当散予应予处"①。

土地税缴纳时间为秋后的九、十月，十一月一日，各郡县就要将纳税的簿册、凭据呈交转运司，转运司于十一月底以前引送磨勘司磨勘，磨勘司必须在十二月底以前磨勘完毕。如果郡县迟呈转运司，转运司迟报磨勘司，磨勘司逾期磨勘不毕，则要承担迟缓、延误之罪，"自一日至五日十三杖，五日以上至十日徒三个月，十日以上至二十日徒六个月，二十日以上一律徒一年"。②磨勘司于腊月一日至月末一个月期间磨勘已毕时，所遗尾数当引送转运司，当令所属郡县催促者再行催促，如果再"于所予期限不完毕而住滞时，局分人之罪与前述郡县人催促地租，转运司告凭据延误罪同样判断"③。

《天盛改旧新定律令》专列《催租罪功门》，将催税官吏所催的赋税分为十分，其中九分纳一分未纳者勿治罪，八分纳二分未纳徒六个月，七分纳三分未纳徒一年，六分纳四分未纳徒二年，五分纳五分未纳徒三年，四分纳六分未纳徒四年，三分纳七分未纳徒五年，二分纳八分未纳徒六年，一分纳九分未纳徒八年，十分全未纳徒十年，若十分全已纳，则当加一官，获赏五两银、杂锦一匹。④

无论放弃或开垦耕地，都要报官府批准，并予以注销或注册。如果税户

---

① 《天盛改旧新定律令》卷一五《纳领谷派遣计量小监门》。
② 《天盛改旧新定律令》卷一五《催缴租门》。
③ 《天盛改旧新定律令》卷一五《催缴租门》，这里的"地租"即"地税"。
④ 《天盛改旧新定律令》卷一五《催租罪功门》。

家主因河渠改道，土地沙化，不堪耕种时，经基层组织上报转运司，由转运司大人、承旨实地考察和相邻地家主担保，方可"明其顷亩数而奏报注销"①。弃地三年以后，如果有人"愿持而种之者，当告转运司，并当问邻界相接地之家主等，仔细推察审视，于弃地主人处明之，是实言则当予耕种谕文，著之簿册而当种之。三年已毕，当再遣人量之，当据苗情及相邻地之租法测度，一亩之地优劣依次应为五等租之高低何等，当为其一种，令依纳地租杂细次第法纳租"②。

为了鼓励生产，对新开垦荒地减免土地税。诸人地边"有自属树草、池地、泽地、生地等而开垦为地者"，开一至一百亩，勿纳税草。超过一百亩者，所超之数当告转运司，"三年毕，堪种之，则一亩纳三升杂谷物，佣草依边等法为之"③。在田赋征收中，遇有灾伤年景，则根据灾情予以一定的减免。夏大庆五年（1143），夏、兴州地震，仁宗李仁孝下令，"二州人民遭地震地陷死者，二人免租税三年，一人免租税二年，伤者免租税一年"④。《天盛改旧新定律令》卷一五《纳领谷派遣计量小监门》中的"旱地纳租法"条全佚，但从专列此条来看，当与受灾后减免租税有关。

2. 水税

水税按照灌溉田亩数来征收，实际是土地税的延伸。俄藏黑水城出土文书中，有两件西夏水税账，兹据史金波先生考证补充，表列如下：⑤

---

① 《天盛改旧新定律令》卷一五《地水杂罪门》。
② 《天盛改旧新定律令》卷一五《取闲地门》，这里的"租"当为税。
③ 《天盛改旧新定律令》卷一五《租地门》。
④ 《西夏书事》卷三五。
⑤ 史金波：《西夏经济文书研究》，第117—120页。

灌溉水税一览表

编号	灌溉面积	水税	撒 1 石种子地水税	折合 1 亩水税
Инв. No.1454-2（1）	撒 14 石种子地	4.375 石	3.125 斗	0.3125 升
Инв. No.1454-2（2）	撒 2 石种子地	6.25 斗	3.125 斗	0.3125 升
Инв. No.1454-2（3）	撒 4 石种子地	1.25 石	3.125 斗	0.3125 升
Инв. No.1781-1（1）	撒 4 石种子地	1.0 石	2.5 斗	0.25 升
Инв. No.1781-1（2）	撒 9 石种子地	2.25 石	2.5 斗	0.25 升
Инв. No.1781-1（3）	撒 4 石种子地	1.0 石	2.5 斗	0.25 升

从列表可以看出，西夏黑水地区灌溉水税大致每亩 0.25 到 0.3 升左右，低于每亩 1.25 升的税粮。黄河河套灌区水流充足，亩产量和地税远高于黑水等地区，相应的灌溉水税也应高于其他地区。

3. 人口税

人口税是西夏重要税种，黑水城文书中发现 8 件人口税账，俄藏 5 件，英藏 3 件，有的只存每户人口税，有的先记录每溜总人口税，后面是分户人口税，无论哪种人口税账，不分男女，只分大小，大口三斗，小口一斗五升。① 人口税的征收离不开户口的统计，黑水城出土 100 多号西夏户籍和人口文书，包括户籍、里溜户籍账、户籍计账、户籍手实等，户籍手实以户为单位，详细记载户主姓名、身份、军抄、田亩、大小男女人口、牲畜、财产、房屋等。值得注意的是，西夏黑水地区大多是三四口人的小家庭，不少只有夫妻两人，只有个别是十几口人的大家庭②，这和人口税账中每户人口基本一致。

4. 畜产税

有关畜产税的资料非常少，不过有一点是清楚的，即个体牧民按畜产多少提供披、甲、马等军事装备，大致 50 只羊、五条牛，"则当烙印一马，有 100 只羊、10 条牛则当寻马一及披、甲之一种。有 200 只羊、10 条牛者则当由私寻披、甲、马三种，当在册上注册"。③ 此外，个体牧民（包括拥有马匹的自耕农民）还要为执符提供乘骑。西夏法律规定：报告敌情、点集兵马、引伴使人、边地和畿内有事奏告、催促种种物以及"大渠等水落水涨、渠坏当行修理、又催促草工、笨工者派监伏及另有新情、圣旨出等时"派出的执符，④ "当骑诸家民所属私畜及官之牧场畜等有方便可骑乘者，不许差用一种官马（即配给正军的军马）"。⑤ 如果捕乘的私马"于途中病患羸弱而死时，知其所在，允许不偿畜。边近则以畜尸、边远则以肉皮，依当地现卖法当卖之，

---

① 俄藏编号 Инв. No.4991《人口税账》："一户高铁圆，四口，一石五斗。男一，高铁圆，三斗；女三，七斗五升，二大，六斗，没啰氏铁男，张氏铁男。一小，高氏铁金，一斗五升。一户嵬移成西男，三口，七斗五升。男二，四斗五升，一大，成西男，三斗，一小，三宝犬，一斗五升；女大，卜氏显令，三斗。"英藏编号 Or.12380-344（K.K.）："男七十九人，共谷二十二石八斗［五升］，大七十三人，各三斗，数共谷二十一石九斗，小六人，各一斗五升，数共九斗。"（史金波：《西夏经济文书研究》附录"西夏文经济文书录文、对译和意译"，第 481—482、492 页）。

② 史金波：《西夏经济文书研究》附录"西夏文经济文书录文、对译和意译"，第 434—463 页。

③ 《天盛改旧新定律令》卷五《季校门》。

④ 《天盛改旧新定律令》卷一三《执符铁箭显贵言等失门》。

⑤ 《天盛改旧新定律令》卷一三《执符铁箭显贵言等失门》。

卖价当还畜主人"①。这种近乎掠夺的摊派，甚至比按牧畜多少缴纳披、甲、马还要沉重，因为它不是按畜产多少来摊派，即使只有一匹马，也有可能被捕乘并死在途中。可以想见，这对贫困的个体农牧民来说，是一个多么沉重的负担。

5. 买卖税

西夏文"买卖税账"，记录买卖人口、布匹、骆驼、绵羊、羧羊均以粮食计税。②西夏盛行买卖婚姻，因而还征收所谓的媒人税与妇人价值税。③党项立国前对过境的回鹘商人采取重税政策④，这种竭泽而渔的做法，一度迫使西域商人改道青唐路，立国后特别是西夏后期对西域商人采取种种鼓励政策，从西域商人抽取的货物成为夏宋贸易的重要商品。在宋夏沿边贸易中，一般是"汉收汉税，番收番税"，也即"官中止量收汉人税钱，西界自收番客税利"⑤。黑水城出土的夏金榷场文书，记录榷场交易完成后，榷场税务根据西夏客商交易货物扭算收税川绢，往往一个客商收取数十匹到数百匹川绢⑥，这里的川绢是货币等价物。

6. 苛捐杂税

以上为西夏田赋征收的基本规定，此外，还有一些变相的负担，即各种摊派与和买。《天盛改旧新定律令》规定："无官方谕文，不许擅自于租户家

---

① 《天盛改旧新定律令》卷一三《执符铁箭显贵言等失门》。
② "买人税一石三斗""买骆驼税麦三斗""买布税一升""二匹布买税三斗二升""三羊买税二斗八升""一羊四羧买税三斗二升""七羊四羧羊买八斗二升"。（史金波：《西夏经济文书研究》附录"西夏文经济文书录文、对译和意译"，第521—527页）
③ 《天盛改旧新定律令》卷一八《缴买卖税门》。
④ （宋）洪皓：《松漠纪闻》卷一，文渊阁四库全书影印本407—697："十而指一，必得其最上品者，贾人苦之，后以物美恶杂贮毛连中（毛连以羊毛缉之，单其中两头为袋，以毛绳或线封之，有甚粗者，有间以杂色毛者，则轻细），然所征亦不赀。其来浸熟，始厚赂税吏，密识其中下品者俾指之。"
⑤ （宋）文彦博：《潞公文集》卷一九《奏西夏誓诏事》，文渊阁四库全书影印本1100—698。
⑥ 杜建录、史金波：《西夏社会文书研究》，上海古籍出版社2012年增订本，第254—271页。

主收取钱物、花红、麻皮等种种及摊派杂事。若违律摊派时，已纳官库内，则依纳租法判断，自食之则与枉法贪赃罪比较，从重判断。若国家内临时修缮佛塔、寺院，建造大城、官地墓，为碑志等时，应不应于租户家主摊派杂事，当告中书、枢密，计量奏报实行。"① 这条不许擅自摊派的法律条文，恰恰反映了通过官方谕文形式的苛捐杂税的征收。

"和买"是以官府和国主需要为由，从广大农牧民手中收买杂物、牲畜及种种实物。本来按照法律规定，诸司如果派人"买种种官之物、杂财产、树草炭等，及临时买畜、物等，诸家主双方情愿，可买卖，不许强以逼迫买取"②。但在实际执行过程中，却常常是"压低家主之价值"，因此，变相成一种额外负担。

（二）役制

1. 兵役

西夏与契丹一样，在其社会经济关系中，最具有广泛性、普遍意义的莫过于兵役。③ 西夏实行全民皆兵的部落兵制，《宋史》记载："其民一家号一帐，男年登十五为丁，率二丁取正军一人。每负担一人为一抄，负担者，随军杂役也。四丁为两抄，余号空丁。愿隶正军者，得射他丁为负担，无则许射正军之疲弱者为之。故壮者皆习战斗，而得正军为多。"④ 西夏文军籍文书⑤和西夏法典《天盛改旧新定律令》则把在籍丁壮分为正军、辅主、负担三类，与《宋史》记载稍有不同，这可能是《宋史》取舍材料所致。但有一点是非常明确的，即男年十五以上为丁。不仅如此，西夏法典还进一步将丁限于年

---

① 《天盛改旧新定律令》卷一五《催缴租门》，这里的"租户家主"当为"税户家主"。
② 《天盛改旧新定律令》卷一七《急用不买门》。
③ 漆侠：《契丹的役》，载邓广铭、王云海主编：《宋史研究论文集》，河南大学出版社 1992 年版。
④ 《宋史》卷四八六《夏国传下》。
⑤ 史金波：《西夏文军籍文书考略——以俄藏黑水城出土军籍文书为例》，《中国史研究》2012年第 4 期。

十五至七十，①"诸转院各种独诱年十五当及丁，年至七十入老人中"。② 为了保证兵源，男孩从十岁开始就要登记注册，如果"年及十至十四不注册隐瞒时"，隐一至三人徒三个月，三至五人徒六个月，六至九人徒一年，十人以上一律徒二年。若及丁，即年十五以上隐瞒不注册时，对隐瞒不报者的处罚更重。③还有"诸人现在，而入死者注销"，"又以壮丁入转老弱"等，④ 都将根据情节轻重，对有关人员进行严厉的处罚。

西夏的兵役之所以具有普遍意义，主要在于它几乎涵盖了西夏社会的各个层面，《天盛改旧新定律令》卷五《军持兵器供给门》规定种种有战具者，即配有武器点集出征、戍边卫疆、禁卫国主的人员就有：臣僚、牧主、农主、使军、下臣、各种匠、主簿、使人、真独诱、艺人行童、前宫内侍、阁门、杂院子、刻字、掌御旗、帐下内侍、出车、医人、向导、渠主、商人、回鹘通译、黑检主、船主、井匠、朝殿侍卫、占算、更夫、官巫、织褐、驮御柴、烧炭、宫监、主飞禽、御车主、牵骆驼、修城黑汉人、钱监院、绢织院、殿使、厨师、帐侍卫者、马侍卫、门楼主、案头、司吏、采金、种麻院子、番汉乐人、内官、马院、归义军院黑汉人、种染青、主杂物库等。

上述在籍丁壮，既有党项人，又有汉人、回鹘人和吐蕃人，从他们的身份地位来看，主要为农业、牧业和手工业生产者。至于由宗族首领和贵族地主组成的大小臣僚，带兵打仗是他们扩大财富的最好时机，因而他们应征入伍并不完全具有役的性质，而是一种义务。

兵役既然具有役的性质，戍边守城自然成为下层劳动者的一个负担。景宗李元昊立国时，即置兵戍守四境，"自河北至午腊蒻山七万人，以备契丹；河南洪州、白豹、安盐州、罗落、天都、惟精山等五万人，以备环、庆、镇

---

① （宋）曾巩《隆平集》卷二〇载：其民"年六十以下，十五以上，皆自备介胄弓矢以行。"将丁限于年十五至六十之间。

② 《天盛改旧新定律令》卷六《抄分合除籍门》。

③ 《天盛改旧新定律令》卷六《抄分合除籍门》。

④ 《天盛改旧新定律令》卷六《抄分合除籍门》。

戎、原州；左厢宥州路五万人，以备鄜、延、麟、府；右厢甘州路三万人，以备西蕃、回纥；贺兰驻兵五万、灵州五万人、兴州兴庆府七万人为镇守。"① 这几十万"亦兵亦民"的部落兵，被轮流派往州城堡寨及边防哨卡上，"守大城者，当使军士、正军、辅主、寨妇等众人依所定聚集而往"。② 戍守堡寨者，由大小首领从所属军溜中派遣③，大率"每寨实有八百余人，马四百匹"④。堡寨之下设边防哨卡，由兵丁巡逻放哨，严密监视敌军入侵或蕃人叛逃。如果发现敌情，当告"所属军溜及两相接旁检人等，其相接旁检人亦当告自己营垒堡城军溜"⑤。巡逻兵丁相当辛苦，宋泾州总管黄绥"尝夜雪临边，顾有马迹，使逐得之，乃夏之逻人当四更者，夏人逐更而巡，中国之备不及也"⑥，就生动地说明了这一点。

　　除戍守边境外，点集出征是下层农牧民又一重负。西夏立国的 190 年中，与周边民族政权之间发生过一系列战争，每次战争几乎都签发数万乃至十几万的丁壮。夏天授礼法延祚三年（1040），"元昊自将精兵十万"，直攻渭州，逼怀远城。⑦ 夏天赐礼盛国庆二年（1070），大举入环庆，攻大顺城、柔远砦、荔原堡，"兵多者号二十万，少者不下一二万"。⑧ 夏大安八年（1082），西夏以宋朝筑永乐，发"六监军司兵三十万屯泾原北，赍百日粮，俟官军出塞击之"⑨。夏永安元年（1098），太后梁氏亲将三十万众与宋大战于平夏。⑩ 诸如此类，不胜列举。无休止的点集出征，给广大下层民众带来了深重的灾难，诚如崇宗李乾顺时御史大夫谋宁克仁指出的："点集则害农时，争斗则伤民

①　《宋史》卷四八五《夏国传上》。
②　《天盛改旧新定律令》卷四《弃守大城门》。
③　《天盛改旧新定律令》卷四《弃守营垒城堡溜等门》。
④　《续资治通鉴长编》卷四七一，元祐七年三月甲午条。
⑤　《天盛改旧新定律令》卷四《边地巡检门》。
⑥　（宋）陈师道：《后山谈丛》卷六。
⑦　《宋史》卷四八五《夏国传上》。
⑧　《宋史》卷四八五《夏国传下》。
⑨　《西夏书事》卷二六。
⑩　《续资治通鉴长编》卷五〇三，元符元年十月己亥条载章楶奏语。

力，星辰示异，水旱告灾，山界数州非侵即削，近边列堡有战无耕，于是满目疮痍。"①

2. 夫役

夫役又称徭役，它的内容繁杂，项目众多，重要的有修治河渠桥道，版筑州城堡寨，修建宫阙王陵等。调派人夫出工服役是基层组织重要任务，"若违律不派遣职人时，有官罚马一，庶人十三杖"②。

（1）修治河渠桥道

修治河渠是灌区农民经常性的夫役，每年春天的开渠大事，先由局分处提议，夫事小监、诸司及转运司大人、承旨、阁门、前宫侍等"于宰相面前定之，当派胜任人。自□局分当好好开渠，修造垫板，使之坚固"③。前揭修渠的人工根据占田多少来定，自一亩至十亩开五日，十一亩至四十亩十五日，四十一亩至七十五亩二十日，七十五亩以上至一百亩三十日，一百亩以上至一顷二十亩三十五日，一顷二十亩以上至一顷五十亩一整幅四十日。"当依顷亩数计日，先完毕当先遣之"，最多"勿过四十日"④。这种依据田亩数量出工的规定在西夏耕地税役草账也有明确反映，有的按户统计田亩数量和出工天数，有的按溜统计出工人数。⑤有意义的是占有十亩土地出工 5 天，占有15—40 亩出工 15 天，63—75 亩出工 20 天，和法律规定完全一致。

按西夏的亩，"一边各五十尺，四边二百尺"，合 25 平方丈，即百步亩

---

① 《西夏书事》卷三二。
② 《天盛改旧新定律令》卷七《行职门》。
③ 《天盛改旧新定律令》卷一五《催租罪功门》。
④ 《天盛改旧新定律令》卷一五《春开渠事门》。
⑤ 俄藏编号 Инв. No.4067《户耕地租役草税账》："一户梁吉祥有上十亩地，税一斗二升半，杂一斗，麦二升半。役五日，草十捆"；俄藏编号 Инв. No.8372《户耕地租役草账》："里溜吾移宝共五十四户，税三十六石六斗三升七合半，杂二十九石三斗一升，麦七石三斗二升七合半。役五十四人，草二千九百三十一捆"；"五十三户农人，有杂细共三十六石二斗六升二合半，杂二十九石一斗，麦七石二斗五升二合半。役五十三人，草二千九百一捆"。（史金波：《西夏经济文书研究》附录"西夏文经济文书录文、对译和意译"，第 471—477 页）。

制。① 与宋朝二百四十步亩制相比，西夏的 10 亩约合宋朝的 4.2 亩，40 亩约合 16.6 亩，75 亩约合 31.3 亩，100 亩约合 42 亩，120 亩约合 50 亩，150 亩约合 62.5 亩。根据漆先生研究，宋代占田百亩以内，产钱一贯上下约为自耕农民的上层或富裕农民。② 那么，上述按田出工者均属自耕农与半自耕农，也就是说西夏修渠劳役主要由个体农民来承担。

在挖渠清淤的同时，诸租户家主还要承担唐徕、汉延等大渠上桥道的修治。至于"沿大渠干有各小桥，转运司亦当于租户家主中及时遣监者，依私修治，依次紧紧指挥，无论昼夜，好好监察"③。

（2）版筑修缮堡寨州城

党项人本来以游牧为生，很少建筑城寨的，但立国以后，出于控扼战略要路、建立对宋用兵基地、防御宋朝进攻、防遏蕃部叛逃、发展与周边民族商业交换等原因，在沿边地区修筑了大量的堡寨。④ 仅李元昊为了对宋用兵，在临近宋朝的山险之地修筑堡寨三百余处。⑤ 因此，版筑、修缮堡寨成为党项人民一项沉重的负担。⑥ 除堡寨外，西夏还修建了不少大城，役使民夫修缮城垣、开掘城壕也成为州城长官的重要职责，如果州主、城守"所属城上有当涂泥时，不好好涂泥者"，或城墙不修治，"垒浅不开掘"，都要根据情节轻重，判以罚马或有期徒刑。⑦

（3）修建宫阙王陵与寺院驿舍

西夏几迁都城，因而宫阙、府衙的修建任务相当繁重。宋朝归还夏州，

---

① 白滨：《从西夏文字典〈文海〉看西夏社会》，载《西夏史论文集》，宁夏人民出版社 1984 年版。

② 漆侠：《宋代经济史》（上），上海人民出版社 1987 年版，第 517—520 页。

③ 《天盛改旧新定律令》卷一五《桥道门》。

④ 杜建录：《西夏沿边堡寨述论》，《宁夏社会科学》1993 年第 5 期。

⑤ 《续资治通鉴长编》卷一三二，庆历元年五月甲戌条载田况奏语。

⑥ 《天盛改旧新定律令》卷七《行职门》："边地筑堡城时，职人已派，已招唤，不派笨工者及已派不往者，一律按不出军判断。内地筑堡城时，不派笨工及已派不往者罪，比边地筑堡城时不派笨工及已派不往之罪状当减一等。"

⑦ 《天盛改旧新定律令》卷四《修城应用门》。

李继迁修复寝庙，抚绥宗党。宋咸平五年（1002）攻占灵州后，认为该地北控河朔，南引庆凉，据诸路上游，扼西陲要害，遂易名西平府，遣部将立宗庙，置官衙，将政治中心由夏州迁到灵州西平府。然而西平府无险可守，不如怀远，西北有贺兰之固，黄河绕其东南，宋天禧四年（1020），德明又将都城由灵州西平府迁到兴州兴庆府。在二十年时间内，连续迁移了三次都城，每次迁移都要调发大量民夫筑城阙、建宫室、营殿宇。西夏立国后，统治者还多次役民夫对兴庆府进行扩建修缮。

在修建宫室殿宇的同时，西夏统治者还广建离宫，宋大中祥符三年（1010），德明"役民夫数万于鏊子山，大起宫室，绵亘二十余里，颇极壮丽"[①]。元昊营修天都离宫，令新纳妃子没移氏居之。[②]夏大安七年，即宋元丰四年(1081)，宋军攻占天都山后，焚七大殿及府库馆舍[③]，可见其工程规模之大。贺兰山是西夏又一离宫所在地，宫室绵延"数十里，台阁高十余丈，（元昊）日与诸妃游宴其中"[④]。

由九座帝陵与二百多座陪葬墓组成的西夏王陵，规模宏大，气势非凡，是西夏又一重大的役民工程。佛教为西夏的国教，统治者除亲自主持大规模的译经活动外，还发民夫兴建寺院。元昊"于兴庆府东一十五里役民夫建高台寺及诸浮图，俱高数十丈，贮中国所赐《大藏经》，广延回鹘僧居之，演绎经文，易为蕃字"[⑤]。没藏氏"役兵民数万"，于"兴庆府西偏起大寺，贮经其中，赐额'承天'"[⑥]。

接待邻国使节的驿舍也是役民夫修建的，"景德议和"后，德明以宋朝"恩礼优渥，天使频临，遂于绥、夏州建馆舍二：曰'承恩'，曰'迎晖'，

---

① 《西夏书事》卷九，大中祥符三年九月条。
② 《续资治通鉴长编》卷一六二，庆历八年正月辛未条。
③ 《续资治通鉴长编》卷三一九，元丰四年十一月己丑条。
④ 《西夏书事》卷一八。
⑤ 《西夏书事》卷一八。
⑥ 《西夏书事》卷一九。

五百里内，道路、桥梁修治整饬"一新。①

3. 差役

这里所说的差役即为职役。马端临概括宋代职役说："国初循旧制，衙前以主官物，里正、户长、乡书手以课督赋税，耆长、弓手、壮丁以逐捕盗贼，承符、人力、手力、散从官以奔走驱使，在县曹司至押录，在州曹司至孔目官，下至杂职、虞候、拣摧等人，各以乡户等第差充。"②西夏的职役亦大抵如此，但由于文献资料的缺乏，我们无法全面了解各种职役承担者的身份及其性质。《天盛改旧新定律令》卷一三《遣差人门》曰："差人司内已派，不来而逃匿，寻而获之，稽缓自一日至二十日以内者，差人依往唤被告人稽缓法判断，二十日以上一律徒二年。"③可见"差人"类似宋朝的承符、人力、手力，为西夏民众的一个沉重负担。

负责农田供水的渠头也是一个负担，供水期间，他们必须昼夜守护在渠口，如果"放弃职事，不好好监察，渠口破而水断时"，损失一缗至五千缗，分别处以有期徒刑三个月至十二年，损失五千缗以上，一律当绞杀。④至于仓库、租院、税院、盐池、酒务的小监、出纳、指挥、拦头、掌斗、掌钥匙、提举、头监、都案也都属于职役的范畴，但他们却有食禄，"提举、头监一律三百，出纳二百，掌钥匙一百。司吏、指挥、栏头等七十"。⑤因此，对他们来讲，被差遣当职是否是负担，还有待于进一步研究。

4. 其他劳役

（1）苦役。所谓苦役，即各类罪犯及其家属的强制劳动，它几乎涉及所

---

① 《西夏书事》卷九。
② 《文献通考》卷一二《职役考》。
③ 《天盛改旧新定律令》卷一三《遣差人门》。
④ 《天盛改旧新定律令》卷一五《渠水门》。
⑤ 《天盛改旧新定律令》卷一七《物离库门》。

有的国有生产部门与土木工程。《天盛改旧新定律令》规定："国家内诸人犯种种罪，为苦役之遣送法除分明以外，守边堡、城、州、寨者正军、辅主因弃城一种而获劳役时，所属城内修造，□□垒□道断，有圮缺堵之城头楼，□□库房等之修造正事当为之。有何转运种种用度等时，令于劳役变处为苦役……若城遣人等城内苦役无所为，则当遣送城□头尾之官方采金、熔银铁，为其它苦役处令为苦役。"① 上述为修造与坑冶方面的苦役，还有"因罪入为织褐、捆草、绣女子者"②，或入为"春米"等。③ 不过《天盛改旧新定律令》记载最多的是"入牧农主中"，即发配到国有牧农场服苦役，前述"捆草"大致就属于这一类型。

（2）官营手工业生产部门的劳役。除上述苦役外，官营手工业生产部门的劳役大致还有两种类型，一是依附匠的劳动。依附于官府的手工业生产者一旦籍为"匠户"，除本人终身服役外，其子女也不能脱籍，世代束缚在官营手工业生产机构，这是人身依附极强的劳役剥削制度。另一是应役，即具有自由民身份的民间工匠定期到官营生产作坊的劳役，这种劳役一般集中在传统的毛纺织业及其他加工业。至于由官府专营的采盐、制曲、金属冶炼等行业，则主要由依附匠进行生产。

（3）兵士养马。西夏实行全民兵役制，有二丁者，取一人为正军，"凡正军给长生马、驼各一"。④ 因此，牧养军用"官马"是部落族帐的沉重负担。《天盛改旧新定律令》卷六《军人使亲礼门》载："诸父子所属官马当于各自属处养治，每年正月一日起，依四季由职管行监、大小溜首领等校阅，若官马膘弱未塌脊，一律笞二十；羸瘦而塌脊，则笞三十"，马"死则偿之"。⑤

尽管西夏赋役存在地域上的差异，大致牧区按畜产纳以披、甲、马，农

---

① 《天盛改旧新定律令》卷二〇《罪则不同门》。
② 《天盛改旧新定律令》卷一三《逃人门》。
③ 《天盛改旧新定律令》卷一五《催缴租门》。
④ 《宋史》卷四八六《夏国传下》。
⑤ （宋）曾巩：《隆平集》卷二〇《夏国赵保吉传》。

区根据田亩缴以农副产品。但有一点是相同的，即不论是牧区的个体牧民还是农区的个体农民，他们都要承担繁重的兵役。换言之，役在西夏经济剥削中占有非常重要的地位。这是因为西夏生产力水平相对较低，生产的实物不是很多。在这样的情况下，役自然成为压榨各族劳动者的重要手段了。这是其一。

其二，由于受中原宋朝的影响，开始在兵役之外的其他一些赋役剥削中，实行较为先进的"计亩输赋"与"计田出丁"。田赋是根据土地的瘠肥分五等按亩计之，牲畜税是计畜缴纳，50只羊，五条牛"则当烙印一马"。水利工程和官牧所需的草是按田亩多少来征收，一亩当纳草"五尺捆一捆，十五亩四尺背之蒲苇、柳条、梦箩等一律当纳一捆"[1]，藏之库局，以备调用。若渠道涨水决口，"附近未置官之备草"，则就便提取私草，"草主人有田地则当计入冬草中"，"未有田地则依捆现卖法计价，官方予之"。[2] 显然，没有田地是不纳冬草的。兴修水利的民工也是计亩征调的，自1亩至150亩，分别出5至40个工日。西夏赋役这种落后与先进的混合，正是其社会特殊性的表现。

---

① 《天盛改旧新定律令》卷一五《渠水门》。
② 《天盛改旧新定律令》卷一五《地水杂罪门》。

九、社会阶层

西夏社会有贵族、庶民、依附民、工商业者四个阶层，贵族大地主利用超经济力量，占有大片农田草场。僧侣地主经营田产和高利借贷，他们的上层也属于贵族地主的范畴。庶人是西夏社会阶级结构中一个极为重要的等级，这个等级低于贵族地主，高于依附民阶层，包括庶民地主、自耕农、自牧民、佃农、雇农。依附民由使军、牧助、作人、官人、私人、典押出力人、奴婢构成，他们的人身依附于贵族地主与封建国家，在法律上没有"良人"的身份。手工业生产者由依附匠和自由匠两部分组成。商人有大中小之分，大商人和大地主、大官僚是三位一体，从这个意义上讲，他们属于地主阶级。

（一）贵族地主阶级

1. 官僚贵族地主

贵族地主由宗族首领组成，党项宗族大姓由来已久，早在青藏高原，就"每姓别自为部落，一姓之中复分为小部落，大者万余骑，小者数千骑，不相统一。有细封氏、费听氏、往利氏、颇超氏、野辞氏、房当氏、米擒氏、拓跋氏，而拓跋最为强族"①。内迁以后，仍是部落林立，仅"庆州有破丑氏

---

① 《旧唐书》卷一九八《党项羌传》。

族三、野利氏族五、把利氏族一"①。"安史之乱"后，唐王朝将庆州的拓跋、野利等族迁往银夏地区，使之成为主宰这一地区的强宗大姓。西夏正是拓跋李氏族系"联络豪右"建立起来的，从这个意义上讲，它是强宗大族联合专政的共同体，李继迁"设官授职，以定尊卑，预署酋豪，各领州郡"②。立国后从国家到地方政权，仍然被这个贵族阶级所控制。部落制下的党项贵族地主（牧主）集团，有其显著的特点：

首先，他们是大土地占有者。前引宋神宗元丰四年（1081）九月讨伐夏国榜敕曰："其先在夏国主左右，并鬼名诸部族同心之人，并许军前拨身自归，及其余首领能相率效顺，共诛国仇，随功大小，爵禄赏赐，各倍常科，许依旧土地住坐，子孙世世常享安荣。"③榜敕许夏国主左右及党项宗族首领"依旧土地住坐"，明确反映了贵族地主对土地的占有。

西夏文献也有关于贵族地主占有土地的记载："僧人、道士、诸大小臣僚等，因公索求农田司所属耕地及寺院中地、节亲主所属地等，诸人买时，自买日始一年之内当告转运司，于地册上注册，依法为租佣草事。"④这里"索求"土地的"大小臣僚"就是大小不一的贵族地主。

其次，贵族地主不仅占有大片土地，而且还拥有自己的武装。"西贼首领，各将种落之兵，谓之'一溜'，少长服习，盖如臂之使指，既成行列，举手掩口，然后敢食，虑酋长遥见，疑其语言，其整肃如此"。⑤宋大中祥符元年（1008）"德明遣万子等四军主悉其族兵取六谷，进图甘州"⑥。开国皇帝李元昊"置十二监军司，委豪右分统其众"⑦。夏大安七年，即宋元丰四年

①《新唐书》卷二二一《党项传》。
②《西夏书事》卷四。
③《续资治通鉴长编》卷三一六，元丰四年九月丙午条。
④《天盛改旧新定律令》卷一五《租地门》。
⑤《续资治通鉴长编》卷一三二，庆历元年五月甲戌条。
⑥《西夏书事》卷九。
⑦《宋史》卷四八五《夏国传上》。

（1081），西夏惠宗"秉常为母族所篡，诸大酋数十名，拥兵汹乱"①。夏景宗李元昊曾"选豪族善弓马五千人迭直"②，西夏后期又增至二万五千人，"号御围内六班，分三番以宿卫"。③一方面加强了国主护卫，另一方面，以豪族子弟为人质，加强了对宗族大姓的控制。

再次，既然贵族地主即宗族首领拥有强大的经济、军事力量，因此，要想建立和巩固封建国家政权，必须加强对地方豪族大姓的控制，漆侠师对此有非常精辟的论述，指出"联络豪右"、结婚大族是李继迁立国的基本国策。④不仅如此，立国以后仍长期推行贵族联合专政。景宗李元昊联姻野利大族，"拽利王旺荣、天都王刚浪㥄者，皆元昊妻之昆弟也，与元昊族人嵬名山等四人为谟宁令，共掌军国之政"。⑤景宗元昊之后，外戚没藏讹庞专权，"朝廷岁赐谅祚金帛，〔讹庞〕四族常分其半，首领入贡，辄货易图利，故四族盛强"。⑥当然，贵族地主内部也有大小之分，而左右西夏政局的为党项贵族大首领，也即大贵族地主。

最后，贵族地主在政治上还享有中小地主所没有的种种特权。大大小小的贵族首领，一般都是各级官府的长吏或军事首长，他们除犯十恶罪外，其他种种罪均可以用官来当⑦，官级越高，也即越是大首领，处罚越轻，乃至犯

---

① （宋）苏轼：《经进东坡文集事略》卷四〇《代滕甫论西夏书》。
② 《宋史》卷四八五《夏国传上》。
③ 《宋史》卷四八六《夏国传下》。
④ 漆侠、乔幼梅：《辽夏金经济史》，河北大学出版社1998年版，第202页。
⑤ （宋）司马光：《涑水记闻》卷五。
⑥ （宋）张方平：《乐全集》卷三六《谥曰康穆程公神道碑铭并序》，文渊阁四库全书影印本1104—408。
⑦ 西夏的"官"相当于中原的"爵"，一般通过世袭与职位获得。参见史金波：《西夏的职官制度》，《历史研究》1994年第2期。

死罪时，仅处以罚马革职。①封建社会王子犯法与庶民同罪，只是人们的美好愿望罢了。

2. 僧侣贵族地主

上层僧侣也属于贵族地主。西夏笃信佛教，道教也非常兴盛，佛道寺观遍布全境。寺观的头目大致有小监、副判、众主、寺主等。②衣绯、衣紫、衣黄、衣黑者为上层僧侣道士，寺观的部分头目从他们中间产生，或者他们本身就是寺观头目。衣紫衣绯地位的取得不完全在诵经多少，而在经济实力的强弱。诸人如果"舍一千缗者当得二僧人，衣绯一人。舍二千缗当得三僧人，衣绯一人。自三千缗以上者一律当得五僧人，衣绯二人"③。可见，大量僧侣地主是从世俗地主中转化而来的。

寺观占有大量的田产，"谓之常住"④，西夏寺检校一职就是根据常住物的多少来派遣，"实量常住自一千缗至三万缗遣一人，实量三万缗以上至五万缗遣二人，五万缗以上一律当遣三人"。⑤只要缴纳地税，寺院兼并土地是合法的。⑥黑水地区普渡寺在天庆寅年（1194）正月二十四日到二月六日，短短13天时间，兼并土地高达760亩，约合190宋亩。翻手为云覆手为雨的僧侣地主，把兼并来的土地当即出租给失去土地的农民。

高利借贷是寺院又一重要经济来源，天庆寅年正月二十九日到二月二日，

---

① 《天盛改旧新定律令》卷二《罪情与官品当门》："庶人获十三杖，徒三个月时：杂官十乘以上至胜监当受十三杖，应交十缗钱，暗监以上至拒邪罚马一，……庶人获二种死罪时：'十乘'官至'胜监'官，官、职、军皆革除，徒八年，日满依旧往；'暗监'官至'戏监'官，官、职、军皆革除，徒五年，日满依旧往；'头主'官至'柱趣'官，官、职、军皆革除，徒三年，日满依旧往；'语抵'官至'真舍'官，官分两半降一分，罚马七，革职、军，依旧往。'调伏'官至'拒邪'官，官三分中降一分，罚马七。"

② 《天盛改旧新定律令》卷一一《为僧道修寺庙门》。

③ 《天盛改旧新定律令》卷一一《为僧道修寺庙门》。

④ （宋）宋祁：《景文集》卷二六《上三冗三费疏》。

⑤ 《天盛改旧新定律令》卷一一《为僧道修寺庙门》。

⑥ 《天盛改旧新定律令》卷一五《租地门》：诸人买农田司及寺院中地、节亲主所属地，"自买日始一年之内当告转运司，于地册上注册，依法为租佣草事"。

普渡寺相继放出 10 笔高利贷，总计 99 石 3 斗 5 升杂细粮。1989 年在甘肃武威新华乡亥母寺洞遗址发现了一批西夏文物，其中有《乾定申年典糜契约》，记载"立文约人没水何狗狗，向瓦国师处典一斛糜，还于一斛，从中获利八斗"①。

寺观地主属于地主阶级的中上层，它和贵族地主一样，在政治上也享有种种特权，诸如僧人、道士中赐黄、黑、绯、紫者犯罪时，比庶人犯罪当减一等。②

（二）庶人阶层

庶人是西夏社会阶级结构中一个极为重要的等级，这个等级低于贵族地主，高于依附民阶层。贵族和庶人的区分是贵族世官世禄，庶人则无官无禄；贵族衣紫衣绯，"民庶青绿，以别贵贱"③。"官"是区分贵族与庶人一个简单而又明显的标志，西夏文辞书《文海》"庶人"释："此者兵卒也，庶人，非是官之谓"④。在西夏法律上，犯较轻的罪，"有官罚马一，庶人十三杖"。⑤ 还有上述僧人、道士中赐黄、黑、绯、紫者犯罪时，比庶人犯罪当减一等。⑥

---

① 孙寿龄：《西夏乾定申年典糜契约》，《中国文物报》1993 年第 5 期。"没水何狗狗"又作没瑞隐藏犬。
② 《天盛改旧新定律令》卷二《罪情与官品当门》。
③ 《宋史》卷四八五《夏国传上》。
④ 《文海研究》，第 512 页。
⑤ 《天盛改旧新定律令》有关"有官罚马一，庶人十三杖"的规定比比皆是，如擅自去掉黥字，"有黥字人和去黥字者，一律有官罚马一，庶人十三杖"（卷二《黥法门》）；诸人放债，"本利相等以后，不允取超额。若违律得多利时，有官罚马一，庶人十三杖"（卷三《催索债利门》）；"诸父子有补偿马及应按畜等级烙印马等，一律当印从驹至有齿之良马。臕弱、塌脊者，齿不合格及老马等不得印验。若违律者，有官罚马一，庶人十三杖"（卷五《季校门》）；"诸院官私不用地界生长野草、野果等时，诸家主当依所出工分取，不许于地边围植标记。倘若违律时，有官罚马一，庶人十三杖"（卷一一《草果重讼门》）。
⑥ 《天盛改旧新定律令》卷二《罪情与官品当门》。

1. 庶民地主

庶人经济力量不尽相同，既包括占田较多的中小地主和拥有较多牲畜的中小牧主，也包括自耕农（自牧民）和佃农（雇农）。黑水城出土户籍手实，记录梁行监一户 18 口人，有撒 52 石种子地 4 块，约 520 西夏亩，218 宋亩。马 3 匹，2 大 1 小；骆驼 32 头，26 大 6 小。讹移千男一户 7 口人，有撒 27 石种子地 4 块，约 270 西夏亩，113 宋亩。骆驼 3 头，2 大 1 小；牛 10 头，4 大 6 小；羊大小 80 只，这里的梁行监和讹移千男当是中小地主。[①] 西夏法律中的"地主人"就包括庶民地主。[②]

2. 自耕农（自牧民）

相对依附民而言，自耕农（自牧民）的人身是自由的，他们在西夏文献中常以"税户家主"的名义出现[③]，是西夏赋税的主要承担者，"诸税户家主当指挥，使各自所属种种租，于地册上登录顷亩、升斗、草之数。转运司人当予属者凭据，家主当视其上依数纳之"。[④] "大都督府转运司所属冬草、条椽等，京师税户家主依法当交纳入库"。[⑤] 但这里需要指出的是，"税户家主"不完全限于小土地占有者，还包括占有较多土地的富裕农民和庶民地主（中小地主）。

自耕农一般占田 30 至 50 亩（宋制），占田 30 亩以下的半自耕农常佃耕

---

① 史金波：《西夏经济文书研究》附录"西夏文经济文书录文、对译和意译"，第 457—463 页。
② 《天盛改旧新定律令》卷一五《催租罪功门》"官私地中治谷、农田监、地主人等不知，农主人随意私自卖与诸人而被举时，卖地者计地当比偷盗罪减一等。买者明知地主人，则以从犯法判断"。
③ 《天盛改旧新定律令》卷一五《渠水门》记载："沿渠干察水应派渠头者，节亲、议（判）大小（臣僚）、租户家主、诸寺庙所属及官农主等水□户，当依次每年轮番派遣，不许不续派人。""租户"当为"税户"，"税户家主"，既不同于贵族地主、寺观地主，也不同于国有土地上的生产者，而是一般的土地占有者。
④ 《天盛改旧新定律令》卷一五《地水杂罪门》。
⑤ 《天盛改旧新定律令》卷一五《渠水门》。

或佣耕地主土地，但其人身是自由的。① 除兴灵灌区外，周边其他地区也存在大量的自由农（牧）民。黑水城出土的西夏《西夏天盛廿二年卖地文契》，记述寡妇耶和氏宝引一次出卖 22 亩（约合宋制 9 亩）"畜养牲口之闲置地"②，就反映了黑水地区自耕农土地占有情况。黑水城西夏缴纳税粮文书，记录农户的田亩数有 10 亩、30 亩、70 亩、139 亩、150 亩③，折合 2.4 到 35.7 宋亩。西夏文 12 件土地买卖契约，11 件出卖的土地约为 22 到 200 西夏亩，折合 4.2 到 47 宋亩，大部分是一二十亩，他们都是占有小块土地的自耕农。④

3. 佃农（雇农）

占有较少土地的自耕农是一个经常不断分化的阶层，或上升为地主，或下降为依附民。但由于他们身受官府和贵族首领的双重压迫，特别是在高利贷的冲击下，不是上升为地主，而是大量破产沦为佃农。前引宋英宗治平年间（1064—1066），同知谏院吕诲在一道奏章中曾说："逐部族今所存者，却有外来散户依附其间，或是连亲，或即庸力，混杂居处，例各年深。"⑤ 这些外来"庸力"与前来"连亲"的党项人，就是失去土地的自耕农，他们以租佃形式耕种地主的土地。俄藏租地契约中的佃户，有的为了度过饥荒，出卖一部分土地，变成自耕贫农，有的出卖仅有的一点土地，变成佃农或雇农。

---

① 参见杜建录：《论西夏的土地制度》，《中国农史》2000 年第 3 期。
② 黄振华：《西夏天盛廿二年卖地文契考释》，载白滨编：《西夏史论文集》，宁夏人民出版社 1984 年版。
③ 编号 Инв. No.1755 税粮文书，见史金波：《西夏经济文书研究》附录"西夏文经济文书录文、对译和意译"，第 467—469 页。
④ 编号 5010《西夏天盛廿二年卖地文契》："天盛庚寅二十二年立文契人寡妇耶和氏宝引等，今有自用畜养牲口之闲置地一片，连同陋屋茅舍三间，树两株，情愿让与耶和女人，圆满议定地价为全齿骆驼二，双峰骆驼一，代步骆驼一，共四匹。此后他人不得过问此地，若有过问者（耶和）宝引等是问。若我等翻悔，当依法领罪，有不服者告官罚麦三十斛，决不食言。地界在院堂间，共二十二亩，北接耶和回鹊茂，东南邻耶和写，西界梁嵬名山。"（黄振华：《西夏天盛廿二年卖地文契考释》，载白滨：《西夏史论文集》，宁夏人民出版社 1984 年版）耶和氏宝引就是典型的小土地占有者。
⑤ （宋）赵汝愚：《宋朝诸臣奏议》卷一二五《吕诲〈上英宗请重造蕃部兵帐〉》。

有的把土地过户给地主后，当即从地主手中包租下来。①

　　和宋朝自由租佃契约关系相比，西夏佃户自由租佃的权利是有限的，一是部落社会下宗族首领（大地主、大牧主）对失去土地的个体族帐（家庭）有相当的控制权，寺院地主把梁老房酉撒15石种子地兼并后，当即又向他出租了一块撒8石种子的土地，就说明了这一点；二是在部落兵制下，有严格的兵役登记制度，男孩年10—14岁登记为预备役，15—70登记为现役，然后以族帐（家庭）为基础组织军抄，一人为正军，一人为负担，还有一人为辅主。②这种兵役制度，限制了家族成员的流动，即使流动，也主要在本部落内部。没有人口的自由流动，就没有一定意义上的自由租佃。这样一来，佃户深受贵族地主和封建国家双重剥削。③

　　前引熙宁年间（1068—1077），宋朝城绥德时，鄜延经略使赵禼招问党项大酋，"'往时汝族户若干，今皆安在？'对：'大兵之后，死亡流散，其所存止此。'禼曰：'其地存乎？'酋无以对。禼曰：'听汝自募丁，家使占田充兵，若何？吾所得者人尔，田则吾不问也。'诸酋皆感服归募，悉补亡籍。"④这里"听汝自募丁"中的"募"所包含的关系，应该和"熙河官庄法"中立功弓箭手与佃户之间的关系一样，为封建租佃关系，但租佃者和"党项大酋"之间有一种隶属关系，或一定意义上的人身依附关系，谁招募来的就是谁的佃

---

　　① 俄藏编号5124契约长卷包括土地买卖契8件、租地契8件、卖畜契3件、雇畜契3件、贷粮契1件，共23件。兹录其中一件租地契约（史金波：《西夏经济文书研究》，第663—664页）：

　　寅年正月二十九日立契人梁老房酉等，今将普渡寺中梁喇嘛属八石撒处地一块包租，地租二石八斗麦及三石六斗杂粮等议定，日限八月一日当还。日过不还为时，一石还二石。本心服。

　　立契人梁老房酉（押）同立契人梁老房茂（押）知人平尚讹山（押）知人梁老房（押）

　　② 《宋史》卷四八六《夏国传下》；《天盛改旧新定律令》卷六《抄分合除籍门》规定"年十五当及丁，年至七十入老人中"；《隆平集》卷二〇《夏国赵保吉传》记载：其民"年六十以下，十五以上，皆自备介胄弓矢以行"。

　　③ 《天盛改旧新定律令》卷一五《地水杂罪门》："租户家主（占有土地的宗族首领）有种种地租役草，催促中不速纳而住滞时，当捕种地者及门下人，依高低断以杖罪，当令其速纳。"这里的种地者和门下人，当是依附贵族地主的租户，他们不仅要向土地主人缴纳地租，还要承担封建国家的赋税和徭役。

　　④ 《宋史》卷三三二《赵禼传》。

户，反映出宗族部落制下的封建租佃的特殊性。^①

党项牧民除占有较多牲畜的牧主外，大多是自给自足的个体族帐，他们拥有一定数量的牲畜，自备武器装备，随部落首领出兵打仗，是封建政权兵役的重要承担者。一部分自牧民还承担官牧生产，相当于唐五代敦煌官营畜牧业中的"牧子"与元代亦集乃路的"责取领牧人"。由于承担赔偿责任的缘故，牧人只有具备一定的经济能力，方可领取"骆驼、马、牛等自十五、二十以上，羖攊羊自七十以上"的官畜，按照百大母骆驼一年限三十仔，百大母马一年五十驹，百大母牛一年六十犊，百大母羊一年六十羔，百大母牦牛一年五十犊，向官府缴纳幼畜。如果"不足者当令偿之，所超数年年当予牧人"。在保证幼畜繁殖的同时，牧人每年还要向封建政府上缴毛、绒、乳、酥等副产品。牧人是庶民等级的下层，他们拥有自己的牲畜，有相对自由的身份，经官府的同意可离开国有牧场，就是缺乏牧场草地，只能以牧养官畜为代价，从官府获得最基本的生产资料。

（三）依附民阶层

依附民就是失去土地人身依附于贵族地主与封建国家的农奴、牧奴或奴隶，他们在法律上没有"良人"的身份。

1. 使军

西夏文献常常出现"使军"一词，^②从其经济状况和社会地位来看，当为

---

① 宋代是我国历史上租佃制高度发展的时代，土地出资者和土地租佃者之间不仅签订租佃契约，而且租佃者有迁徙的自由，这是封建租佃制和庄园农奴制的重要区别。（邓广铭、漆侠：《两宋政治经济问题》，知识出版社 1988 年版，第 100—104 页）。

② 西夏文二字，俄罗斯西夏学者克恰诺夫译为农奴，见《天盛改旧新定律令》（1149—1169），4 卷本，苏联科学出版社 1987—1989 年版。中国学者译为使军，见《天盛改旧新定律令》，法律出版社 2000 年版。

依附于贵族地主的农奴，而非奴隶。因为使军虽有财产[①]，并且是西夏兵役的重要承担者[②]，但人身却不自由：一是使军对家庭成员没有买卖权和主婚权，如果"不问主人[③]，不取契据，不许将子女、媳、姑、姐妹妇人等自行卖与他人。若违律卖时，当比偷盗钱财罪减一等"，其中已卖妇人所生之子女当一律还原主人。"使军未问所属主人，不取契据"，"不许送女、姐妹、姑等与诸人为婚，违律为婚时徒四年。妇人所生之子女当一律还属者"。只有在"已问所属主人，乐意给予契据"的情况下，才可"将子女、媳、姑、姐妹妇人等卖与他人，及与诸人为婚"。[④]欧洲封建领主对农奴之女有所谓的"初夜权"，而西夏贵族首领对使军之女岂止"初夜权"，几乎是长期霸占！它与宋代夔州路庄园农奴制下农奴的命运何其相似。[⑤]

　　二是在法律地位上，使军和奴仆、田地、房舍一样，任意由主人典当买卖。[⑥]黑水城出土3件西夏晚期买卖人口契[⑦]，其中1件是卖使军、奴仆契，记载乾祐甲辰二十七年三月二十四日，立契人讹一吉祥宝以450贯铁钱价格，将自属使军、奴仆、军讹六人卖与讹移法宝。六人中三男三女，男有60岁的成讹，39岁的嵬犬，28岁的名字不识；女有57岁犬母盛，35岁犬妇宝，23岁增犬。他们可能是一家人，由于社会地位低下，只有名没有姓，犬又可译为狗，这是西夏人常用的贱名。

---

　　① 《天盛改旧新定律令》卷三《盗赔偿返还门》："使军、奴仆对头监行窃，将畜物卖掉、使用、典当等时，物现属有者当还回。买主、使典当者知其畜物非私人自有，是头监之物，则与知他人盗而典当罪相同。未知勿治罪。价钱者，使军自己有畜物，能赔偿，则当回归还，不能则当罚使典当者"。

　　② 《天盛改旧新定律令》卷一五《地水杂罪门》规定配备战具，战时征人员中，除农人、牧人、大小臣僚、禁卫人员外，还包括使军。

　　③ 西夏文二字，译头监或主人，本处以主人较贴切。

　　④ 《天盛改旧新定律令》卷一二《无理注销诈言门》。

　　⑤ 漆侠：《宋代经济史》（上），上海人民出版社1987年版，第196—208页。

　　⑥ 《天盛改旧新定律令》卷一一《出典工门》："诸人将使军、奴仆、田地、房舍等典当、出卖于他处时，当为契约。"

　　⑦ 编号 Инв. No.5949-29《乾祐甲辰二十七年卖使军奴仆契》；编号 Инв. No.4597《天庆未年卖使军契》；编号 Инв. No.7903《皇建午年苏□□卖使军契》（史金波：《西夏经济文书研究》附录"西夏文经济文书录文、对译和意译"，第650—658页）。

另两件是卖使军契，分别是天庆未年（1199）三月二十四日，嵬移软成有以 50 石杂粮的价格，将自属使军五月犬等二老幼，卖给移合讹金；皇建午年（1210）二月三日，地勿苏足以 100 贯的价格，将自属私人九月乐、正月成等 4 人，卖给和自己同一个军抄的讹七金刚酉。上述使军买卖都发生在青黄不接的二、三月份，或许因灾荒的缘故，主人为了得到货币和粮食，同时减轻使军口粮负担才出卖的。

2. 牧助

牧助是属于牧奴性质的"无主贫儿"，他们没有自己的牲畜，如果官畜出现损失则无力赔偿，因此他们没有资格领取"骆驼、马、牛等自十五、二十以上，羖䍽自七十以上"的官畜，按照规定每年向官府缴纳幼畜和毛、绒、乳、酥等副产品，只能作为牧人的牧助。①

3. 作人

作人，又称作户、作家、官作，西夏汉文《杂字》卷六《农田部》在记载犁耧、罢磨、铁铧、礴碌、锹镢、镰刀等农业生产工具与持碾、锄田、耕耘、浇灌等耕作方法的同时，还载有作家、作户。② 显然，这里的作家、作户既不是农业生产工具，又不是农业耕作方法，而是农业生产劳动者，他们的人身依附性很强，西夏《重修护国寺感通塔碑》记载：夏天祐民安五年（1094）重修凉州护国寺塔后，夏崇宗李乾顺赐给该寺"钱千缗，谷千斛，官作四户，充番汉僧常住"③。"官作"二字非常重要，西夏文第一字为"农""耕"意④，显

---

①　《天盛改旧新定律令》卷一九《贫牧逃避无续门》。

②　史金波：《西夏汉文本〈杂字〉初探》，载《中国民族史研究》（二），中央民族学院出版社 1989 年版。

③　罗福颐：《西夏护国寺感应塔碑介绍》，载白滨编：《西夏史论文集》，宁夏人民出版社 1984 年版，第 456 页。

④　陈炳应：《西夏文物研究》，宁夏人民出版社 1985 年版，第 115 页。

系国有土地上的农业生产者，从他们被任意赐予的情况来看，当是国有土地上的服苦役者。

西夏的服苦役者大致有两种，一种为服徒刑者；另一种为"入牧农主"中的罪犯家属，也即连坐的编管人员。如，"诸人议逃，已行者造意以剑斩杀，各同谋者发往不同地守边城无期徒刑，做十三年苦役。主、从犯一样，自己妻子、儿子当连坐，当入牧农主中"。① 无论是服徒刑者，还是连坐的编管人员，他们在期满以前是没有人身自由的，官府可以任意支配。他们的劳动产品除了维持生命外，其余部分全被官府占有，但他们还不是完全意义上的奴隶，除少数服无期劳役，大多数为有期劳役，他们的人身地位应处于农奴和奴隶之间。② 这是用于农牧业生产的"官作"，另有用于手工业生产的"官作"。

4. 官人和私人

西夏文献中常常出现官人、私人。官人，即依附于官府之人，私人，为依附于贵族首领之人。西夏汉文《大方广佛华严经入不思议解脱境界普贤行愿品》发愿文记载，"皇太后宫下应有私人尽皆舍放，并作官人"。《天盛改旧新定律令》规定"诸人所属私人于他人处借债者还偿主人债时，当令好好寻执主者等。私人自能还债则当还债，自不能还债则执主者当还，执主者无力，则当罚借债主，不允私人用头监畜物中还债"③。可见，私人有自己的财产，他们的身份和使军及门下人相似，或者说西夏的奴婢和农奴一样，有自己的私有财产。

《天盛改旧新定律令》还规定："大小官员诸人等不允在官人中索要私人，

---

① 《天盛改旧新定律令》卷一《背叛门》。
② 国有农田的生产者可能还有来自于失去土地的个体族帐，他们在名义上为国有土地的"租佃人"，官府贷给口粮、籽种、农具和耕牛进行生产，然后向官府缴纳成地租。
③ 《天盛改旧新定律令》卷三《催索债利门》。

及求有重罪已释死罪，应送边城入农牧主中之人为私人。"① 这条法律文献很重要，其一，它说明了私人与官人的地位是对等的，也即只要官府同意，就可将官人转为私人；其二，释死罪的犯人，也即"应送边城入农牧主中之人"的人身地位也和私人是对等的，至少是相近的；其三，若违律将官人占为私人，则处以十二年徒刑，可见封建国家和官僚贵族争夺依附民的激烈性。

5. 典押出力人

西夏高利贷典押大体有两种形式，一为借债时押以妻子、使军、奴仆及其他种种财产；② 二是借债者不能还时，当催促同去借者，同去借者亦不能还，"可令出力典债"。③ 大致大男一日算工价 70 钱，小男及大妇一日算工价 50 钱，小妇一日算工价 30 钱。④ 不论是借债时典押还是还债时典押，只要一旦成为典押人，就失去了人身自由（当然使军、奴仆本身就不自由），如果押处主人因其"不做活业者，击打等而致打死者徒一年。执械器而拷打逼迫致死者徒三年"。⑤ 但诸典押出力人不许殴打、对抗、辱骂押处主人。"若违律时，押处主人是庶人，则当面辱骂相争十三杖，殴打则徒一年，伤者当比他人殴打争斗相伤罪加三等，死亡则当绞杀。对有官人辱骂相争时徒一年，殴打则徒二年，伤时当比诸人殴打争斗相伤罪加五等，死则以剑斩"。⑥

可见典押出力人类似债务奴隶，但又不完全等同于奴隶，这是因为典押人偿清债务后可以离去，同时借贷方可以出钱赎回典押人，也就是说典押出力的人，奴隶身份是有时限的。当然，这并不排除部分个体生产者及其妻儿因债务长期卖身为奴的。

---

① 《天盛改旧新定律令》卷六《军人使亲礼门》。
② 《天盛改旧新定律令》卷一一《出典工门》。
③ 《天盛改旧新定律令》卷三《催索债利门》。
④ 《天盛改旧新定律令》卷三《盗赔偿返还门》。
⑤ 《天盛改旧新定律令》卷一一《出典工门》。
⑥ 《天盛改旧新定律令》卷一一《出典工门》。

6. 奴婢

西夏国建立后，在完成封建制的同时，长期保留奴隶制的残余，奴婢买卖是合法的行为，"诸人将使军、奴仆、田地、房舍等典当，出卖于他处时，当为契约"。[①] 黑水城西夏契约文书中就有买卖使军的奴婢契和"买奴仆税六斗"的税账。[②] 奴隶广泛存在于西夏社会，《天盛改旧新定律令》规定："诸人所属使军、奴仆唤之不来，不肯为使者，徒一年。"[③] 诸寺庙、官堂、神帐中不许诸人住宿，"若寺庙居士、行童、奴仆等应居寺中，亦当报职管处，应居则使居之。"[④] 西夏文《杂字》也有"□奴仆隶，厮僮奴仆"的记录，《文海》中与"主"，即牧主、农主、家主、辅（军）主，相对应的有奴、佣人、使唤、僮仆、命侍、随从、小人等，他们都相应地解释为"奴也，佣人也，奴仆也，僮仆也，奴婢也，仆隶、仆役也"，说明这些都是家内奴隶。[⑤]

值得引起我们重视的是，"入牧农主中，无期服役"的使军、奴仆[⑥]，肯定是用于农牧业生产的。在手工业生产部门，也可能存在奴隶劳动。当然，不论农牧业还是手工业，奴隶劳动不占主导地位，占主导地位的为农牧民劳动，它决定了西夏是封建制社会，而不是奴隶制社会。

（四）工商业阶层

1. 手工业生产者

西夏手工业主要由官府来经营，生产者因其人身依附程度不同，大致可

---

① 《天盛改旧新定律令》卷一一《出典工门》。

② 史金波：《国家图书馆藏西夏文社会文书残页考》，《文献》2004 年第 2 期。

③ 《天盛改旧新定律令》卷二〇《罪则不同门》。

④ 《天盛改旧新定律令》卷一一《为僧道修寺庙门》。

⑤ 白滨：《从西夏文字典〈文海〉看西夏社会》，载《西夏史论文集》，宁夏人民出版社 1984 年版，第 177 页。

⑥ 《天盛改旧新定律令》卷一《背叛门》。

划分为依附匠和自由匠两大类。依附匠主要来自于服苦役的罪犯与破产的农牧民。《天盛改旧新定律令》规定："官私人外逃，逃窜于国境内时，当地附近举报人中，有因罪入为织褐、捆草、绣女子者（着重号为引者所加），予牧农主为妻子等者，依法当得举赏。"①"国家内诸人犯种种罪，为苦役之遣送法除分明以外，守边堡、城、州、寨者正军、辅主因弃城一种而获劳役时，所属城内修造"，若城内苦役无所为，则当遣送"官方采金、熔银铁，为其他苦役处令为苦役"②。可见，无论是毛纺织业，还是修造、冶炼业，都有服苦役的依附匠，也即用于手工业的官作户，他们与用于农牧业的官作户一样，人身地位介于农奴与奴隶之间。

失去土地的农牧民与从宋朝得来的工匠，为依附匠的又一重要来源。这部分人的生产技术虽比服苦役的"官作户"要高，但人身地位却高不了多少，他们一旦被黥为匠，世代不能脱籍。《天盛改旧新定律令》规定：官府织绢、纺线女等所生子女，不论其父是否是"官人"（此处当指依附官府的手工业生产者），都必须注册为"官人"③，就充分说明了这一点。

自由匠为民间个体工匠，他们除按时轮番服役外，其余时间可自由支配。也许是民间缺乏工匠的缘故，这些有一技之长者，往往具有较高的社会地位。如选拔下级军官时，"何人有功、勇健强劲及有匠作工巧"④，成为重要的条件。西夏《重修护国寺感通塔碑》将修寺塔的石匠和赐绯僧人、提举修寺塔的官员一同刻在上面。所有这些都说明了这个问题。

西夏工匠名目众多，仅《天盛律令》卷一七《物离库门》就列有金匠、银匠、铜匠、铁匠、缫丝匠、织绢匠、染丝匠、纺丝线匠、织绢帛匠、染生毛线匠、纺毛线匠、织毛锦匠、扣丝匠、绳索匠、毡匠、毛褐匠等。以上只

---

① 《天盛改旧新定律令》卷一三《逃人门》。
② 《天盛改旧新定律令》卷二〇《罪责不同门》。
③ 《天盛改旧新定律令》卷八《为婚门》。
④ 《天盛改旧新定律令》卷五《季校门》。

是在生产过程中与库藏有关的工匠，此外，还有采盐、制曲、酿造、陶瓷、砖瓦等行业的工匠与生产者，以及建筑行业的木匠、石匠、泥水匠，等等。

2. 商人

商人和地主一样有大中小之分，大商人和大地主、大官僚是三位一体，属于地主阶级。一般商人与官府联系较少，内蒙古黑水城出土的《西夏天庆年间典当文契》，为典当商人裴松寿的典当底帐，据陈国灿先生的统计，裴松寿典出的大小麦已有 14 石之多，这一部分粮食需要近四百亩土地作基础来提供，何况他典出的远不止于此①，可见裴松寿为经济实力比较雄厚的商人。黑水城出土西夏文贷粮契中，除普渡寺外，还有不少其他放贷者，有的是属下使军替主人放贷②，自然不是一般商人。

对外交换是商人的舞台，他们用毡毯毛褐、药材土产以及来自西域的商品，通过沿边榷场、和市贩卖出去，或走私贩卖马驼和青白盐等违禁物，仅夏金榷场文书记录就有西凉府、镇夷郡住户酒五斤、王大成、席智□等携带黄褐、白褐、毛罗、柴胡、苁蓉、大黄，通过替头（牙人）换回押纱、川缬、小绐缬、小晕缬、大纱、小绫、中罗缬、小绢子、紫绮、梃茶、纸张、笔墨、瓷碗等。③

小商小贩资本很少，他们摆摊设点，做一点微利的小买卖。《西夏光定十二年正月李春狗等扑买饼房契》，记录李春狗以每月壹石伍斗的价格，租赁到一间用具齐全的烧饼作坊，包括炉鏊一富，大小铮二口，铁匙一张，糊饼剗一张，大小槛二个，大小岸三面，升房斗二面，大小口袋二个以及小麦本柒石伍斗。④这个李春狗租有自己的店面，比摆摊设点的小商小贩的经济实力

---

① 陈国灿：《西夏天庆间典当残契的复原》，载《中国史研究》1980 年第 1 期。
② 史金波：《西夏经济文书研究》附录"西夏文经济文书录文、对译和意译"，第 562—563 页。
③ 杜建录、史金波：《西夏社会文书研究》下篇"汉文西夏社会文书释文"，上海古籍出版社 2012 年增订本，第 254—271 页。
④ 杜建录、史金波：《西夏社会文书研究》，上海古籍出版社 2012 年增订本，第 42—46 页。

要强一点。

　　商业的兴起离不开城市，而城市的发展以商业为基础，西夏比较大的城镇，既是政治中心又是经济中心。河西"武威当四冲地，车辙马迹，辐凑交会，日有千数"①，就是这类城市的典型。活跃在榷场上的西凉府、镇夷郡住户酒五斤、王大成等，就是定居在该府郡的城镇商户。唯利是图的商人除"辐凑"于大城镇外，还深入到边远的农村牧区，前述典当商人裴松寿就是深入到黑水地区放贷的。

---

　　① 《凉州重修护国寺感应塔碑铭》，载白滨编:《西夏史论文集》，宁夏人民出版社 1984 年版，第 455 页。

十、财政收支

　　财政收支是国之大计，西夏的财政收入大致有赋税收入、国有牧场农田收入、国营采造收入、对外贸易收入以及馈赠与罚赎赃没收入等，财政支出包括供国支出、供御支出和供军支出。

（一）财政收入

1. 赋税收入

　　（1）田赋　田赋即土地税，主要有谷物和草两大类。谷物有小麦、大麦、糜、粟、豆、稻、荞麦。[①]河套灌溉平原按照土地脊肥分为五等征收，上等每亩1斗，次等8升，中等6升，下等5升，末等3升。[②]半农半牧，黑水地区

---

　　① 《宋史》卷四八六《夏国传下》记载，西夏"地饶五谷，尤宜稻麦"，在产水稻的河套地区，当缴稻谷；黑水出土西夏税粮文书记有小麦、大麦；夏宋缘边山界还包括荞麦，《圣立义海·地之名义》曰："坡谷地向柔，待雨宜种荞麦也。"西夏文本《碎金》云："回鹘饮乳浆，山讹嗜荞饼"，山讹乃横山党项。《宋史·夏国传上》曰：元昊"苦战倚山讹，山讹者，横山羌，平夏兵不及也。""山讹嗜荞饼"，明确地反映了横山地区广种荞麦以及荞麦在当地人民生活中的重要地位。
　　② 潘洁：《〈天盛律令〉农业门整理研究》，上海古籍出版社2016年版，第234页。《天盛改旧新定律令》卷一五《催缴租门》规定："麦一种，灵武郡人当交纳。大麦一种，保静县人当交纳。麻褐、黄豆二种，华阳县家主当分别交纳。秫一种，临河县人当交纳。粟一种，治源县人当交纳。糜一种，定远、怀远二县人当交纳"。

每亩缴纳1.25升①，其中大麦等杂粮占75%，小麦占25%②，远低于黄河灌区每亩最低3升的法律规定，反映出黑水地区亩产量比较低。西夏在土地买卖中，连同田赋一并过户给买家，最高亩税3.3升，最低0.25升，大部分在1升多。③西夏约有250万亩土地，每亩收税平均按4升计，一年税粮10万石左右，若加上人口税、水税中收取谷物，数量很可观。

　　草为西夏田赋的重要组成部分，除冬草蓬子、夏莠外，还有麦草、稻草、粟草等谷物秸秆与谷糠，法律规定"一顷五十亩一块地，麦草七捆，粟草三十捆，捆绳四尺五寸"④。黑水城出土田地税役草账记录，梁吉祥田地10亩，"税一斗二升半，杂一斗，麦二升半，役五日，草十捆"。⑤里溜赋税徭役统计中，也包括税草，一溜54户，税草2931捆，一溜53户，税草2901捆。⑥税草交官府所需处，"当入于三司库。逾期时与违纳租谷物之纳利相同"。⑦西

---

　　①　编号Инв.No.1755税粮文书:一顷五十亩，税一石八斗七升半，杂一石五斗，麦三斗七升半；三十亩，税三斗七升半，杂三斗，麦七升半。编号Инв.No.4067：一户梁吉祥有上十亩地，税一斗二升半，杂一斗，麦二升半，役五日，草十捆。(史金波:《西夏经济文书研究》附录"西夏文经济文书录文、对译和意译"，第467—471页)

　　②　编号Инв.No.1755、1178耕地纳粮账记录，黑水地区地水中，杂细粮的比例是4∶1，编号Инв.No.4808户纳税粮账的比例也是如此:"一户罗般若乐，大麦一石一斗五升，麦二斗［八升七合半］"；一户正首领盛曼，大麦四斗三升，麦一斗七合［半］；一户叔嵬西儿铁，大麦六斗七升，麦一斗六升半；一户嵬移茂，大麦一斗五升，麦三斗七［合半］；一户麻则金吉，大麦六斗七升，麦一斗八升七［合半］。(史金波:《西夏经济文书研究》，第85页)

　　③　前揭黑水地区土地买卖过税最高亩税3.3升，最低0.25升，大部分在一升多，不同于正常纳税中的每亩1.25升。之所以出现这种情况，原因大致有三:一是黑水地区地广人稀，农民实际占有土地和官府地税册上土地数不完全一致；二是按照法律规定，新垦的生荒地三年内不纳税，三年后根据土地瘠肥情况，确定是五等地税中之一种(《天盛改旧新定律令》卷一五《取闲地门》)，生熟地相混出卖，因此过户的地税较少；三是土地瘠肥不一。

　　④　《天盛改旧新定律令》卷一五《催缴租门》。

　　⑤　编号Инв.No.4067户耕地租役草税账，见史金波:《西夏经济文书研究》附录"西夏文经济文书录文、对译和意译"，第471页。

　　⑥　编号Инв.No.8372里溜地税粮草役账:"里溜吾移宝共五十四户，税三十六石六斗三升七合半，杂二十九石三斗一升，麦七石三斗二升七合半，役五十四人，草二千九百三十一捆；五十三户农人有杂细共三十六石二斗六升二合半，杂二十九石一斗，麦七石二斗五升二合半，役五十三人，草二千九百一捆。"(史金波:《西夏经济文书研究》附录"西夏文经济文书录文、对译和意译"，第476—477页)

　　⑦　《天盛改旧新定律令》卷一五《催缴租门》。

夏法律规定"中兴府租院租钱及卖曲税钱等，每日之所得，每晚一番，五州地租院一个月一番，当告三司，依另列之磨勘法施行"①。可见在田赋中也开始征收货币。不过西夏的货币经济不发达，估计征收量不大。

（2）人口税收　俄藏黑水城出土西夏文书中，有5件人口税账，有的先记录每溜总人口税，后面是分户人口税，有的只存每户人口税。无论哪种人口税账，不分男女，只分大小，大口三斗，小口一斗五升。②西夏的人口约30余万帐（户），160万口左右③，其中15—70岁成年人口④约占总人口的70%，约126万。以此估计，126万大口每人三斗，计37.8万石，50万小口每人1斗5升，计8.1万石，总计45.9万石，接近田赋的一半。可见西夏人口税是财政收入的又一重要来源。

（3）水税收入　俄藏黑水城出土文书中，有两件西夏水税账，其中一件记录撒一石种子地约缴纳水税3斗左右，另一件记录撒一石种子地约缴纳水税2.5斗，大致每亩0.25到0.3升左右⑤，低于每亩1.25升的税粮。黄河河套灌区水源充足，亩产量和地税远高于黑水地区，相应的灌溉水税也应高于该地。

（4）摊派和买　摊派与和买为额外的收入，有的以官方谕文的形式向农牧民摊派钱物、红花、麻皮等；⑥有的以官府与国主需要为由，从广大农牧民

---

　　①　《天盛改旧新定律令》卷一七《库局分转派门》。

　　②　俄藏编号 Инв. No.4991《里溜人口税账》："一户高铁圆，四口，一石三斗。男一，高铁圆，三斗；女三，七斗五升，二大，六斗，没啰氏铁男，张氏铁男。一小，高氏铁金，一斗五升。一户嵬移成西男，三口，七斗五升。男二，四斗五升，一大，成西男三斗，一小，三宝犬，一斗五升；女大，卜氏显令，三斗。"（史金波：《西夏经济文书研究》附录"西夏文经济文书录文、对译和意译"，第481—482页）。

　　③　杜建录：《论西夏的人口》，《宁夏大学学报》2003年第1期。

　　④　《天盛改旧新定律令》卷六《抄分合除籍门》："诸转院各种独诱年十五当及丁，年至七十入老人中。"

　　⑤　史金波：《西夏经济文书研究》，第117—120页。

　　⑥　《天盛改旧新定律令》卷一五《催缴租门》："无官方谕文，不许擅自于租户家主收取钱物、花红、麻皮等种种及摊派杂事。若违律摊派时，已纳官库内，则依纳租法判断，自食之则与枉法贪赃罪比较，从重判断。若国家内临时修缮佛塔、寺院、建造大城、官地墓，为碑志等时，应不应于租户家主摊派杂事，当告中书、枢密，计量奏报实行。"这条不许擅自摊派的法律条文，恰恰反映了通过官方谕文形式的苛捐杂税的征收。

手中和买杂物、牲畜及种种食物。本来按照法令规定，诸司如果派人"买种种官之物、杂财产、树草炭等，及临时买畜、物等，诸家主双方情愿，可买卖，不许强以逼迫买取"①。但在实际执行过程中，却常常是"压低家主之价值"②，因此，变相成一种额外的赋税收入。

（5）畜产税收　有关牲畜税的材料非常少，我们仅知道个体牧民按牲畜多少提供披、甲、马等军事装备。大致五十只羊、五条牛"则当烙印一马。有百只羊、十条牛则当寻马一及披、甲之一种，有二百只羊、十条牛者则当由私寻披、甲、马三种，当在册上注册"③。

（6）商业税收　西夏所有交换都要纳税，仅黑水城出土"买卖税账"，就记有布匹买卖税、牲畜买卖税、人口买卖税等。④这些买卖税多以粮食为等价物，如"卖布二匹，税三斗二升""卖羊三只，税二斗八升"，反映出西夏铜钱流通不足的特点。西夏盛行买卖婚姻，因而还征收所谓的媒人税与妇人价值税。⑤城镇的商家和在渡口摆渡的船家也须缴税，如果"关店逃税"⑥，或"偷渡逃税"是要受法律制裁的。⑦对宋贸易中，"汉收汉税，番收番税"⑧，也即宋人文彦博所说的，"官中止量收汉人税钱，西界自收番客税利"。⑨对金贸易也是如此，交易完成后，榷场税务根据西夏客商交易货物扭算收税川绢，往往一个客商收取数十匹到数百匹川绢⑩，这里的川绢是货币等价物。

---

① 《天盛改旧新定律令》卷一七《急用不买门》。
② 《天盛改旧新定律令》卷一七《急用不买门》。
③ 《天盛改旧新定律令》卷五《季校门》。
④ "买人税一石三斗""买骆驼税麦三斗""买布税一升""二匹布买税三斗二升""三羊买税二斗八升""七羊四殳买八斗二升"（史金波：《西夏经济文书研究》附录"西夏文经济文书录文、对译和意译"，第521—527页）。
⑤ 《天盛改旧新定律令》卷一八《缴买卖税门》。
⑥ 《天盛改旧新定律令》卷一八《缴买卖税门》。
⑦ 《天盛改旧新定律令》卷一一《渡船门》。
⑧ （宋）文彦博：《潞公文集》卷一九《奏西夏誓诏事》，文渊阁四库全书影印本1100—697。
⑨ （宋）文彦博：《潞公文集》卷一九《奏西夏誓诏事》，文渊阁四库全书影印本1100—698。
⑩ 杜建录、史金波：《西夏社会文书研究》，上海古籍出版社2012年增订本，第254—271页。

2. 国有牧场和农田收入

国有牧场收入。西夏国有牧场实行比较灵活的承包经营，有一定赔偿能力的牧人，方允其领取"骆驼、马、牛等自十五、二十以上，羖羺自七十以上"的官畜①，然后按照百大母骆驼一年限三十仔，百大母马一年五十驹，百大母牛一年60犊，百大母羖羺一年60羔羊，百大母牦牛一年50犊的繁殖率，向封建政权缴纳幼畜，如果"不足者当令偿之，所超数年年当予牧人"②。

除按一定的繁殖率缴纳幼畜外，牧人还要向官府上缴毛、绒、乳、酥等副产品。《天盛改旧新定律令》规定："四种畜中，牛、骆驼、羖羺等之年年应交毛、酥者，预先当由群牧司于畜册上算明，斤两总数、人名等当明之而入一册，预先引送皇城、三司、行宫司所管事处。各牧监本人处放置典册，当于盈能处计之，数目当足。本人院中大小牧监中当派小监，与告状接，依汇聚数进之，不许住滞一斤一两。"③其中大公训骆驼每年纳腿、项绒八两，大母训骆驼等三两，旧训骆驼公母一律二两。"羖羺春毛绒七两，羊秋毛四两。羔夏毛二两，秋毛四两，羊绒不须纳"。大牦牛十两、小牛八两、犊五两春毛，"于纳羊绒之日交纳"。"母骆驼应算一仔二斤酥"，"母羖羺以羔羊计，一羊羔三两酥"。④上述官畜的毛、绒、酥缴纳后，"所遗尾数有未能偿之者，依时节按实卖法计价，当交钱"。⑤

国有农田收入。西夏存在一定数量的国有农田，西夏土地买卖文书在记录卖出土地的四邻中，有的就是国有农田。国有农田上的生产者主要是失去土地的个体生产者与苦役期满后的耕夫，他们靠官府贷给口粮、籽种、耕牛和农具进行生产，然后向官府缴纳分成地租，如果不能按期缴纳分成数，则

---

① 《天盛改旧新定律令》卷一九《贫牧逃避无续门》。
② 《天盛改旧新定律令》卷一九《畜利限门》。
③ 《天盛改旧新定律令》卷一九《畜利限门》。
④ 《天盛改旧新定律令》卷一九《畜利限门》。
⑤ 《天盛改旧新定律令》卷一九《畜利限门》。

被处戴铁枷，支付后即行解除。① 遗憾的是，《天盛改旧新定律令》卷一六全佚，使我们目前还搞不清楚"佃耕"国有土地的分成数，只能从保留下来的总目录中了解其大概。如该卷列有"地中执犁纳利限""地边执犁纳利限""利限免除逃跑重来"等条目。可以想见，在土地、耕牛、农具等生产资料属封建政权所有的情况下，大多数劳动产品必然要被其占有。

在国有土地上进行生产的，还有服苦役的罪犯与战争掠夺来的"驱口"，他们的社会地位远远低于"佃耕"官田的破产农人与苦役期满后的耕夫，在服刑期满前，绝对不能离开土地，他们的劳动产品除维持生命外，其余全被封建政权所占有，应该是一笔不小的收入。

3. 官营开采收入

木材　西夏时期的贺兰山森林茂密，野兽出没，官府在这里设置树税院与木材租院②，专门负责林木的采伐与征榷。另外，在河西的祁连山与南面的天都山，可能也有类似的机构设置。

薪炭　据《番汉合时掌中珠》记载，西夏人将炭分为松炭与石炭两种。松炭即木炭，由设在林区的"木炭租院"负责生产与征榷；③ 至于石炭，在宋代已开始较大规模的开采。西夏境内煤炭资源丰富，《番汉合时掌中珠》中所说的石炭，很可能就是他们自己开采的。

矿物　西夏境内出产金、银、铜、铁矿④，在黑山和兽选宝山等地"熔石炼铁，民庶制器"。⑤ 宋人认为西夏以"茶山铁冶"立国。⑥ "横山亘袤，千里

---

① 《天盛改旧新定律令》卷一六《命置分等门》。

② 《天盛改旧新定律令》卷一七《库局分转派门》。

③ 《天盛改旧新定律令》卷一七《库局分转派门》。

④ 西夏文辞书《文海》矿藏解释："此者矿藏也，宝物种种出处也"；矿石释："此者料石也。料石也，石料也，铁种种宝生处也"；银释："此者银也，矿物中出也"；金释："此者金子也，黄金也，石中出，与铁同类也"；铁释："此者矿也，使石熔为铁也。"西夏人对金、银、铜、铁矿的认识，当来自采矿生产。（《文海研究》，中国社会科学出版社1983年版，第417、443、410、502、487页）

⑤ 《圣立义海研究》，宁夏人民出版社1995年版，第60页。

⑥ 《续资治通鉴长编》卷二二〇，熙宁四年二月壬戌条。

沃壤，人物劲悍善战，多马，且有盐铁之利，夏人恃以为生"。① 冶炼的铁矿必然是境内所出，今内蒙古自治区额济纳旗达来呼布镇东南发现有西夏矿冶遗址，就散布较多小甘锅。②

　　池盐　西夏盛产青白盐，境内盐池众多，《天盛改旧新定律令》所载的有文池、萨罗池、红池、贺兰池、特剋池、杂金池、大井集苇灰岬池、丑堡池、中由角、西家池、啰皆池、坎奴池、乙姑池等，池大则派二巡检，池小则派一巡检，"与池税院局分人共监护之"③，即共同负责池盐的生产与征榷。盐课收入在西夏财政中占有相当重要的地位，"元昊数州之地，财用所出，并仰给于青盐"。④

4. 官营制造收入

　　西夏官营制造收入种类繁多，有金、银首饰和金、银、铜器，斧、钉、凿、刀、锹、镰、锯、耙、镫、剑、矛、甲等铁器⑤，罗、帛等丝织品⑥，毡、毯、褐等毛制品⑦，碗、瓶、罐等瓷器，砖、瓦、脊兽、石灰等建材，还有曲、酒等酿造品。西夏实行榷曲制度，曲的产销完全由官府控制，是酿造收入的大宗。酿酒有官私之分，官酿主要用于国家宴会、御用及赏赐。官酒"置库

---

　　① 《续资治通鉴长编》卷三二八，元丰五年七月丙戌条。
　　② 傅兴业：《额济纳旗文物志》，内蒙古人民出版社2016年版，第97页。
　　③ 《天盛改旧新定律令》卷一七《库局分转派门》。
　　④ （宋）包拯：《包孝肃奏议》卷九《论杨守素》，文渊阁四库全书影印本427—171。
　　⑤ 《天盛改旧新定律令》卷一七《物离库门》：熟金再熔一番为熟板金时，上等一两耗减二字，次等一两耗减三字；熟金打为器，百两中耗减二钱。铜为种种打事则一两中可耗减三钱。为种种铸事则一两中可耗减二钱。打制斧头、钉七寸、五寸、四寸、铁凿、斩刀、屠刀等粗铁器，一斤耗减八两；打制灯烓、火炉、火锹、铁罐、火筋、熨斗、镰、城叉、锯、推耙、镫、锁簧、钩细、铡刀、钥匙、锹头等细铁器，一斤耗减十两；打制刀剑、剪刀、边条、耙叶、大小铁叶、金木护胸、枪下刃等水磨铁器，一斤耗减十一两。
　　⑥ 《天盛改旧新定律令》卷一七《物离库门》：丝织品，"纺织之应用纬线、格子线等，二月一日于事着手领取。自置经纬线起，纺织罗帛，至十月一日止"。刺绣品，"掌绣线库者，百两中可耗减四钱。女子领绣线时，一两中可耗减一钱半。"
　　⑦ 《天盛改旧新定律令》卷一七《物离库门》：毡匠领秋毛、羔毛、春毛等为毡褐已毕时，十斤可耗减三斤。扣丝，"为剋丝者，百两线中可耗减五两。绳索匠领麻皮斤两明，完毕交时称之，一斤可耗减三两。"

内供给者，一斗可耗减一升。驮运供给者，一斗可耗减二升"①。

5. 对外贸易收入

对外贸易收入主要来自榷场和贡使，榷场是政府之间大规模的商品交换场所，公元1007年夏宋保安军榷场成立，西夏以驼马、牛、羊、玉、毡毯、甘草易缯帛、罗绮；以蜜蜡、麝脐、毛褐、羱羚角、硇砂、柴胡、苁蓉、红花、翎毛易香药、瓷漆器、姜、桂等物。官市之后，"听与民交易"。②"庆历议和"后，又增设镇戎军高平砦榷场。西夏与辽在云中西北过腰带山、石椤坡、天德、云内、银瓮口数处亦置市场，"惟铁禁甚严，禁不得夹带交易"。③夏金榷场主要设在东胜、环州、兰州、保安、绥德等处，西夏以珠玉交易金人丝帛。④从黑水城出土夏金榷场文书来看，西夏在南边榷场是客商交易，官征商税，输出货物也多为毛制品。

贡使交换指的是以贡奉的名义在沿途和京师进行的商品交换，至于政权之间的贡赐，将列入赐赠收入中。夏宋贡使贸易从"景德议和"后发展起来，德明"称藩日久，岁遣人至京师货易，出入民间如家"。⑤夏辽贡使贸易也相当频繁，只是景宗李元昊即位以后，辽朝出于战略方面的考虑，"禁夏国使沿路私市金、铁"。⑥夏金从1124年起，"使副往来，听留都亭贸易"。金章宗即位后，一度下诏停止馆内贸易。两年后（1191）在西夏的要求下，又告恢复。不过，从此只允许夏国使臣在使馆内交易三天。⑦尽管交易是有限的，但仍不失为西夏财政收入的一个重要来源。

西夏统治者还把从中原地区换取的货物，又转手卖给其他远蕃，从中牟

---

① 《天盛改旧新定律令》卷一七《物离库门》。
② 《宋史》卷一八六《食货志下八·互市舶法》。
③ （宋）宇文懋昭：《大金国志》卷一三。
④ 《金史》卷一三四《西夏传》。
⑤ （宋）苏舜钦：《苏学士集》卷一六《韩公行状》，文渊阁四库全书影印本1092—122。
⑥ 《辽史》卷一八《兴宗纪一》。
⑦ 《金史》卷一三四《西夏传》。

取高额利润。如夏界西北"连接诸蕃，以茶数斤，可以博羊一口"①。因此"庆历议和"时，西夏"于茶数尤多邀索"②。这种转手贸易甚至做到国人的头上。宋臣苏轼曾指出：西夏"每一使至，赐予、贸易，无虑得绢五万余匹，归鬻之其民，匹五六千，民大悦。一使所获，率不下二十万缗"③。

6. 其他收入

赐赠收入　赐赠收入数额巨大，以宋朝为例，自李德明"归顺以来，每岁旦、圣节、冬至皆遣牙校来献不绝，而每加恩赐官告，则又以袭衣五，金荔支带、金花银匣副之，银沙锣、盆、合千两，锦彩千匹，金涂银鞍勒马一匹，副以缨、复，遣内臣就赐之"④。这是一般赐赠。此外，如果国主即位或国主、太后丧葬，还另有加赐。如宋景德三年（1006），宋真宗以内侍左右班都知张崇贵、太常博士赵湘等为旌节官告使，册德明为定难军节度使、夏银绥宥静等州管内观察处置押蕃落使的同时，"赐袭衣、金带、银鞍勒马、银万两、绢万匹、钱三万贯、茶二万斤，给奉如内地"。⑤宋天圣九年（1031），李德明卒，宋以尚书度支员外郎朱昌符为祭奠使，六宅副使、内侍押班冯仁俊为副使，"赙绢七百匹、布三百匹，副以上酝、羊、米、面。将葬，赐物称是，皇太后所赐亦如之"。⑥

庆历年间宋夏战争结束后，西夏又从宋朝取得 25 万五千"岁赐"收入。其中"净赐"绢 13 万匹、银 5 万两、茶 2 万斤，共 20 万。另外 5 万 5 千以"回赐"的名义赐给，即进奉乾元节（宋帝生日）回赐银一万两、绢 1 万匹、茶 5000 斤；贺正旦回赐银 5000 两、绢 5000 匹、茶 5000 斤；仲冬（冬至）赐时

① 《续资治通鉴长编》卷一四九，庆历四年五月甲申条。
② 《西夏书事》卷一七。
③ 《续资治通鉴长编》卷四〇五，元祐二年九月丁巳条。
④ 《宋史》卷四八五《夏国传上》。
⑤ 《宋史》卷四八五《夏国传上》。
⑥ 《宋史》卷四八五《夏国传上》。

服银 5000 两、绢 5000 匹；夏国主生日赠赐银器 2000 两，细衣著 1000 匹、杂帛 2000 匹。[①] 不过，"岁赐"虽数额巨大，但只在和平年代有，爆发战争后宋朝就停止"岁赐"，断绝互市。

罚赎收入　西夏的罚与中原王朝的罚有所不同，它是把赎与罚结合起来。各种轻微犯罪时，一般对庶人处以杖刑，有官人罚纳马或铜钱。如渡口摆渡船家要缴纳渡船税，如果偷渡逃税"五十至一缗，庶人七杖，有官罚钱三缗。罪税钱一缗以上至二缗，有官罚钱五缗，庶人十杖。二缗以上一律有官罚马一，庶人十三杖"[②]。可见，庶人获 7 杖时，有官人罚钱 3 缗，10 杖时有官人罚 5 缗，13 杖时则罚一马。其中庶人 13 杖，有官人罚马一最为普遍。[③]

既然罚与赎是结合起来的，所以不仅有官庶的区别，而且在"有官"里，也有不同等级的差别，也即犯较重的罪时，官高者许纳马代刑，官低者则不许；犯死罪时，高品级官员可通过降官罚马，免于刑事处分。[④] 显然，这里的"罚"在很大程度上具有"赎"的性质。除上述罚钱、罚马外，还有罚铁。[⑤]

赃钱　唐代赃罪有六，谓"受财枉法、不枉法、受所监临、强盗、窃盗并坐赃"[⑥]。西夏坐赃亦大抵如此，官员判案时，枉法受贿自一百钱至四缗，主犯分别判以 13 杖至绞杀，从犯判 10 杖至 12 年徒刑。不枉法受贿一百钱至

---

① 《续资治通鉴长编》卷一五二，庆历四年十月己丑条。
② 《天盛改旧新定律令》卷一一《渡船门》。
③ 《天盛改旧新定律令》规定：诸人放债，"本利相等以后，不允取超额。若违律得多利时，有官罚马一，庶人十三杖"。（卷三《催索债利门》）；"诸司承旨、习判、都案、案头、司吏、都监、小监等不许于司中行大杖。违律时，有官罚马一，庶人十三杖"（卷九《行狱杖门》）。
④ 《天盛改旧新定律令》卷二《罪情与官品当门》："庶人获十三杖，徒三个月时；杂官'十乘'以上至'胜监'当受十三杖，应交十缗线。'暗监'以上至'拒邪'罚马一……庶人获二种死罪时：'十乘'官至'胜监'官，官、职、军皆革除，徒八年，日满依旧往。'暗监'官至'戏监'官，官、职、军皆革除，徒五年，日满依旧往。'头主'官至'柱趣'官，官、职、军皆革除，徒三年，日满当依旧往。'语抵'官至'真舍'官，官分两半降一分，罚马七，革职、军，依旧往。'调伏'官至'拒邪'官，官三分中降一分，罚马七，革职，勿革军，依旧往。"
⑤ 《天盛改旧新定律令》规定："诸大人、承旨、习判、都案、案头等不赴任上及超出宽限期，又得职位官敕谕文已发而不赴任等，一律超一二日罚五斤铁，三四日十斤铁"（卷一〇《失职宽限变告门》）；灌区树木被牲畜啃食，"畜主人等一律庶人笞二十，有官罚铁五斤"（卷一五《地水杂罪门》）。
⑥ 《唐律疏议》卷二六《杂律》。

八十缗以上，主犯处以 8 杖至 12 年徒刑，从犯处以 7 杖至 10 年徒刑。所贪赃物若三年以内物属者追告，当给属者。"若以审问得知，则当交官"。① 此外，各级官员在执行公务中收受贿赂，或利用职权违法摊派、贪污官物，也都属于贪赃枉法的范畴，所贪赃物并当交官，藏于罚赃库。②

没入　没是对违式犯禁之物、私度关之物以及谋反谋大逆者家资的籍没。"入者，谓得阑遗之物，限满无人识认者，入官及应入私之类"。③ 譬如"诸人捡得畜，律令限期已过，应充公"④。"入"的财政意义不大，"没"的数量巨大。西夏法律规定，运钱到敌界或者私自铸钱、毁钱等，100 至 300 钱徒 3 个月，500 钱以上至 1 缗徒 6 个月，2 缗至 9 缗，徒 1 至 10 年，10 缗以上一律绞杀。所卖、铸、毁之钱，一律没收入官。⑤ 犯谋逆、大不敬、背叛等十恶不赦罪，牲畜、粮食、财物、土地、人口等，全部没收入官。⑥

借贷收入　西夏的高利贷非常盛行，除私贷外，还有各级官府经营的官贷，"诸人因公借贷种种官物时，有上谕者，当依数取出借贷，无上谕，则当再奏之"。⑦《太平治迹统类》卷一五载："牙头吏史屈子者，狡猾，为众贷谅祚息钱，累岁不能偿。"⑧ 这里以国主李谅祚名义经营的高利贷，或许就有官贷的性质。和私人借贷一样，西夏的官贷也常常以典当的形式经营。"官之当

---

① 《天盛改旧新定律令》卷二《贪状罪法门》。
② 《天盛改旧新定律令》卷一七《库局分转派门》。
③ 《唐律疏议》卷三〇《断狱律》。
④ 《天盛改旧新定律令》卷一九《畜利限门》。
⑤ 《天盛改旧新定律令》卷七《敕禁门》。
⑥ 《天盛改旧新定律令》规定："谋逆已发及未发等之儿子、妻子、子媳、孙及孙媳等，同居不同居一样，而父母、祖父母、兄弟、未嫁女姐妹、此等同居者应连坐，当易地居，使入牧农主中。畜、谷、宝物、地、人等，所有当并皆没收入官"（卷一《谋逆门》）；"以直接贪财，对宗庙、地墓、堂殿等上动手盗毁，及盗窃隐藏毁官鬓金抄等，不分主从，以剑斩杀，自己妻子、同居子女等当连，迁往异地，当入牧农主中。畜、谷、宝物、地、人等当没收入官"（卷一《失孝德礼门》）；"诸人议逃，已行者造意以剑斩杀……载持畜物多少，追捕者当取，半路上丢弃及家中所遗物中，三分之二当交官，一分给告举者。其中地、院、人、铠甲、兵器种种物没收入官"（卷一《背叛门》）。
⑦ 《天盛改旧新定律令》卷一七《供给交还门》。
⑧ （宋）彭百川：《太平治迹统类》卷一五《神宗经制西夏》，文渊阁四库全书影印本 408—402。

铺内，诸人典当种种物时，经计量本利相抵时可使典之，不计量不许典"。①

总之，西夏的财政收入大致由赋税、国有公产收入以及对外交换收入三大块组成，我们目前虽然还不清楚这三大块分别在西夏政权财政收入中所占的比例，不过有一点是可以肯定的，这三部分收入是缺一不可的，如国有公产（国有农田、牧场、官营采造业及高利贷）收入中的盐产，就是不可或缺的，宋人包拯曾指出，"元昊数州之地，财用所出，并仰给于青盐"②。

（二）财政支出

1. 供国

供国支出计有俸禄、赏赐、祭祀、交聘、行政、建设、文化、教育、宗教、赈贷等方面，现分述如下：

（1）俸禄、赏赐和章服

俸禄　西夏立国初期，已开始给部分官员发放俸禄，景宗李元昊和毅宗李谅祚曾多次"阴以官爵金帛，招诱中国不逞之人"，就说明了这一点。到了中期以后，这些世禄之家"悉以奢侈相高"，国主仁孝下令禁之。③这一时期不仅官员有俸禄④，甚至重要岗位上的吏也有俸禄。如仓库局分人禄食由库粮支付，中兴府、大都督府租院与诸踏曲院、卖曲院一样，"提举头监一律三百。出纳二百，掌钥匙一百。司吏、指挥、拦头等七十"。⑤我们目前尚不清楚各级官员的具体俸禄，但有一点是明确的，即官位越高，相应的俸禄也就越高，到仁宗李仁孝时竟形成了一批世禄之家。⑥西夏晚期黑水城守将仁勇

① 《天盛改旧新定律令》卷一七《物离库门》。
② （宋）包拯：《包孝肃奏议》卷九《论杨守素》，文渊阁四库全书影印本 427—171。
③ 《西夏书事》卷三七。
④ 《天盛改旧新定律令》卷二〇《罪则不同门》："（诸人）倘若不堪罚马是实，则当令寻担保者，罚一马当折交二十缗钱。彼亦不堪，则依司品，有俸禄者当于俸禄中减除，未有俸禄，则罚一马折算降官一级。"
⑤ 《天盛改旧新定律令》卷一七《物离库门》。
⑥ 《西夏书事》卷三七。

"唯恃食禄各一缗"生活。①

赏赐 官员三年任职期满后，完成任务，不犯错误，除"中书、枢密、经略等别计官赏"外，其余依次中下末四个等级得官赏：次等升 1 级，赏大锦 1 匹，15 两银，茶绢 10。中等升 1 级，赏大锦 1 匹，10 两银，绢 3 段，茶 4 坨。下等升 1 级，赏杂花锦 1 匹，7 两银，茶 3 坨，绢 2 段。末等升 1 级，赏紧丝 1 匹，5 两银，茶绢 2。②

催税大人所催之税全部缴纳，"则当加一官，获赏银五两，杂锦一匹"。③ 官牧场"大小牧监胜任一年，当予赏赐钱绢二、常茶三坨、绫一匹"。此后连年胜任，则每年当加一官，赏赐数同前。牧首领、殿后"胜任一年，当予赏赐银三两、杂锦一匹、钱绢五、茶五坨"。此后连年胜任，则每年当加一官，赏赐数同前。④

捕盗巡检捕获 1 至 3 名死罪犯，赏 3 两银、杂锦 1 匹、茶绢 3 中 1 段绢；四至六名，赏 5 两银、杂锦 1 匹、茶绢五中 2 段绢；7 至 10 名，赏 7 两银、杂花锦 1 匹、茶绢 7 中 3 段绢；11 名以上，一律加一官，赏 10 两银、杂花锦 1 匹、茶绢 10 中 4 段绢。⑤

章服 章服为依据官员的文武与品级而颁给的服饰，例如，朝服文官"紫衣、绯衣"；武职"冠金帖起云镂冠、银帖间金镂冠、黑漆冠，衣紫旋襕，金涂银束带，垂蹀躞，佩解结锥、短刀、弓矢韣"，"便服则紫皂地绣盘毬子花旋襕，束带"。⑥ 大小臣僚上朝时必须着朝服，若违律，节亲、宰相罚三缗；驸马、次等司正、中书枢密承旨等罚二缗；中等司正、次等司承旨以下有及

① 俄藏乾定二年（公元 1224）《黑水守将告近禀帖》，黄振华：《评苏联近三十年的西夏学研究》，《社会科学战线》1978 年第 2 期。
② 《天盛改旧新定律令》卷一〇《续转赏门》。
③ 《天盛改旧新定律令》卷一五《催租罪功门》。
④ 《天盛改旧新定律令》卷一九《校畜磨勘门》。
⑤ 《天盛改旧新定律令》卷一三《派大小巡检门》。
⑥ 《宋史》卷四八五《夏国传上》。

品官者，罚一缗;有杂官及未任职位官等八杖。① 说明从杂官开始就颁给朝服。

（2）祭祀费用

夏人祭祀大凡有四：一曰祀天神，二曰祭地祇，三曰享人鬼，四曰释奠先圣先师。祭祀天神由来已久。早在青藏高原时就"三年一聚会，杀牛羊以祭天"②。内徙后随着社会的发展，在祀天的同时，开始立宗庙，享人鬼，祭地神。夏人庆三年（1146），尊孔子为文宣帝，"令州郡悉立庙祀，殿庭宏敞，并如帝制"。③ 无论祭天地还是享人鬼，都要准备丰盛的祭品。西夏文《文海》中的"祭""求祷"都释以香食祭祀诸佛圣贤、地祇、大神。官牧场有"神迹"的牛马死后，要派一官巫，于"三司内领取三两香、一斗酒、三斤酥、原粮一斗，当往本土地上，于彼畜所产幼仔之色美好者穿耳以祭祀"④。仅祀一个神畜，就要如此丰厚的祭品，那么祭天祀地就可想而知了。祭品只仅仅是祭祀中的一项开支，此外还有祭器、祭服、祭食、祭赐、祭场兴建、祭官设置等方面的费用。

（3）交聘互市费用

邻国使人接待费　夏天盛年间（1149—1169）法律规定："他国使来者，监军司、驿馆小监当指挥，人马口粮当于近便官谷物、钱物中分拨予之，好好侍奉。"⑤ 使人进京时，引伴"应执符，则送以符，不应执符者，监军司当送以骑乘"⑥。

贡赠支出　贡物支出数额巨大。李继迁对契丹的贡品计有"细马二十匹，庞马二百匹，驼一百头，锦绮三百匹，织成锦被褥五合，苁蓉、硇石、井盐各一千斤，沙狐皮一千张，兔鹘五只、犬子十只"⑦。以后遂为定制，只

---

① 《天盛改旧新定律令》卷一二《内宫待命等头项门》。
② 《隋书》卷八三《党项传》。
③ 《西夏书事》卷三六。
④ 《天盛改旧新定律令》卷一九《畜患病门》规定。
⑤ 《天盛改旧新定律令》卷一三《执符铁箭显贵言等失门》。
⑥ 《天盛改旧新定律令》卷一三《执符铁箭显贵言等失门》。
⑦ （宋）叶隆礼:《契丹国志》卷二一《西夏国贡进物件》。

是在个别物品与数目上有所变化。奉宋使节也是携带大量礼品,宋景德三年(1006),李德明遣使入宋,献御马25匹、散马700匹,橐驼300头,以谢册封。次年三月,又献马500匹,橐驼300头,谢给奉廪。六月,复献马500匹,助修章穆皇后陵园。①有的贡品虽非土产,却专门为贡奉所造。金世宗助西夏平定任得敬之乱后,仁宗"仁孝深念世宗恩厚,十七年(1177),献本国所造百头帐"②。赠,主要指对邻国使节个人的馈赠,也是一笔不小的财政开支。

互市支出　　互市支出的数额也比较大,宋庆历六年(1046),宋仁宗下诏"保安军、镇戎军榷场,岁各市马二千匹,博买羊一万口"③。表明每年通过榷场,至少向宋输出4000匹马,2万只羊。若再加上驼、牛、毡毯、甘草、毛褐、蜜蜡、麝脐、羱羚角、硇砂、柴胡、红花、苁蓉、翎毛,以及贡奉使节所携带的货物,为数就更多了。

（4）行政、建设费用

纸笔费用　　纸笔费是行政费用的一部分,有的从仓库中领取,有的摊派收取,"制畜册所用小纸应几何,群牧司库中当买,使分领之"。④"诸院主簿、司吏每年纳簿时,写簿用纸,按簿上所有抄数,各自当取纸钱二十钱,由大小首领各自收取,当交主簿、司吏"。⑤"问难者遣行文书所用纸",则"由犯罪当事人、分析者均摊而取之"⑥。

公务补助　　所谓公务补助,就是各类有官和无官人员在执行公务期间的食粮和马料供给。如由京师派往官牧场校畜的大人、案头、司吏、随从、童仆公差期间的饮食和马料,"当自官方领取",其标准是大校七天一只羊,每

---

①　《宋史》卷四八五《夏国传上》。
②　《金史》卷一三四《西夏传》。
③　《续资治通鉴长编》卷一五九,庆历六年十二月己酉条。
④　《天盛改旧新定律令》卷一九《校畜磨勘门》。
⑤　《天盛改旧新定律令》卷六《纳军籍磨勘门》。
⑥　《天盛改旧新定律令》卷二〇《罪则不同门》。

天一升米三升面，二匹公务用马，每天十二升料，其中一匹七升，一匹五升；一名童仆每天一升米；案头、司吏二人十五天一只羊，每人每天一升米。一匹公务用马食，每天五升料；行杖者每天一升米；检视十五天一只羊，每天二升米面，一匹公务用马每天五升料。^①问难磨勘期间，官僚随从的饮食待遇与大校人员差不多，也是由官库供给。这些都是法律制度上的规定，俄藏西夏《差役供给粮账》则提供了有意义的实物依据，该供给账按天记录，从十七日到二十六日，共计十天，公差人有执禽鸟者、大人、使人、驮者，有的直接书写老房吉、酩布那征等姓名。供给的粮食有米、面、糁子、糜，糜有可能用作马料。有的物品是以卷为单位，当是旅途用品。由此看来，这不是大校之类的供给，很可能是驿站或官库供应账。^②

诸色人夫给粮　诸色人夫是一个非常宽泛的概念，它既包括服苦役者（配往国有农牧业、手工业生产部门及各种修造单位的罪犯及其家属），又包括国家在各种工程中征调的民夫、工匠，还包括在国营工矿业进行生产的官匠。但不论是哪一种类，都是官府的无偿劳役者，他们中的一部分人的食粮当由官府发放。

修造费　修造费既包括各种修造工程役夫的供给，又包括部分或全部建筑材料。《天盛律令》规定："诸司司院有当修旧为新时，作物价钱及笨工、食粮价等，所属司所有罚贿畜，则当置其中修造。如彼无，则当告管事处以寻谕文，使计量所需作物数，皆当由三司出供修造。"^③还如水利工程用草一般从官库中提取，假若水涨渠破，而"附近未置官之备草，则当于附近家主中有私草处取而置之。当明其总数，草主人有田地则当计入冬草中，多于一年冬草则当依次计入冬草中。未有田地则依捆现卖法计价，官方予之"^④。

---

① 《天盛改旧新定律令》卷一九《校畜磨勘门》。
② 史金波：《西夏经济文书研究》附录"西夏文经济文书录文、对译和意译"，第497—499页。
③ 《天盛改旧新定律令》卷二〇《罪则不同门》。
④ 《天盛改旧新定律令》卷一五《地水杂罪门》。

（5）图书教育费用

图书文献费　西夏自景宗李元昊创制文字后，历代国主都非常重视图书的翻译、编撰与抄写、刊印。现已考订清楚的西夏文本有400余种，其中60种为世俗文献，包括译自汉籍的《孝经》《论语》《孟子》《列子》《左传》《孙子兵法》《六韬》《类林》《贞观要文》。西夏人自撰的有《番汉合时掌中珠》《文海》《同音》《杂字》《五声切韵》《义同一类》等字辞书；有《西夏诗集》《圣立义海》《新集锦合辞》等诗文集；有《天盛改旧新定律令》《猪年新法》《贞观玉镜统》等法律文献。① 此外，还有大量没能保存下来的书目文献。1161年仁孝立翰林学士院，令翰林学士焦景颜、王佥等纂修的《实录》② 就是其中的一种。上述保存下来或失传的图书文献，大部分是由官府组织或得到官府支持而翻译、撰写、誊抄及刻印的，因而所需笔墨纸张及人工费用自然成为国家财政一项重要开支。

教育费用　教育费用包括校舍修建、教材印刷、学官俸禄、生员廪食等方面，主要由官府承担。西夏统治者也非常重视文化教育，李元昊称帝前建蕃学、汉学，"于蕃、汉官僚子弟内选俊秀者入学教之，俟习学成效，出题试问，观其所对精通，所书端正，量授官职。并令诸州各置蕃学，设教授训之"。③ 夏贞观元年（1101）立国学，"设弟子员三百，立养贤务以廪食之"。夏大庆四年（1143）"始建学校于国中，立小学于禁中，亲为训导"；夏人庆二年（1145）"重大汉太学，亲释奠，弟子员赐予有差"；夏人庆三年（1146）"尊孔子为文宣帝"；夏人庆五年（1148）"复建内学，选名儒主之"。④ 如此规模的学校教育，当是一笔不小的开支。

（6）宗教、赈恤费用

宗教费用　宗教费用大致由三部分组成，一是寺庙建设费。佛教为西夏

---

① 白滨：《西夏文献及其史料价值》，载《西夏史论文集》，宁夏人民出版社1984年版。
② 《宋史》卷四八六《夏国传下》。
③ 《西夏书事》卷一三。
④ 见《宋史》卷四八六《夏国传下》。

的国教，许多寺庙由官府组织修建，所需原料与役夫食粮也常由官府负责，并以官方谕文的形式向广大牧、农民摊派。①

二是佛经翻译与布施费用。元昊立国后，即于"兴庆府东一十五里役民夫建高台寺及诸浮图，俱高数十丈，贮中国所赐《大藏经》，广延回鹘僧居之，演绎经文，易为蕃字"②。从此拉开了由官府组织的大规模译经活动的序幕。此后大约50余年间，共译佛经3579卷，平均每年译70余卷，这在我国译经史上是罕见的。③至于佛经的施印虽说有官私两种，但大规模的施印活动常由官府来组织，并与国家重要庆典及纪念活动相结合。夏乾祐十五年（1184），为庆祝仁宗李仁孝60寿辰，刻印《佛说圣大乘三归依经》5.1万余卷，彩画功德大小五万一千余帧，"普施臣吏僧民"，以示庆贺。夏乾祐二十年（1189），庆祝仁宗李仁孝登基50周年，特印施《观弥勒菩萨上生兜率天经》10万卷，并在大度寺作法会。④由此可见官府在翻译、布施佛经方面的奢靡与浪费。

三是国主对寺庙的赏赐。如夏天祐民安五年（1094），凉州护国寺感通塔修成后，崇宗李乾顺赐给该寺"钱千缗，谷千斛，官作四户，充番汉僧常住，俾晨昏香火者有所资焉，二时斋粥者有所取焉"⑤。

赈恤费用　赈恤包括赈贷与存恤两种，因资料的缘故，我们无法了解赈贷的情况，但可以想见，官府经营的借贷在灾荒年间是含有维持农牧民最低生活与简单再生产的目的，也即具有一定的赈贷性质。至于政府的存恤赈济，文献是有明确记载的。夏大安十一年（1085），银夏大旱饥，"秉常令运甘、凉诸州粟济之"。⑥夏贞观十年（1110），瓜、沙、肃三州大旱，水草乏绝，赤

① 《天盛改旧新定律令》卷一五《催缴租门》。
② 《西夏书事》卷一八。
③ 史金波：《西夏文化》，吉林教育出版社1986年版，第76页。
④ 史金波：《西夏佛教史略》，宁夏人民出版社1988年版，第40—41页。
⑤ 《凉州重修护国寺感应塔碑铭》，载白滨编：《西夏史论文集》，宁夏人民出版社1984年版，第456页。
⑥ 《西夏书事》卷二七。

地百里，"乾顺命发灵、夏诸州粟赈之"，等等。①

2. 供御

供御本应包括国主、后宫及其他皇室家族成员的供给，但因资料缺乏，这里只简要叙述国主与后宫的供给。

御膳供给　　国主御膳由专门局分负责，所需原料一般由农田、群牧二司提供。天盛年间西夏法律规定："御用等年供给乳畜，依先群牧司人计议能定之用度，母牛、母羖䍧、母羊者，应使笨工牧人中出多少，不许于牧监、大小首领等中派遣。彼牧乳畜者所在之处当奏报，当求谕文判写，直接供应酪脂、乳酥等，勿与诸牧场同，勿交羖䍧毛绒，牧者当得之。"② 至于肉食供给，亦大抵如此。如果"贡献中种种不足等，徒二年。不依时节贡奉，迟缓及是否美味所验不精等，一律徒一年"③。

御服及车舆供给　　宋代"天子之服，一曰大裘冕，二曰衮冕，三曰通天冠、绛纱袍，四曰履袍，五曰衫袍，六曰窄袍，天子祀享、朝会、亲耕及视事，燕居之服也，七曰御阅服，天子之戎服也"④。天子之舆有五辂、大辂、大輦、凤辇等三十余种。西夏制度多仿唐宋，国主衣饰车舆虽没宋朝那么繁缛，但也镶金饰玉，造以珍奇，不可限价。

舆服所需原料，或国有部门生产，或部落土贡，或过境回鹘商人抽纳，或邻国赐赠，或榷场交易。至于制造，一般由"工匠所属司"即官营手工业生产部门承担，完工之后，藏于内宫库。"御舟不固者，营造者工匠人员等当绞杀，头监、检校者等徒十二年"。御车（汉语轿子）制造完毕，入库时坚固结实，然"库内放置年月久而行用时已变劣，因公出行中不牢时，行前修造

---

① 《西夏书事》卷三二。
② 《天盛改旧新定律令》卷一九《畜利限门》。
③ 《天盛改旧新定律令》卷一二《内宫待命等头项门》。
④ 《宋史》卷一五一《舆服志三》。

序未提醒，则局分大小之罪一律徒二年"①。

御用驼马供给　御用驼马由飞龙院与行宫司负责喂养，而飞龙院与行宫司的驼马则主要来源于官牧系统。群牧司旧驯之公骆驼年年当分离，"当托付行宫司"，"行宫司之公骆驼中之老弱不堪骑用者，当交群牧司，入杂分用中"②。

后宫费用　后宫费用包括皇后、嫔妃、宫人的衣食、什物以及后宫陈设等方面的费用。虽然夏汉文献没有保存下来什么直接资料，但从景宗李元昊经营天都山离宫，令新纳妃子没移氏居之③，以及营修贺兰山离宫，绵延"数十里，台阁高十余丈，日与诸妃游宴其中"④ 的情况来看，是极其奢靡浪费的。

3. 供军

军食　西夏军队大致分中央军与地方军两大类，在中央军里，又有国主护卫军与兴灵镇戍军之分。景宗李元昊时"选豪族善弓马五千人迭直，号六班直，月给米二石"。元昊以后，随着形势的变化与国主权力的加强，五千护卫军发展到两万五千人。又"别副以兵七万为资赡，号御围内六班，分三番以宿卫"⑤。我们且不说七万负赡的供给，就护卫军每人"月给米二石"，2.5 万人每月需支米 5 万石，这是一个不小的数目。⑥

西夏地方监军司及兴灵镇戍军，均实行"亦兵亦民"的部落兵制，他们以宗族为单位，平居生产，衣食自给，但在番上（戍守兴灵）、戍边以及点集

---

① 《天盛改旧新定律令》卷一二《内宫待命等头项门》。
② 《天盛改旧新定律令》卷一九《供给驮门》。
③ 《续资治通鉴长编》卷一六二，庆历八年正月辛未条。
④ 《西夏书事》卷一八。
⑤ 《宋史》卷四八六《夏国传下》。
⑥ 庆历元年十一月边帅范仲淹上仁宋皇帝《攻守二策》时说：西夏"建官置兵不用禄食，每举众犯边，一毫之物皆出其下，风集云散，未尝聚养"。（《续资治通鉴长编》卷一三四，庆历元年十一月乙亥条）；宋徽宗时陕西转运判官钱即在谈到西夏用兵打仗时亦云："夏人去来飘忽，不能持久，是其所短；然其民皆兵，居不糜饮食，动不勤转饷。"（《宋史》卷三一七《钱惟演传附钱即传》）这只是针对西夏部落兵制特点讲的，实际上西夏不但有财政支出，而且数量也比较大。

出征时，则由官府提供食粮。如黑水戍军从鸣沙调运"窖粮"①，攻宋军队一般都到横山补充给养，所谓"缘边与贼山界相接，人民繁庶，每来入寇，则科率粮糗，多出其间"②。

装备　西夏兵制，男年登十五为丁，率二丁取正军一人，"凡正军给长生马、驼各一"。③一般情况下，军用驼马从官营牧场领取，有时也从有官人犯罪罚马中调拨。④军队的武器装备一般由官府统一配给，"团练使以上，帐一、弓一、箭五百、马一、骆驼五，旗、鼓、枪、剑、棍棓、秒袋、披毡、浑脱、背索、锹钁、斤斧、箭牌、铁爪篱各一。刺史以下，无帐无旗鼓，人各骆驼一、箭三百、幕梁一。兵三人同一幕梁"。⑤西夏法律规定更为详细，不仅身份不同战具不同，而且在相同身份中，又有正军、辅主、负担之间的差别。⑥

军赏　军赏支出数额巨大，西夏文军事法典《贞观玉镜将》保存了这方面的珍贵资料，将领在战斗中亲自"杀一人以上，一律加一官，当得二十两银碗，衣服一袭七带，五两银腰带一条，茶、绢五十"⑦。战斗中所获人、马、铠甲、旗、鼓超过一百种以上至五百种者，将加一官，"当得三十两银碗，衣服一袭十带，五两银腰带一条，茶、绢一百"。尔后依次递增，至"三千种以上，一律加七官，当得五十两金碗，百两银碗，衣服一袭十带，上缝缂丝，十两金腰带一条，银鞍鞯一副，银一锭，茶、绢千"⑧。攻城中，率先登上敌人城头者，也将给予重奖。⑨

---

① 白滨：《西夏文献及其史料价值》，载《西夏史论文集》，宁夏人民出版社 1984 年版。
② 《续资治通鉴长编》卷一三二，庆历元年五月甲戌条。
③ 《宋史》卷四八六《夏国传下》。
④ 《天盛改旧新定律令》卷二〇《罪则不同门》："诸人有受罚马者，当交所属司，隶属于经略者当告经略处。经略使当行所属司，军卒无马者当令申领，于殿前司导送，册上当著为正编。若军卒无马者不申领，则当就近送于官之牧场。"
⑤ 《宋史》卷四八六《夏国传下》。
⑥ 《天盛改旧新定律令》卷五《军持兵器供给门》。
⑦ 陈炳应：《贞观玉镜将研究》，宁夏人民出版社 1995 年版，第 74 页。
⑧ 陈炳应：《贞观玉镜将研究》，宁夏人民出版社 1995 年版，第 73 页。
⑨ 陈炳应：《贞观玉镜将研究》，宁夏人民出版社 1995 年版，第 70 页。

此外，边防哨卡及时发现并向有关局分军溜报告入侵敌军一至十人，巡检主管赏绢一段；检人二人赏绢一段。然后亦依次递增，至发现一千人以上，检主管升三官，赏七两银，杂锦一块，茶绢十五；检人赏五两银，绫一块，茶绢七。①

军马草料　军马草料支出大致有二：一是官牧场马料支出。因官牧场所养马匹主要用于战骑，因而所支马料，当为军费开支的一部分，这是军马草料支出的大头。二是贫困正军无力养治军马，但又属勇健能战斗者，则军马不须移交，"可于原地就近官廪谷物支拨若干，以资助养治"②。英藏西夏马匹草料文书，记录支付部署、军主属下马匹草料，有的是几匹马，有的是十几匹马；有的支一两天，有的支八九天；有的支五分，有的支十分，即足额支付；有的支糜子一石二斗六升，草十二束，有的支糜子九斗八升，草九束。③

西夏的财政支出主要用于军队、皇室、官吏的消费，而用于再生产性的开支，如国有生产部门的生产资料与劳动者的供给相对较少。这样的财政支出结构，与西夏的政治制度、政权性质是相一致的。和唐、宋等中原王朝一样，西夏的财政也考虑到收支平衡问题，中央的三司、都磨勘司均有这方面的职责，但深入研究还有待于西夏文献的进一步发掘。

（三）仓储

西夏仓储包括贮粟麦之类的仓或窖，贮器杖绢帛之类的库，以及贮柴草杂物的积聚，因而种类繁多。从地域上看，分京师库、地边库和地中库；从库藏物品上看，有专藏农产品的地租库、粮食库、杂食库、草库、蒲苇库、细柳库，有专藏畜产品的酥库、买肉库、皮毛库，有专藏手工业品的砖瓦库、木工库、造作库、纸工库、出车库、绣线库、衣服库、铁柄库、绫罗库，有

---

① 《天盛改旧新定律令》卷四《边地巡检门》。
② 《天盛改旧新定律令》卷六《官披甲马门》。
③ 杜建录、史金波：《西夏社会文书研究》，上海古籍出版社 2012 年增订本，第 313—317 页。

专藏工商税收和专卖品的酒库、踏曲库、卖曲库、茶钱库；从仓库性质来看，有专供皇室的内库、行宫库，有专供军队的器杖库和军杂物库，还有专用于国内外商业交换的转卖库和馆驿库。

1. 粮窖

西夏税粮窖藏分地上和地下两种，地上造屋，地下掘窖，所谓"有木料处当为库房，务需置瓦，无木料处当于干地坚实处掘窖"①。丘陵高原多掘窖，灌溉平原地下水位浅，不宜掘窖，一般在地面盖房，屋顶覆瓦，有的覆以胶泥，以存粮食。备战备荒的粮仓多建在地势较高、隐蔽性较强的地方。②有的建在易守难攻的城堡内③，今青海湟源县的石堡城"以天涧为隍，可趋者唯一路，夏人窖粟其间，以千数"；④有的建有专门的仓城，重兵把守；⑤有的在农田掘窖，用土密封，再上种庄稼，外人看不出来，"惟叩地有声，雪易消释，以此可知"。⑥农田窖藏规模较小，多为民间或基层组织使用。

抢收庄稼、掘获窖粮是夏宋两国在沿边争夺的焦点。⑦掘获窖粮更是进入

---

① 《天盛改旧新定律令》卷一五《纳领谷派遣计量小监门》。

② 《新五代史》卷七四《四夷附录三》：五代时期，奚族贵族首领去诸，苦于契丹苛虐而叛，其俗善农，将窖隐藏于山下，"其族至数千帐，始分为东、西奚。去诸之族，颇知耕种，岁借边民荒地种穄，秋熟则来获，窖之山下，人莫知其处"。西夏边地与此略同。

③ 《续资治通鉴长编》卷三一六，元丰四年九月乙未条：元丰四年（1081），宋熙河路"大军过龛谷川，秉常僭号御庄之地，极有窖积，及贼垒一所，城甚坚完，无人戍守，惟有弓箭、铁杆极多，已遣逐军副将分兵发窖取谷及防城弓箭之类"。

④ 《宋史》卷三四八《陶节夫传》。

⑤ 唐宋时期地下储粮已经比较完善，除用以储粮的粮窖外，还有保护粮仓安全的仓城，仓城四周有城墙，城内驻有重兵。此外，并设置专供运粮使用的漕渠、道路和专门管理粮仓的管理区，西夏在大城内的粮库应大抵如此。（余扶危、叶万松：《我国古代地下储粮之研究》（下），《农业考古》1983年第2期）。

⑥ （宋）庄绰：《鸡肋编》卷上，中华书局1997年版，第34页。

⑦ 《宋史》卷三五六《任谅传》："降人李讹哆知边廪不继，阴阚地窖粟而叛，遗西夏统军书，称定边可唾手取。"《续资治通鉴长编》卷四七九元祐七年十二月丙子：元祐七年（1092），宋中书侍郎范百禄言："臣窃维结珠龙川等处良田六千余顷，从来蕃界呼为御庄，今欲筑城而据有之，不过给与属户蕃弓箭手佃种，收得物斛中籴入官，因而保护得裕勒藏蕃族以此为利，此今所欲进筑二城之本意也。"

夏境宋军的一项任务①，也是军需补给的重要手段，夏天赐礼盛国庆三年，即宋元丰四年（1071），宋朝五路伐夏，鄜延路"于西界德靖镇七里平山上，得西人谷窖大小百余所，约八万石"②。泾原路大兵至鸣沙川，分兵搜得窖藏粟及杂草三万三千余石束，牛羊万余，分赏使臣将士。③

农业比较发达的河套平原、河西走廊、横山地区以及其他小流域产粮区，都建有官仓，供应皇室的"御仓"建在距都城较近的鸣沙。④都城兴庆府北面的摊粮城是河套平原又一重要仓储地，夏天祐垂圣元年，即辽重熙十九年（1050）七月，被辽朝大军攻破，劫掠仓粮储积而去。⑤无定河流域的米脂、葭芦一带，有良田不下一二万顷，有"歇头仓""真珠山""七宝山"美称，夏人赖以为国。"定边城川原厚远，土地衍沃，西夏昔日于此贮粮"。⑥兰州、定西，也有不少窖粮⑦，环州定远窖粮被党项人称为"金窟埚"⑧。

西夏窖藏规模有大有小，大则由数十乃至上百个仓窖组成，储粮10万斛以上，小则百余斛。⑨无论规模大小，一般窖与窖之间会留出一定的间

① 元丰四年宋朝五路伐夏，鄜延路统帅种谔上言："捕获西界伪枢密院都案官麻女喫多革，熟知兴、灵等州道路、粮窖处所，及十二监军司所管兵数。"（《续资治通鉴长编》卷三一八，元丰四年冬十月丙寅条。）
② 《续资治通鉴长编》卷三一八，元丰四年十月丙子条。
③ 《续资治通鉴长编》卷三一八，元丰四年十月辛巳条。
④ 《续资治通鉴长编》卷三一八，元丰四年十月辛巳条：刘昌祚曰："离汉时运司备粮一月，今已十八日，未到灵州，倘有不继，势将若何？吾闻鸣沙有积粟，夏人谓之御仓，可取而食之，灵州虽久，不足忧也。"既至，得窖藏米百万，为留信宿，重载而趋灵州。
⑤ 《辽史》卷一一五《西夏外纪》。
⑥ 《宋会要辑稿》，方域八之二七。
⑦ 《续资治通鉴长编》卷四六〇，元祐六年六月丙午："金城，北临大河，西边之地逼隘，南有皋兰、马衔山之阻，惟氂谷、质孤、胜如平沃，且有泉水可以灌溉，古称榆中，其地肥美，不诬矣。定西以东，平原大川，皆膏腴上田，其收亩十余斛。"
⑧ 《宋史》卷三四八《陶节夫传》。
⑨ 《天盛改旧新定律令》卷一五《纳领谷派遣计量小监门》规定：粮库小监、出纳三年轮岗时，新旧人员交接时限按仓粮多少计算，其中"一千斛以下十日，一千斛以上至二千斛十五日，二千斛以上至五千斛一个月，五千斛以上至一万斛四十日，一万斛以上至一万五千斛五十日，一万五千斛以上至二万斛六十日，二万斛以上至二万五千斛七十日，二万五千斛以上至三万斛八十日，三万斛以上至三万五千斛九十日，三万五千斛以上至四万斛一百日，四万斛以上至五万斛一百十五日，五万斛以上至六万斛一百三十日，六万斛以上至七万斛一百四十五日，七万斛以上至十万斛一百六十日，十万斛以上一律一百八十日"。

隔①，大规模窖藏从远处望去，"密密相排，远近约可走马一直"。②宋代"仓窖，皆于城内高燥处置之，于仓侧开渠泄水，兼种榆柳，使得成荫。若地下湿，不可为窖者，造屋贮之，皆布砖为地"③。西夏则规定"有木料处当为库房，务需置瓦，无木料处当于干地坚实处掘窖"④。

当然，西夏掘窖不全是缺乏木料的原因，更重要的是黄土高原地势高寒，土质细密，适宜挖掘地窖和窑窖。地窖选在地势高燥且不易被雨水冲刷的地方，先开井口，掘两三米深后向四周拓展，呈深颈罐状。⑤然后用木质榔头将底部和壁面拍打平整坚实，再用火烘烤，使窖内尽快干燥，并在四壁形成一层坚硬的红烧土。窖底先铺数尺厚的垫草⑥，垫草上铺草编，窖壁旋一圈草编，以防潮气。⑦草编上糊泥，以防谷物泄露。谷物装窖后，上覆草编，以土填实。⑧

窑窖选在地势较陡的山脚，先开立面，于立面处开口，掘进两米左右门洞，然后向四周拓展开挖。窑窖的高宽根据土质和藏粮多少确定，掘成后亦

---

① 隋唐著名的官仓——含嘉仓，内部粮窖东西排列成行，行距一般为 6—8 米，部分行距仅 3 米左右，也有个别行距宽达 15 米左右。窖与窖的间距一般为 3—5 米，个别也有不足 2 米的。（河南省博物馆、洛阳市博物馆：《洛阳隋唐含嘉仓的发掘》，《文物》1972 年第 3 期）。

② 《续资治通鉴长编》卷三一九，元丰四年十一月辛卯条。

③ 天一阁博物馆、中国社会科学院历史研究所天圣令整理课题组校证：《天一阁藏明钞本天圣令校证：附唐令复原研究》（下），中华书局 2006 年版，第 277 页。

④ 《天盛改旧新定律令》卷一五《纳领谷派遣计量小监门》，法律出版社 2000 年版，第 513 页。

⑤ 由于地表承重的原因，大型官窖颈部较深，民间小窖则比较浅。《鸡肋编》卷上曰："民家只就田中作窖，开地如井口，深三四尺；下量蓄谷多寡，四围展之。"

⑥ 垫草，又作稕草，用稻麦秸秆编织。

⑦ 《天盛改旧新定律令》卷一五《纳领谷派遣计量小监门》："地边、地中纳粮食者，监军司及诸司等局分处当计之。有木料处当为库房，务需置瓦，无木料处当于干地坚实处掘窖，以火烤之，使好好干。垛囤、垫草当为密厚，顶上当撒土三尺，不使官粮食损毁。"

⑧ 《天圣令》记载，宋朝"诸窖底皆铺稕，厚五尺。次铺大稕，两重，又周回着稕。凡用大稕，皆以小稕揜缝。着稕讫，并加苫覆，然后贮粟。凿砖铭，记斛数，年月及同受官人姓名，置之粟上，以苫覆之。加稕五尺，大稕两重。筑土高七尺，并竖木牌，长三尺，方四寸，书记如砖铭。仓屋户上，以版题牓如牌式。其麦窖用稕及蓬蔀。"（天一阁博物馆、中国社会科学院历史研究所天圣令整理课题组校证：《天一阁藏明钞本天圣令校证：附唐令复原研究》（下），中华书局 2006 年版，第 277 页）。西夏《天盛改旧新定律令》虽然只规定"垛囤、垫草当为密厚，顶上当撒土三尺，不使官粮食损毁"，但可以想见，顶上撒土前肯定要苫盖草编，绝不会直接撒在粮食上。

用火烘干，地面铺砖或草垫。大窑窖用砖砌成若干粮仓，或用草编层层相旋，围成若干粮囤，中留一径，以便储取粮食。小窑窖直接在门洞口砌墙，整个窑洞为一个粮仓。窑窖高于屋外地面，里面相对干燥，防潮措施没有地窖繁复，若长期储存将门密封，若随时供应装门锁闭。以糜、谷、豆、大麦为主的驼马饲料①藏储与粮食储藏略同。

西夏窖藏既适应土壤的特征，又符合隐蔽的需要，从最初的选址、窖内的修整到最后的密闭，每一个步骤都有防潮方面的考虑，这种密封式的贮藏方式，利于粮食的长久保存。②

2. 集聚

集聚指堆放牲畜饲草以及用于农田水利建设和防洪减灾的稻草、麦草、条枝、木橛的场所，宋康定元年（1040）九月，宋朝"环庆副都部署任福等攻西贼白豹城，克之，凡烧庐舍、酒务、仓草场、伪太尉衙"③。被宋军焚烧的仓草场除粮仓外，还有牲畜草料。

饲草既包括稻、麦、荞豆秸秆和稻、麦糠，又包括秋季收割的冬草④，一般在饲料库的旁边，成束成捆堆积⑤，条件好的上面苫盖或搭上凉棚，避免雨水和风吹日晒。灌溉水利和防洪减灾所需的柴草、条枝、木橛，一般存放在

---

① 英藏马匹草料文书记录支"糜子玖斗捌升，草玖束"。（杜建录、史金波：《西夏社会文书研究》"汉文西夏社会文书释文"，第315—317页）。

② 《鸡肋编》卷上中："陕西地既高寒，又土纹皆竖，官仓积谷，皆不以物藉。虽小麦最为难久，至二十年无一粒蛀者"；陕西民家的窑"土若金色，更无沙石，以火烧过，绞草絪钉于四壁，盛谷多至数千石，愈久亦佳"（《鸡肋编》卷上，中华书局1997年版，第34页）；《宋史》卷四八六《夏国传下》：环州定远大首领夏人李讹口移 写信给夏国统军梁哆唛，"我储谷累岁，阙地而藏之，所在如是，大兵之来，斗粮无赍，可坐而饱也"。

③ 《续资治通鉴长编》卷一二八，康定元年九月壬申。

④ 冬草是指农牧民在晚秋准备越冬的青草，包括农民在田里种植的青储和牧民草地上自然生长的青草，收割后阴干储藏。

⑤ 《天盛改旧新定律令》卷一五《催缴租门》规定："一顷五十亩一块地，麦草七捆，粟草三十捆，捆绳四尺五寸，捆袋内以麦糠三斛入其中"，各自依"地租法"交官之所需处。税草以捆计算在黑水出土租役草文书也有反映，占田十亩至数十亩，缴纳草十捆至数十捆，五十多户的一溜，合计缴纳2900多捆。（编号 Инв.No.4067《户耕地租役草税账》）。

渠道附近，便于领用和应急。①

3. 库舍

库舍主要是储藏器物和生产资料的场所，也有储藏粮食的，这里主要指粮食以外的库藏。和窖藏一样，库舍也有相应的防蛀、防霉措施，库门锁闭。西夏文献记载储藏器物和生产资料的库舍有皮毛库、砖瓦库、木工库、造作库、纸工库、出车库、绣线库、衣服库、铁柄库、绫罗库、酒库、踏曲库、卖曲库、茶钱库、器杖库、军杂物库、转卖库、馆驿库等。器杖库是专门储藏弓、箭、旗、鼓、枪、剑、棍棓、沙袋、披毡、浑脱、背索、锹、镢、斤斧、箭牌、铁爪篱、幕梁②，军赏茶绢等由军杂物库储藏。生产资料库向官营手工业提供生产原料，绣线库向绣院提供绣线，"女子领绣线时，一两中可耗减一钱半"。毡匠领皮毛库毛绒，制毡褐工毕时，可允许秋毛十斤耗减三斤。"纺织之应用纬线、格子线等，二月一日于事着手领取。自置经纬线起，纺织罗帛，至十月一日止，所领线数一百两耗减三两"。诸官库有时还直接监督生产，为官家染生毛线，由"局分人当磨勘，十斤可耗减一斤"③。

4. 仓库管理体制

西夏立国之初，在设官立制的同时，就建立起仓储体系，中期以后仓库管理体制已比较健全，根据不同地域和隶属关系，设地边、地中、京师与五州仓库，地边、地中仓库分属监军司、府、军、郡、县，由经略司统一管理，

---

① 西夏统治者非常重视预防渠道决口，除每年加固堤岸外，还于主要干渠两侧广储冬草、枝条、木橼，以备不测。如果一旦大雨水涨，渠道决口，而"附近未置官之备草，则当于附近家主中有私草处取而置之。当明其总数，草主人有田地则当计入冬草中，多于一年冬草则当依次计入冬草中。未有田地则依捆现卖法计价，官方予之"。(《天盛改旧新定律令》卷一五《地水杂罪门》)。

② 《宋史》卷四八六《夏国传下》："凡正军给长生马、驼各一。团练使以上，帐一、弓一、箭五百、马一、骆驼五，旗、鼓、枪、剑、棍棓、沙袋、披毡、浑脱、背索、锹镢、斤斧、箭牌、铁爪篱各一。刺史以下，无帐无旗鼓，人各骆驼一、箭三百、幕梁一。兵三人同一幕梁。"

③ 《天盛改旧新定律令》卷一七《物离库门》。

五州仓库隶属于所在州，京师仓库隶属于京师所辖诸司。仓库收支直接关系到国家的命脉，受到统治者的高度重视，粮仓的收支状况逐级上报到中书[1]，仓库管理人员任职三年不迁转时，涉及京师所辖诸司，当报告中书、枢密所管事处，"应伏罪则令伏罪，应判断则判断"。[2]

中书之下设三司，位列次等司，作为全国最高财政机关，其一个重要职责就是掌管仓政。天盛年间法律明确规定，税户家主缴纳的麦、粟草"当交官之所需处，当入于三司库"[3]。除粮草库外，三司属的仓库还有药钱库、纳上杂、衣服库、赃物库、皮毛库、铁柄库、绫罗库、杂食库、柴薪库、帐库等。[4] 在中央还有一个与仓政有关的机构磨勘司，该机构专门负责官吏的考绩迁转，从京师到地方各类仓库吏员的考绩迁转，自然也由它来负责。

《天盛改旧新定律令》多次出现京师管辖官物各司，如"京师管辖官物各司、边中监军司、府、军、郡、县、经略使等，一律以本处所属库局分迁转"[5]。京师官物所辖诸司仓库借领、买卖、本利限、赊价由本司催促，偿还损失由磨勘司催促，"各自不许住滞"[6]。显然，这里的"京师官物所辖诸司"既非磨勘司，也非三司，当是辖有本行业仓库的织绢院、制药司、铁工院、木工院、纸工院、瓦工院、出车院等，它们大多属末等司[7]，地位低于三司和磨勘司。

京师管辖官物各司、三司以及地方监军司、府、军、郡、县等直接统辖的仓库设案头、司吏若干名，一般从"诸司超数之司吏中派遣"，如不足，则"派独诱中之识文字、空闲者"[8]。其中军杂物库、细柳库、内库、中兴府租

---

① 《天盛改旧新定律令》卷一五《纳领谷派遣计量小监门》。
② 《天盛改旧新定律令》卷一七《库局分转派门》。
③ 《天盛改旧新定律令》卷一五《催缴租门》。
④ 《天盛改旧新定律令》卷一七《库局分转派门》。
⑤ 《天盛改旧新定律令》卷一七《库局分转派门》。
⑥ 《天盛改旧新定律令》卷一七《库局分转派门》。
⑦ 《天盛改旧新定律令》卷一○《司序行文门》。
⑧ 《天盛改旧新定律令》卷一七《库局分转派门》。

院、织绢院一律一案头四司吏；京师踏曲库、卖曲库、纳上杂库、茶钱库、衣服库、皮毛库、铁柄库、绫罗库、杂食库、官黑山踏曲库、卖曲库一律一案头二司吏；罚赃库、买酥库、草库、行宫库、买羊库、地租库、转卖库、蒲苇库、大都督府租院、踏曲库等一律二司吏；五州地租院、盐池及其他种种库，一律一司吏。

边中粮食库以所藏斛斗数派遣，五千斛以内二司吏，五千斛以上至一万斛一案头二司吏，一万斛以上至三万斛一案头三司吏，三万斛以上至六万斛一案头四司吏，六万斛以上至十万斛一案头五司吏，十万斛以上一律一案头六司吏。[①]

案头、司吏之外设提举、小监、出纳、指挥、掌秤、掌斗、掌钥匙、拦头等，其编制也根据仓库的类型和大小来确定：如十八种卖曲税院一律设二小监、二出纳、四拦头；中兴府租院二小监、二出纳、四十拦头；鸣沙军、官黑山、黑水三种踏曲库二小监、二出纳、一掌秤、一掌斗、二监库；诸粮食库二小监、二出纳、二掌斗、四监库；馆驿库二小监、四出纳、四掌斗、十监库；酒库、买肉库、砖瓦库、木工库、造作库、纸工库、细柳库、蒲苇库、出车库等九种一律二小监、二出纳；中兴府踏曲库二提举、一小监、二出纳、一掌钥、四掌斗、六监库；大都督府踏曲库二提举、二头监、二出纳、一掌钥、二掌斗、二监库；"三司所属以下十库共一提举[②]、一都案、二掌钥匙。一库上各自二小监、二出纳、一监库"。[③]

5. 仓库管理制度

收支制度　从《天盛改旧新定律令》有关条例来看，西夏中后期已建立起比较系统的仓库收支制度。地租库在"纳种种租时节上，计量小监当坐于

①《天盛改旧新定律令》卷一七《库局分转派门》。
②　地居，音译，当为"提举"。
③《天盛改旧新定律令》卷一七《库局分转派门》。

库门，巡察者当并坐于计量小监之侧。纳粮食者当于簿册依次一一唤其名，量而纳之。当予收据，上有斛斗总数、计量小监手记，不许所纳粮食中入虚杂"①。英藏《西夏天盛二十年纳粮收据》，是一件在刻印的收据上填写缴纳大麦的数量的文书，正反两面有字，正面上有"天盛二十年""司吏耶和"等字，背面有"计量小监"印章和墨书画押②，印证了法律上纳粮开具收据的规定。

谷物出库需要主管部门的谕文，然后由刺史或其派遣的巡察人"依数分派，所予为谁，分用几何"，逐一登记在册，仓库计量小监、司吏、巡察者等签字画押后，送刺史处磨勘，确保领粮谕文和出库册相同无疑，未有虚杂，再报告出谕文机关。③无论官用还是民需，均按先陈后新的次序领用④，这种情况和唐宋大体一致，"诸仓屋及窖出给者，每出一屋一窖尽，然后更用以次者"。⑤

其他仓库的收支亦大抵如此，地边、畿内纳各种官物时，由计量小监、司吏等按验多少、大小，逐一登记，并报管事大人。如果所收钱、谷、物量大，则管事大人、承旨须现场过目。⑥上述官谷、钱、物必须在五天以内纳毕，并予之凭据。若逾期不使纳毕，不予凭据时，局分大小一律自六日至十日徒三个月，十日以上至十五日徒六个月，十五以上一律徒一年。⑦

---

① 《天盛改旧新定律令》卷一五《纳领谷派遣计量小监门》。
② 编号 Or.12380-2349（K.K.）《天盛二十年纳粮收据》：正反两面有字，正面第一行刻印"今自"等字，第二行墨书填写"利限大麦"等字，第三行刻印"天盛"后墨书"二十年"，第三行刻印"司吏耶和"等字，背面为"计量小监"印章和墨书画押。（史金波：《西夏经济文书研究》附录"西夏文经济文书录文、对译和意译"，第 477—479 页）。
③ 《天盛改旧新定律令》卷一五《纳领谷派遣计量小监门》。
④ 《天盛改旧新定律令》卷一五《纳领谷派遣计量小监门》："诸官民等执领单来领粮食时，依次当先予旧粮食，不许予新粮食、徇情及索贿等。"
⑤ 天一阁博物馆、中国社会科学院历史研究所天圣令整理课题组校证：《天一阁藏明钞本天圣令校证：附唐令复原研究》（下），中华书局 2006 年版，第 278 页。
⑥ 《天盛改旧新定律令》卷一七《急用不买门》："地边、畿内诸司来交种种官物时，预先测解原状，案当过。判凭完毕，当予管事案内，大人处当过问。所入钱、谷、物甚多、物大，则大人、承旨谁有当共过目。若物小无疑，则当视其物状，应何往当往。入库毕时，库上当取敛状，彼敛状当予前置文书处案内，其上头字当了毕，与敛状接而取用，内库与其他相同。"
⑦ 《天盛改旧新定律令》卷一七《供给交还门》。

领用种种官钱、物，也必须手续齐全，若因公借贷还须有上谕，"无上谕，则当再奏之"。若领用种种耐用品，使用完毕后当立即交还库内。若迟交十日以内者，不治罪。十日以上至二十日十杖，二十日以上至一个月十三杖，一个月以上至两个月徒六个月，两个月以上至三个月徒一年，迟交三个月以上者，一律当比偷盗罪减二等判断。① 仓库司吏、计量小监等应及时催促领用人交还官物，若不及时催还，将依律惩处。② 借领的官物不能用来典借，倘若违律典借时，令典借的仓库管理人员徒六个月，借贷者、开典当铺者等知是官物，徒六个月，不知者则不治罪。③

上述各类仓库的收支情况，必须按期报送主管机构和中书、枢密管事处，如地边地中诸司所辖官畜、谷物的"借领、供给、交还，及偿还、催促损失等，依各自本职所行用之地程远近次第，自三个月至一年一番当告中书、枢密所管事处"。其中瓜、沙二州路程最远，"一年一番当告"。肃州、黑水、西院、啰庞岭、官黑山、北院、卓啰、南院、年斜、石州、东院、南地中、北地中、西寿、韦州、鸣沙等"十六种六个月一番当告"。"京师界内、五州地、中兴府、山中后面、大都督府等，一律三个月一番当告"。④ 中书、枢密管事处根据收支状况给予奖惩。

另外，"中兴府租院租钱及卖曲税钱等，每日之所得，每晚一番，五州地租院一个月一番，当告三司，依另列之磨勘法施行"。⑤

督察制度　督察主要是平时对各种官库的"借领、供给、交还及偿还损失"的监督检查，其程序为：承旨人和身兼仓库都检校的地方长官先仔细考校所属仓库的账目，然后依各自地程远近，"自三个月至一年一番当告中书、

---

① 《天盛改旧新定律令》卷一七《供给交还门》。
② 《天盛改旧新定律令》卷一七《供给交还门》："诸库局分已领种种官物，令供给各处时，所属司内当如数登录供给。日毕时，执库司吏以及执库局分人等，当过问而告之，所领之物当速催促，十日以内使交纳完毕，不许延误懈怠。"
③ 《天盛改旧新定律令》卷一七《供给交还门》。
④ 《天盛改旧新定律令》卷一七《库局分转派门》。
⑤ 《天盛改旧新定律令》卷一七《库局分转派门》。

枢密所管事处。附属于经略者，当经经略使处依次转告，不附属于经略使处，当各自来状"。中书、枢密管事处接到来状后，再仔细考核一番，并将"所磨勘催促之全部分为十分，遣用九分，一分未交而住滞者，勿治罪"。八分纳二分未纳，大人、承旨徒六个月，三分未纳徒一年，四分未纳徒二年，五分未纳徒三年，六分未纳徒四年，七分未纳徒五年，八分未纳徒六年，九分未纳徒八年，十分未纳则获十年长徒。同时库都案、案头、司吏等，"以大人、承旨之从犯法论，按任职高低，依次当减一等"。[①] 这里的未纳住滞罪有一个法定界线，即如果"已借领置诸处供给中，交还而不登录，边中往他国买卖未毕等，分析有路程者，勿入分等住滞罪中"[②]。

迁转考核 诸库局分三年迁转一次，届时不仅要契勘任职年限，同时还要考察任职期间仓库收支状况和库藏物品的损耗率，其程序大抵是库局分自迁转之日起，十五天以内盘点完毕，然后将各种文书、账册报送监军司、府、军、郡、县、经略司管事处依次磨勘，其中不隶经略司的仓库，由府、军、郡、县直接派遣来至京师主管部门磨勘，隶属经略司的仓库，还需经略司磨勘后报送京师主管部门。京师主管部门磨勘完毕后，再报送都磨勘司磨勘。[③]

由于诸库所属系统与所处地域不同，因而磨勘所需时间也不尽相同。如瓜、沙二州一律监军司 30 日，自派出至来到经略司处 20 日，经略司处磨勘 20 日，派京师途中 20 日，京师所辖司磨勘 35 日，都磨勘司 25 日。肃州、黑水二种一律监军司 30 日，自派出至来到经略司处 15 日，经略司处磨勘 20 日，派京师途中 15 日，京师所辖司磨勘 40 日，都磨勘司 30 日。而"啰庞岭

① 《天盛改旧新定律令》卷一七《库局分转派门》。
② 《天盛改旧新定律令》卷一七《库局分转派门》。
③ 《天盛改旧新定律令》卷一七《物离库门》："掌库局分人已任职三年迁转者，边中经略所在地方内各司职及经略本人处之六库钱物各由谁管辖、置于何处，管事处监军司、府、军、郡、县、经略等依次已磨勘，来去已明时，送京师来隶属处磨勘。不隶属于经略之边中诸司地方内各住家，直接派遣来至京师管事处磨勘，依次送磨勘司。"

监军司者，因不在经略，本处管辖种种赏物、军粮、武器、军杂物等于库局分迁转时，本处当磨勘五十日，则派往京师所管事处，沿途十五日，来至京师，所辖司磨勘五十日，都磨勘司三十五日"①。

为了便于迁转时的考核，西夏统治者以法律的形式规定了各种库藏物品的损耗率。如粮食库"一斛可耗减五升。马院予马食者簸扬，则一斛可耗减七升。米、谷二种，一斛可耗减三升"，高于唐代损耗。② 钱朽烂，绳索断，一缗可耗减二钱。纸大小一律百卷中可耗减十卷。陶器皿易损，百中可耗减十。种种草百捆中可耗减十捆。种种酥十两中可耗减二两。踏曲库"曲百斤中可耗减一斤半；曲本粮食一斛可耗减二升"。酒置库内供给者，一斗可耗减一升，驮运供给者，一斗可耗减二升。麻皮十斤可耗减一斤。油酥一斛可耗减一斗。炭十斤可耗减二斤。乳香、虎骨、枸杞、大黄、甘草、人参等一百余种中草药，一斤可耗减一至二两。③ 此外，值得重视的是《天盛改旧新定律令》还详细规定了各种与生产环节相联系的库藏品的损耗。④

安全保卫　防潮、防水、防蛀、防火是贮藏保管的基本要求，法律规定"诸沿库贮藏放置种种官物，铠甲、武器、杂物，当好为垫盖，下方勿使透湿，上方勿过雨水。局分处当常常视之，依时节晾晒，若不晾晒致损毁时，

---

① 《天盛改旧新定律令》卷一七《物离库门》。

② 《仓库令》中"诸仓窖贮积者，粟支九年；米及杂种支五年。下湿处，粟支五年；米及杂种支三年。贮经三年以上，一斛听耗一升；五年以上，二升。其下湿处，稻谷及粳米各听加耗一倍"。见天一阁博物馆、中国社会科学院历史研究所天圣令整理课题组校证：《天一阁藏明钞本天圣令校证：附唐令复原研究》（下），中华书局 2006 年版，第 281 页。

③ 《天盛改旧新定律令》卷一七《物离库门》。

④ 《天盛改旧新定律令》卷一七《物离库门》：绣院耗减："掌绣线库者，百两中可耗减四钱；女子领绣线时，一两中可耗减一钱半"；缲生丝和纺织段匹等之耗："缲生丝百斤，九十八两实交中，优九十一两半，劣四两，混二两半，二两耗减"；"纺段匹一百两耗减二两，交一两混线"。纺线之耗：纺"上等好绢线一两中耗减三钱，下等织钱十两中耗减六钱，不堪织绢用之混丝线渣为马鞍盖者，百两中可耗减七两"；织毛线锦耗减："百斤毛已均匀，造为毛线时可耗减四十斤。百斤绒毛为织锦事，三斤线渣、三十斤剪头毛绒，前断碎散落可耗减三十三斤"；"绳索匠领麻皮斤两明，完毕交时称之，一斤可耗减三两；毡匠领羊毛制毡褐，"秋毛十斤可耗减三斤，羔毛、春毛等一律各自十斤可耗减四斤"；为官家染生毛线，由库局分人监督，"十斤可耗减一斤"。

当计损毁几何，局分大小库局分等当共偿之"①。对粮仓的防水、防潮规定更为详细，"地边、地中纳粮食者，监军司及诸司等局分处当计之。有木料处当为库房，务需置瓦，无木料处当于干地坚实处掘窖，以火烤之，使好好干。垛囤、垫草当为密厚，顶上当撒土三尺，不使官粮食损毁"②。

《天盛改旧新定律令》"官家库失火"条全佚，具体内容不得而知，只能从一个侧面反映出西夏对仓库防火工作的重视。

在安全保卫方面，为了预防监守自盗，内库的钥匙"每夜晚当交纳，早晨当领取。诸府、军、郡、县，边中地方内各库之库门上钥匙，勿置库局分处，每夜由所属管事大人藏之，每早晨当使领取。此外大门上钥匙者，当置自己库主处，依时开启"③。这样，管事大人和库主分别执库门和大门钥匙，相互制约。如果每晚不按时交纳内库钥匙，或者"遗门后及门记上不置御印子而忘之等，一律徒三个月"④。

诸库库主、出纳等管理人员的上下班也非常严格。"每日早晨日出时当集，每夜晚当散住。若其中除有医病假期、因公出使、诸司分析等缘由之外，擅自不来任上，承罪次第依诸司使人放弃职法判断"⑤。

6. 结语

通过以上分析，我们对西夏仓库制度初步得出这么几点认识：其一，仓库运转是在国家政权严格控制下进行的。无论是京师库还是地边、地中库，是民用库还是军用库，其出纳账目都要定期上报有关局分和中书、枢密管事处。库局分三年一次的迁转，也是由监军司、府、军、郡、县、经略司报送京师隶属处考核，然后报送磨勘司审定，并从前宫侍、阁门等臣僚中派遣胜

① 《天盛改旧新定律令》卷一八《他国买卖门》。
② 《天盛改旧新定律令》卷一五《纳领谷派遣计量小监门》。
③ 《天盛改旧新定律令》卷一七《库局分转派门》。
④ 《天盛改旧新定律令》卷一一《内宫待命等头项门》。
⑤ 《天盛改旧新定律令》卷一七《库局分转派门》。

任之人，主持新旧库局分的手续交接。这一切都表明仓库系统的运作，完全在国家政权控制下进行的，它反映出西夏中后期中央集权得到进一步加强，这一点值得重视。

其二，仓库管理制度相当严密。仓库收支账目的报审，库局分三年迁转考核，仓库的贮藏保管、安全保卫、库局分人上下班等，都以法律的形式作了严格的规定，使之有章可循，有法可依。有关库藏物品的损耗、吏员的配备、考核、迁转规定，也比唐宋详细得多。

其三，仓库制度对封建国家政权的巩固起到了积极的促进作用。西夏立国初期，作为国家机器的重要组成部分，军队和官吏的供给，主要靠部落内部解决，国主和地方各级军政长官（部落首领）仅维持一种羁縻关系。景宗李元昊"每举兵，必率部长与猎，有获，则下马环坐饮，割鲜而食，各问所见，择取其长"①。但至少在中期以后，随着封建经济的发展和仓库制度的健全，常备军队和官吏的费用主要由国家财政中介机构仓库提供，地方豪右（部落首领）的权力受到削弱和限制，封建国家政权由此得到巩固。

其四，西夏仓库不仅同社会生产过程中的分配、消费环节形成了比较稳定的关系，而且还与生产、交换环节建立了密切的关系。各种地租院、地租库完成了赋税的征收，与社会生产中的分配紧密相联；诸粮仓贷给农民种子，手工业品库或提供部分生产资料，或直接监督生产，与社会生产环节紧密相联；卖曲库、转卖库等与交换环节紧密相联；至于军库、内库、御仓等完成军队和皇室百官的供给，实现赋税的再分配，同最后的消费环节相联系。这样，西夏统治者通过仓库系统，加强了对社会再生产过程的干预和控制。

---

① 《宋史》卷四八五《夏国传上》。

参考文献

（一）古籍

（汉）司马迁：《史记》，中华书局 1982 年点校本。

（汉）班固：《汉书》，中华书局 1976 年点校本。

（南朝）范晔：《后汉书》，中华书局 1965 年点校本。

（北齐）魏收：《魏书》，中华书局 1974 年点校本。

（唐）姚思廉：《梁书》，中华书局 1973 年点校本。

（唐）魏征：《隋书》，中华书局 1974 年点校本。

（后晋）刘昫：《旧唐书》，中华书局 1975 年点校本。

（宋）欧阳修：《新唐书》，中华书局 1975 年点校本。

（宋）薛居正：《旧五代史》，中华书局 1976 年点校本。

（宋）欧阳修：《新五代史》，中华书局 1974 年点校本。

（元）脱脱：《宋史》，中华书局 1977 年点校本。

（元）脱脱：《辽史》，中华书局 1974 年点校本。

（元）脱脱：《金史》，中华书局 1975 年点校本。

（明）宋濂：《元史》，中华书局 1976 年点校本。

（北魏）郦道元，陈桥驿校注：《水经注校证》，中华书局 2007 年版。

（南朝）任昉:《述异记》，文渊阁四库全书影印本。

（唐）李吉甫:《元和郡县图志》，中华书局 1983 年版。

（唐）杜佑:《通典》，中华书局 1984 年影印本。

（宋）司马光:《资治通鉴》，中华书局 1956 年点校本。

（唐）长孙无忌等，刘俊文点校:《唐律疏议》，法律出版社 1998 年版。

（宋）宋敏求编:《唐大诏令集》，中华书局 2008 年版。

（宋）王溥等:《唐会要》，中华书局 1960 年版。

（宋）王钦若等编:《册府元龟》，凤凰出版社 2006 年校订本。

（清）董浩等编:《全唐文》，中华书局 1983 年影印本。

（清）彭定求等编:《全唐诗》，中华书局 1960 年点校本。

（宋）李昉等:《文苑英华》，中华书局 1966 年排印本。

（唐）杜牧:《樊川文集》，上海古籍出版社 1978 年版。

（唐）元稹:《元氏长庆集》，上海古籍出版社 1994 年版。

（唐）白居易:《白氏长庆集》，上海书店四部丛刊本。

（唐）柳宗元:《柳河东集注》，文渊阁四库全书影印本。

（唐）陈子昂:《陈拾遗集》，文渊阁四库全书影印本。

（唐）陆贽:《陆宣公集》，浙江古籍出版社 1988 年版。

（宋）彭百川:《太平治迹统类》，文渊阁四库全书影印本。

（宋）李昉:《太平御览》，文渊阁四库全书影印本。

（宋）乐史:《太平寰宇记》，中华书局 2007 年点校本。

（宋）王溥:《五代会要》，中华书局 1998 年排印本。

天一阁博物馆等:《天一阁藏明钞本天圣令校证:附唐令复原研究》（下），中华书局 2006 年版。

《宋大诏令集》，中华书局 1962 年排印本。

（宋）李焘:《续资治通鉴长编》，中华书局 1992 年点校本。

（清）徐松辑:《宋会要辑稿》，上海古籍出版社 2014 年点校本。

（宋）赵汝愚编:《宋朝诸臣奏议》,上海古籍出版社 1999 年标点本。

（宋）曾公亮:《武经总要》,文渊阁四库全书影印本。

（宋）王存:《元丰九域志》,中华书局 1984 年点校本。

（宋）吕祖谦:《宋文鉴》,中华书局 1992 年点校本。

（宋）江少虞:《宋朝事实类苑》,上海古籍出版社 1981 年版。

（宋）曾巩:《隆平集》,中华书局 2012 年校证本。

（宋）王偁:《东都事略》,齐鲁书社 2000 年点校本。

（宋）叶隆礼:《契丹国志》,中华书局 2014 年点校本。

（宋）宇文懋昭:《大金国志》,中华书局 2011 年校证本。

（宋）谢深甫编:《庆元条法事类》,黑龙江人民出版社 2002 年版。

（宋）沈括:《梦溪笔谈》,中华书局 2015 年版。

（宋）范仲淹:《范文正公集》,四部丛刊初编影印本。

（宋）苏轼:《经进东坡文集事略》,上海书店四部丛刊本。

（宋）司马光:《涑水记闻》,中华书局 1989 年点校本。

（宋）田况:《儒林公议》,中华书局 2017 年唐宋史资料丛刊本。

（宋）文彦博:《潞公文集》,文渊阁四库全书影印本。

（金）元好问:《中州集》,华东师范大学出版社 2014 年版。

（宋）上官融:《友会谈丛》,中华书局丛书集成本 1991 年版。

（宋）苏颂:《本草图经》,安徽科学技术出版社 1994 年点校本。

（宋）龚鼎臣:《东原录》,文渊阁四库全书影印本。

（宋）朱翼中:《北山酒经》,文渊阁四库全书影印本。

（宋）张方平:《乐全集》,文渊阁四库全书影印本。

（宋）包拯:《包孝肃奏议》,文渊阁四库全书影印本。

（宋）郑刚中:《北山集》,文渊阁四库全书影印本。

（宋）朱弁:《曲洧旧闻》,中华书局 2002 年点校本。

（宋）王珪:《华阳集》,文渊阁四库全书影印本。

（宋）陈师道：《后山谈丛》，中华书局 2007 年点校本。

（宋）唐慎微：《证类本草》，华夏出版社 1993 年版。

（宋）江休复：《江邻几杂志》，中华书局 1991 年丛书集成初编本。

（宋）苏舜钦：《苏学士集》，文渊阁四库全书影印本。

（宋）晁补之：《鸡肋集》，文渊阁四库全书影印本。

（宋）庄绰：《鸡肋编》，中华书局 1983 年点校本。

（宋）李远：《青唐录》，《青海地方旧志五种》本，青海人民出版社 1989
年版。

（宋）曹勋：《松隐集》，文渊阁四库全书影印本。

（宋）洪皓：《松漠纪闻》，文渊阁四库全书影印本。

（宋）吕颐浩：《忠穆集》，文渊阁四库全书影印本。

（宋）方勺：《泊宅编》，中华书局 1983 年点校本。

（宋）李之仪：《姑溪居士后集》，文渊阁四库全书影印本。

（宋）袁采：《袁氏式范》，文渊阁四库全书影印本。

（宋）陈舜俞：《都官集》，文渊阁四库全书影印本。

（宋）苏辙：《苏辙集》，中华书局 1990 年点校本。

（宋）孔平仲：《孔氏谈苑》，中华书局 2012 年点校本。

（宋）李纲：《梁溪集》，文渊阁四库全书影印本。

（宋）刘攽：《彭城集》，商务印书馆 1937 年版。

（宋）宋祁：《景文集》，商务印书馆丛书集成本。

（元）马端临：《文献通考》，中华书局 1986 年影印本。

（元）苏天爵：《元文类》，文渊阁四库全书影印本。

（元）王桢：《农书》，农业出版社 1981 年版。

（元）余阙：《青阳先生文集》，上海书店四部丛刊本。

（明）杨士奇等编：《历代名臣奏议》，文渊阁四库全书影印本。

（明）徐光启：《农政全书》，上海古籍出版社 1979 年版。

（明）李时珍：《本草纲目》，文渊阁四库全书影印本。

（明）张自烈：《正字通》，中国工人出版社 1996 年版。

（明）胡汝砺：《嘉靖宁夏新志》，宁夏人民出版社 1982 年点校本。

（清）顾祖禹：《读史方舆纪要》，中华书局 1994 年版。

（清）祁韵士：《西陲要略》，台北成文出版社中国方志丛书 1968 年版。

（清）姚明辉辑：《蒙古志》，台北成文出版社中国方志丛书本。

（清）杨屾：《豳风广义》，农业出版社 1962 年版。

（清）王昶：《金石萃编》，清嘉庆十年刻同治钱宝传等补修本。

（清）梁份著：《秦边纪略》，青海人民出版社 1987 年版。

（清）刘于义：《雍正陕西通志》，凤凰出版社 2011 年版。

（清）徐观海等：《嘉庆定边县志》，定边县志办排印本。

（清）吴广成：《西夏书事》，甘肃文化出版社 1995 年《西夏书事校证》本。

（清）张鉴：《西夏纪事本末》，甘肃文化出版社 1998 年点校本。

（民国）戴锡章：《西夏纪》，宁夏人民出版社 1988 年点校本。

（民国）张维：《陇右金石录》，1943 年甘肃省文献征集委员会校印。

（民国）徐珂：《清稗类钞》，中华书局 2010 年版。

郑玄注，贾公彦疏，彭林整理：《周礼注疏》，上海古籍出版社 2010 年版。

（二）出土文献文物

中国社会科学院民族研究所、俄罗斯科学院圣彼得堡东方学研究所、上海古籍出版社编辑，史金波、魏同贤、克恰诺夫主编：《俄藏黑水城文献》（1～14 册），上海古籍出版社 1996～2011 年版。

宁夏大学西夏学研究中心、国家图书馆、甘肃省古籍文献整理编译中心编辑，史金波、陈育宁主编：《中国藏西夏文献》（1～20 册），甘肃人民出版社、敦煌文艺出版社 2005～2007 年版。

西北第二民族学院、上海古籍出版社、英国国家图书馆编辑，谢玉杰、吴芳思主编：《英藏黑水城文献》（1～4 册），上海古籍出版社版 2005 年版。

宁夏大学西夏学研究中心、内蒙古考古研究所、甘肃省古籍文献整理编译中心编辑，塔拉、杜建录、高国祥主编：《中国藏黑水城汉文文献》（1～10 册），国家图书馆出版社 2008 年版。

杜建录主编：《中国藏黑水城汉文文献释录》，中华书局、天津古籍出版社 2016 年版。

史金波、白滨、吴峰云：《西夏文物》，文物出版社 1988 年版。

中国社科院西夏文化研究中心、宁夏大学西夏学研究院、甘肃古籍文献整理编译中心、内蒙古博物院等编，史金波总主编，塔拉、李丽雅主编：《西夏文物·内蒙古编》（1～4 册），中华书局、天津古籍出版社 2014 年版。

中国社科院西夏文化研究中心、宁夏大学西夏学研究院、甘肃古籍文献整理编译中心、甘肃博物馆等编，史金波总主编，俄军主编：《西夏文物·甘肃编》（1～5 册），中华书局、天津古籍出版社 2014 年版。

中国社科院西夏文化研究中心、宁夏大学西夏学研究院、甘肃古籍文献整理编译中心、宁夏博物馆等编，史金波总主编，李进增主编：《西夏文物·宁夏编》（1～12 册），中华书局、天津古籍出版社 2016 年版。

《俄藏黑水城艺术品》，上海古籍出版社 2008 年版。

《杂字》，《俄藏黑水城文献》本。

《番汉合时掌中珠》，《俄藏黑水城文献》本。

《圣立义海》，《俄藏黑水城文献》本。

《文海》，《俄藏黑水城文献》本。

《贞观玉镜将》，《俄藏黑水城文献》本。

《天盛改旧新定律令》，《俄藏黑水城文献》本。

（三）研究著作

史金波：《西夏经济文书研究》，社会科学文献出版社 2017 年版。

漆侠、乔幼梅:《辽夏金经济史》,河北大学出版社 1998 年版。

杜建录:《西夏经济史》,中国社会科学出版社 2002 年版。

吴天墀:《西夏史稿》,四川人民出版社 1983 年增订本。

白滨编:《西夏史论文集》,宁夏人民出版社 1984 年版。

陈炳应:《西夏文物研究》,宁夏人民出版社 1985 年版。

杜建录、史金波:《西夏社会文书研究》,上海古籍出版社 2012 年增订本。

史金波、聂鸿音、白滨译:《天盛改旧新定律令》,法律出版社 2000 年版。

李逸友:《黑城出土文书》(汉文文书卷),科学出版社 1991 年版。

韩荫晟:《党项与西夏资料汇编》,宁夏人民出版社 2000 年版。

周伟洲:《党项西夏史论》,甘肃文化出版社 2017 年版。

杜建录等:《党项西夏文献研究》,中华书局 2011 年版。

漆侠:《宋代经济史》(上、下),上海人民出版社 1987、1988 年版。

史金波、白滨、黄振华:《文海研究》,中国社会科学出版社 1983 年版。

马文宽:《宁夏灵武窑》,紫禁城出版社 1988 年版。

中国社会科学院考古研究所:《宁夏灵武窑发掘报告》,中国大百科全书出版社 1995 年版。

史金波:《西夏佛教史略》,宁夏人民出版社 1988 年版。

牛达生:《西夏钱币研究》,宁夏人民出版社 2013 年版。

陈炳应译:《西夏谚语》,山西人民出版社 1993 年版。

罗矛昆等:《圣立义海研究》,宁夏人民出版社 1995 年版。

史金波:《西夏风俗》,上海文艺出版社 2017 年版。

史金波:《西夏文化》,吉林教育出版社 1986 年版。

宁夏文物管理委员会办公室:《西夏文史论丛》,宁夏人民出版社 1992 年版。

(俄)捷连提耶夫·卡坦斯基著,王克孝、景永时译:《西夏书籍业》,宁夏人民出版社 2000 年版。

陈炳应：《贞观玉镜将研究》，宁夏人民出版社 1995 年版。

李华瑞：《宋夏关系史》，河北人民出版社 1998 年版。

李蔚：《西夏史研究》，宁夏人民出版社 1989 年版。

韩茂莉：《辽金农业地理》，社会科学文献出版社 1999 年版。

（俄）戈尔巴切娃、克恰诺夫：《西夏文刊本和写本目录》，莫斯科东方学出版社 1963 年版。

李范文等：《电脑处理西夏文〈杂字〉研究》，日本国立亚非语言文化研究所 1997 年版。

潘洁：《〈天盛律令〉农业门整理研究》，上海古籍出版社 2016 年版。

陈述：《契丹社会经济史稿》，三联书店 1963 年版。

岑仲勉：《突厥集史》，中华书局 1958 年版。

陈明猷：《贺兰集》，宁夏人民出版社 1994 年版。

史念海：《唐代历史地理研究》，中国社会科学出版社 1998 年版。

程喜霖：《唐代过所研究》，中华书局 2000 年版。

竺可桢：《竺可桢文集》，科学出版社 1979 年版。

朱风、贾敬颜译：《汉译蒙古黄金史纲》，内蒙古人民出版社 1985 年版。

冯承均译：《马可波罗行记》，上海书店出版社 2001 年版。

马克思、恩格斯：《马克思恩格斯全集》，人民出版社 1960 年版。

恩格斯：《家庭、私有制和国家的起源》，人民出版社 1972 年版。

恩格斯：《德国古代的历史和语言》，人民出版社 1957 年版。

道润梯步著：《新译简注〈蒙古秘史〉》，内蒙古人民出版社 1979 年版。

符拉基米尔佐夫：《蒙古社会制度史》，中国社会科学出版社 1980 年版。

侯仁之：《历史地理学的理论与实践》，上海人民出版社 1979 年版。

赵松乔主编：《中国干旱地区自然地理》，科学出版社 1985 年版。

梁方仲：《中国历代户口、田地、田赋统计》，上海人民出版社 1980 年版。

［日］池田温著，龚泽铣译：《中国古代籍帐研究》，中华书局 1984 年版。

张秀民:《中国印刷史》，上海人民出版社 1989 年版。

中国自然地理编委会:《中国自然地理》（总论），科学出版社 1985 年版。

谢成侠:《中国养牛史（附养鹿史）》，农业出版社 1985 年版。

郭正忠:《中国盐业史·古代编》，人民出版社 1997 年版。

潘吉星:《中国造纸技术史稿》，文物出版社 1979 年版。

赵俪生主编:《古代西北屯田开发史》，甘肃文化出版社 1997 年版。

鲁人勇、吴忠礼、徐庄:《宁夏历史地理考》，宁夏人民出版社 1993 年版。

许成:《宁夏考古史地研究论集》，宁夏人民出版社 1989 年版。

邓广铭、漆侠:《两宋政治经济问题》，知识出版社 1988 年版。

邓广铭、郦家驹主编:《宋史研究论文集》，河南人民出版社 1984 年版。

邓广铭、王云海等主编:《宋史研究论文集》，河南大学出版社 1993 年版。

韩茂莉:《宋代农业地理》，山西古籍出版社 1993 年版。

兰州大学敦煌研究所:《敦煌归义军史专题研究》，兰州大学出版社 1997 年版。

郑炳林:《敦煌地理文书汇辑校注》，甘肃人民出版社 1989 年版。

唐长孺主编:《敦煌吐鲁番文书初探》，武汉大学出版社 1983 年版。

敦煌文物研究所:《敦煌研究文集》，甘肃人民出版社 1982 年版。

傅兴业:《额济纳旗文物志》，内蒙古人民出版社 2016 年版。

吴廷桢、郭厚安主编:《河西开发研究》，甘肃教育出版社 1993 年版。

阿拉善盟政协文史资料研究委员会办公室编:《阿拉善盟旗志史料》（1987 年）。

陈明荣等编:《陕西省地理》，陕西人民出版社 1996 年版。

中科院黄土考察队:《黄土高原地区农业气候资源的合理利用》，中国科学技术出版社 1990 年版。

后　记

　　编纂一部多卷本西夏通志是多年的夙愿，2001 年教育部批准建设西夏学重点研究基地时，就将该任务纳入基地建设规划。只是鉴于当时资料匮乏，研究团队也比较薄弱，在上级主管部门和学界的支持下，确定先从基础资料和研究团队抓起，采取西夏文献资料整理出版、西夏文献资料专题研究和大型西夏史著作编纂的"三步走"战略，率先开展教育部基地重大项目"国内藏西夏文献整理研究"。2008 年多卷本《中国藏西夏文献》出版后，开始着手《西夏通志》的编纂，起初取名《西夏国志》，后更名《西夏通志》。经过几年的准备，2015 年获批国家社科基金重大项目，2017 年得到滚动支持，2022年完成结项。

　　《西夏通志》编纂团队除史金波等前辈学者外，大多是基地培养出的学术带头人和学术骨干，他们绝大部分主持多项国家社科基金项目和部省级项目，有的承担国家社科基金重大重点项目，研究领域涉及西夏政治、经济、军事、文化、艺术、地理、文字、文献、文物等方方面面，为保质保量完成编纂任务奠定了坚实的基础。

　　《西夏通志》编纂过程中，得到学界的大力支持，史金波、陈育宁、聂鸿音、李华瑞、王希隆、程妮娜、孙伯君等先生或讨论提纲，或参与撰稿，或

评审稿本，提出宝贵的意见。人民出版社赵圣涛编审积极组稿，并获批国家
出版基金资助，使本书得以顺利出版，在此表示由衷地感谢！

杜建录

2025 年 3 月 12 日